大學叢書

西洋政治思想史

張翰書著

臺灣商務印書館發行

弁言

一部西洋政治思想史，所涉範圍既廣，包羅典籍尤多，真可謂浩如煙海。著者承乏教席，講授西洋政治思想史有年。邇來，諸生以此類中文書籍，目前坊間尚不多覯，紛紛要求將所授材料，編輯出版。著者乃參酌教學體驗，將講稿整理補充，草成斯卷，非謂有得，聊備共學之士參考云爾。

爲使讀者對西洋政治思想發展變遷之大勢，獲知梗概起見，本書特於浩如煙海中，鉤玄提要，就十九世紀末以前，歷代大師鉅子，自上古之柏拉圖（Plato）降至近代之斯賓賽（Herbert Spencer），依次述其政治理論之精義與影響，同時兼及各家之生平事略暨時代背景，期能深刻了解，融會貫通。

本書所涉典籍，不乏艱深難解之類，極易使人如入五里霧中。爲清晰醒目，免致沈悶起見，表達方式力求淺出，且綱目條理分列較詳，俾可一覽而得其旨要。又敍述解釋，一本客觀忠實之態度，總期盡符諸家原意。凡有所徵引，必詳細註明出處，以便查考。間有論評，則分別綴於各章之末，藉明得失，而供取捨。

著者自審疏庸，復以忽忽付梓，舛錯之處，深恐難免。海內外通儒碩學，有以教之，幸甚。又在本書屬稿期間，多承張師佛泉、浦師薛鳳、劉師崇鋐、樊師際昌、暨趙在田、吳康、吳英荃、吳祥麟、李邁先、侯璠、查良鑑、張起鈞、劉世綸、劉紹唐諸先生或予鼓勵，或賜指教，獲益匪淺。併誌於此，敬申謝忱。

中華民國五十年元旦　張翰書謹識

讀張著西洋政治思想史

——本書第九版之序言——

張佛泉

著者謹按：本書自民國五十年出版後，迄今已發行至第九版。近蒙業師　張佛泉教授撰成讀後感，並對盧騷（Rousseau）之「共通意志」（General Will）理論有創闢獨到之闡釋與發揮。　佛泉師早年畢業於北平燕京大學，繼赴美在哈佛大學研究後返國，歷任國立北京大學暨西南聯合大學政治系教授，並曾兼任北大政治系主任。其時著者適有幸親炙　教誨。大陸淪陷後，　佛泉師隨政府來臺，潛心著述。所著「自由與人權」一書，闡揚民主自由之思想，極爲各方所推重。東海大學創立後，受聘爲文學院院長兼政治系主任。六十年代，赴美任教，旋又轉任加拿大不列顛哥倫比亞大學（British Columbia University）教授，以迄退休。現雖年屆八旬，但仍研究寫作不輟。病榻中賜寄此文，隆情至爲可感。又關於盧騷之「共通意志」一節，除本書中有所論述外，著者並曾有「共通意志探源」一文，　佛泉師大文中亦經提及，並謬蒙　稱許。玆附刊於後，併供參考。

我於民國二十三年（西曆一九三四）初秋，應胡適之先生之邀，到國立北京大學任教，得識本書著者張墨香（名翰書）君。墨香天資卓絕，有過目不忘之明，並有過耳不忘之聰；讀書「必」求甚解；每從無問題中找問題，於發現一問題時，輒刨根問底，不得到一滿意的回答絕不放鬆；從不自作調人。抗戰軍興，墨香畢業於西南聯合大學。這時公費留學考試中輟，他遂投身政府任職。勝利後，復得在北平與予往還不斷。

行憲之初，墨香以英年當選爲立法委員。三十八年到臺北後，自由中國局勢漸趨穩定，墨香乃以公餘之暇，全力用於研讀西洋政治思想中。每有機會必與予提出問題討論，而絕不談閒話。五十年八月，予偕眷來北美就業，遂將在臺中東海大學所任西洋政治思想史一課交與墨香講授。他在五十四年（一九六五）即出版《西洋政治思想史》一書。當時屈指算來，他默默中已不斷地下了十六年的苦功，始得完成此書！無怪此著一經問世，卽已成爲暢銷書。今當第九版行將付印之際，他囑我略綴數言。我亦覺墨香之爲學精神，實有不得不加以表揚者。

細心的讀者應可看出書中所敍述的，乃著者將西方各大家之主要原作，經咀嚼多遍，然後以他自己的語言，吐述出來的。在此等處最可見著者之功力！此爲我對此全書之一句總評。

下面且舉一例，以證明著者之認眞態度，殊有一般學者所不及者。此點若不由我指出，恐少有他人更能道出其重要性。我所要舉的，卽本書卷下第廿一章第四節有關盧騷之「公通意志」（volonté générale, general will）說。（盧氏所用之 volonté générale 在我國已先有不同的譯法。我以前曾用「共通意志」譯這個名詞。近年來，細按盧氏所用 générale 一字，與淮南子主術訓篇所用「公道通、私道塞」一語中的「公通」之義，最爲適合，而「公」字可包涵「共」字，「共」未必包涵「公」，我因將「共通意志」改譯爲「公通意志」。）墨香在本書出版前二年，民五十二年六月卽有「共通意志探源」一文發表。（閱本書卷下頁三九八，註四六。）他在文中指出公通意志這一重要名詞實已先見於孟德斯鳩之法意一書中。這篇公通意志探源實是一篇很有意義的文章。我國治西洋政治思想史的，幾乎無不以公通意志一詞爲盧氏所始用。墨香不但校正了這一錯誤，且能補充了塞賓（Sabine）教授的說法。塞賓能知追溯公通意志之來源，已屬難得。可惜他竟未注意到法意一書中已先見過此一名詞。原來以盧氏爲「公通意志」一詞之始用者，卽在西方也是很普通的。在此且舉三例。

1. 牛津大學講座教授 J. P. Plamenatz, Chichele Professor of Social and Political Theory in the University of Oxford, 在他所著 Consent, Freedom and Political Obligation 一書（Oxford University Press, 1938, 2nd edition, 1968）中，以盧氏爲公通意志說之 "originator" (p. 26)。此書於一九六八年再版時，關於此點仍未有變動。J.P. Plamenatz 之子 John Plamenatz 在其所著 Man and Society: Political and Social Theory (in 2 Volumes, McGraw-Hill, 1963) 第一册中有專篇講盧騷，並有一節專對 general will 有所述評。但他既未提及此詞之起源，亦未對其父所犯之錯誤有所更正。

2. John W. Chapman 著有 Rousseau: Totalitarian or Liberal? 一書（Columbia University Press, 1956）。他在五〇及六〇年代，幾乎可稱爲盧騷學之專家。在 The International Encyclopedia of the Social Sciences (in 16 Volumes, plus Biographical Supplements, 1968) 中，Chapman 在所著 General Will 一文中，亦稱盧氏爲此詞之 "Originator"。

3. 倫敦大學的 Roger Scruton 在所著 A Dictionary of Political Thought (Pan Books,

London, 1983）中有一節詮釋 general will(volonté générale)，在文章開端處說，這名詞是盧氏所引進的（"introduced by Rousseau"）。Scruton 寫此書時，有五位英、美大學教授，一位講師，一位導師，及研究生一人，共八人做爲 Advisory Panel。此八人中亦竟無一人知道 general will 並非盧氏所始用！

現在更根據我所看到的資料，將先後指出 general will 一詞之源流的人及其著作排列如下：

1. Charles William Hendel (Professor of Moral Philosophy, McGill University, Montreal)在 Jean-Jacques Rousseau: Moralist (in 2 Volumes, Oxford University Press, 1934) 一書中提到general will 一詞乃法國神學家及哲學家 Malebranche（1638–1715）、Fénelon(1651–1715)、Bayle (1647–1706) 等人所常用的。（閱 Vol. I, p.119 and footnote, 及 Vol. II, p. 54。）十七世紀神學家所討論的是：上帝有無 general will（普願）救世人，還是僅以救他的「選民」爲限。倫敦大學法國史教授 Alfred Cobban 著 Rousseau and the Modern State (Allen and Unwin, London, 1934) 時，尚不知general will 已先有法國神學家用過。但他在此書之第二版（1964），頁九十四，提到 Hendel於一九三四年即已言及 Malebranche等早在盧氏之前用過 general will，而世人少有注意及之者。Cobban 一書僅一七九頁，遠較 Hendel 的書引人注意。（Cobban 並認爲法文英譯必多少有歪曲，他引法人原著時只用法文，而不附英譯。）

2. George H. Sabine 教授在所著 A History of Political Theory 一書中 (2nd ed., 1950) 提出 general will 一詞究係盧騷或狄德羅 (Diderot) 所始用的問題。

3. 張翰書教授著「共通意志探源」一文，指出孟德斯鳩在法意一書中已用此詞。

4. Judith N. Shklar(John Cowles Professor of Government, Harvard University) 著 "General Will"一文，載 Dictionary of the History of Ideas(Scribner's Sons, N.Y, 1973, in 4 Volumes) Vol. II, pp. 275ff 。她在此文開端處說，盧騷並未發明（"invent"）公通意志一詞，但造成此一詞之歷史的卻是他 。然後她追溯到法國 Malebranche 首先運用此詞至哲學範圍 。她隨之又指出意大利法學家 Gravina 首先說到公通意志是一切適用於人的法律之泉源 。孟德斯鳩直接借用了 Gravina 這一觀念，在法意一書中確認立法機構是代表國家之公通意志的，而行政機構則是執行這意志的（見史文 p. 275）。隨後有 Diderot 與盧氏在他們爲「百科全書」所寫的文章中討論到公通意志的問題。其後盧氏更大發揮公通意志的涵義。這觀念乃是他理想中的，人人都有自由、平等的小型共和國之立法的泉源。由於康德、黑格爾、以及英國之格林、包三癸等都大致承襲了意志說，它遂在過去二百多年中成了僅次于「主權」的主要觀念。

5. Patrick Riley 更進一步依 Shklar 的短文之前半，大加發展，寫成一本專書，名爲 The General Will Before Rousseau ，次標題爲 The Transformation from the Divine into the Civic (Princeton University Press, 1986) 。 Riley（一九四一年生）現任 Wisconsin 大學政治學教授。在此書之前，他已有二本著作：Will and Political Legitimacy, A Critical Exposition of Social Contract Theory in Hobbes, Locke, Rousseau, Kant and Hegel (Harvard, 1982) 及 Kant's Polilical Philosophy (Rowman and Littlefield, 1983) 。他並已譯有 The Political

Writings of Leibniz(Cambridge University Press, 1972)。Riley 在他的新書中說：基督教義中有一長期辯論，即上帝救世人的意願是普遍的，還是有限的。（亦即：上帝願普救世人，還是只以他的「選民」爲限。）他指出這一問題實發源於保羅給提摩太的一封信。（閱他的新書 p. 4）到了十七世紀，法國才有神學家說，上帝有 general will 救世人。他並費了許多時間，確認法人阿爾那歐（Antoine Arnauld, 1612–1694）在一六四四年最先「發明」（"invent"）了 "volonté générale" 和 volonté particulière 二個名詞。(閱 Riley 的新書 p. 4 及 p. 14。並閱他所寫的短文："General Will"，載 The Blackwell Encyclopaedia of Political Thought, Blackwell, Oxford, UK, 1987, pp. 174–176。）這公通意志的觀念如何由神學被移到人事領域，是在 1644—1715 七十年間（閱 esp. The General Will Before Rousseau, p. 26），經過法國衆大師如 Pascal（1623–1662）、Malebranche、Bayle 等人的討論才達成的。幾十年後，孟德斯鳩、狄德羅、盧騷才順手將它引用到他們的著作中，而成爲單純的政治名詞。

與公通意志不可分割的是「政治體」（body-politic, corps politigue）這一名詞。公通意志不是遊魂，而必有所依附。政治體或「道德集合體」（corps moral et collectif）、「公人」（personne publigue）、「共我」（moi commun）（浦逖生先生逕譯此詞爲「大我」。）等詞都是盧騷用來給公通意志居留的。Riley 指出這整體與官肢（organs，亦即五官、四肢等）關係論，也可追溯到聖保羅。保羅與哥林多人信中對這二者的關係有最生動的描寫。（假如足對手說，我不是你，故我不屬於全身，可乎？眼不能對手說，我不需你；頭不能對足說，我不需你。……身體是不能分裂的。……你們全是基督的身，而自爲官肢。——以上簡述保羅與哥林多人書一章十二節。Riley 新書 p. 26 引。）保羅所說，本僅適用於信徒與基督（和教會）的關係。到了 Pascal 便將此意擴大到一切人所組成的團體。他強調："……Tous les hommes sont membres de ce corps" and that "pour étre heureux, il faut guils conforment leur volonté particulière a la volonté universelle qui gouverne le corps entier"。(Riley 新書 p. 22 引 Pascal, Pensées, 1678 版原文。）Pascal 在此所用 „Le corps entier" 所指不夠確定。盧騷則將這 corps 特指他理想中的共和政體。從以上所引，我們特別可以看出盧騷所說的「共我」之公通意志，乃直接採自 Pascal（閱 Riley 新書頁十八足注），間接採自聖保羅。

至此，我們可以看出張墨香教授在一九六三年所提出公通意志的來源問題，須等到一九八六年，Riley 才給了一個使他十分滿意的回答。

我在此願更進一步指出，當墨香提出公通意志來源問題時，他正像「桃花源記」中的漁人一樣，已步入另一洞天、亦卽另一學術境界——觀念史（History of Ideas）中。這是近幾十年才開闢出來的新區域。它的開闢者又恰好是我的業師 Arthur O. Lovejoy (John Hopkins 大學及研究院的哲學系教授兼主任）。Lovejoy 教授在一九三三年春，應哈佛大學之約，作第二次 William James Lectures主講人。(First Series 係由 John Dewey 主講。）他的講題是 The Great Chain of Being, A Study of the History of an Idea。（一九三六年由哈佛大學出爲專書。）這樣便開闢了「觀念史」這一新的學術領域。我們讀盧騷的著作，不由得使我們感覺其中涵有神秘氣味。及至 Riley 對公通意志及政治體二觀念做過歷史的分析後，我們才得確認盧騷的政治哲學系統中，至少有兩個「單位觀念」（

„unit-ideas", Lovejoy 教授所用），卽公通意志與「公身」或「共我」是出自十七世紀的法國神學，甚至新約。

此外，在盧氏的思想系統中，我們急於想知道的至少還有「強使自由」與「大立法者」二「單位觀念」的源起。Judith N. Schklar在她的 Men and Citizens, A Study of Rousseau's Social Theory 一書（Cambridge University Press, 1969, paperback ed., 1985; reprint, 1987）中對「政治體」和「立法者」二觀念頗有所討論。可惜她這書不是從「觀念史」的觀點寫成的。但她在這書中將「語言分析」法應用到盧騷的研究上。它是在觀念史之外的另一新方法。Schklar 認爲盧氏用了很多「喩」（metaphors），使得盧騷的眞意很難捉摸。「強使自由」這一觀念，更爲詭異。它的源流最是我們想知道的。

墨香在一九六三年發表「共通意志探源」一文，適在 Du Contrat Social 出書二百年（法國人曾有紀念）之後一年，歐美各地對盧氏的研究，正以新方法和新觀點在進行中。墨香適時發問，使他也成了這新潮中的一位參與者。這對於盧騷學更進一步的瞭解，都是有幫助的。

從民國二十三年起，墨香卽成爲與我研討西洋政治思想的唯一益友。我在過去幾十年中，很想對西方的國家、自由、民主等基本觀念求一正確瞭解。來北美後，也想將中國傳統生活中，如孝、仁、禮、喪服、以孝治天下、三綱等觀念的源流，向西方人有所解說。從這種努力中，使我深深感覺文化與文化間的交往（cross-cultural communication）乃是極端困難的。故當我讀到「共通意志探源」一文時，我立卽認出墨香所提出的是一個極爲引人入勝的問題。他所以能這樣做，並不是偶然的。五十多年前，我卽已知道，他是好問的，大小問題都問；他更是能問的，能提出深刻的、尖銳的問題。能問，方能學，方能有新收穫。中國向來所用「學問」一詞，是極有道理的。

我在此雖然只舉了一個例，但已足夠證明墨香是一「博學」「審問」之士。他這部西洋政治思想「通史」乃是他多年所下苦功的果實，也是一部自六〇年代起，直至今日還是難得的一部好書！

民國七十七年十二月廿八日

附載：「共通意志」探源

張翰書

政治權威與個人自由如何可以得到調和？這是政治思想上的一個中心問題，也是歷來許多政治哲學家苦心焦思所要求得解決的問題。盧騷（Jean Jacques Rousseau, 1712-1778）在其名著社約論（法文原名爲 Du contrat social, ou Principes du droit politique，英文譯名爲 Social Contract, or Principles of Political Right）一書中，開宗明義，就提出了這個問題，而自信能夠予以解決：

「人本來天生是自由的，而今則到處皆在桎梏之中。……此種變遷究竟是怎麼來的，我不得而知。如何可使它合理呢？我以爲我能對這個問題提供一個答案。」（註一）

盧騷的魄力誠足令人歎服。

盧騷之解決此一問題，乃是以「共通意志」（volonté générale, general will）（註二）爲樞紐。社會契約所產生的政治體（corps politique, body politic）（註三），其本身是具有生命與意志的。簡單言之，依盧騷之意，政治體本身的意志就是所謂「共通意志」。此種「共通意志」之構成，必須具備下列幾項條件：

1. 出自全體國民。
2. 以全體國民爲對象 換言之，就是不但要出自國民全體，而且必須是爲了國民全體的事。

3. 以共同利益爲目的　凡以私利爲目的者，絕不能成爲共通意志。所以，共通意志也總是對的，不會錯誤：

「共通意志常是對的，並且總是趨向於公共利益。」（註四）

一般人很容易認爲全體國民個別意志的總和就是盧騷所說的共通意志。於此，盧騷又特別辨明共通意志與「全民意志」（volonté de tous, will of all）不同，二者須嚴爲區別；從他區別二者如何不同的話中，我們可以看出究竟什麼是共通意志。他一則曰：

「在全民意志與共通意志之間，常有很大的差異；後者僅以共同利益爲慮，而前者則顧及私人利益，不過是許多個別意志的總和；但是若從這些意志中，把互相抵銷的正負多少剔去，則所餘的差別之總和（the sum of the differences）就是共通意志。」（註五）

再則曰：

「如果具有充分識見的人民進行討論時，各公民之間不能彼此互相通知，則小差別之大總和（the grand tolal of the small differences）將表示出共通意志，而其決定總是好的。」（註六）

可見「全民意志」乃是許多個別意志的總和，會顧及私人利益，而共通意志則是僅以共同利益爲慮者。不過，盧騷自己所說的「差別之總和」或「小差別之大總和」，未免失於晦澀，不易使人得一清晰概念。詳察其意，似乎是這樣的：每個人的政治意見都爲自利心所支配，而自利心包含著兩部分：（一）個人所特有的，（二）社會一切組成分子所共同具有的。前者，因爲是各個人所同具的，一定會彼此互相衝突；後者則可代表大家的共同利益，而這共同利益乃是政治社會的要素。倘若公民之間沒有機會打交道而互相幫忙，則其個別利益既各有不同，彼此衝突，將會互相抵銷，於是留下一個總結；這個總結是政治社會各分子所同有的爲共同利益著想的意志，因之也可以代表他們的共同利益。而所謂共通意志就是這個總結。

盧騷認爲這樣的共通意志乃是國家主權的表現，主權就由共通意志表現出來：

「好像自然賦與每人以指揮其四肢的絕對權力一樣，社會契約賦與政治體以指揮其組成分子的絕對權力。就是這個權力，在共通意志的指導之下，名爲主權。」（註七）

「主權不外就是共通意志的運用 (l'exercice de la volonté générale, the exercise of the general will)。」（註八）

那麼，表現共通意志的又是什麼呢？那就是法律。共通意志一經具體化即成法律，法律乃是共通意志的表現：

「意志有的是共通意志，有的不是；……。在前一種場合，意志的表現是一種主權者的行爲，並且創制法律；……。」（註九）

然則，人在國家之中，服從法律，實卽服從共通意志；而依前述共通意志的含義言之，服從共通意志，又與服從自己的意志無異。所以盧騷說法律祇是人民「自己意志的記載」（註一〇），人民服從法律乃是「服從他們自己的意志」（註一一）。於是，盧氏乃以共通意志的觀念爲樞紐，解答了政治權威與個人自由如何可以得到調和的問題，其畫龍點睛之處亦正在此。而說到這裏，他自己簡直可以躊躇滿志了。

但是，所謂共通意志，實在是一個令人蒙昧的觀念。盧騷說「小差別之大總和」可以表示出共通意志，那是大有疑問的。蓋各個人自爲私利打算的意志是否可以恰好互相抵銷？又各個人的意志中是否一定會有爲共同利益打算的一部分？都無從證明。且卽使捨此不論，盧騷所說的共通意志如何求得，還是極端困難的問題，連他自己也沒有確定而一貫的說法。依據社會契約，共通意志之形成，似須取決於多數。此外盧氏也曾有這樣的說法：

「當一項法律在國民會議中提出的時候，所訴諸國民者，嚴格的說，不在他們贊成或反對此項提議，而在此項提議是否符合共通意志，也就是他們的意志。每個人就此點投票，表示他的意見；而共通意志就在票數的計算中獲致。」（註一二）

但是，他又有時說多數意志並不一定就是共通意志；使意志成爲共通意志的因素，要在於共同利益：

「使意志成爲共通意志的因素，其關係於投票人數目之多寡者較少，而關係於使他們聯合一致的共同利益者較多。」（註一三）

他自己還沒有弄清楚，別人又如何替他來設計呢？然則，究竟什麼才是共通意志，就很難確定了。推其極，少數分子甚至於一個人的意志都可以曲解成共通意志。別有用心的人，乃可以拿共通意志的觀念，作獨裁政府的護符。羅伯斯比爾（Robespierre）就曾如此利用共通意志的觀念，他說：「我們的意志就是共通意志」。墨索里尼（Mussolini）與希特勒（Hitler）也都有類似的說法。

盧騷的共通意志是在近代影響極大的一個觀念，也曾經發生過許多流弊。因爲盧騷對此觀念有特殊的發揮，一般人乃常認爲連「共通意志」這一個名詞也是盧騷發明出來的。中國人如此的了解，可以國立編譯館所編印之孟雲橋著西洋政治思想史一書爲例。那本書的第二十章講到盧騷時，有這樣一句話：

「於是他便創造了一個名詞叫做『公共意志』(the general will)。」（第一七七頁）

其所謂「公共意志」就是我們現在所說的「共通意志」，足見其認定「共通意志」這個名詞乃是盧騷所「創造」的。如此的了解，在中國人固不足爲奇，而在西洋人亦或難免。美國的塞賓（George H. Sabine）教授在其所著 A History of Political Theory 一書中（一九五〇年版第五八二、五八五頁），還爲此特別作了一番考證。據他說，在一七五五年出版的百科全書（Encyclopaedia）第五卷中，有盧騷的政治經濟論（Discours sur l'économie politique, Discourse on Political Economy）一文，盧氏在此文中卽已用了「共通意志」一詞。而在同卷中，另有狄德羅（Diderot）論自然法一文，也同樣用了這個名詞。於是，塞賓說：

「……究竟是他（指盧騷）還是狄德羅發明了這個名詞，那是不能確定的。」

這裏，我們要注意他用了「發明」字樣。可見，據塞賓教授的判斷，共通意志這個名詞並不一定是盧騷所發明的；此一判斷足以證明一般人的認定頗有問題，相當的具有澄淸作用。不過，他還是認定盧騷與狄德羅二人中，總有一個人「發明」了這個名詞，質言之，發明此詞者不是盧騷，就是狄德羅。

但是，作者卻有一個新的發現，就是在孟德斯鳩（Baron de Montesquieu, 1689-1755）的名著法意（l'Esprit des Lois, The Spirit of the Laws）一書中，已經出現了「共通意志」（嚴復的譯本譯爲「公志」）一詞。孟氏在該書第十一卷第六章中所用的，與盧騷、狄德羅二氏所用的，完全一樣。法意出版於一七四八年，較一七五五年爲早；孟氏之用此詞，實在盧、狄二氏之前。這一個發現可爲塞賓教授的考證進一解，足以證明共通意志這個名詞既不是盧騷「創造」的，也不是狄德羅「發明」的，自不必再分別二人之孰先孰後，而一般人不正確的觀念更可得到澄清了。

在近代政治思想上，共通意志是一個很重要的名詞，我們費些筆墨，來澄清不正確的了解，似尚不爲過。茲再捨名詞上的問題，而論思想發展之迹。盧騷對共通意志的觀念，有特殊獨到的發揮，自係事實。但是，他這種想法亦自有其淵源，而並非憑空杜撰。孟德斯鳩所謂立法權乃是「國家的共通意志」(la volonté générale de l'Etat, the general will of the state)，而行政權則是「那共通意志的執行」（註一四），已足爲盧騷鋪路。再往前追溯，陸克（John Locke, 1632-1704）的話對於盧騷更是很大的啟發。陸氏說：

「……社會的本質與一體性（the essence and union of the society）在於具有一個意志（one will）……。」（註一五）

這「一個意志」乃是「社會的公共意志」（the public will of the society）（註一六）。組成社會的分子所要服從的，就是這「公共意志」，並且也祇須服從此一意志；而此一意志由政府機構中的立法部門表現出來。陸克所用的名詞雖與後來盧騷所用者不盡相同，但是他所謂社會的「公共意志」實已爲盧騷的「共通意志」觀念開其先河。可見盧騷這一個名論並非無源之水，還是有其來龍去脈可尋的。（註一七）

（註一）社約論第一卷第一章。

（註二）這一個名詞，通常多譯爲「公共意志」，而譯爲「共通意志」似較適宜。且陸克的理論中有所謂「Public will」，可譯爲「公共意志」。如此，二者亦易於區別。

（註三）盧騷有時稱之爲「道德集合體」（corps moral et collectif, moral and collective body）。

（註四）社約論第二卷第三章。

（註五）同上。

（註六）同上。

（註七）社約論第二卷第四章。

（註八）社約論第二卷第一章。

（註九）社約論第二卷第二章。

（註一〇）社約論第二卷第六章。

（註一一）社約論第二卷第四章。

（註一二）社約論第四卷第二章。

（註一三）社約論第二卷第四章。

（註一四）法意第十一卷第六章。

（註一五）政府論第二篇（Second Treatise of Government）第十九章第二二二節。

（註一六）政府論第二篇第十三章第一五一節。

（註一七）關於這個問題，可參閱拙著西洋政治思想史（商務印書館大學叢書）第十九、二十、二十一各章。

西洋政治思想史 目錄

篇下　羅馬政治思想

卷下

第三篇　近代

卷上

第一篇 上古

上篇　希臘政治思想

第一章　希臘社會與政治概況

第一節　社會階級與奴隸制度

古希臘的社會是畫分階級的，而奴隸制度尤為普遍。一般說來，各國的人大概是分為下列三個階級：

1. 公民　這是獨享政權的一個階級，換句話說，就是唯有他們才有參加政治活動的權利。這一個階級有時再分為貴族與平民兩個階級。

2. 外僑　希臘各國中常有許多外僑，大半從事於工商業，他們的社會地位與公民沒有什麼分別，不過沒有參加政治活動的權利。

3. 奴隸　這一個階級是社會的最下層，擔任勞力的工作，當然不能過問政治。

在上列三個階級中，奴隸的人數很多，比如以雅典而論，其居民總數內，或許有三分之一都是奴隸，可見一斑。奴隸數目如此之多，值得我們特別注意；而尤其要注意的是，早期的希臘政治思想，都把奴隸制度視為當然。

第二節　城　邦

希臘位於巴爾幹半島的南端，當其有信史之初，在山谷間和鄰近的海岸及島嶼上，分成許多小區域。

每區域中大概都有一個中心的城市，而通常各該區域卽以其中心城市之名爲名，這就是所謂「城市國」，或稱「城邦」(City-state)。所謂「城邦」，並非一國就祇有一個城市，實係包括一個小區域內的城市與鄉村而言。在這種小城邦中，人們多半過着很密切的共同生活，有公共的市場、體育場、健身房、及其他各種公共處所，所以國民每可朝夕相見，互相認識。古希臘的政治活動與政治思想都以這種城邦爲限。

古希臘的城邦中，最重要而對希臘政治思想上的影響也最大的，是斯巴達(Sparta)與雅典(Athens)。現在把這兩個城邦的情形，特別提出來分別講一講：

(一) 斯巴達

在斯巴達，首先要注意的是社會基礎。其社會階級較爲特殊，與上述的一般情形不同，全國始終是分爲下列三個階級：

1. 農奴階級 (Helots)　人數最多而地位最低。他們的勞力生產糧食，供給全國食用。但是他們沒有任何權利，處境異常卑劣，惟有被徵服兵役時，其負擔才算稍稍減輕。
2. 中等階級 (Perioikoi)　其職業爲工商，也間或業農。他們有一切私法上的權利和一點自治權，而在國家政治方面，則沒有他們的分。
3. 斯巴達人 (Spartans)　這個階級人數最少，而始終維持着統治地位，成爲一種特殊的貴族。他們除了練習公職與擔任公職以外，沒有其他的職業。他們是不許從事於農商的，其衣食完全仰賴農奴的供給，而他們的工作則專在政治與軍事。這一階級的人，其日常生活都有極嚴密的規則，有些看來是很奇特的。小孩子一生出來，要先送給族長查驗，惟有經認定身體強壯的，才可以撫育起來；有病態的，就被拋棄出去，而其母不得顯出悲傷。七歲之後，就離開父母，而由官吏看管，施以嚴格的體育訓練，一直繼續到二十歲，使他們的身體發育十分健全。在男孩子，訓練逐漸趨向於軍事，希望造成完美的軍人；在女孩子，則希望她們將來能生出强健的後代。而男女兒童之從事訓練，是同在一起的，並且都是赤裸裸，一絲不掛的，但據說並無不正當的行爲發生。男子二十歲就開始服兵役，晚年作官。成年男子必須齊集公共食堂，在官吏監督之下，共同用膳，食料相同，戒絕奢侈。國家鼓勵生育，有三個兒子的父親可以免除兵役，有四個兒子的則可以免除對國家的一切負擔。不願結婚的男人，「法律宣布其爲「不名譽」」，要被迫在青年男女體操跳舞地方的外面，裸體行走，就是在最嚴寒的天氣之下，也要如此。沒有生孩子的婦人，國家可以叫她試試看其他的男人是否比她的丈夫善於生子，她不得拒絕。斯巴達這樣奇特的社會制度，對希臘政治思想有極大的影響，較其政府組織的影響爲尤大。

斯巴達的政府組織如下：

1. 國王（Kings）　二人，權力相等，名爲宗教上、軍事上的首長，但實權不大。
2. 元老院（Council of Elders）　由三十人組成，包括國王二人在內；其餘的二十八人，必須年過六十，由全體公民選出，終身任職。其職權爲行政及司法。
3. 斯巴達人全體大會（Assembly）　爲全體斯巴達人所組成，集會很少，集會時也不能創制，不過對所提出來的事，決定其可否而已。所以，這個大會實際上並沒有什麽重要。
4. 五位長官（Ephors）　由全體公民中，用抽籤方法選擇出來，每年改選一次。這五位長官，設置的本意似乎是在大會沒有力量的時候用來牽制國王與元老院，但設置之後，竟搶奪了一切政策的最後決定權，而成爲全政府實際的重心。

斯巴達這樣的政治，除中等階級與農奴階級根本沒有政權，可置不論外，若祇就斯巴達人來看，似乎乃是民主政治。而實際上，斯巴達人能參與政治的也祇有一小部分。因爲按公共用膳制，用膳的每人要繳一部分食糧，不能繳的人不是不許用膳，卻是剝奪政權；後來沒有土地的人逐漸增加，有政權的人就相對的減少。實際成爲政府重心的五位長官，雖然形式上是由全體斯巴達人中抽籤選出來的，而結果不過祇代表這一小部分有政權的人。所以，當時希臘人以爲斯巴達的政治，在形式上，既是君主制，又是民主制；而實際上，卻是寡頭政治。

（二）雅　典

雅典的社會階級與上述希臘的一般情形大致相同，茲不再贅述。其政治，經過了希臘政治所同有的一般變遷情形（下面要再加詳述），最後所完成的形態是名實相符的民主制度。中心是一個公民全體大會（Assembly），這是政治最高權力機關，每年開常會十次，其議決就是最後的決定。日常負實際政治責任的有三個最重要的機構：

1. 五百人會議（Council of Five Hundred）　負責主持內政的細節，其分子由全體公民中抽籤產生，每日用抽籤法輪流主持政事。他們對於公民全體大會也有一點牽制作用，因爲大會的議程是由他們編排的。

2.十位將軍（Generals）　掌理軍事與外交方面的政事。其產生方法，是由十個行政區每區各選舉一位將軍。在雅典的民主政治中，祇有這些將軍是不用抽籤方法，而用選舉方法產生的重要官員。通常，這些將軍實在握有雅典政治的大權。

3.平民法庭（Dikasteries）　掌司法權，法官也是由公民中抽籤產生。這樣的政治，就雅典的公民說，已經是完全的民主政治了。但是雅典國內還有許多沒有政權的外僑及奴隸，人數遠在公民之上，所以從現代眼光來看，雅典還不配稱爲民主國。

第三節　政治變遷情形

希臘各城邦的政治發展，除極少數的特例（如前述的斯巴達）之外，差不多都循着如下的一種次序演化：

1.家長式君主政治（Patriarchal Monarchy）時期，

2.貴族政治（Aristocracy）或寡頭政治（Oligarchy）時期，

3.專制政治（Tyranny）時期，

4.民主政治（Democracy）與貴族政治衝突時期。

最初的君主政治，不過剛剛由家族制度的社會變成政治制度的社會，故政治組織仍不脫家長的範圍。當時政權多集中於行政官，這些行政官多爲富豪，他們漸漸竊得大權，推翻世襲君主，乃形成貴族政治或寡頭政治。迨商業發達，城市繁榮，智識進步，一般人對原有的制度發生疑義，而貴族的腐化又招致反感，有些野心家乃得利用機會，大施手腕，爲人民打破現狀，得到人民的信賴，把政權弄到手中，於是變成一種專制政治。專制的政治漸漸爲貴族與平民所不滿，他們乃聯合起來，又把專制者趕走；從此之後，希臘政治史乃又轉入一個新的時代。在這個時代中，沒有通行的政治制度，有的恢復了從前的貴族政治，有的變成了民主政治，但是無論變成那一種，平民與貴族的衝突總是免不了的。所以，從紀元前第五世紀一直到希臘滅亡，可以說都是民主政治與貴族政治衝突的時代。而就在這個時代，希臘人在政治思想上作了輝煌的貢獻。

第四節 政治思想發達的原因

希臘政治思想特別發達，其重要原因大概有下列幾點：

（一） 哲學的發達

希臘人長於思考，所以哲學思想異常發達。遠在紀元前第七世紀，卽已有有系統的偉大哲學出現（賽理斯Thales約640–546B.C.）。（註）自是以後，各家重要哲學復相繼產生，造成稀有的盛況。在此種濃厚的哲學氣氛下，對於政治問題也就多所探討，而能構成極有價値的思想。

（二） 政治制度的變遷

希臘各城邦的政治制度曾經多種變遷，各種制度都曾採行過。此點前面已詳細言之，玆不再贅。

（三）各種政治制度的並立

以上是就縱的情形來觀察。再就橫的情形來看，則希臘許多城邦各有其特殊的政治情形，亦各有其不同的政治制度。這樣各種制度的並立，很容易引起人們的比較與批評。上列第二點與這一點的兩種情形自然會使人發生以下的問題：歷史上以及現存的各種政治制度究竟以那一種為最好呢？最好的國家應該如何呢？當前的許多國家中，那一個接近於最完美的理想呢？某一個國家與最理想的標準相差幾何呢？為解答這些問題，也就發生了蓬勃的政治思想。

（四）民主政治的盛行

如前所述，在最後一階段中，若干城邦採行了民主政治。而民主政治是崇尚辯論的，所以一般人都要學習政治議論，政治家尤其要以此為武器。就在這注重議論的政治環境中，自然有許多政治理論產生了。

（註）賽理斯以曾預言日蝕著名。又關於他的傳說，有些很有趣的，如亞里斯多德的政治學（Politics）第一編第十一章中有這樣一段：

「據故事所傳，賽理斯因貧窮而被人嘲罵，蓋人家以為這就表示哲學之無用。但他憑天文學的知識，還在冬天的時候，就知道來年橄欖將會豐收；於是，他集了一點點錢，就把存款用於麥里特斯（Miletus）和凱奧斯（Chios）所有的橄欖壓榨器上，因無人競爭，乃以低價租得。等到橄欖收穫的季節，一時忽然需要很多的壓榨器，他遂把它們拿出去，任意取值，因而賺了大量的錢。以此，他向世人表示，哲學家如果喜歡的話，是很容易致富的，不過他們的大志別有所在罷了。」

第二章　柏拉圖

對希臘的社會與政治狀況有一個概略的了解之後，我們可以進而研究希臘的政治思想。希臘的政治思想並非從柏拉圖開始。早年的荷馬（Homer）、希西阿（Hesiod）、以及希臘七賢（Seven Sages）（註一）與格言派詩人（Gnomic poets）等都有一點政治思想，不過這些零星思想的痕迹祇散見於古希臘文學的斷編殘簡中。紀元前第五世紀的詭辯派（Sophists）（註二），專以成就事業所必需的各種學問教授公民，那時公民不屑於從事農工商各業，其所謂事業祇限於政治方面，詭辯派所教人的知識也就偏向於政治生活所需要的知識，那裏面包含着更爲清晰的政治思想。但是，他們祇着重於如何可以使一種政策成功，而並不着重於選擇政策的哲學根據。所以，從現在的眼光看來，他們的教育祇可以說是一種技術的教育，而並不是學理的教育。純以追求客觀眞理爲目的的希臘最大思想家要算蘇格拉底、柏拉圖、與亞里斯多德三人。蘇格拉底（Socrates, 469–399 B.C.）並無著作傳世，其思想言論賴其弟子爲之記載。蘇氏的最大貢獻在兩方面：一是發明了一種科學方法（scientific method），再則是創立了一種倫理學體系。所謂科學方法，實爲一種追求眞理的方法，也可以說是一種嚴謹的治學方法；那就是疑問與定義法（method of doubt and definition）。他所創立的倫理學，大部分表現於一種理論之中：道德（virtue）就是知識（knowledge），而邪惡就是無知。至於蘇氏與政治思想的關係則祇是間接的，而其對政治的確切結論究竟如何，殊難得悉。可是，蘇氏所立下的一般原則，經其大弟子柏拉圖承受，成爲柏氏思想的指針；在柏氏的體系中，對道德哲學與政治哲學都有極詳盡的討論。柏氏對話體的著作，常以蘇格拉底爲發言人，但其中蘇氏所講的話，有些很可能就是柏氏自己的意見，不過藉蘇氏之口以道出。究竟那些話是眞眞蘇氏的話，那些話是柏氏自己的話，殊難分辨。質言之，所謂「柏拉圖的蘇格拉底」(Platonic Socrates) 究竟眞眞是歷史上的蘇格拉底，還是柏拉圖所虛構的名「蘇格拉底」者，以爲柏氏自己意見的代言人，這是很難考證清楚的問題。此種無法解決的問題，姑置不論，我們現在就從柏拉圖開始。

柏拉圖 (Plato, 428-347 B.C.) (註三) 是雅典人，於伯羅奔尼先戰爭 (Peloponnesian War) 的早期，生在一個世代顯赫，境況優裕的貴族家庭。他的社會地位和家庭關係，可能會使他輕視民主；當雅典戰敗時，他還是個青年，自可將失敗歸咎於民主政治。他的母親，則是梭倫 (註四) 的後裔。

柏氏早歲就受教於蘇格拉底，學問上受了極大的影響。到紀元前三九九年，蘇格拉底被處死後，柏氏就離開雅典，漫遊各地。關於他遊歷的路程，學者議論紛紜，莫衷一是，所以他究竟到了些什麽地方，我們無法確知。大概首先他與蘇氏的其他徒衆，暫避於麥加拉 (Megara)，然後他又去到許多的地方，似乎除希臘本土之外，還到過埃及 (Egypt)、意大利 (Italy)、與西西里 (Sicily)。在埃及，他聽到當地統治階級的僧侶們說希臘是一個幼稚的國家，尙無穩固的傳統與高深的文化，不足以見重於尼羅河畔的神祕學者。這些話使柏氏頗受刺激，而同時也深深啓發了他。那裏，下有順從的農民，上有博學的統治階級作神權的統治，此種政治在柏氏的腦海中，留下了很生動的印象，而於其理想國的構思，大有影響。在意大利，他曾與畢達哥拉斯派 (註五) 交好。在西西里，他曾向敘拉古斯 (Syracuse) 的統治者狄昂尼士一世 (Dionysius I) 力陳其政治主張，結果不但未被採納，且反因此被鬻爲奴。

計柏氏在各處遊歷，共有十二年，也藉此吸收了來自各種淵源的智慧。紀元前三八七年，恢復自由，重回雅典時，他已行年四十；旋在雅典，創設學院（Academy），講學其間，垂四十年之久。

柏氏的理想，總希望敎出一個哲學家出來實行賢哲政治，故於紀元前三六七年，再往叙拉古斯，去敎狄昂尼士二世（Dionysius II），想使他成爲一個哲學家的君主，但是其計議也未獲接納。紀元前三六一年，應第三次召請，又去叙拉古斯一次，還是毫無結果。經過幾番失敗之後，其態度乃不得不有所改變，柏氏一生的政治主張之所以前後不同，這乃是一個重要原因。

柏氏著作甚多，皆爲對話體，其中與政治思想有關的，則要爲下列三書：

1. 理想國（The Republic）（註六），
2. 政治家（The Statesman），
3. 法律論（The Laws）。

就著作的時間來說，理想國最早，大概是在他開設學院的頭十年當中寫成的。法律論則是他晚年的著作，一直到紀元前三四七年他逝世的時候，還在繼續寫着。理想國的著作與法律論的著作，相距有三十年，甚至三十多年的時間，政治家這部書就是在這當中的時間所寫，大概與著作法律論的時間更爲接近一點。這三部書，因爲著作的時間不同，其中的主張也不相同，從而可以看出柏拉圖自己思想演變的情形。現在我們就以這三部書爲依據，把柏氏的政治思想概述如次（註七）：

第一節　理想國

這部書是柏拉圖精心結撰之作，在他的著作中是最偉大的，其內容引起了後人無窮的興味。下面，我們分幾段來研究其中所包含的政治思想。

（一）正　義

這部書的全部內容很複雜，從近代的眼光來看，可以說舉凡玄學、神學、倫理學、心理學、教育學、政治學、以及藝術論等，幾乎無不涉及；我們現在，當然是以政治思想爲著眼點而加以研究。其全部內容雖然如此複雜，而柏氏的思想卻有一貫的線索，一言以蔽之，他是在想像一個「正義」（justice）流行的國家，藉以襯託出「正義」在個人方面的意義。那麼，「正義」究竟是什麼呢？關於這個問題，當時流行着一些不正確的觀念，比如有人說强者的利益就是正義。柏氏對這些關於正義的觀念，都不以爲然，他認爲所謂「正義」者，簡單說來，就是每個人專作他自己的事，而不爲好管閒事之人（註八）。人類最高的生活就是正義的生活；正義是個人的道德，也是國家的道德。一個國家也同個人一樣，而且比個人更大；從個人身上去考察正義或不正義的性質，不如從國家中去考察更容易懂得些。國家與個人猶之乎一本書的大字版與小字版兩種版本，大字版比小字版更清楚，所以從國家中去認識正義，也一定要比從個人中去認識，更爲清楚明白。柏氏乃由此講到理想的國家，因爲正義的意象，在理想國家之中，自然比較容易找出來。

（二）理想國家的概況

關於柏氏的理想國家大概的狀況，我們可以分下列幾點，予以描述：

（甲）國家的起源

國家是如何發生的呢？柏氏認爲乃是從人類的需要（needs of mankind）中發生出來的。人類有許多需要，人各不同，爲滿足這些需要，必須互助合作，這就是國家之所由起源。每個人都有許多需要，而任何人都不能自己完全供給自己，必須有賴於其他的許多人來供給，於是彼此相助，互通有無，乃有其必要。這個人爲這個目的要得某人的幫助，那個人爲那個目的又要得另外一個人的幫助；當這些互相幫助的人合住在一塊的時候，這個住民的團體就叫作一個「國家」。大家根據彼此都有利益的觀念，互相交易，有的是與的，有的是取的，我們從此才開始創造出一個國家的觀念，而眞正創造國家的就是「必要」（necessity），必要可以說是我們的發明之母（the mother of our invention）。可見柏氏是把國家起源的動機放在人類的需要上，把國家構成的基礎建築在各盡所能的社會互助上了。

（乙）階級的畫分

柏氏所理想的國家中，是要畫分社會階級的。關於階級的畫分，分兩點予以說明：

（子）畫分的依據

柏氏所主張的社會階級，是依據什麼來畫分呢？簡單言之，就是依據人類才能的不同，而才能的不同則是基於天性。他認爲人類的靈性（soul）中有三種不同的成分，就是：

1. 「理」（reason）居頭部，其功用可以運用思想，發號施令。

2.「氣」(spirit)　居胸部，其功用可以供給勇敢堅毅的精神，利於執行任務。

3.「慾」(desire)　居腹部，其功用可以尋求自然慾望的滿足。

每個人的靈性中，所有的這三種成分，程度各有不同，因此乃有才能不同的三種人：

1. 富於理者是金質的人。這種人適宜於擔負政治家的最高責任。
2. 富於氣者是銀質的人。這種人僅適宜於在他人的控制與指導之下，而行統治。
3. 富於慾者是銅鐵質的人。這種人則僅適宜於工作，而不適宜於統治。

柏氏所主張社會階級的畫分，就是以上述人類天性與才能的不同爲依據。

(丑) 如何畫分

柏氏主張依照人類天性的不同，把社會分爲三個階級：

1. 哲人階級　金質、富於理的人屬於哲人階級。這是第一階級，也就是統治階級。
2. 軍人階級　銀質、富於氣的人屬於軍人階級。這是第二階級。
3. 生產階級　銅鐵質、富於慾的人屬於生產階級。這是第三階級。

這種階級的畫分，是以各人天性與才能的不同爲依據，而非基於其他條件，所以這三個階級也並不一定是世襲的。各階級的子孫都有賢，有不肖，因此在階級的畫分上也就不免有所升降，比如哲人階級的後裔可能降爲軍人階級或生產階級，生產階級的後裔也可能升爲軍人階級或哲人階級。柏氏所講的階級畫分，與今日的階級觀念，絕不相同。

（丙）分工的制度

上述社會各階級應該各司其事，所以要採取分工的制度。茲將其分工的原理，及如何分工的情形，分述如次：

（子）分工的原理

人類天性的不同，已如上述。各個人是各有所長的，長於耕田的未必長於蓋房子，長於建築的未必長於織布。倘若一個人要作許多種的事情，必致那一樣事情都作不好；反之，假如每一個人在適當時間，專作他天性相近的事，把別的事讓給別人去作，那麽，一定大家的工作效率都可以增進，而能事半功倍。「理想國」中說：

「……我們不是生來就彼此一樣的；天性各有不同，有的長於作這件事，有的長於作那件事。……倘若一個人在適當的時間，作他天性相近的事業，把別的事讓給別人去作，那麽，作出的數量必更加多，方法必更容易，品質必更優良。」（註九）

又說：

「然設一屨人或他種工匠，以金錢之故，抑以衆人妄相推許之故，或以其他種種原因，竟欲强爲軍人，或軍人而欲爲治國之人，實則業屨治軍，本其天性之所近，一旦棄其固有之職，而爲軍人，爲治國者，不能稱職，自在意中。若一身而兼爲工人、軍人、與治國者，則豈非亡國之道歟？……」（註一〇）

這就是柏氏主張分工的原理。

大概柏氏認爲分工可以有三種好處：

1. 每人專門作一件事，必容易熟練。

2. 每人專門作一件事，必能節省時間。

3. 人類的天性各有不同，分工可以發展人類的人格。因爲每個人如果就其性之所近，專作一件事，一定就認爲所作的事是分內的事，安分守己的去作，於是每個人對於事業的責任心都可以振奮起來，而這種責任心就是人格的基礎。

在這三種利益中，最重要的還是發展人格。柏氏認爲分工不但可以得到客觀的生產上的利益，而且可以得到主觀的人格上的利益；分工不但是經濟上的原則，同時也是決定分位、尊重責任、發展人格的倫理上的必要。

(丑) 如何分工

依據上述的原理，社會上的三個階級，應該各按其性之所近，分別專門從事於一種工作。其分配如次：

1. 哲人階級　他們的職務專在治國，有指揮支配權。

2. 軍人階級　他們的職務專在保護國家，維持秩序，執行第一階級的命令。

3. 生產階級　他們的職務專在生產東西，維持國人的物質生活。他們須服從上級的命令。

柏拉圖的理想國家中，就是這樣因才定分，循分作事：會治國的治國，會護國的護國，會生產的生產。

（丁）哲君

最後，理想國家中，必須有一個哲君（Philosopher-king），換句話說，就是理想國家的國王必須由哲學家來作。惟有哲學家作了帝王，或是原有的帝王有了哲學家的修養，然後才可以看到柏拉圖所理想的國家。且看「理想國」中說：

「苟非哲學家為君，或今之治國者有哲學家之精神與智識，苟非政治上之能力與哲學之智識，合而為一，………則國家終無脫離苦惡之一日；非惟國家，人類皆然。能實行以上數端，則吾儕之模範國家，方有實現之希望。………」（註一一）

這樣的國王是超群出衆、大智大慧的，所以不要用法律去拘束他。

我們由此也可以看出，柏拉圖理想國家的政治具有兩個特點：

1. 統治威權必須與廣博知識相伴。換言之，惟有富有知識的人，才可以有政治權力，政治家必須是哲學家。

2. 這種國家又是不用法治，而專尚人治的。

（三）實現理想國家的政策

那麽，上述的理想國家，要採取何種政策才可以實現呢？柏拉圖認為必須採取三種政策：1. 改造社會制度，2. 實行優生政策，3. 改良教育方法，茲分述如次：

（甲）改造社會制度

關於社會制度的改造，就是要實行共產與共妻的制度。柏氏的理論是認爲國家之壞，最大的莫過於人民意見紛歧，不能團結一致。這種不一致的狀態，從一種情形可以看出來，就是國人沒有共同的快樂與共同的痛苦；遇同一事件，有的人感覺痛苦，有的人就感覺快樂。這種情形乃由於大家分別彼此的成見太深，以致沒有共同的情感。而分別彼此的觀念之造成，則主要由於家庭制度與私有財產制度。在家庭制度之下，每個人一定祇關心他自己的家屬，而不關心別人；在私產制度之下，各個人之間一定要嚴格分別這是「我的」東西，那是「你的」東西。似此情形，怎麼能有共同的苦樂？又怎麼會團結一致？所以，我們如想致國家於太平，首要之圖必須使國人意見統一，那麼就要消除分別彼此的觀念，培養共同的情感，使大家遇同一事件，有共同的快樂，或共同的痛苦。而共產與共妻的制度正好可以作到此種情形。在這兩種制度之下，各個人有共同的財產，共同的妻子，自然不會再有「我的」或「非我的」之分別，而致國家於分裂。於是凡一個人以爲苦者，全國人都以爲苦，一個人以爲樂者，全國人都以爲樂，大家的意見一致，必能趨向於共同目標。每個人除軀體之外，沒有可以稱爲己有的東西，自然爭端訴訟也就無從發生了。柏拉圖依據此種理論，乃主張實行共產制度與共妻制度（註一二）。「理想國」中這樣說：

「一國之所謂惡，當無更惡於意見參差，人民不能一致；而所謂善，亦莫善於人民有團結之力，而能遇事一致。………凡人民有團結力之國，則遇欣喜之事，一致欣喜；遇悲痛之事，一致悲痛。………設遇一事，而國之人乃欣喜者半，悲痛者亦半，則表示其國民徒有私見，無一致之能力，而其國之組織必未完善無疑。………此種參差而不一致，大抵以不明「我的」與「非我的」，「他的」與「非他的」之眞義所致。………設一國之中，其人民皆知「我的」與「非我的」之眞義，而能一致用此二語，則非完善之國乎？………此種景象，實與人體相去不遠。設吾儕有人僅傷一指，卽彷佛全體咸集於腦部，而腦部實爲之中心點，故受傷者雖僅一指，而覺其痛苦者全部。以是之故，吾儕不謂其指有痛苦，而謂其人有痛苦也。不獨一指爲然，凡人身無論何部受痛苦，或脫離痛苦，吾覺其痛苦與愉快，不獨在直接之部分，全體皆然也。………然則於完善之國家中，人民中遇快樂或悲憤之事，則全國之人，將以其所遇爲已遇，而悉與之表示快樂悲憤之同情。………彼等對於不論何事何物，既確知有一種共同之關係，則自莫不曰，此與余有關係者；有此共同之關係，自有共同之快樂，與共同之痛苦。………以此之故，彼守國者亦當共有妻子等諸親屬也，蓋惟如是，彼等能有共同之快樂與痛苦。………而此共同之感觸，卽爲最善而最有利於國家者，當吾儕以人身比較完善之國家時，固已承認之矣。………且此主張與曩所提議無抵觸。嚮謂守國者不可有私有之宅地，與其他之恆產，所當得者爲糧食，而由其他人民所供給，蓋彼等不應有私人之費用，惟如是，乃可保全其眞正守國者之人格。………實行此財產親屬公共之制度，斯可使彼等成更完善之守國者，蓋既有如是之財產親屬，彼等決不復有「我的」與「非我的」之謬見，而使國家有分裂之害。何則，既無私人之房屋，私人之妻子，則自無私人之快樂痛苦，與夫一切私人所欲得之物矣；凡一人所以爲快樂者，衆人皆視爲快樂，一人所以爲痛苦者，衆人皆視爲痛苦，故對於一切事物之意見，人人相同，而各人所爲，有一公共之目的在焉。………彼等除軀體外，無物可稱爲已有，故爭執訴訟等事，無由發現。凡人間之以金錢子女親屬等而起爭端者，彼等皆可免也。」（註一三）

這種制度祇限於治國、護國兩個階級，（註一四）生產階級並不包括在內。大概柏氏以爲，治國階級的精神是「理」，護國階級的精神是「氣」，應該使他們儘量發展「理」與「氣」的精神。要使「理」、「氣」發展，應該無私無累；而取消私有的財產與室家，正好可以使他們達到無私無累的境地。

又，柏拉圖的共產主義是建設在倫理基礎之上，而不是建設在經濟基礎之上的，可以說與近代的共產主義根本不同。

（乙）實行優生政策

國家是由人民組成的，有了良好的人民，而後才有完善的國家。爲使一般國民先天健全，柏氏認爲一定要採取優生政策，對國民的生殖，由國家予以干涉，其要點如次：

1. 生殖必在壯年，才可以生出健全的子女，所以男女的生殖都要有嚴格的年齡限制：男子自二十五歲至五十五歲，婦女自二十歲至四十歲，因爲男子這三十年，婦女這二十年，都是精神上與體質上最健全的時期。在這規定的年齡之外而結合生子的，都視爲野合不義，其所生兒女視爲私生子。
2. 最好的男子要與最好的女子相配合，這樣的配偶求其日益增多；次等的男子要與次等的女子相配合，這樣的配偶求其日益減少。
3. 國家須於一定的節期，大會男女青年，爲他們選擇配偶，是爲婚媾節（Hymeneal Festivals）。統治者須注意每次配偶的多寡，應以維持人口的常態爲標準，不要使人口失之過多或過少；如有戰事疫癘等等情況，而致人口發生變動的時候，統治者更要細心考慮。（註一五）

4. 勇敢的青年，除其應得的種種榮譽之外，尚有與婦女自由接觸往來的特殊便利，因爲他們旣然勇敢，當然要使他們儘量多生子女。

5. 良種的兒女當特別看護，細心撫養；劣種的或不肖的兒女則當運到祕密的地方，使人們不能看見。

6. 小兒在哺乳期內，有時須令其生母哺乳，但是須用各種方法，使母親不能認識她自己的孩子。

優生政策的要點大概如此。柏拉圖想用優生政策，改良人種，使理想國家能夠永遠存在。不過這些辦法，有的要由統治者運用奇妙的方法，予以實行，而且必須嚴守祕密，祇有統治者知道；不然，恐有引起叛變之虞。且看「理想國」中這樣說：

「吾儕所承認者，爲男子之最良者，當配合以女子之最良者，如是之配偶，多多益善；而最不良之男子，當配合以最不良之女子，而此等之配偶，則以日益減少爲貴。前者所產之兒女，當撫育而教誨之，蓋非如是，不足以保人類中優秀分子之不退化也。然此種舉動，當守秘密，治國者以外，皆不可使知之；否則將不免有變叛之事也。………於是國家常有規定之節期，大會合青年男女，爲之擇配，屆時並有規定之祭神唱婚歌等舉動，以助興趣，而動情好。每次配偶之多寡，當由治國者核定，蓋其多寡當以人民之多寡爲準則。主持此事者，更不可不慮及一切關於民數統計之事，如戰爭，如疾病，或諸如此類之有影響於人民之總數者，蓋治國者須不使民加多而國爲過大，亦不可使民減少而國爲過小也。………且吾儕倡一種命運之說，必使彼在擇偶期中，失望者咸能自怨命運之不佳，而不致歸咎於治國者之不公道。………以余之意，凡勇敢之青年，或戮力於戰爭者，除得其應得之種種榮譽外，當使其對於與女子之往來，有較大之自由，雖然彼之勇敢，已足爲與女子往來之媒介也。蓋如是，則多數之小兒，產自此輩矣。………當置優秀父母之兒女於養育之所，並備專門之看護，爲之撫養；彼不良者之兒女，或父母本優秀而兒女乃弗能類，則均置之於人所不知之處。………於是當專視其養育之道。方小兒在哺乳期內，使生母而富於乳，則可令入養育之所哺乳，惟須用各種方法，俾一各不能認明己子。且哺乳之期，不可過長，爲母者亦不可中夜興起，致有其他爲母者之辛勤苦楚；哺乳以外之事，一切皆爲看護之責。………女子始自二十，嫁而生子，爲國家增殖民數，繼續至四十而止；男子當始於二十五而終於五十五，蓋始自二十五，則血氣用事之時代已過矣。………設有已過或未至此規定之年歲，而成婚於公衆擇偶之所，則視爲不潔不義之舉，而爲衆人所不齒，其所生之兒女，亦不能與尋常之兒等量而齊觀。蓋在公共擇偶之期，男女祭司與全國人民，必先祭神而禱曰，願此次旣諧好事，生兒成立，能較現代之優秀父母爲更善，而更有用於國家，故此等不正當之父母所產之兒女，直可謂來自曖昧，而爲情慾之惡果也。………此例更可用於男女凡在正當年歲結婚，而未經政府許可者，蓋未由政府許可而結婚，則所產卽爲不正當不聖潔之私生兒。」(註一六)

(丙) 改良教育方法

天賦完美的兒童，可以用上述的辦法產生出來。那麼，在後天方面，又應該如何加以造就呢？柏氏認爲單靠立法斷不能造就出適應社會制度的人民。如果民性健全，根本就用不着法律；如果民性不健全，法律也就無用了。要造就良好的人民，非靠教育不可。教育是個人朝眞理上走，朝正義上走的一條大道，也是謀求國家長治久安的唯一之路，國家同教育簡直是分不開的。所以，要實現理想國家，教育方法的改良，異常重要；在柏氏的理想國中，官吏的唯一職務，實際上就是教育。

柏氏所主張的教育方法，和雅典不同，卻有點像斯巴達。雅典的教育是私設的，教育的責任由家庭負擔，於是人民不免缺乏社會的、政治的知識。柏氏鑒於私設教育的弊病，所以主張公共教育，教育責任由國家來負擔。他把教育時期分爲三個階段，茲分別說明如次：

（子）初等教育（二十歲以前）

二十歲以前，是初等教育的階段。在這第一階段的教育中，必須身體與精神並重，所以教授的科目要爲下列兩種：

1. 體育　柏氏所說的體育是廣義的，除身體的鍛鍊之外，凡與整個身體健康有關的，如飲食、衞生等等都包括在內。（註一七）

2. 音樂　也是廣義的，是指一切屬於藝神（Muses）範圍中的東西，其含義之廣，幾乎等於我們現在所稱的「修養」（culture）。柏氏對這一方面很重視，認爲文學、藝術等都不能任其自由發展，必須由國家予以統制。（註一八）比如戲劇就應該禁止，因爲好人扮演壞人，男人扮演女人，上級的人扮演奴隸，都是不應該的；他並且想把所有的戲劇家都驅逐出境。

柏氏卻不贊成强迫教育，認爲應該啓迪思想力的發展，而不要硬性的灌輸知識。所以，他說幼年時代的教育須具有遊戲的性質，一面可使學者不生厭倦，一面也可藉此觀察各人性之所近。

（丑）中等教育（二十歲至三十歲）

到二十歲，完成了初等教育後，其成績優良者，要選拔出來，編入這較高的一級。這是科學訓練階段。在初等教育的階段，已經利用遊戲方法，灌輸一些科學知識；在這一階段，更要使學子對各種科學，切實研習，務期深明各種科學間的相互關係，融會貫通。茲將科學訓練的科目及教育目的，分述如次：

1. 科目

①算術

②平面幾何

③立體幾何

④天文學

⑤和聲學

2. 教育目的　科學訓練，除對實際生活有其功用之外，還有兩項重要教育目的：

①訓練思想，使人能解決經驗上的種種困難與衝突。

②使人接近眞理，而可導入於更高深的哲學研究。

(寅)　**高等教育**（三十歲至五十歲）

到了三十歲，完成中等教育之後，其中如果有智識宏通，志節堅毅，而顯然有哲學天才者，則應選拔出來，升入更高的一級。這一階段的教育又分爲兩段：

1. 研究哲學的階段（三十歲至三十五歲）　從三十歲到三十五歲這五年，研究哲學，專學辯證法（Dialectic）。

2. 實地歷練的階段（三十五歲至五十歲）　經過研究哲學五年之後，再叫他們去實地歷練，服務於政治、軍事等方面，一面可使他們得到世上的一切經驗，一面也可以試驗他們對於外來誘惑是否堅定不亂。這種實地的歷練，要有十五年，一直到五十歲。年屆五旬，而尚健在，並且學識品行均無缺點者，則他們已成完善之人，乃有治國的資格了。

關於教育方法，「理想國」中這樣說：

「……依從來相沿之法，則教育分爲二端，體育運動與音樂，前者爲身，後者爲心。……」（註一九）

又說：

「音樂之後，當繼以體育，此亦少年人所必須經過之鍛鍊也。……體育與音樂同，訓練之期，當始自幼時，……凡其心已受正當之教育者，則當再加以體育上之訓練。……」（註二〇）

又說：

「故數學幾何與其他類似之學，而爲思想力之前導者，皆當於幼時授之，然亦不可强迫行之。……自由之人，不當爲指定之學問所困。身體上之練習，雖由强迫，無傷於身；智識上之强迫，於腦力無益也。……故吾儕萬不可行强迫之制，幼年時代之教育，當具遊戲之性質，俾可使學者對之不易厭倦，並可由此觀察各人性之所近。……凡於各種練習上最敏捷而最善於領悟者，當特拔之。……當其專務體育之時代已過去。此二年或三年之體育上練習，專爲其身體之健全而設，於他事無補，蓋專務體育之時，除睡與運動外，別無他事，而睡與運動，適最不宜於求學。然在幼年時代，非重此不可，故余謂苟欲選擇人才，須擇已過此時代者方可。……至二十歲而具以上所云之優點者，當擢之較高之一級。至此則其幼時所得之各項智識，當使之能融會貫通，知其互相關係，與功用之究何在。……人而能受此種智識，卽其富有思想力之明證，蓋必惟思想力之最富者，能吸受最高之智識。……故此爲吾儕所當注意者，凡於能多得智識，而於學問上有堅忍之志者，且於軍事與其他各項之練習上，均能矢志靡他者，則當於其年屆三十時，由前所被選者之中，更擢之至更高之級。且於同時，汝當細察何人能不徒假耳目或其他官能，而能尋得眞理者，惟當汝爲此之時，須極端謹愼。……人之研究哲學之時間，一倍其研究體育之時間。……於此時間中，其悉心研究，概不與聞他事。……作爲五年可也。此五年之後，當使其入世，服務於政治或軍事，或其他少年人所當爲之事業。彼等由此可得世上一切之經驗，並可自試己之能否遇外來之誘惑而不亂。……如是者……十五年。至年屆五十而仍生存，且於其學識行爲上，均無缺點者，可與以自由。至此，則彼等之學識已高，經驗又富，其能見眞理，而以先覺覺人，自爲易事矣。故簡言之，人當以哲學爲至要之學業，及屆正當之年歲，則當爲公衆服務。其服務之目的，非欲建非常之事業以眩世，不過爲盡其對於國家之一種責任耳。迨後輩經其訓練，已能如彼等之完善無缺，而可以繼彼等而治國，則彼等可不問世事，逍遙終世。……」（註二一）

（四）政治的墮落

以上所講，都是達到理想國家的條件；假如不照這些條件去作，政治就會逐漸的墮落下去。墮落的步驟如次：

1. 武力政體（Timocracy）　男女的配合如不得其法，所生出的兒女就會混雜而不純正，比如可能銅質與金質混合，或是鐵質與銀質混合。人種如此混雜，易啓戰端，勇敢善戰的武人代替了哲人的地位而取得權力，於是賢哲政治乃墮落爲武力政體。這種政治的特點是愛光榮，貴功名，重軍略，尙權謀。其基本精神是「氣」，而不是「理」；「正義」雖已消失，但與理想國家，相去還算是最近的。柏氏以爲斯巴達就屬於這一類。

2. 寡頭政體（Oligarchy） 私有財產興起之後，貧富日益懸殊，政治權力集中於少數富人的手上，多數窮人爲少數富人所統治，武力政體乃變成寡頭政體。武力政體的基本精神是「氣」，寡頭政體的基本精神則是「慾」，又遜一籌了。

3. 貧民政體（Democracy）（註二二） 在寡頭政體之下，富者太富，貧者太貧，貧富之極端不均，不免引起貧民的革命；他們革命成功之後，寡頭政體乃又變成貧民政體。貧民政體的基本精神還是在「慾」，不過寡頭政體祇有一部分是「慾」，而貧民政體則全部是「慾」了。濫用自由的結果，必致形成無政府狀態。

4. 專制政體（Tyranny） 在無政府狀態之下，有野心的人正好可以利用大衆的散漫，造成自己的權威，於是出現僭主(tyrant)，而變成了專制政體。專制政體是與「正義」距離最遠的，所以變化至此，已至最壞程度。希臘人都認爲專制政體是最劣的政體，柏拉圖也是這樣。

以上就是政治逐漸墮落的情形。柏氏認爲實際上有各種不盡理想的政體，都是理想政治墮落的結果。

第二節 政治家

政治家這部書是比理想國晚一點的著作。這時候，柏拉圖的態度已經漸漸有所變更。雖然他的根本信念仍和理想國裏面差不多，但是討論政府問題則已稍稍趨嚮於實際方面，比如對於民主政治，固然仍不贊成，而觀點已與前不同，對於法律也換了一種新的態度。茲將「政治家」裏面的政治思想分兩段說明如次：

（一）眞正政治家

（甲）對希臘政治當局的批評

柏氏對希臘當時政治上一般的當局者，深致不滿，認為他們不够眞正政治家的標準，不足以擔負治國的重大責任。他批評那些人，如與其治下的人民相比，在本質上並不較高，而所受的教養，又差不多是一樣的，如是者自然不配統治國家。那麼，在柏氏心目中，眞正的政治家應該具備如何的條件呢？請看下面：

（乙）真正政治家的條件

柏氏認爲理想的眞正政治家，應該是全智的哲學家（all-wise philosopher），其學問智識要超出於全國一般人之上。這樣的眞正政治家，其職責要在以其高超智識，陶鑄人民，使合於道德的理想標準。所以眞正政治家治國的方法，祇須運用心力，而不必勞動身體手足。請看「政治家」中說：

「爲帝王者，用其雙手或整個身體來治理國家，不如運用心靈的睿智，較爲收效。」

這樣的想法，與中國儒家所謂「勞心者治人」，是很相近似的。

(丙) 人治的理論

柏氏認爲假如有這樣的眞正政治家出現，就應該聽他自由運用他自己的卓越知識，隨機應變，而不要拿死板的法律去拘束他。因爲法律是永久的、普遍的簡單法則，而人類的事，則紛歧複雜，變化無常；我們如必欲以一種普遍的、簡單的法則來拘束紛歧複雜，變化無常的人事，而且要永久適用，那是不合理的，並且也是不可能的。所以，如有理想的眞正政治家出現，就根本並不需要法律。卽使有法律的話，那也絕不是直接間接由民意制定，以拘束統治者的，而是統治者自由發布的命令，他的命令就是法律。他爲貫徹他的命令，可以順從民意，也可以違反民意，可以用和平手段，也可以用强制手段，這些都是不要問的。眞正政治家祇要用知識來領導民衆，被治者的同意根本沒有必要。

柏氏又拿眞正的政治家同高明的醫生相比擬：良醫祇要治好病，而不能拘泥於呆板的醫書，其治療方法有時會違反病人的意思，有時也會對病人加以强制。能把病治好的就是眞醫生，「不管他是貧或富，不管他順從我們的意思或是違反我們的意思，也不管他遵照醫書或是不遵照醫書。」眞正的政治家也是一樣，他爲把政治弄好，也須適應需要，隨機應變，而不能受死板法律條文的拘束。能把國家治理好的，就是眞正政治家，根本不必問他是否順從民意。醫生自己所開的藥方，有時因爲情況變更，而須加以修改；政治家所發的命令(也就是法律)，爲順應環境變化，配合時代需要，有時也須加以變更，這是不能禁止他的。「政治家」中有這樣一段譬喻的話：

「譬如有個醫生或教練將要到很遠的外國去，好久看不見他所醫治的病人，乃把他所用的方法寫下來，交給他的學生或病人去用，因爲他想不如此的話，恐怕會被忘記了。……但是，倘若他在預定時期之先回國，並且因爲天氣不期而變，用別的方法來醫治，可能會更好些。此種新的方法，雖然在以前的藥方裏並沒有，他是否仍不敢採用呢？他是不是要墨守舊規，他自已不用新方法，而病人也對舊藥方不敢或違，祇認定舊藥方才是有益健康，可以治病的，其他方法都是左道而有害的呢？以學術和眞正技藝的眼光來看，這豈不是完全可笑的嗎？……倘若一個人對聚集在各城市的人羣立下成文法或不成文法，規定那是善，那是惡，那是榮譽，那是不榮譽，那是公正，那是不公正，使他們都要受這種法律的支配，而這位聰明的立法家又突然回來，或是另有一個像他那樣的人來了，可以禁止他變更法律嗎？假如禁止，其滑稽豈不實與前面所說的醫生之例一樣嗎？」

總之，柏氏希望有眞正的政治家出現，而聽他毫無拘束的去運用他自已的智慧來治理國家，如此才是理想的政治。這是一種極端崇尙人治而不尙法治的理論。我們把柏氏的意思總括起來，可以說政治家就等於哲學家，政術就等於知識，而政治就等於教育。此意在「理想國」中已經講過，不過在這裡說得更爲明確而有系統。這種基本觀念，還是同「理想國」裏面差不多，而其他的意見則有些不同了，請看下一段：

(二) 政體分類

上述的政治當然是最理想的。全智哲學家的明智判斷就是政治清明的最好保障，所以也就用不着法律。但是柏氏也知道眞正全智的賢哲政治家是很不容易得到的；在得不到這樣眞正政治家的時候，不得已退而求其次，就祇有用法律來限制。法律中也實在含有許多經驗與智慧。在人類所實有的不完全的政府中，準據法律行事，還是比較好的辦法。法治雖非理想政治，但還不失爲理想政治之下次一等的善政。

柏氏基於此種觀點，乃把政府的形態分爲若干類。茲將其政體分類，說明如次：

（甲）分類標準

柏氏在這裏所作的政體分類是依據兩個標準：

1. 行使最高權力者的人數，
2. 政府是否受法律的拘束。

（乙）六種政體

柏氏依照上述標準，把政體分爲六種，可列表以明之：

行使最高權者人數 ＼ 政體類別 ＼ 守法與否	受法律拘束的	不受法律拘束的
行使最高權者一人	君主政體 (Royalty)	專制政體 (Tyranny)
行使最高權者少數人	貴族政體 (Aristocracy)	寡頭政體 (Oligarchy)
行使最高權者多數人	（適度的）民主政體 〔(Moderate) Democracy〕	（極端的）民主政體 〔(Extreme) Democracy〕

（丙）各種政體的比較

以上各種政體，都是在理想政治之下，較次的實際政治。這些政體，根本都沒有眞正的政術可言，所以嚴格講來，可以說沒有一種是絕對好的。不過，如就實際情形加以比較，則一個人行使最高權的政體，在六種政體中，可能是最好的，也可能是最壞的，那就是說，守法時是最好的，不守法時卻是最壞的。多數人行使最高權的政體，適得其反，在守法的政體中算是最壞的，在不守法的政體中卻是最好的，因爲這種政體權力分散，效率減低，比較軟弱無能，乃致既不能爲大善，也不能爲大惡。貴族政體與寡頭政體，就行使最高權者的人數來說，是介乎中間的；就好壞來說，也都是平平的，介乎好壞中間。這樣的比較，也可以列表明之如次：

各種政體的比較
- 受法律拘束的
  - 1. 最好的—君主政體
  - 2. 中等的—貴族政體
  - 3. 最壞的—（適度的）民主政體
- 不受法律拘束的
  - 1. 最好的—（極端的）民主政體
  - 2. 中等的—寡頭政體
  - 3. 最壞的—專制政體

從以上所述，可以大概看出柏氏政治思想的變遷：「理想國」中專言理想，「政治家」中雖然還沒有脫盡理想的色彩，但是已經漸漸趨嚮於實際方面來了。

第三節 法律論

法律論是柏氏晚年最後的著作，而討論政治，最爲詳盡。從這部著作的名稱上，就可以看出柏氏的思想由理想趨嚮於實際的最後轉變。這時候，他感覺早年的政治理想完全不能實現，於是把賢哲政治和共產與共妻等主張一齊丟開，轉而討論在不完全的人類社會中可行的實際政治。在「政治家」中，他曾指出法治並非理想政治，不過事實上的政府則不可沒有法治的精神。在法律論中，他卻要制定一種絕對支配社會生活的法典，以使實際政治在可能範圍內達到最好的境地。我們綜觀柏氏有關政治思想的三部重要著作，可以看出「理想國」差不多全講理想政治；法律論則差不多全講實際政治；「政治家」，就著作的時間來說，是介乎「理想國」與法律論的中間，而就思想的內容來說，也是介乎理想政治與實際政治的中間。

法律論中所講的各種制度，都富於混合與調和的精神，務期各種因素得到適中的協調，這是此書的一個特色。茲述其要點如次：

（一）法律觀念

（甲）法律的目的

我們首先注意的是法律的目的。關於此點，法律論中有言曰：

「……每一個立法者一定要常着眼於最高之善（the highest goodness），而且祇應着眼於此；……人可稱之爲完全的正當（complete righteousness）。」（註二三）

又說：

「他制定法律的時候，不是着眼於某一部分……之善，而是着眼於全體之善（goodness as a whole）。」（註二四）

從這些話可以看出法律的目的在最高之善、全體之善。由此也可見柏氏認爲國家的最高目的在道德，這個基本觀念始終沒有改變，不過關於達到這個目的的途徑，從前想經由賢哲，現在則改用法律。

在此種國家中，法律可以說是智慧的結晶，而最高的美德厥爲「自制」（self-control），也就是守法的氣質或尊重國家制度而使個人服從國家合法權力的精神。

（乙）法律的內容

柏氏以爲法律的內容要包括一切重要事項——立法者的智慧所値得注意的一切事項。在如此制成的法律基礎之上，其細節可聽由行政官吏憑他們的經驗去酌定。不過，柏氏未曾講明究竟那些是在立法上要規定的重要事項，那些是次要事項，也沒有講明區分重要與次要的標準。

（丙）法律的效力

法律不僅是禁止犯罪的，同時也是引導人向善的；法律的效力不僅是事後的强制，並且也是事前的勸諭。所以，各種法律要使人民易於理解，除一切條文之外，都應該有一個「引言」（Preamble），說明法律的根據與目的，俾收教導之效。

（丁）法律與政府

柏氏在此書中，是把法律放在執政者的上面；政府也應該受法律的支配。法律不是謀求執政者之私利的，而政府則是爲執行法律而設的。

（戊）習慣法

除成文的法律外，柏氏同時承認傳統的習慣法之效力。他認爲成文法無論如何詳盡，總不能把人民的習慣與不成文法完全抹殺。因此，青年的教育乃是最要注重的事。

（二）社會制度

此書中所講的社會制度，其目的在求調和各種經濟利益與社會勢力，使全國各種人都能各得其所，茲分兩項說明之：

（甲）婚姻與家庭

柏氏此時已經拋棄共妻主義，而承認婚姻與家庭生活，但是許多有關的事情，政府還是要加以管制，如：

1. 配偶選擇　政府要干預配偶的選擇，以使男女性格相調和，而可產生良好的兒女。
2. 家庭生活　對家庭生活，政府要嚴密的予以考察管理，甚至家庭日常生活的細微末節亦在管制之列。無論男女都要到公共食堂，一起吃飯。（註二五）
3. 生殖　政府對國民的生殖，也要加以管制；人口如有增損，政府就要限制或獎勵生殖。公民的數目，應以五千零四十人爲準。過多的人口，可以送到殖民地去。
4. 教育　雖然教育不復爲官吏的唯一工作，但柏氏仍規畫了一種極嚴厲的教育制度，施用於全體青年。每一公民的身心發展，都放在國家的干涉之下。

（乙）財產與階級

柏氏這時已經知道共產主義之不可行，於是承認私有財產。但是他認定貧富的極度不均是政治不安的因素，乃又用種種方法，防止分配的不均，使貧富的距離不要太遠。所以，政府要確定貧富的極限，而依照財產的多寡，畫分階級。每個公民可以得到國家所保障分配最低限度的土地，這是「貧窮的極限」(limit of poverty)；僅有這麽多土地之人，是爲最低的階級。凡財產超過這最低階級所有財產的兩倍、三倍、或四倍的，都各自成爲一個階級；另外的三個階級就如此確定。依照這樣的標準，乃將人民分爲四個階級。但是任何公民所有的財產，最多不得超過上述國家分配土地的四倍，超過四倍的卽由政府沒收充公，這又是富的最高限度。

我們由此可以看出，柏氏在這裏所講階級的畫分，與「理想國」中所講的不同：「理想國」中，是依照各人才力的不同分爲三個階級；而這裏則是依照各人財產的多寡，分爲四個階級。

（三）政府組織

這裏所講的政府組織是一種混合組織，折衷於君主政體與民主政體之間。下面，我們先闡述其組織原則，然後再說明其組織概略。

（甲）組織原則

關於政府組織，柏拉圖這時候有一個基本觀念，就是認爲依照自然，政府必是「依法以統治自願被統治的人民，而不是强迫的統治。」（註二六）必須如此，治者與被治者之間才可以維持好感，而這種友好關係，在政治上是最爲重要的。他把這一個原則，叫作「友好原則」(the principle of friendship)。國家有兩種母形：一爲君主政體，一爲民主政體，其他各種政體不過是這兩種政體的變形。就這兩種母形來說，君主政體代表權威，民主政體代表自由。而依照友好原則，這兩種精神，不論那一種趨嚮於極端，都會使國家沒有好結果，最好是在這兩種精神之間，執乎其中。所以，君主政體的組織，要有一種牽制，使權威不致有不當的擴張。在民主政體之下，就要注意防止自由的濫用，以免流於放縱，尤其對於平等的眞義，要有正確的了解。他以爲平等有兩種：一種是絕對的平等 (absolute equality)，一種是比例的平等 (proportionate equality)。依照前者，應使各個人都有同樣的機會參與國政，用抽籤方法任命官吏，就是依照此一原則；依照後者，參與國政應以各個人的能力爲分配標準，要量材授任，選擧官吏就是本乎此種精神。假如同時承認這兩種平等，就要將抽籤與選擧兩種方法同時並用。

總之，政府的組織，一定要合乎「友好原則」，所以最好是把君主政體與民主政體兩種精神混合起來，而折衷於其間。法律論中說：

「國家的母形有二，所有其餘的各種國家眞可以說都是由此產生出來的：一是君主政體，一是民主政體。前者的極端是波斯政體，後者的極端則是雅典政體。別種政體，實際上都不過是這兩種政體的變形。一個政體如想把自由、友好、智慧各種德行結合起來，必定要兼採這兩種政體的成分。無論那一個國家，倘若不兼採這兩種政體的成分，總不能算是正當的組織。」（註二七）

（乙）組織概略

柏氏依照上述原則，而規畫政府組織，茲述其重要機構如次：

1. 護法官（Guardians of the Laws）。

①人數　三十七人。

②年齡限制　五十歲至七十歲。當選者須在五十歲以上；當選後，任職到七十歲，就要退職。

③產生方法　由公民用三級投票法選舉出來。首先，有一次提名投票，選出三百個候選人；然後，再有一次投票，由三百個候選人中選出一百人；最後一次投票，才由這一百人中選出三十七人。

④職權　這三十七個護法官構成國家全部行政之顧問和監督的權力機關。

2. 議會（The Council of 360）。

①組成人數　三百六十人。

②產生方法　由四個階級的公民平均（各舉總額三百六十人的四分之一——九十人）用抽籤和選舉兩種方法產生。選舉出來的人數，比所需的名額加倍，而最後的選擇則以抽籤定之。

③職權　類似雅典梭倫時代的四百人議會（Council of 400）

3. 公民大會（The General Assembly of Citizens）。

①組成分子　一切公民均可出席。

②職權　以選舉官吏為主。

4. Nocturnal Council　就是「夜間會議」之意，這個會議每天開會，時間由黎明起至日出止，因以名之。

①組成分子　包括：

(1)最老的護法官十人，

(2)特有德行的教士，

(3)曾掌教育的官吏，

(4)與前幾種人人數相等的青年。

②職權　修改法律。這個會議有決定什麼時候要修改法律以及修改至如何程度的最高權力。

這樣的政府組織，含有分權與互相制衡的作用。若干世紀之後，孟德斯鳩（Montesquieu）所又發現而大加發揮的權力分立原理，如追本溯源，則柏拉圖在此處所講者可稱是其遠祖。

第四節　柏氏思想與環境的關係

柏拉圖雖然富於理想，但是他的思想並不是憑空來的，而且每每與他當時的環境有密切關係。茲將柏氏思想受環境影響的地方，擇其要者，論述如次：

（一）蘇格拉底的影響

柏氏早年受教於蘇格拉底，學問上所受的影響自然很大，若干基本原則都是得自蘇氏的。前面已經講過，柏氏與蘇氏兩個人的思想，有些地方本來就很難嚴格分解；假如我們認定「道德卽知識」是蘇氏的基本觀念，柏氏就很能謹守這一個信條，而且更能靑出於藍，進一步闡揚其中的精義。

（二）畢達哥拉斯派的影響

柏氏在漫遊的過程中，曾經與畢達哥拉斯派交好。這一派認定「一切事物都是數」，數學是最高的學科，由數學可知天道的運行，可使國民生活有一定的標準，所以他們拿數目來解釋一切。柏氏後來也應用數學觀念，就是受這一派的影響。如在法律論中，限定一國內公民的數目應以五千零四十人爲準，可爲例證。又如柏氏在想使敍拉古斯的僭主狄昂尼士二世變成一個好君主時，堅持要教他幾何學，這在一般人看來，也許殊爲不智，而就柏氏的觀點來說，則是很必要的。在柏氏心目中，無數學則無眞智慧之可能，這充分表現畢達哥拉斯派的想法。

（三）希臘美術觀念的影響

希臘人的美術觀念，一般說來，都是注重比例的、平均的、融洽的、整齊的美。無論建築、圖畫、雕刻都是如此，從沒有奇怪突兀的東西發現。這種美術的特性，影響在思想上，就是愛秩序、愛整齊、愛融洽的一種趨勢。柏氏自然也受到了這種影響。在「理想國」中，他所理想的國家是各有各的才能，各有各的階級，各有各的行業；在法律論中，他要使各階級的財產有一定的數額，全國的公民有一定的數目。這些都是與上述美術觀念之影響有關的。

（四）小城邦政治的影響

當時的希臘是分爲許多小城市國。柏氏對希臘的各種制度，了解得異常透徹，並且總想設法予以改良，但是他所規畫的改良方法，卻都沒有超越小城市國家的範圍。他所講的國家，總是「小國寡民」，一直沒有跳出希臘經驗的圈套。柏氏的政治思想，始終是以城邦政治爲限的。

（五）斯巴達的影響

柏氏的「理想國」受斯巴達的影響很大。蓋斯巴達在希臘政治上曾有驚人的事業，國勢之盛爲其他各國所不及，最盛時連雅典也被它戰敗，不但對外成功，國內也非常穩定，這種情形給希臘一般思想家的印象極深，柏氏也不能例外。而雅典民治初行之際，組織不大完善。因此，柏氏在「理想國」中，對民主政治，甚爲輕視，並且極力摹仿斯巴達的各種制度。我們看一看理想國的各種制度，實在充滿斯巴達的精神，這是很容易看出來的。惟柏氏對斯巴達的教育偏重於體育與軍事的訓練，在理智方面十分落後，深致不滿，於是他採取了斯巴達的教育方法，而增加其內容，同時顧到智識與哲學的教育。

（六）雅典的影響

柏氏晚年所見的希臘史實，使他不再特別崇拜斯巴達，並且改變了以前對於雅典的輕視態度。雅典前曾一敗塗地，此時卻又恢復到可與斯巴達爭衡，在希臘世界中復得一種光榮地位，而斯巴達制度的缺點，則已日漸明顯。柏氏的觀感，乃不能不因此而有所改變。所以法律論的思想，受雅典的影響較多，他在這裏面不但不堅決反對民主，並且有許多地方很推重雅典的民主制度；這裏面所規畫的政治制度，與梭倫憲法頗多相似之處。

（七）個人經歷的影響

柏氏一生的政治思想，由至高的理想，逐漸趨於實際，這種轉變實與其個人經歷有密切關係。他曾三次前往敍拉古斯，去教狄昂尼士一世及狄昂尼士二世，想藉此實現政治理想。但是迭次努力，終歸失敗，並且柏氏自己曾經因此被賣爲奴隸。這種慘痛經驗，自然會使他深受刺激；以抽象眞理的力量成就政治改革的信念，不免爲之動搖。

我們這一章所講的柏拉圖與下一章所要講的亞里斯多德，這兩位哲學家，在西方歷代的哲學家中，是對後世影響最大的。而在這兩位之中，柏拉圖的影響比較更大。因爲第一，亞里斯多德還是出自柏拉圖；其次，基督教的神學與哲學，其近於柏氏遠超過近於亞氏，至少在十三世紀以前是如此的。所以，我們可以說，柏拉圖是西方亘古以來影響最大的一位哲學家。

我們了解柏氏的政治思想之後，其思想之偉大是很容易看得出來的，茲就其犖犖大者，略舉數端：

1. 理想豐富　柏氏想像一個他認爲最完善的國家，予以描述，並且能把其中各種的制度說得具體而透徹，其理想之豐富，誠不能不令人欽仰。因爲柏氏的理想特別豐富，論者乃或以爲他的理想完全是一套不着邊際的空想，根本是想得到作不到的，其實未必盡然。他所理想的「共和國」，並非如我們所想的那樣鏡花水月，空中樓閣，在當時可能是想眞眞建立起來的，與近代所謂「烏托邦」（Utopia）不盡相同。比如，哲學家的統治，在我們看來或許是很難作到的，可是畢達哥拉斯就曾經嘗試過。（註二八）那時，一個城邦請一位賢哲來爲他們立法，是一種習見的事。（註二九）又有許多辦法，在我們看來是很奇怪而不近人情的，但在斯巴達就已經實行過了。不幸的是柏氏跑到西西里的敍拉古斯去，想實現他的理想，那是一個通商大市，正同迦太基（Carthage）作殊死戰，在那樣的氣氛中，自然任何哲學家都不可能有所成就。假如柏氏當時能找到一個適當的地方，也許眞眞可以建立一個「共和國」，而實驗一番。所以，柏氏不但理想豐富，而且在他自己主觀上，其理想並非完全空想。

2. 議論不朽　柏氏的議論，有許多是千古不朽的，例如：

①國家要合乎正義，國家的最高目的在道德；正義與道德是國家的眞正力量。所以，我們要講「政治道義化」，還須多多研究柏拉圖的政治思想。

②道德的眞正基礎在教育，教育是國家的根本。柏氏之特別注重教育，見解堪稱卓越。

③政府的工作，需要有訓練的專家；柏氏幾乎把「政術」看成就是「知識」。此點是民主政治中最容易忽略的，我們今日研究柏氏的政治思想，對此點尤應特別重視。

3. 方法謹嚴　柏氏的著作，雖然是用對話體寫成，而且常常用些譬喩，可是他的理論卻都是一步一步推闡出來的，方法異常謹嚴，易於使人了解。我們如拿中國的論語與柏氏的著作相比較，則大大不同。論語中的主張都是得自人生的體驗，而其表達方式，則每用簡單而肯定的詞句，僅有斷語而沒有論證；其義理雖甚正確，但以表面上沒有邏輯可循，遂易使人感覺沒有清晰的系統，而難知其所以然。西方文化重視科學方法，中國文化則每忽視科學方法，從這樣的對照，也可見一斑。有人說我們應該把「論語的頭腦」換成「理想國的頭腦」，若祇就方法來說，這句話是頗有道理的。

但是柏氏的政治思想也不無可以批評的地方，玆舉下列三點以論之：

1. 未能一致　柏氏的政治思想，隨年齡的增長，經驗的加多，而逐漸有所改變，前已一再言之。他最初有一個崇高的理想，但是後來他親歷的經驗，使他感覺許多理想是不可行的，於是逐漸予以放棄。並且，在斯巴達盛時，他要學斯巴達；到雅典盛時，他又要採用雅典的辦法。他自己的思想，前後未能一致。他雖然富於理想，但是沒有能夠對自己的理想，堅持到底，貫徹始終。若謂他後來的主張與前時不同，是爲遷就實際情形，而自己修正自己的意見，那就可見其前時的主張，並未考慮確當。這種情形，在中國思想上是很少見的。中國各家的思想，主張雖各不同，但每一家的思想，自己都能前後一致，不會此時一種主張，彼時又另外一種主張。柏氏以一個大師，而主張未能前後一致，不無遺憾。

2. 欺人之談　在柏拉圖的皇皇巨著中，竟有欺人之談，這使我們看了，不免大吃一驚。柏氏顯然認爲說謊是執政者的特權，正猶處方是醫生的特權一樣。（註三〇）比如，男女的配合，表面上由抽籤來決定，而暗中則由執政者巧妙的予以操縱，就是政府騙人的辦法。不過這還是小焉者。另有「一個御用謊言」（one royal lie），就是說上帝造人是用不同的原素造成的：有的用金造成，可以作統治者；有的用銀造成，可以作軍人；有的用銅鐵造成，就祇可用手來作工了。（註三一）此點，在柏氏理想國家的制度中，是重要部分，然而卻是一個大謊言！這樣的神話，叫當代的人相信，誠屬難事，但是柏氏以爲在兩代之中，可以造成，因爲下一代的人，以及所有的後代，可以用教育使他們信而不疑。這樣的神話，簡直有點像日本人的教條。日本人所傳授的教條是天皇乃降自太陽女神，日本之被創造出來，較世界其他民族爲早。任何一個日本人必須相信此種教條。（註三二）不過，强迫一般人相信謊言，是與哲學不相容的；如用教育來使人相信，那麽，教育也就變成愚民政策了。這樣欺人之談，似乎不是一位哲學大師應有的態度。

3. 荒謬主張　柏氏的理論都是一步一步推闡而來，但是他的具體主張卻有異常荒謬的，那就是共產與共妻。共產之荒謬，人所盡知，此處暫可不論。至共妻之說，則更是極爲怪異而荒謬的主張。「人之所以異於禽獸者幾希」；假如眞照柏氏所講的，實行共妻制度，則人將何以異於禽獸？而且，他所講的辦法，就是行之於禽獸，有時也不能適用。有些鳥類，必須雌雄成對分開來養；假如把許多對養在一起，就會彼此互相咬死。禽獸尚且如此，何況人乎？柏氏所講的辦法，豈非製造問題，徒滋紛擾？這種辦法，不但十分不合理，而且事實上也是行不通的。當代哲學家羅素（Bertrand Russell）把同時實行共產與共妻制度下的生活，名之爲「非獨身的寺院」（monasteries without celibacy）（註三三），其爲無法辦到，自甚顯然。想不到，這樣顯然荒謬而無法行通的辦法，竟出諸西方影響最深的哲學大師之口，眞使人有「莫測高深」之感。柏氏晚年，自己也感覺共妻制度之不可行，可見其最初主張之錯誤。

我們由此可以看出中西文化之根本不同。西方人重視知識，重視理論，所追求者要在一套有系統的知識。中國人崇尚實踐，重視實際人生的指導，所追求者重在個人的高超修養與社會共循的正當途徑。所以，在西方，祇要有一套有系統的知識，能建立一套思想系統，他就可以算是哲學家；而在中國，任何理論，假如對實際人生的指導無所裨益，則縱有良好完整的思想系統，也必不爲人所重視。就柏氏共妻的主張來說，在西方人看來，雖然也許覺得有點奇怪，但既爲一套有系統的理論，還是視爲一家之言。可是，這樣的主張，假如在中國的話，恐怕一定會爲人所不齒，而視爲「大逆不道」，「荒謬絕倫」，縱有良好的思想系統，也不會流傳千古。這一點是中西文化與心理之根本不同，值得我們注意。中國晚近的康有爲主張破除「家界」，不得有終身夫婦之名，婚姻契約改爲「交好契約」，時限不過一年；關於所生子女，則採公養、公教、公恤之制（註三四）。其說與柏拉圖的共妻主張，有點相近。不過，康氏這種思想，可能是受西洋的影響而來（註三五），不能代表中國的傳統思想。

（註一）希臘七賢爲1.梭倫（Solon，約638—558 B.C.），2.賽理斯（見第一章），3.辟達加（Pittacus，650?—570 B.C.），4.貝里安（Periander，625—585 B.C.），5.克理優布（Cleobulus，紀元前第六世紀人），6.奇羅（Chilo，紀元前第六世紀人），7.貝亞斯（Bias，紀元前第六世紀人）。

（註二）詭辯派的人很多，其中最著名的有蒲魯德高（Protagoras），高捷士（Gorgias），蒲魯底克（Prodicus）等。

（註三）關於柏拉圖生死之年，有不同的紀載。生年，有的說是在紀元前四二七年，也有的說是在紀元前四二九年。死年，或作紀元前三四八年。

（註四）梭倫（見註一）是雅典早年的政治家，曾爲雅典立法，並作經濟、政治的改革。

（註五）畢達哥拉斯（Pythagoras）是希臘較早的哲學家（582—500 B.C.）。關於他這一派哲學的精神，參閱本章第四節（二）。

(註六)理想國一書，英文的譯名是"Republic"，中文乃常譯爲「共和國」。其實柏拉圖在此書中所講的，並不是共和政體，「共和國」這個譯名很容易使人發生誤解。所以，我們覺得似乎還是依其實際內容，譯爲「理想國」，較爲妥善。

(註七)這裏，我們要有一個了解，就是依照前述情形，柏拉圖書中的政治思想可能夾雜着一些蘇格拉底的思想在內。

(註八)理想國中說：「然則請聽余一言，汝尚記吾儕建國時之宗旨，乃爲每人必視其性之所近，專司一事，不當爲事事一知半解之人，此非吾儕所認爲國家之基礎乎？實則此即公道（按即「正義」）也。………人各專司一事爲公道，固已言之不知若干次，即他人亦屢言之矣。」（理想國第四卷，用吳獻書譯文。）

(註九)理想國第二卷。

(註一〇)理想國第四卷。此段係用吳獻書譯文，下同。

(註一一)理想國第五卷。

(註一二)在此種制度下，婚姻一事自然要發生根本的改變。任何人不會自有其妻，而許多女人要成爲許多男人的「公妻」(common wives)。

(註一三)理想國第五卷。

(註一四)治國階級，徹底實行此種制度，是很顯然的；至護國階級，雖然不很清楚，大概也是一樣。

(註一五)至於究竟那個男人與那個女人配合，表面上是用抽籤方法來決定，而實際上則是由統治者，按優生的原則，暗中巧妙的予以操縱。

(註一六)理想國第五卷。

(註一七)飲食有許多限制，比如不能嗜酒，不能吃魚。肉一定要烤着吃，不得用其他方法烹調。此外，又不得吃糖果。據柏氏說，照他的養生方法養大的人，是根本不需要醫生的。

(註一八)古代的各種藝術常與宗教有關，所以柏氏的理想國家中，不但要統制藝術，而且要統制宗教。他所主張的這些辦法，很像現代極權國家之所爲。

(註一九)理想國第二卷。

(註二〇)理想國第三卷。

(註二一)理想國第七卷。

(註二二)「Democracy」，在柏拉圖看來，實在是一種貧民的政治。

(註二三)法律論第一卷。

(註二四)同上。

(註二五)關於這些事情，柏拉圖要由婦女組織一個監護委員會（ward committee）來主持，其主要責任就在嚴密監督青年夫婦最初十年的婚姻生活。（見法律論第六卷。）

(註二六)法律論第三卷。

(註二七)同上。

(註二八)當柏拉圖正在遊歷西西里和南意大利的時候，畢達哥拉斯派的阿齊泰斯（Archytas）在達拉士（Taras，即現代的 Taranto）也曾頗有政治勢力。

(註二九)梭倫之於雅典，畢達哥拉斯之於屠里（Thurii），都曾經這樣作過。

(註三〇)理想國中說：「……神與人皆不當誑語。誑語不過偶爲瘋癲之藥石，而當專屬諸醫士，常人無用之之道也。……一國之中有誑語之權利者，其惟執政者乎。執政者爲對付敵人計，容可權宜而出於誑言，此外無他人可有此權利。……」（理想國第三卷）

(註三一)理想國中說：「然後吾儕當再多方飾爲詭詞，以嘗試統治者，觀其可欺與否；既知其不能欺，人民此後須深信不疑方可。蓋此種虛構之說，乃偶一爲之，而有益於國家者，頃已詳言之矣。……汝曹於一國之中，以彼此均產生自地，人人同胞。然造化汝曹於地中者則上帝也，而上帝造汝曹之法不同：欲其於人間執統治權而有高貴之榮譽者，成之以金質；爲之輔弼者，成之以銀質；其餘工匠農人等，則成之以銅或鐵質。……余之詭詞如此，汝以爲能見信於人乎？……余亦固知其難，然無論如何，此種詭詞之傳播，終能使人對於國家，較有忠愛之心也。誑語之作用，大率如此。……」（理想國第三卷）

（註三二）就是任何大學教授，在極有學問的著作中，倘若對於這些教條，稍表懷疑，也將因作「非日本的活動」，而被辭退。

（註三三） A History of Western Philosophy, Book I, Chapter XXI.

（註三四）康有爲著大同書，其中主張爲實現大同，應「破除九界」，而「九界」之一卽是「家界」。「家界」會使「親愛不廣」，所以也要破除。破除之法，就是不得有終身夫婦之名，婚姻契約當名爲「交好契約」，規定時限，勿過一年，期滿後懽好者得續約。關於所生子女，則逐漸廢棄私養、私教、私恤，而代以公養、公教、公恤之制。他說照此辦法，「行之六十年，則全世界之人類皆無家矣，無有夫婦父子之私矣。」

（註三五）康氏曾亡命海外，遊歷歐美十三國，去了十六年才回來。大同書是演禮運大同之旨，合春秋三世之義，兼採西洋學說而寫成的。

第三章　亞里斯多德

亞里斯多德（Aristotle, 384–322 B.C.）生於色雷斯（Thrace）之司臺濟拉（Stagira）。他家世代業醫，他的父親尼寇馬卡斯（Nicomachus）仍操此業，並且承襲上代，充任馬其頓（Macedonia）王的家庭醫生。亞氏幼年曾學過解剖學和生物學，所以後來研究學問喜用分析的方法，這是與其家世有關的；他後來曾到馬其頓王的宮廷裏面去，也或許是由於他父親在那裏作御醫的關係。綜觀亞氏一生，可以很顯然的分爲三個時期，茲就這三個時期，簡述如次：

1. 在雅典研讀時期（十七歲至三十七歲，367–347 B.C.）　亞氏十七歲時，到了雅典，進入柏拉圖的學院（Academy），作他的學生，直至紀元前三四七年柏氏逝世爲止，計在柏氏的學院中，差不多整整有二十年之久。柏氏對亞氏甚爲賞識，看作最得意的門生，稱他爲「學校的神髓」。（註一）

2. 漫遊時期（三十七歲至四十九歲，347–335 B.C.）　柏拉圖逝世之後，亞氏就離開雅典，漫遊一個時期。首先，他到了小亞細亞（Asia Minor）。那裏阿塔納斯（Atarneus）的僭主何米亞斯（Hermias）是亞氏舊日同學，交誼甚篤，他款待亞氏有三年之久；然後亞氏又到鄰近的列斯堡（Lesbos）島上去。何米亞斯並且叫他的姪女皮泰斯（Pythias）（註二）嫁給亞氏；亞氏和她結婚後，伉儷情深，家庭生活極爲美滿，因此感覺家庭的重要，對其師柏拉圖共妻的主張，反對甚烈，或與此有關。紀元前三四二年，亞氏應馬其頓王菲立浦（Philip）之邀到馬其頓，作菲立浦之子亞歷山大（Alexander）的師傅。（註三）其時，亞歷山大才十三歲；到十六歲，他父親就宣布他爲成年，並且在他父親離宮時，可以攝政了。在十三歲到十六歲這段時間裏，亞里斯多德都在教他。但是，亞氏的教化並沒有收到效果，對於亞歷山大可以說沒有發生什麽影響。這兩位歷史上偉大人物的遇合，其毫無結果，簡直就好像他們分別住在不同的世界一樣。(註四) 迨菲立浦死，亞歷山大正式繼位 (336 B.C.) 之後，亞里斯多德乃又回到雅典去了。這樣漫遊的生活，差不多總共佔去十二年。

3. 在雅典講學時期（四十九歲至六十二歲，335–322 B.C.）　在紀元前三三五年至三二三年間，亞氏都住在雅典，並於雅典的郊外，設立學校，教授學子。(註五) 就在此時，亞氏著作了許多書籍，建立了他的學派，而成爲名垂千古的大儒。紀元前三二三年，亞歷山大死，雅典人反了，遷怒於亞歷山大的友人，亞里斯多德也是其中之一，於是他與蘇格拉底的遭遇相似，被人控以不敬神之罪。不過，他所採取的辦法，與蘇格拉底不同，決定出走，以避懲處，乃逃到卡爾息斯 (Chalcis) 他母親的家裏。次年 (322 B.C.)，他就與世長辭了。在這一時期中，除最後逃亡而死的短短一段外，計講學於雅典的時間，差不多也是十二年。

亞氏的著作中，與政治思想有關者，最重要的就是政治學 (Politics) 一書。現在我們所看到的這部書，共分八篇，乃一未完之作，其中有許多重複、脫略、與前後矛盾之處，且原稿經若干年來的輾轉傳鈔，錯誤在所難免，乃更增加我們研究此書的困難。不過，我們從這部書中，大致可以看到亞氏政治思想的梗概。

亞里斯多德執業於柏拉圖之門，歷二十年，是柏氏的得意高足。亞氏採取了其師的許多觀念，但其政治思想的方法與觀點則與其師有顯著之差異。這是由於他二人的頭腦有根本不同之處：柏氏的頭腦富於想像與綜合力，亞氏則趨重事實而富於分析力。柏氏理想特別豐富，亞氏則較務實際。柏氏多偏於理論的推演，亞氏則多根據事實而立論。亞氏對於歷史與當前的事實注意廣爲觀察，詳爲比較分析，由此以得到他自己的理論。他的研究方法是客觀的、科學的。(註六)就是同樣一種思想，亞氏的說法常是確定淸晰的，而不像柏拉圖喜歡用些迷離恍惚的暗示或比喻。

政治學變成獨立的科學，始自亞里斯多德。他之所以把政治學變成獨立的科學，是因爲他把政治觀念與倫理觀念截然畫分；這兩種觀念，在柏拉圖的思想中，卻是混在一起的。亞氏畫分政治觀念與倫理觀念，並不是有意使二者分離，乃是以分析方法去解決倫理問題的結果。而亞氏之首先把政治學變成獨立科學，乃使他在政治思想史上佔了特殊重要的地位。

第一節　國家的起源

亞氏對於國家的起源，是從歷史的進化上去追尋。他有一個基本的看法，就是「人類天生是政治的動物」(註七)，這是他的一句名言。因爲人類天生就是政治的動物，個人不能離群而孤立，必定要在政治社會中才可以生活，所以國家是「自然」生長起來的，並不是人力製造出來的。那麼，國家是如何自然生長起來的呢？這必須由家庭說起，從家庭的起源再說到國家的起源。

(一)家庭的起源

人類最初的結合是家庭。家庭組織是自然發生的，其發生乃由兩種結合而來：

1. 男女的結合　人類因自然的衝動，而有男女的結合。這種結合，並不是有意的，而是同禽獸一樣的。

2. 主奴的結合　人類為維持生存起見，不能不有主人與奴隸的結合；結合之後，長於勞心的主人可以專用心思來支配，而祇能勞力的人也就可以專用體力去作工。這樣結合起來，雙方都有利益。

人類有了男女主奴的關係之後，也就自然的有了家庭，家庭是為供給人生日常需要而自然發生的社會。亞氏說：

「是故無論研究國家，或研究其他問題，必先溯其源，窮其端，然後其所見者，庶可明瞭而親切。夫人類最初之結合，其起原必由於苟廢其甲方，其乙方卽無以保其生存之故。是故其第一步，當然必為男女之結合，蓋有此結合，其種姓乃可遞嬗而不絕。（如是之結果，並非有何種深遠之目的，寓於其中；不過因人類與其他動植物相似，均懷有一天然的欲望，欲留一肖己者於其身後而已。）其第二步，乃為天然的主從之結合，亦惟有此結合，雙方乃可維繫而互存。聞者疑吾言乎？盍一觀夫天之生人，自始卽有或宜勞心，或宜勞力之分。彼宜於勞心者，運其心力，輒能燭照先機，則不期而有為上為主之勢；彼宜於勞力者，用其體力，而使勞心者之先機籌畫，藉以實現，則不期而有為從為奴之效。是則主奴之間，非互賴而交利者乎？………於此男女主奴相關之間，不期而有一種組織首先形成，卽家庭是也。」（註八）

（二）國家的起源

家庭的互助生活殊太簡單，還不足以滿足人生的需要，於是人類自然有較大的結合，集合許多家庭而成村落。但人類逐漸感覺村落的力量仍然不够大，不能完全滿足願望，因而繼續要求更美滿的生活，許多村落乃又自然結合起來，成爲一個自給自足的社會，那就產生了國家。（註九）有了國家之後，人類過美滿生活的客觀條件就具備了。人類的社會組織，由家庭而村落，由村落而國家，國家乃是人類最高的結合。家庭、村落既然都是自然發生的，國家當然也是自然發生的。亞氏說：

「夫家庭之組成，本爲滿足男子之日常生活起見；其建立也，原基於自然。……迨至若干家庭互相聯合，其聯合之目的，乃在日常所需之供給以外，更有所企圖，於是第一類之社會乃成，卽村落是也。原夫最自然的村落之形成，不啻爲一家庭組成一新殖民地。……迨其村落日多，勢必互相聯合，而成一足以自給之社會，於是邦國之制乃告成立。其始也，不過基於生活所必需之目的而起；其繼也，乃欲維持其優良生活之故。邦國之制，於是乃一成而不可復廢。若謂古昔之社會組織，出諸自然，是則邦國之成立，亦必本乎自然，蓋邦也者，乃社會組織之止境，而事物之自然者，卽謂其爲止境可也。所謂事物之自然者，卽凡事物之發展，苟屆其完備之一境，而呈某種狀態之時，吾人卽名之曰自然。無論論人、論馬、論家庭，均可以此例概之。是則邦國之成立，出諸自然也明矣。……故曰：邦國之制，爲自然所創造，而人類之爲政治動物，亦本乎自然，其理已彰彰明甚。然而人有自外其國者，又有超乎國界之外者，其事亦若出乎自然，而非爲偶然之遭際者。雖然，若而人者，苟非爲一惡劣之敗類，卽爲一超人之人物。」（註一〇）

就時間來看，國家的發生雖然在家庭與村落之後；而就性質講，國家卻超乎家庭與村落之上。個人與國家之間，有一種特殊密切的依存關係。質言之，個人唯有在國家之內，才可以生活；離開國家，根本不能生存下去，而且也就失去了存在的價值與意義。個人與國家的關係，正如人體的各部分與人身全體的關係一樣。（註一一）凡是一個人，就必須是國家的一員。不需要與同類結合的，必是神祇；不能夠與同類結合的，就等於禽獸。請看亞里斯多德這樣說：

「至於國之建立，對於家族與個人，尤爲先務；此乃本乎自然，顯而易見之事。其間之關係，亦猶人身全體之與各部然；設全體既已毀損，則所附之手足百體，何由而尚能存在？解下而察之，與石製之手若足，又何以區別？且手足百體之所以足貴者，亦本其所具之動作與能力而言耳；苟一旦失其固有之特質，則吾人對之，除仍留其固有之稱謂外，實不能再視其爲手與足矣。於此，足以證明邦國之爲自然所建立，與夫邦國較諸個人，尤爲先務。蓋以個人一旦離羣索居，卽無由得以自給，是與人身各部之與全體關係，又有何異哉？或謂：人處社會之中，未必卽能生存。或又謂：人之所以資其生者，求之於己，已能自足，而無所求於社會。謂此言者，其不思亦甚矣。蓋離羣獨立之人生，苟非爲獸類，則必爲神靈。」（註一二）

（三）國家與家庭的區別

雖然人類社會發展的程序是由家庭逐漸發展到國家，可是亞里斯多德又堅持國家與家庭要嚴爲分別，這種看法與柏拉圖不同。柏氏認爲國家就好像是一個大家庭，而統治者就等於這個大家庭的家長。亞氏則謂此種觀念是錯的，國家與家庭實有根本的差別，不是程度不同，而是種類有異。國家與家庭的區別是這樣的：

1.在基本原則上，家庭是爲滿足物質需要而存在的；國家則是爲滿足道德與理智的需要而存在的。

2.詳加分析，可以看出國家的統治者對於組成國家的各個分子——公民，都是一視同仁，同樣看待的；家庭則是一個家長統治他的妻、子、財產——包括奴隸——的組織，而家長對於這幾種家庭分子的關係是不一致的：

①他對妻，不是絕對的專制者，而像一個權力有限的顧問官。此種關係，類乎立憲的統治。

②對於子，也不是絕對的專制者，而像一個爲民謀利的國王。此種關係，類乎王權的統治。

③對於奴隸與他種財產，則絕對專制，祇顧自己的利益。

第二節　國家的目的

亞氏雖然把政治學從倫理學中分出來，使政治學變成一種獨立科學，但其政治學的內容總沒有脫盡倫理學的色彩，這一點從他所論國家的目的可以看出。要了解亞氏所講國家的積極目的，先要知道他所認定國家的消極條件。

(一)　國家的消極條件

國家的消極條件，要有下列數端：

1. 國家不是祇爲維持生活的結合。
2. 國家不是爲獲得財富的結合。
3. 國家也不是一種結合，爲的是使一些人有共同的住處，不相傷害，而常相交際往來。

4.國家又不是像國際間的聯盟一樣，以促進彼此的某種政治或商業的利益爲目的。爲了上述各種目的而有的結合，都是以友誼爲基礎，並且僅着眼於共同生活；這些結合都包容於國家之中，但是國家的目的卻並不在此，而別有所在。那麼，國家的積極目的究竟是什麼呢？下面就是亞里斯多德對這個問題的答案。

（二）國家的積極目的

國家是人類社會最高的一種，其積極的目的在使人人都得到最完美的善良生活（good life）。政治社會並不是物質生產的社會，而是從事於道德行爲的社會，所以國家要陶鑄國民的道德。在國家之中的生活就是道德的生活，善良的生活。這種善良的生活，照亞氏自己的話說，也就是「愉快的生活」，「高貴的生活」。一言以蔽之，也可以說國家的積極目的在最高之善（the highest good）。關於國家的此種目的，從亞氏下面幾段話可以看出：

「國也者，社團之一也。凡人類之所作爲，其目的不外乎欲得其所視爲善者；故社團之組成，其用意亦在乎有以善其羣。若社團之目的既在乎善其羣，則國家者（亦可稱之爲政治的社團），爲所有社團中之最高一級，且可將其餘社團一切包羅而無遺，是則其求善之志之程度，必較任何社團爲高，且其所求者，亦必爲至高無上之善，可斷言也。」（註一三）

「殊不知所貴乎國家之存在者，原以人類因之可得優良的生活，爲其至大目的，而必非苟得生活，即爲能事已盡。若徒以苟得生活爲目的，則彼奴隸與獸類，恐亦能組成其國家矣。今則人人知其萬無此事，其故何歟？蓋以奴隸與獸類，對於快樂，與夫自由選擇之生活，均莫得而參加之故也。」（註一四）「蓋國家者，乃無數家族集合而成之社團也。其所以集合者，乃以獲得福利爲目的。福利惟何？卽完備與自足之生活是已。於此可見國家之目的，祇在優良美備之生活；而擧凡家族之聯合，手足之情誼，急公尙義之犧牲，歌唱舞蹈之同樂云云，不過達此目的之途徑而已。又可見國家之實際，乃基於家族村落之聯合，以求完備自足之生活者也。完備自足之生活云者，吾人以爲惟有愉快而又高貴之生活，始能副之。」（註一五）

「是故吾之結論，不難以數言概括之：卽謂政治社會之所以存在，原以高尙之行爲，爲其目的；而非徒具擕朋結社之友誼，卽爲能事已足。」（註一六）

第三節　國家的組織

組織國家的個體是「公民」（citizen）（註一七），而由個體組成總體的方法就是憲法。憲法的內容有種種的不同，因而政體也有許多種。所以，關於國家的組織，先講公民，再談憲法，最後講政體種類。

（一）公　民

所謂「公民」，有其一定的條件，並不是所有住在國境內的人都是「公民」。亞氏對公民所下的界說是這樣的：公民就是參與立法權和司法權的行使，或參與其中之一的人。簡言之：享有政治權利的人就是公民，而國家就是享有政權之人的團體。

依照上述公民的界說，國內有許多種人都不算是公民：

1. 奴隸
2. 外國人　依條約的規定，外國人有時取得訴訟的權利，也可以作原告、被告，但是仍不得算作公民。
3. 未成年的人
4. 歸隱的老人
5. 被剝奪公權和被放逐的人
6. 爲生活而工作的人　此外，另有一種人，也不能予以公民資格，那就是爲生活而工作的人，包括工匠、商人、以及農夫等。這在我們看來，好像非常奇怪。亞氏的理論是以爲，公民最要緊的本領在能治於人，又能治人，「時而統治，時而服從」是公民的必要條件，而這兩種本領則是要修練才可以得到的。爲生活而工作的人整日聽他人的命令，沒有機會發展自己的命令能力。並且，擔負國事的人要沒有生活必需品的顧慮，這又是他們所作不到的。所以，這些勞動的人，雖然對於國家的生存亦屬必要，但是不能包括於公民之中。

(二) 憲法

(甲) 何謂憲法

亞氏把國家的總體加以分析後，找出了組成國家之個體的性質。那麼，這些個體如何組織成總體呢？

個體組成總體的方法就是憲法。憲法應該規定下列各事：

1. 政府機關的數目
2. 各機關的相互關係
3. 任命官吏的方法
4. 國家最高統治權的所在
5. 公民的資格
6. 國家的目的　亞氏說憲法要說明國家的目的。前面講過，國家的積極目的在道德的生活，所以說明國家的目的也等於說明生活的方式，決定生活的標準。就此點言，憲法是國家目的的說明書，也就是生活方式的說明書。

我們把亞氏的意思綜合起來，可以說憲法就是規定國家的組織，說明國家的目的，限定公民的資格，決定生活的標準之根本法。

（乙）憲法與國家

憲法是國家的神髓；憲法一變，國家也就隨之而變，就不是從前的國家了。當一個革命成功之後，創造一個新憲法，重行設官分職，公民由新憲法得到公民的資格，成了新國家的公民，這樣就算建設起一個新的國家，從前的國家已經不存在了。亞氏的意思，簡直是把憲法看得同國家一樣，這是亞氏很重要的一個觀念。

（丙）憲法與政府

亞氏不但把憲法看得同國家一樣，並且把憲法看得同政府一樣。政府是國家最高權力之所在。憲法決定政府的形式，而反過來又可以說政府的形式決定憲法的性質。比如人民全體支配政府，那就是民主政體的憲法；少數富豪造成政府，那就是寡頭政體的憲法。政府與憲法是分不開的。所以亞氏認爲憲法在事實上就等於政府，他說：「憲法的意義與政府相同。」（註一八）

（三）政體類別

政體要隨憲法而變；憲法有許多種，因之政體也可以分爲若干類。分類的標準有好幾種，所以政體又可以有好幾種的分類：

（甲）以行使最高權力者的人數及政府目的為標準

亞氏依照此一標準，把政體分爲六種，其中有三種是好的，有三種是壞的，可列表以明之如次：

政府目的 / 政體類別 / 行使最高權者人數	純正的（以共同利益爲目的）	腐化的（以執政者私利爲目的）
行使最高權者一人	君主政體 (Royalty)	專制政體 (Tyranny)
行使最高權者少數人	貴族政體 (Aristocracy)	寡頭政體 (Oligarchy)
行使最高權者多數人	立憲政體（註一九）(Polity or Constitutional Government)	貧民政體（註二〇）(Democracy)

（乙）以決定參政資格的原則爲標準

國家決定參政資格的原則可大別爲自由（liberty）（註二一）、財產（wealth）、品德（virtue）、門第（good birth）（註二二）等四種。依照決定參政資格的原則之不同，可以看出五種不同的政體：

1. 貧民政體　以自由爲參政資格。
2. 寡頭政體　以財產爲參政資格。
3. 貴族政體　以品德爲參政資格。
4. 立憲政體　以自由及財產爲參政資格。

5.混合貴族政體　以自由、財產、及品德三者爲參政資格。

(丙) 以政府機關為標準

亞氏以爲凡是一個政府，一定要有必不可少的三個部門，就是討論機關、行政官吏、與司法機關。這三個部門的形式及功能與憲法的性質有密切關係。從這一方面來看，由於各部門的形式與功能之千差萬別，也可以區分出各種不同的政體：

1.極端貧民政體

①討論機關　全民大會。

②行政官吏　由公民中抽籤產生，任何公民都有資格作任何官吏。

③司法機關　法官的產生方法與行政官吏相同。

2.極端寡頭政體　參加各部門的資格都有很高的財產限制，三個部門全爲最富階級所獨佔，大權集中於少數富人。

3.立憲政體　大致介乎前二者之間：

①討論機關　由有相當財產的公民組成。換句話說，就是參加討論機關的公民略有財產限制。

②行政官吏　由選舉或選舉與抽籤並用的方法產生，被選舉資格有財產限制。

③司法機關　法官也是由選舉與抽籤並用的方法產生，被選舉資格也略有財產限制。

4.混合貴族政體　形式上與寡頭政體相同，但其基本精神不注重統治者的財產，而注重其能否稱職。

以上是亞氏政體分類的大致情形。有時他又把上述的各類再分爲若干小類（註二三），所以他的政體分類是異常複雜的。大概當時希臘許多城邦有各式不同的政體，而亞氏加以比較研究，了解非常透徹，於是乃有很繁複的分類。但他的分類殊嫌過於複雜，區別的標準也不甚清楚，而且有時同樣一種政體，前後所用名詞不同，也有時同樣一個政體名稱，前後用來其意義又不盡一致。因此，各類之間有時不免易滋混淆，難於分辨清楚。比如立憲政體與混合貴族政體就最難分辨，而貧民政體與寡頭政體的各小類也頗多混淆之處。這又是我們應該注意的。

第四節 法律觀念

亞里斯多德的法律觀念，與柏拉圖有一點根本的不同：柏氏認爲法治不如人治，而亞氏卻認爲人治不如法治。玆述亞氏的法律觀念如次：

（一）法律的客觀性

柏拉圖的理想是賢哲的統治，根本不要法律予以拘束；縱有法律，那法律也就是賢哲統治者的命令，是主觀的。亞氏的法律觀念則是想去掉主觀的判斷，建立客觀的標準。他認爲人類有欲望，有情感，如果得到政權，雖是善人也要爲情欲所左右。欲免此弊，須使人的情欲服從理智的支配。而法律就是「不受情欲影響的理智」（reason unaffected by desire），可以作人類精神上的制裁，也可以作人類道德生活的客觀標準。這樣的法律是客觀的，不致爲主觀的私情所蒙蔽。

（二） 法治優於人治

柏拉圖的理想是聽任賢哲政治家去自由運用智慧，隨機應變；亞氏則認爲政府應該依照客觀的法律而統治，法律的優越是一個良好政府的標幟。人類容易受情感、欲望的影響，雖賢者不免；爲避免主觀的「以心裁輕重」之流弊，唯有實行法治。甚至，最明智的統治者也不能不借重於法律。請看亞氏這樣說：

「然設又有人謂：國中既有一賢能出衆之人，儘可令其獨力治國，而不必他求。是不啻於人類之品性間，爲之增一獸性之原素焉。何則？蓋以利欲之驅人，猶如野獸之難以就範。治者之心理，苟一涉情感作用，則必至使仁者暴，智者愚，公正者偏頗，廉介者貪鄙，生心害政，事有必至者。雖爲第一流之賢者，亦有所不得免焉。至於法律，則爲理性之具體化，而絕不至爲利欲所影響，『法治』勝於『人治』之說，其在斯乎？」（註二四）

柏拉圖的人治理論，曾以良醫診病爲例。亞氏也舉醫生之例，而其理論則與柏氏針鋒相對，他說：「或者必又有言曰：人有爲疾病所侵襲者，則必延醫爲之治療；苟惟知篤守書籍中之方劑而自投藥餌，自施刀圭，厥疾恐難望其速瘳。是則『人治』又烏可廢乎？不知良相與良醫之爲術，並非處處可以相提並論；論者乃舉此以爲辯難，殊非中肯之論。蓋醫師之爲人治病，而不爲踰矩越規之行爲者，乃本乎友朋的善意而起；實則祇希於病者療治告痊之後，博得若干之醫金耳。至若行政官吏之所事，則種類綦多。其間因睚眦之怨，而事報復者有之；因黨同伐異，而排斥無辜者有之。故曰：良相之與良醫，同而有不同者在也。復次，病家如於醫師有所懷疑，恐其或與其仇人聯爲一氣，而欲設計置病者於死地，以博取賄賂者，則儘可以其所投之方藥，稽諸書籍，以驗其藥與症是否相符。若醫者苟自罹疾疫，亦必不以自精歧黃術爲可恃，必倩他醫爲之擬方療治；亦猶擔任技術科之教師，苟欲造詣精進，參加練習，亦必延請勝己者爲之指導。無他，蓋恐事件之與己身有關者，或不免受感情作用之影響，而未能判斷正確故耳。是故人於凡百事物，苟欲求其合乎公道正義，則必須獲得無偏無黨具有中立性之一物，以爲權衡之標準。法律者，非世所公認爲公正而無偏黨之一物乎？是則『法治』之說，更可證明爲優勝於『人治』之說矣。」（註二五）

總之，亞氏的中心觀念是法治優於人治。

第五節　經濟觀念

希臘人大概都不甚看得起經濟生活，亞里斯多德也是這樣。他認爲國家的目的不祇是爲生活，乃是爲高貴的、至善的生活；要實現高貴的、至善的生活，就須把整個精神，專用在道德生活方面，因此必定要擺脫物質之累。於是乃不得不把道德生活放在第一位，而把經濟生活放在第二位。因爲想使經濟生活居於第二位，遂又把此種生活從國家範圍中抽出來，放在家庭範圍之內。這是亞氏對於經濟的一個基本觀念。照他看來，「政治」和「經濟」是截然兩事；政治是屬於「國務」的範圍，而經濟則是屬於「家務」的範圍。

亞氏所講的經濟，內容可分爲奴隸、財產、與家庭等三部分。其實，奴隸是家庭的一部分，財產是家庭的附屬品，所以這三部分也可以說都包括於家庭之內；由此也可見他所講的經濟不過是一種家務的管理而已。現在把這三部分，分別說明如次：

（一）奴隸

亞里斯多德對於當時希臘社會上的奴隸制度，不但承認其事實，並且爲之辯護，大倡天生奴隸之說，謂奴隸制度是合乎自然的。此種理論，可分幾點來說明：

（甲）奴隸是一種工具

人作各種的事，常需適當工具。工具的種類繁多，而大別之可分爲二類：一爲有生命的，一爲無生命的。家庭中的奴隸也就是供人用的有生命之工具，不過比其他工具更有價值而已。亞氏說：

「工欲善其事，必先利其器，器也者，工具之謂也，此固古今不易之原理。凡百技能然；治家之道，亦不外乎此。夫工具之爲類，千端萬殊，雖更僕不能盡，然大別之，要有二類：一具有生命者；一不具生命者。今卽以航船之駕駛者爲喻，駕駛者固無時無地不能舍其工具。所操之舵，無生命之工具也。所屬之瞭望者，有生命之工具也。瞭望者，人也，烏可以工具稱之乎？曰：從技術方面而論，凡可以供人役使者，均可謂爲工具之一種。是故人之所有物，亦卽所以維持其人生活之工具也。在治理家政範圍內，所畜之奴隸，爲其有生命的所有物，而所擁之財產，爲其若干類之工具。質言之，奴隸之本身，確爲一種工具，惟在其所有工具之中，佔得優先地位耳。」（註二六）

可見亞氏是把奴隸完全視爲工具。

（乙）奴隸是天生的

作工具用的奴隸，是家庭各種財產中的一種財產。他們同牛、馬之類一樣，並不是受人力壓迫而作人的工具，乃是天生如此的。按照普遍的自然原理，人類要達到任何目的，必有命令者和服從者；有些人天生能夠發令，有些人天生就祇能服從。前者是天生的主人，後者就是天生的奴隸。由此可知，奴隸是天然的被治者，其應爲奴隸，實天賦所使然。亞氏說：

「今有人於此，從其天賦之才能觀之，實不足以自存自立，其人宛若非其所自有者，而實爲他人所有之人，則其人乃爲天然的奴才。蓋人而可稱爲他人所有之人，則雖係含齒戴髮之倫，實與一種之『所有物』無有異矣。」（註二七）

他又說：

「且造物之對於自由人，與對於奴隸，似本有所區別。卽按其軀體之構造而觀之，一則體力絕强，足以服勞而充賤役；一則端正明秀，雖不合服勞任重之用，然適於政治生活，對於戰時與和平時之技能，皆足以勝任而愉快焉。………本此種種理由，可見芸芸之衆生中，有天然宜爲自由人者，亦有天然宜爲奴役者。」（註二八）

（丙）奴隸利於受人支配

照上面的理論看來，可以說主人之支配奴隸是與自然原理相合的。不僅此也，亞氏更進一步認爲奴隸受主人支配，對於奴隸本身，非徒無害，而且有利，因爲奴隸天生低能，無力自存自立，唯有受主人的支配，才能生存。這種情形，與馴良的動物受人管理，其幸福反而可以增加，是一樣的。（註二九）請看亞氏這樣說：

「例如馴服之禽獸，其天性必較野獷者爲良善；且馴服之禽獸而爲人所管理者，其境遇亦恒爲優良。蓋惟其如此，其種姓乃得以保存故也。……且此一原則，放諸人類之全體而皆準，其中蓋有不得不然之理寓焉。夫靈魂之與軀體，人類之與禽獸，（例如禽獸之所務者，在乎用其軀體而止，過此則非其所能及。）其間既有若是之差別，則彼下而劣之一類，當然祇能充爲奴爲從之任務，而應受其爲主爲首者之所統治；非徒爲事勢所當然，且於己亦殊有裨益也。若此輩者，以其爲品性所限，僅足充他人之『所有物』，故其結果亦終爲他人之『所有』。且此輩對於一切含有理性之原理，雖不能充分了解其所以然，然亦足以與聞其當然，而有一知半解之得，則其應居於奴從之地位，亦自然之道也。若夫下等動物，則萬不能了解夫所謂原理者；其所動作，除服從其本能之驅使外，無餘事矣。至若奴隸與馴服之獸類，其功用不甚相遠，均爲供其體力，以充人類生活所必需者。」（註三〇）

（二）財產

在財產方面，亞氏承認私有財產，痛斥柏拉圖的共產之說。玆將亞氏關於財產的觀念，分下列幾點予以說明：

（甲）攻擊共產主義的理論

亞氏認為共產主義是絕不可行的，其理由如次：

1. 勞動的報酬必將不均　假如實行共產制度，勞動的報酬一定不能與勞動的多少成合理的比例。私有財產制度本來可以鼓勵人們從事生產；在共產社會中，因為勞動的報酬不均，必致高度的生產不能發揮，而且人都熱心於分配，分配又不合理，必致紛爭無已。亞氏這樣說：

「設南畝力作之人，非即為其田之所有者，則其情形，即與上述者不同，而處分也亦較易。若耕田者，又為田地之所有者，則此所有權之一問題，必致糾紛百出，成為世界之一大棘手事矣。蓋人於勞力與享用二端，設一端不得其平，則爭執必起。彼用力多而獲得少者，對於用力少而獲得多，消費多者，必致怨聲載道，難以一日安。是故人於同居共處，又於人的關係全為共同者之中，則困難而不易處置之事恆多；而於財產之共有者，則糾紛尤甚。試觀結伴旅行之人，每以日行尋常細故，而起爭執，甚至口角鬭毆，亦所不免，不啻為吾說之絕好例證。又如僕役中之日常接觸者，主人對之，最易吹毛求疵，時發咆哮，亦其一例也。」（註三一）

2. 私有的快樂必將喪失　人於私有財產，會感到無上的快樂，此乃本乎天性；這樣的自私觀念，如不過度，未可厚非。在共產社會之下，此種私有的快樂必將喪失，這是違反人之天性的。亞氏說：

「吾人苟偶爾獲得一物且可據為己有者，必感無上之愉快，可見此愛己之觀念，實為造物之所賦與，而非屬於無所用者。至於自私自利之行為，雖為人人所詬病，然其所以詬病者，非對於自私自利之本體而發，乃以其人愛護一己之念，逾其限量故耳。亦猶守財奴之愛錢然，夫人幾乎莫不愛錢，如以他種目的故而致愛錢，尙非一可鄙之行爲；若一無他志，惟錢是愛，乃眞可鄙耳。」（註三二）

3. 慈惠的道德無由表現　寬厚與慷慨是人類的美德。而這種慈惠的道德，唯有在私有財產制度之下，才能表現出來；在共產社會中，就根本沒有表現與發展的機會了。所以，從道德的觀點來看，共產主義又是會妨礙人類道德之發展的。亞氏說：

「人於愛己愛財之外，若於友朋儕輩賓客方面，爲一慈善之舉，將伯之助，亦必歡忻鼓舞，視爲最大之愉快。第此慈善之舉，將伯之助，須於人有私財之際，方可爲之；若一國而達於過分『單一』之一境界，此類美德，將不得而見之。………若財產旣屬公有，則將無人願爲慷慨仗義之擧，以爲其羣之楷模矣。何則？夫慷慨仗義云者，乃對於人之使用財產而言；今財產旣不屬於己，尙何慷慨仗義之足貴耶？」（註三三）

以上是亞里斯多德在兩千多年以前所提出的反共理論，其言頗有千古不朽的眞理，亞氏可算是反共的先驅。而共產主義標新立異，甘言動聽，若不深察，最易爲其邪說所眩惑；亞氏於此，更是觀察得異常透徹，不禁慨乎言之：

「夫共產社會之法律，若自其表面觀之，似有一種寬大仁慈之特色，寓於其間，最易動人聽聞。故世人苟聞在此一種奇妙的境界之中，人人能彼此親善而互助，與友朋無二，必將輕聽易信，以爲確能致之。其人又鑒於現代國中之罪惡，不一而足，如關於契約之不履行而致訴訟也，僞誓爲人所證實而不能不認罪也，對於富豪權貴之諂媚也，隨在爲人非難詬病，以爲凡此罪惡，均基於財產私有制度而起。於是一聞共產之說，不覺爲之心折而神往，故信之益易，不知此類罪惡，其起也實別有原因，卽人性中之凶德是也。若吾人之所有者，果悉舉而公之，則其爭端口角之起，且將益多。」（註三四）

（乙）　財產私有的目的

亞氏雖然承認私有財產，但是並不承認財產私有就是最後的目的。他認爲財產應該屬於私有，但是最好供諸公用。私有財產的制度應該由正當的習慣、正當的立法予以支配，使成爲導致道德生活的方法。總之，他是想利用財產私有，以求達到道德生活的目的，其言曰：

「至於以善意對人之故，於財產之享用正不妨與他人共之；諺所謂：『朋友有福同享』，此之謂也。……於此足徵財產之所有權，應屬私有，而其使用則不妨公之。而一國立法家之所務，惟在於人民行爲方面，養成一博施濟衆之品性而已。」（註三五）

（丙）　取得財產的方法

亞氏看不起經濟事業，所以把生產問題排除在高尚學理範圍之外。他祇承認財產是維持生活的東西，而不承認它是維持高尚生活的東西。因此，取得財產不是國家的職務，祇是家庭的職務，而且在家庭中也不是高尚的職務，乃是最卑賤的職務。基於此種觀念，他把取得財產的方法分爲自然的與非自然的兩種，茲分別說明如次：

（子）　自然的方法

爲獲得純粹生活必需品而取得財產的方法是自然的方法，這是眞正經濟學應該研究的對象。此種方法包括畜牧、耕種、狩獵等，而狩獵包括漁業在內；最奇怪的是亞氏把刧掠也包括在狩獵的範圍之內，而認爲也是一種取得財產的自然方法。(註三六) 他所講的自然方法，可列表以明之如次：

自然的方法
- 畜收
- 耕種
- 狩獵
  - 獵獸
  - 打魚
  - 刧掠

(丑) **非自然的方法**

假若財產之取得，不是僅以維持生活爲目的，而是以無止境的蓄積財富爲目的，那就是非自然的方法。研究這些方法的學問，他名之曰財富學 (Chrematistics)。比如，商業可以是自然的生產法，又可以是非自然的生產法：倘祇以獲得生活必需品爲目的，則經商是一種手段，無論以物換物或以錢換物，都是自然的生產法。但貨幣發明之後，人們每把貨幣當作經商的目的，這就不是拿貨幣去換取生活必需品，而是以貨幣生產貨幣，乃成非自然的生產法了。至於放債生利之爲非自然的方法，自屬更爲顯著。

(三) 家　庭

亞氏認爲家庭的組織是順乎人性之自然而發生的，並且也是有必要的。他極力反對柏拉圖不要家庭而實行共妻制度的主張，反對的理由是共妻一定會發生下列幾種違情背理的後果：

1.親愛不能專一　愛情貴乎專一。假如實行共妻，自然也就共子女，然則夫妻、父母、子女、以及兄弟間的專一之愛，都將消失。悖乎人情，莫此爲甚。亞氏說：

「且人倫中之恭敬慈愛，所以能感動而發生者，以其有二種之特性在焉。對方必爲其人一己之所有者，一也；對方且爲其人所獨有者，二也。若一涉公妻子之國家，則此二特性，卽無一可以存在矣。」（註三七）

他又說：

「若夫一國之婦女兒童，設果屬諸公有，則愛情之一物，將如流水行雲之漫無固定性質；其父必不以『我的兒』呼其子，而其子亦必不以『我的父親』稱其父矣。若然，則其彼此相互間之慈愛，猶如以少許之旨酒，混以多量之水分；此混合品中之酒之成分，且將不得而見之。故曰：在此公妻子之社會中，父子夫婦間，基於其名稱而發生之關係，將全然消失，而毫無意義矣。若果臻此境界，則所謂人之父者，何以對於其子，尙應注意而撫育之乎？所謂人子者，何以尙應奉養其父乎？所謂兄若弟者，何以尙應友愛其兄若弟者乎？」（註三八）

2.節制的道德不能發展　在家庭制度之下，一個人對於別人的妻室，有一種節制的道德。這種道德是高尙的、榮譽的，應該任其發展。可是，若行共妻，這種道德就根本無從發展了。「人之所以異於禽獸者幾希」，絕不能混爲一談，亞氏慨乎言之：

「若以人與獸類相提並論，而謂男女對於性的生活，宜效禽獸之所爲，則其持論，可謂剌謬已極。

蓋獸類絕無治家之事，而人則豈其然乎？」（註三九）

3. 子輩無人關切　柏拉圖以爲作父母的不知道誰是自己的孩子，然後對於國家一切的孩子，自然都會發生濃厚的愛情。亞氏則以爲適得其反，作父母的既然不知道誰是自己的孩子，一定連所有的孩子都不愛了。孩子們，得不到自己父母的養護，說起來好像大家都有照顧責任，而實際上一定是大家都漠不關心。這是一個嚴重問題。請看亞氏這樣說：

「須知凡事物之公諸最大多數時，則將最少爲人所注意者。蓋人人之心目所在，大都爲其一己之事物；至涉於公共者，恆不易得人一盼，卽有注意之者，亦必以其個人與其有關係故耳。其他種種原由，姑置不論，卽以責任而言，人人欲盼他人所盡之責任，亦每爲其自己所最易忽視之責任。觀於家庭中之少數僕役，轉較多人爲得力，卽此故也。此一原則若果實行，則凡一公民，必將有千百個兒子，且其彼此間之關係，並非爲各個人所獨有，乃人人可爲人人之兒子，而關係則彼此相等者。若然，則此千百個之兒子，且將爲全體公民所同等漠視矣。…………與其爲柏拉圖方式中之『兒子』，無寧爲實際的某某人之從父母昆弟，爲益不更多矣乎？」（註四〇）

4. 家庭經濟無由建立　國家的目的在道德生活，經濟生活正好抽出來放在家庭的範圍之內。而家庭經濟主要建設在男女的分工合作上；男女依據其不同的天性，互助合作，正好可以結成一個調和的團體。若實行共妻，則家庭經濟根本無由建立，此種作用也就不能發揮了。

5. 幼兒的道德生活難於培養　家庭可以培養幼兒的道德生活，作將來國家教育的基礎；如無家庭，此種作用自亦無從發揮。

6. 奴隸失所依靠　社會上有些天生低能的奴隸。如有家庭，他們可依附於家庭，藉求生存；假若取消家庭，這些不能自給的奴隸們卽將失所依靠，而無以為生了。

總之，亞氏是本乎人性之自然立論，極力反對共妻之說，而主張保護家庭制度，認為沒有家庭制度的國家是不能成立的。而且，在亞氏看來，共妻之制卽使勉强實行，事實上也一定是行不通的。(註四一)

第六節　最好的國家

亞里斯多德也曾討論到最好的國家應該如何的問題。在討論這個問題的時候，他還是採用與作政體分類時一樣細密的分析方法，而結果沒有一個直截了當的答案。他認為對此一問題，應該從幾種不同的角度來觀察：

1. 首先，我們要研究什麼樣才是理想的絕對最好國家。
2. 其次，我們還要研究人類實際上普通所能達到的最好國家。
3. 此外，我們又要研究在某種特殊情況下的最好國家。

絕對的或理想的最好國家，一定要以絕對的或理想的「德」來統治。質言之，治國者必須是最好的人。倘若超群出衆的人祇有一個，其形式為君主政體；如不僅一個，則其形式為純粹的貴族政體。亞氏對君主政體與貴族政體的觀念是：前者是一個完人的統治，後者則是少數完人的統治，其為理想與玄妙，幾乎不亞於柏拉圖所想的。假使亞氏僅僅抽象的去研究理想國家，其結論可能與柏氏鮮有不同。

不過，亞里斯多德的思想並沒有一直如此發展下去。他是很注重實際的，而實際上上述理想國家殊少實現的可能。流傳迄今，我們可以看得到的「政治學」一書，其討論很富於務實的精神。從人類實際情形來考慮最好的國家應該如何的問題，其標準與對個人行爲的標準無異，就是要執乎其中。最合乎中庸原則的政體乃是立憲政體（就是亞氏所稱的Polity，或Constitutional Government，或Moderate Democracy），所以立憲政體的國家就是實際上人類普通所能有的最好國家。理想與事實接近者，也唯有此種國家。

但是，這種普通最好的國家，並不一定對任何人民都是最好，也不一定在任何情況之下都是最好。亞氏認爲政體的好壞與環境有密切關係，所以在某種情況之下，就有適合該情況的最好政體。好壞的分別，要以是否穩定爲標準，換句話說，就是要看想維持憲法的因素是否大於想改變憲法的因素。在某種情況之下，能持續最久的憲法，就是最好的憲法。如此說來，在窮人數目遠過富人的情況下，貧民政體的國家就是最好的；倘若富人的財富與勢力之優越足以補償其人數上的弱點而有餘，寡頭政體的國家就是最好的；而在中產階級顯然佔優勢的地方，則最好的乃是立憲政體的國家。（註四二）

立憲政體的國家有一個基本原則，就是平衡（balance）。所謂平衡，乃兩種因素的平衡，而這兩種因素在任何政治體制中都是相當重要的。照亞里斯多德的說法，這兩種因素，一種是質，一種是量。前者包括由財富、門第、地位、教育等等而來的各種政治勢力；後者則純屬人數的衆多。如前者勝，政府當爲寡頭政體；後者勝，則爲貧民政體。而立憲政體乃是寡頭政體與貧民政體的融合，不但可以得到多數人統治與少數人統治的平衡，同時又可以得到富人統治與貧民統治的平衡。所以，此種國家也是最合乎中庸原則的，而其支持的力量則要靠優勢的中產階級；就多數國家來說，這是實際可能的最好國家。

「政治學」一書中曾詳細設想一個最好國家的必要條件。但所謂最好的國家，究竟是指絕對的，還是指普通的，則殊不清楚。亞氏在這個問題的討論中，有時趨重於絕對與理想，好像他的心目中是純粹的貴族政體；但也有時表現其注重實際的特性，而所講的好像是立憲政體。在流傳到現在的「政治學」中，所謂最好國家的詳細政治組織，全付闕如。他首先以國家的目的爲出發點，認爲國家也如同個人，最好的生活不是追求財勢，而是追求道德。以戰爭征服他國，不應是賢明治國者的目標。眞正最好國家的情形，應該是所有各個分子和諧融洽，孜孜不懈的致力於追求至善，而國家與人民的幸福也就在其中了。此種理想的實現，一部分要靠外在條件，這多少要碰機會，但是更多的關係則在於人民的品德，這卻是立法所能左右的。於是，亞氏所舉最好國家必須具備的許多條件，乃大致可以綜括爲三種，就是人地情況、社會基礎、與教育制度，玆分述之：

（一）人地情況

（甲）人　口

人口不要太多，也不要太少，總以能夠自給自足，且便於好好管理爲度。所以，人口的數目要符合於兩個條件：

1. 要使彼此能夠互相認識，互相知道。
2. 要使彼此能夠互相接濟。

（乙）民　質

國民的天賦，要像希臘人，兼具兩種條件：

1. 勇氣　有北方人種的氣概。
2. 智慧　同時又有亞洲人的精明。

（丙）疆　域

疆域也是不要太大，不要太小，而以人民能夠自給自足爲度。

（丁）地理環境

地理環境須具備兩項條件：

1. 相當近海　要相當的近海，俾便於由海外輸入必需的東西；但又不可過於近海，以免激起商務，產生航海階級。
2. 固定的城市　不能僅是一些人的聚集，必須有一個固定的城市，而城市又須具備下列各項條件：

①地址安全。
②有城垣堡壘。
③交通靈便。

④水的供給充足。

大概亞氏雖然堅持侵略戰爭不是理想國家的目的，但是防禦侵略的有效保障卻是必要的。所以他所設想的最好國家，對防禦侵略的布置甚爲注意，處處要顧慮到被圍的情形。

(二) 社會基礎

(甲) 各種要素及其分工

最好的國家必須能自給自衛。爲能自給自衛，乃必須有六種任務，因而又須有必不可少的六種要素；六種要素的分工，卽係分擔此六項任務。茲述六種要素及其分工如次：

1. 農人 (agriculturists) 預備食糧，以裕民食。
2. 工人 (artisans) 從事工藝，以資民用。
3. 軍人 (warriors) 充實武備，安內攘外。
4. 富人 (well-to-do people) 儲積財物，以備非常。
5. 教士 (priests) 管理宗教。
6. 官吏 (administrators) 決定國政。

(乙) 中產階級的優勢

以財產情形論，國家中常有極富、極貧、與中產等三個階級。這三個階級比較起來：極富的人每流於驕縱，驕縱就不肯受命；極貧的人每流於卑賤，卑賤就不能出令。這兩種性格對國家的幸福都是有害的。假如人民分成極富與極貧的兩個階級，則根本沒有眞正國家之可言，因爲這兩個階級之間不會有眞正的友情，而友情則是一切人類結合的重要基礎。唯有中產階級可以自食其力，自給自足，他們一方面不像貧民那樣，嫉妒鄰人的財產，同時又不像富人那樣，爲他人所嫉妒。他們對於其他階級沒有陰謀的必要，也不怕爲別人所陰謀。他們經常過着安定和平的生活，這才是國家最好的分子。假如這種分子比極貧、極富的兩個階級或其中之一較爲强大，則强大的中產階級可以形成和平與秩序的力量，而保證國家的穩定。唯有在這種中產階級佔優勢的社會上，才可以施行良善的政治，建設鞏固的國家。所以，中產階級的優勢實爲最好國家的重要社會基礎。且看亞氏自己的話：

「凡百國家，莫不具有三類分子：(甲) 國中之極富階級，(乙) 極貧階級，(丙) 非富非貧之中流階級。夫無過不及之謂中庸，中庸既可認爲最良之境域，是則人於擁有之財富，苟能達於非富非貧之一境，顯然亦可視爲最良之境遇也。何則？蓋以人之生活於此境遇中者，對於合乎理性之原則，最能領會而遵循之故也。然從又一方面觀之，人固有於容貌、膂力、門第、財產各方面，翹然遠勝於人者；亦有其尫羸瘠弱，貧窮卑陋，而爲人所不齒者。此二輩者，雖其異同之程度，不啻霄壤，然欲期其領會合理之原則，則均非易易。此無他，蓋以前者則易流於狂暴恣肆，而構成重大之刑事犯，而後者則又易於自暴自棄，降而與無賴匪徒爲伍；罪犯之來源，端在此輩。惟中流階級則不然，對於統治者之心理，既不至畏葸不前，自甘魚肉，然亦非野心勃勃，常懷一取而代之之念。此二種心理者，爲道雖屬背馳；然足以生心害政，爲禍國之厲階則一。……則前者之一派，本不知服從爲何事，苟欲控治之，非出以專制猛烈手段不爲功；若夫後者，則向不知指揮他人，而祇能以待奴隸之道統治之耳。……凡城市之構成，宜以平等同類之人爲其基礎，其數且愈多而愈妙；第此平等同類之人，大抵祇能於中流階級中得之。夫然，則凡城市而以中流階級爲其天然構成的成分者，其制恒爲最良；所謂構成的成分云者，卽指其國之基本組織而言者也。不但此也，一國公民之中，亦惟此一階級，最爲安全而愉快。蓋以其人視其隣人之利益，既不如貧者之常懷一眈眈逐逐之念，亦不至如富者之慢藏誨盜，易爲他人所覬覦；既無陰謀圖人之事，亦不至爲人所圖；人之能融融洩洩，平安度日者，惟此輩則然耳。……於此可見：凡一國公民苟爲中流階級所構成者，實爲最良之政治社會，而其國亦卽因此而易於治理。蓋以中流階級人數既多，以視其他極富極貧之二階級，勢力或能較爲强大。退一步言之，卽不能以一敵二，然較諸任何單獨之一方，勢力終覺强大，以其能擧足重輕，與甲則甲勝，與乙則乙勝之故。於是任何極端之一方，設欲獨占一國之政權，必因之而有所長顧却步矣。……且一國公民，苟中流階級占其多數，則黨派傾軋之風，似最不易發生；若他派苟占多數，則黨爭之事，恐終難幸免。是則一國苟臻乎非富非貧之境遇，實爲其國最佳之境遇亦明矣。」（註四三）

（三）教育制度

國家的完美以國民的完美爲必要條件；如何陶冶良好的國民，乃是國家的最高任務。所以，最好的國家中，教育制度是異常重要的，玆分兩點予以說明：

（甲）教育目的

亞氏所講的教育是專爲將來要作「公民」之人而設的（註四四）；教育的目的有下列三點：

1. 養成公民的道德生活，使個人與國家相調和。
2. 培植適合於政治體制的公民。
3. 使公民得到一些高尚技藝。

可見亞氏所理想的教育是道德的、政治的、技藝的；其最重要的目的乃在道德，而不在實用。

（乙）教育方法

亞氏所規畫的教育方法，大體上與柏拉圖的頗爲相似，其特點如次：

1. 公共教育　亞氏認爲國家的教育不能分別由私人負責；應該由國家擔負教育的責任，由國家統籌一種一致的、强迫的公共教育。這是爲什麽呢？要有兩點理由：

①國家的目的祇有一個，凡屬公民必須有共同而統一的目標，所以不能聽任私人去隨意發展個人的特性。

②教育要培養公民的政治才能，使他們可以維持國家的憲法，教育制度與國家憲法有密切關係，所以教育的責任應該由國家來擔負。

2. 注重精神修養　國民個人的完美，一定要靠高尚的道德與知識。教育的重心不在實用，而在精神修養；所以對於道德的培養，人格的陶冶，特別注重，而於音樂在這一方面的影響尤爲重視，其重視的程度簡直非今人所可想像。兒童們也要學些有用的東西，不過不要使他們因此而流於鄙俗。（註四五）對於體育，不像斯巴達那樣偏重；（註四六）不過也予以相當的注意。（註四七）正式的教育始自七歲；而公民的生活從最初就要受國家的干涉，甚至關於結婚、生產都有嚴格規律，（註四八）凡此都是爲使受教的兒童先有良好基礎，俾可教育成完美的公民。

我們看了亞里斯多德所講最好的國家以後，其中有兩個特點應該加以注意：

1. 亞氏的理想沒有超出城邦的範圍，最好國家的內容盡是一個城邦所能有的最好情況。而於城邦之成爲陳迹，他並無先見之明。

2. 最好的國家中，充滿了中庸之道（the doctrine of the mean），處處都不離中庸原則。比如：國家的疆域不要太大，也不要太小；國家的人口不要太多，也不要太少；國民不要極富的太强，也不要極貧的太强，而要中產階級佔優勢。這些都是本乎中庸的精神。

第七節　革　命

希臘各國的政治，變化甚多，亞氏都曾用精密方法，分析研究，所以他對於政治革命也有很多議論。亞氏關於革命的議論，可以綜括爲兩方面：一爲發生革命的原因，一爲防止革命的方法，玆分述之：

（一）　發生革命的原因

亞氏分析的結果，認爲發生革命最普通的原因就是平等的追求。本來平等有兩種：一爲絕對的平等，一爲比例的平等。一般民衆所要求者是絕對的平等，要求與少數特殊階級有同樣的特權與勢力；那少數人所要求者則是比例的平等，要求因財富、能力、或門第高於一般人，權勢也就特別高。通常，不平等的感覺與平等的追求就是發生革命的根源；政治上的各種變遷，差不多都可以拿這一個大原則來解釋。

此外，亞氏又舉出導致革命的許多特殊原因，而大別之爲屬於人類情感的，或屬於外在事物的兩種。前者，如猜忌、傲慢、恐懼等是。關於後者，他從不易明察的許多社會與經濟情況中，尋出政治變遷之迹，於此深深表現了他的卓見。

亞氏將革命的「時會」(occasions) 與「原因」(causes) 嚴加分別，他對於此點特別注重。照他說，所謂時會，可能是，而且事實上也常常是些瑣細性質的偶發事項；而原因則總是淵源深遠的。

(二) 防止革命的方法

講到防止革命的方法，自然是針對上述的原因，防微杜漸，在政治制度、社會制度、及教育制度等各方面均須注意，茲分述之：

(甲) 政治制度方面

在政治制度方面，應注意作到下列幾點：

1. 廣開仕途　支配階級不宜壟斷一切官職。凡不涉及國家最高權的官職，應鼓勵被支配階級去作，如在寡頭政體的國家應該鼓勵貧民去作，在貧民政體的國家則應鼓勵富人去作。這就是不走極端的明智政策，走極端是容易引起反動的。中庸的原則必須遵守，因爲治國者無論爲任何一個階級，其餘各階級仍不失爲國家可貴的分子。

2. 愼防倖進　人民獲得權位要漸而緩，不宜一蹴而登高位。希圖非分的人，必要時應予驅逐。

3. 任期制度　統治階級人數較多時，宜規定官吏的任期，以六個月爲限，使同等之人都有輪流擔任官職的機會。一個人久於其位，便易於作壞事；這樣的任期制度可以預防擅專。

4. 官吏無薪　官吏應該沒有薪俸。如此，貧民也許甘心棄官，去營生財的業務；而不受報酬的富人則可專心於政事。

5. 財政公開　以防官吏侵吞公款。

（乙）　社會制度方面

在社會制度方面，應該避免階級的傾軋。根本辦法就是要使中產階級增大，勝過極富與極貧的兩個階級，俾可發生均衡、調和的作用，而致國家於安定和平之境地。

（丙）　教育制度方面

最後還有一個最有效而不爲人所注意的方法，就是實行與憲法精神相配合的教育制度。國家的教育制度要訓練靑年了解憲法的精神，與夫如何維護其政體之要件；不然，一切制度都不能維持長久。但是，這並不是說教育要投支配者之所好，如在寡頭政體之下教人崇拜貨財，在貧民政體之下就教人放縱，這等於助長各種政體已經養成的壞處。眞正的教育要拿憲法的原理精神養成青年的習慣，矯正其種種缺點，使他們對於國家的政體發生愛護的感情，並且具有維持的智力。如此才可使國家的政體穩固安定，垂之久遠。

除一般發生革命的原因與防止革命的方法之外，亞氏也曾討論到在各種不同政體下的個別情形，其中特別引人注意者是關於僭主（tyrant）策略的討論。他以爲僭主爲維持自己的勢力，防止革命，須就下列兩種不同的途徑，擇一採取：

1. 高壓政策　此乃僭主通常所採取的方式，就是肆意作殘酷的壓迫，其具體辦法有如下者：

①逐戮優秀公民。

②禁阻人民發展的機會。

③禁止一切結社，不論其爲社交性或學術性。

④偵察人民的交際往來。（註四九）

⑤大興勞民傷財的事業，如征戰或艱鉅工程（註五〇）等，其目的在使人民貧困而無閑暇，時時都需要領袖來領導。但僭主個人則可窮奢極侈，縱情淫樂。

2. 僞裝善政　就是僭主緊握最重要的權力，但表面上裝作仁慈的統治，使專制隱藏於僞裝的善政之下。這是一種很少被人採用的政策，其具體辦法有如下者：

①故意顯示行政上的節用，使人民深信公帑之未嘗浪費。

②對公衆福利，故示關懷。

③使臣民敬而不畏。

④力戒奢侈縱慾。

⑤經常似有尊重宗教的熱忱。

⑥恩獎特殊才智之士。

⑦榮寵必由自已親授，而懲處則使他人爲之。

⑧表現軍事韜略，博得人民敬佩。

⑨用人宜選其較爲穩健者，勿用勇敢冒險之徒；如欲削除某人之權，則宜逐步爲之，不可驟然革去其全部權力。

⑩挑撥貧富兩階級間的互相猜忌，使他們都信賴僭主一人；而遇不能同時博得兩方面的好感時，則聯絡其强者。

總之，這些政策的特質是用恩而不是用威，是執中而不是過分，是要博得一般人民的愛戴。亞氏認爲如能採用此種政策，則僭主的統治可以對人民較好，僭主的政治生命可以稍延，而僭主自己的性格也可以變得仁慈些。

雖然亞氏的結論認爲此種政治，無論如何維持，終難期其長久，可是上述那些辦法中充滿了暴力或權謀的運用，與後來的馬凱維里（Machiavelli），簡直如出一轍，（註五一）而亞氏言之，幾乎令人難以置信！

在前一章與本章中，已將柏拉圖與亞里斯多德的政治思想，約略說明。對於蘇格拉底，雖未專章討論，也已於前章中述及。蘇格拉底、柏拉圖、與亞里斯多德是希臘三位大哲學家。我們如將這三位大哲學家同中國儒家的三位大師——孔子、孟子、荀子，來比較一下，不難發現其間的類似情形，可附帶一言。就是蘇格拉底與孔子，柏拉圖與孟子，亞里斯多德與荀子，彼此間各有相似之點。這當然祇是一種偶然的巧合，不過說起來也頗爲有趣。（註五二）

先就蘇格拉底與孔子來說。第一，蘇氏是希臘三大哲人之首，而孔子則是中國儒家的元祖。第二，蘇氏雖然是第一位大師，可是他自已並無著作傳世，其思想見於其弟子的著作中；孔子也是「以述爲作」，自已並無專著，其思想言論傳於後世者，都是由弟子們記錄下來的。第三，蘇氏體胖而身材不高，腹大，眼突，嘴濶，又有一個短、扁、而朝天的鼻子，貌極不揚；孔子「生而首上圩頂」（註五三），所謂「圩頂」就是頭頂「中低而四傍高」，像貌也是很特殊的。

再看柏拉圖與孟子。第一，柏氏是蘇格拉底的門生；孟子雖非孔子的門生，可是曾受學於子思之弟子，子思爲孔子之孫，且曾受學於曾子，所以孟子也算間接受教於孔氏之門。第二，這兩位中西的大儒都是才氣很高，而且富於理想。第三，柏氏的著作用對話體寫成，而孟子一書也是以對話體爲主。

亞里斯多德與荀子也頗有相似之處。第一，亞氏是柏拉圖的弟子；荀子雖非孟子的弟子，卻是儒家在孟子之後的首要傳人。第二，亞氏於各種學問無不精通，可算是集希臘各種學問之大成者；荀子也是對當時各家思想都有充分了解，而能予以深刻批評。（註五四）第三，這兩位大儒的著作都是論述體，而不復爲對話體。第四，亞氏作過亞歷山大的師傅，亞歷山大後來建立了大帝國，所以亞氏可算曾爲王者師；荀子雖未直接爲王者師，可是他的弟子李斯則曾助秦統一天下。

（註一）亞里斯多德雖然是柏拉圖的得意門生，但其政治思想，在方法與見解方面，卻都與其師有顯著差異之處。

（註二）此人也許是何米亞斯的姊妹。不過，有人說她是何氏之女或妾，則顯然是錯誤的，因爲何氏是個閹人。

（註三）關於非立浦爲什麼會邀請亞里斯多德去敎他的兒子，有多種猜測。比如，因爲亞氏之父作非立浦之父的御醫，可能亞氏與非立浦在童年卽已相識。或者，也許是由於何米亞斯的關係，因爲何氏與非立浦誼屬同盟，而亞氏與何氏本爲密友，後又結爲親戚。不過，這些推測都是不必要的，蓋其時亞氏已爲知名學者，就其與馬其頓的關係而言，被選爲亞歷山大的師傅，乃屬情理當然之事，以此來說明這項邀請，已經足夠了。

（註四）關於亞里斯多德對於亞歷山大究竟有沒有發生影響，這是一個有趣的問題。通常，人們很容易認爲老師總會影響學生；黑格爾的玄妙想法，更認爲從亞歷山大的事業，就可以看出哲學之有實用。但，實際上，亞里斯多德對於亞歷山大可能是毫無影響。前者心目中的政治組織，局限於小小的城邦，而後者則建立了大帝國，把舊日城邦的體制淹沒，這是最顯著的。大概，亞歷山大是個野心大而易於衝動的孩子，與其父不睦，也不樂於受敎。在他看來，亞里斯多德不過是由他父親派來監督他的老學究，使他不要爲非作歹而已；在老師看來，亞歷山大是個懶惰而頑皮的孩子，對於哲學根本不會曉得什麼。這兩位歷史上偉大人物的遇合，其結果竟是如此徒然，眞不免令人驚異。不過，亞歷山大似乎並沒有完全忘掉他的老師。據說，他曾經叫他的軍隊，於出征時，在遙遠的角落，應該搜集珍奇的鳥獸花木，帶回來給亞里斯多德。

（註五）亞氏講學之處名爲來栖安（Lyceum）。

（註六）比如，亞氏對於政治制度的研究，就曾搜集各國憲法，有一百五十種以上，見其所著憲法論（The Constitutions）一書。此書，現在所存者祇有斷編殘簡，其中最完備的部分是雅典憲法（Constitution of Athens）。

（註七）"………man is by nature a political animal,………"（見政治學第一編第二章。）

（註八）政治學第一編第二章。此處及以下均係採用吳頌皐、吳旭初譯文。

（註九）亞氏所想的國家，就是古希臘那種城邦。

（註一〇）政治學第一編第二章。

（註一一）這裏面含有國家有機體的觀念。

（註一二）政治學第一編第二章。

（註一三）政治學第一編第一章。

（註一四）政治學第三編第九章。

（註一五）同上。

（註一六）同上。

（註一七）照亞氏所講，也就是「市民」。

（註一八）"……'constitution' means the same as 'government,'……"（見政治學第三編第七章。）

（註一九）「Polity」一詞，在希臘文本來就是憲法的意思，而亞氏卻有時用來特指一種最高權在多數人的民主憲法；譯爲中文，則難得十分恰當。我們所看到的譯詞，有「立憲政體」、「民憲政體」、「民主政體」、「中人政治」等，也有人音譯爲「波里迭」。因爲亞氏也有時把此種政體稱爲「Constitutional Government」，我們就姑且採用「立憲政體」這一譯詞，雖然在中文上看起來未必足夠明顯。有時，亞氏又稱此種政體爲「Moderate Democracy」。

（註二〇）「Democracy」，在亞里斯多德的心目中，也是貧民統治的政治。貧民政體與寡頭政體的區分，固然是依照統治者的人數，但這僅是表面上的；此外還有更深一層的基礎，就是統治者的經濟情況：富人爲治而不顧及貧民時，那是寡頭政體；權力在貧民之手，而不顧及富人的利益時，則爲貧民政體。富人少而貧民多，自然是一般的事實，但僅以人數來區別寡頭政體與貧民政體，還有點不切實際。問題根本之點，在有兩種爭取權力的因素：一種以財產權利爲基礎，另一種則以多數人的福利爲基礎。因此，亞氏區別寡頭政體與貧民政體的標準，統治者的經濟地位重於其人數，這是應該特別加以注意的。

（註二一）「自由」包括「平等」，因爲平等是自由的重要因素。

（註二二）所謂「門第」，是指出身的高貴而言。其出身的高貴，實不外由於從前的財產與品德二種地位而來。所以，「門第」這一項，可以就視爲財產與品德二者的結果。

（註二三）比如，寡頭政體與貧民政體又各分爲四小類。

（註二四）政治學第三編第十六章。

（註二五）同上。

（註二六）政治學第一編第四章。

（註二七）同上。

（註二八）政治學第一編第五章。

（註二九）關於使被征服的人成爲奴隸，是否講得通的問題，亞氏的說法是這樣的：對於天生本應被治，而不屈服的人，施以戰爭，這樣的戰爭是公道的。然則，使被征服的人作奴隸，也是正當的了。照這樣的說法，過去所有征服者，無不合理，蓋任何民族都不會承認自己是天生要受人統治，「自然」的本意究竟如何，祇有戰爭的結果才可以證明。那麼，豈不是在任何戰爭中，戰勝者就是對的，戰敗者就是不對的嗎？妙哉，亞氏之言！

（註三〇）政治學第一編第五章。

（註三一）政治學第二編第五章。

（註三二）同上。

（註三三）同上。

（註三四）同上。

（註三五）同上。

（註三六）亞氏有這樣奇怪的見解，乃是由於他對於自然（nature）的觀念恍惚不定：在政治學第一編之初，曾予「自然」以一個明確意義，指「一切能力完全發展的情形」（a condition of perfect development of all potentialities）；但在第一編之末，他又指「自然」爲原始未開化的情形。所以在一個地方，他說自然的人就是政治的動物，因爲在國家內個人就得到完全的發展。在另一個地方，他又說刼掠是自然的生產方法，因爲這是未開化之人所用的方法；至於放債生利卻是非自然的方法，因爲未開化之人沒有用過。

（註三七）政治學第二編第四章。

（註三八）同上。

（註三九）政治學第二編第五章。

（註四〇）政治學第二編第三章。

（註四一）因爲父母子女之互相認識，無論如何，還是很難阻止的。亞氏在政治學第二編第三章裏這樣說：

「嬰孩之生也，其狀貌每酷肖其父母；故親子間互相之關係，其外表每一望而知之。是故蘇格拉底之主張，即能見諸實行，然而無法以阻止父母子女間之互相認識。世之地學專家，常公認此點，謂係事實。據云：在立勃耶之上部（Upper Libya），其間有一地，婦女屬於公有；至於所生之子女，則按其面貌之相肖，而歸其本生之父親。以其地之婦女，於懷孕生子之期間內，恆能使其所生者酷肖其父母，與獸類中之牝馬母牛，如出一轍，亦可謂異聞矣。」

（註四二）關於中產階級的優勢一點，下面將再詳細說明。

（註四三）政治學第四編第十一章。

（註四四）奴隸亦可教以有用的技術，如烹飪之類，但這並不是教育。

（註四五）比如，他們不應該學有損於身體的技能。會使他們能賺錢的技能也不應該學。

（註四六）斯巴達之過分注重軍事訓練，亞里斯多德認爲是一種失敗，異常反對，較柏拉圖爲尤甚。

（註四七）兒童們從事運動，應該溫和得體，不要學成職業性的技能。爲奧林匹克競技大會（Olympic games）而訓練的兒童，在健康上是受到不良影響的，觀夫他們在童年中得到勝利，而到成年時則很難爭勝，可爲明證。

（註四八）這種精神，很像柏拉圖，比如：

1結婚的適當年齡，在男子爲三十七歲，在女子則爲十八歲。假如太年輕的時候結婚，則妻將變爲淫蕩，而夫將發育不全，並且所生的孩子必是輭弱的，又必爲女性。

2結婚的時間應該在冬天，這正是颷北風的時候。此時懷胎，最爲適宜，因爲北風大概比南風更適宜於人體的健康。

3如感覺兒童人數過多時，凡畸形殘廢的嬰兒可以不予撫養。

4關於幼兒之如何撫育，也有許多具體辦法。

（註四九）他要授權婦女與奴隸，使成爲情報人員；他也要僱用偵探，有如鈫拉古斯的女間諜。

（註五〇）亞氏於舉例中，曾提到埃及的金字塔。

（註五一）參閱本書第十六章第三節。

（註五二）此段及以下，係兼採嚴復（見其原富譯文之註解）及近人張起鈞教授之意而比論者。

（註五三）見史記孔子世家。

（註五四）荀子在非十二子、天論、解蔽諸篇中，都曾對其他各家作扼要而中肯的批評。

第四章　伊璧鳩魯派與斯多亞派

第一節　希臘晚年政治思想的趨嚮

（一）　城市國家的沒落

紀元前第五、第四兩世紀中，希臘各城邦彼此間戰爭迭起，內訌不已，因之消耗了自身的力量；及馬其頓（Macedonia）勃興，乃將它們征服。在亞里斯多德逝世前十六年（紀元前三三八年），希臘城市國家即已失去其自由生活。亞歷山大死後（註一），希臘人雖曾起來反抗，然而情形已經不如從前，有些城市祇能利用聯盟形式，苟延殘喘；當時曾有兩個大聯盟：一為伊多利亞聯盟（Aetolian League），一為亞奇安聯盟（Achaean League）。迨羅馬來侵，乃又全為羅馬所滅。

古代操希臘語的世界可以分為三個時期，這三個時期各有其特徵：

1. 自由城邦時期　其特徵為自由及無秩序（freedom and disorder）；這個時期結束於非立浦及亞歷山大之手。
2. 馬其頓支配時期　其特徵為屈服及無秩序（subjection and disorder）；這個時期的最後殘餘，消滅於克利奧佩特拉（Cleopatra）死後羅馬之兼併埃及。
3. 羅馬帝國時期　其特徵為屈服及有秩序（subjection and order）。

我們現在所講的正是第二個時期，以屈服及無秩序爲其特徵。

在這個時期中，有幾種情形，我們應該加以注意：

1.各種民族雜集共處　亞歷山大短短一生的事業突然轉變了希臘世界。他不但統一了希臘各城邦，而且在紀元前三三四年到三二四年的十年中，征服了小亞細亞（Asia Minor）、敍利亞（Syria）、埃及（Egypt）、巴比倫（Babylonia）、波斯（Persia）、撒馬爾罕（Samarcand）、巴克特里亞（Bactria）、以及旁遮普（Punjab）等地，造成一個地跨歐、亞、非三洲的馬其頓帝國。於是，許多語言、風俗、習慣不同，文化程度高低不齊的各種文明野蠻民族，雜集於一個大帝國之下了。

2.城邦國家觀念不存　在自由城邦時期，一般希臘人以爲個人與國家有一種必不可分的密切關係，對於城邦有一種愛國熱忱。到了這個時候，則情形大不相同：希臘各城市已經喪失了獨立資格，受外人的統治，變成大帝國的一部分，希臘人也失去了參政的機會，而政治中心轉移於外國的首都。在這種情況下，一般人對於國家的觀念不免爲之淡薄，以前那種城市愛國主義（city patriotism）不復存在了。

3.社會混亂道德淪亡　這時期中，還有一種情形要注意的，就是社會一般的混亂，而一般的混亂自然會引起道德的淪亡。在長期不安定的生活中，講道德的人不會得到絲毫好處，於是一般人乃都不講什麽道德：膽大者，挺而走險；膽小者，與世浮沉。這種情形，祇有極少數的例外；但極少數例外的人，也是以恐懼代替了希望，其生活的目的不在積極作好事，而祇在逃避不幸。

（二）政治思想的趨嚮

在上述情況之下，政治思想有兩種趨嚮：

（甲）個人主義的趨嚮

剛才講過，在自由城邦時期，個人與國家有必不可分的密切關係，個人生活都融化於國家生活之中。那時，一般的觀念都以爲個人唯有在國家之中，受國家的支配，才能得到善良的生活。但到了這個時期，上述的觀念乃大有改變。希臘人此時一面減少了對政治的熱心，一面也覺得個人並不一定要依附於國家，國家對於善良生活並非必要，雖非神仙、禽獸，也可以離開國家而自謀生活。人是政治的動物，人必須是城市國家一分子的那種思想，已經絕跡了。哲學家們也自然的放開政治，而比較專心致力於個人道德或拯救（salvation）問題之研究。他們現在不復問：人如何能創造一個好國家？而要問：在惡劣的世界中，人如何能有道德？或在受苦受難的世界中，人如何能得到幸福？這是個人主義的趨嚮。

（乙）世界主義的趨嚮

希臘人對於他種人，本來有一種强烈的優越感。亞里斯多德說過：北方的種族是健旺的，南方的種族是文明的，祇有希臘人才是旣健旺而又文明的。這個話，顯然可以代表一般的見解。但是，此種優越感，被亞歷山大打破了。亞歷山大把許多種人雜集於一個大帝國之中，並且採取一種促進希臘人與蠻族間友誼融合的政策（註二）。其結果，在有思想的人們之腦海中，造成一種人類一家的觀念（註三），代替了舊日對城邦的忠誠。所以，這個時期的政治思想上，又有世界主義的趨嚮。

在這兩種趨嚮之下，有兩派思想是最著名的：一爲伊壁鳩魯派（Epicureans），一爲斯多亞派（Stoics），茲分述之。

第二節　伊壁鳩魯派

伊壁鳩魯派的始祖是伊壁鳩魯（Epicurus, 342? -270 B.C.）（註四）。他的父親是一個雅典的窮人，而殖民於薩摩斯（Samos）的。伊氏是生於薩摩斯，抑生於雅提加（Attica），我們不知道；但無論如何，他的童年是在薩摩斯度過的，則無疑問。據他自己說，他十四歲時，就研究哲學。十八歲時，約正當亞歷山大逝世之際，他去到雅典，其目的似在取得那裏的公民資格。當他在雅典的時候，雅典的殖民家已被逐出薩摩斯（紀元前三二二年），而伊氏一家成了小亞細亞的難民，伊氏乃亦前往團聚。他曾在陶斯（Taos），從一位名敖西芬士（Nausiphanes）者學哲學，敖西芬士是服膺狄謨克里特（Democritus）（註五）的；因此，伊氏成熟後的哲學，出自狄氏者，較出自任何其他哲學家者爲多。

紀元前三一一年，他創立了他的學校。這個學校，首先是在密替利泥（Mitylene），然後在藍薩克斯（Lampsacus）；自紀元前三〇七年之後，則在雅典，他在那裏講學，直至逝世爲止。

伊氏經歷少年艱苦的日子以後，在雅典的生活是清靜的，不過爲病魔所擾而已。他有一所房子和一個花園；花園與房子是分開的，他講學就是在這花園之中。最初，學校的學生祇有他的三個弟兄及其他數人；在雅典，人數多起來了，不但有哲學的學生，還有他的朋友和他們的孩子，以及奴隸與娼妓（hetaerae）（註六）。他們的生活，異常簡單（註七），一面因爲原則上應該如此，一面也是由於確實缺少金

錢，而伊氏則很滿意，安之若素。(註八)

伊氏對於一般人，是和藹可親的，而對於哲學家們，則另有一種特異性格。他受教西芬士之教甚深，而他對這位老師，卻非常鄙視。(註九)他也永沒有自認所承受於狄謨克里特者，究竟至何地步。他曾經用了很多罵人的字眼，來罵最著名的前輩哲學家。他對哲學家們既然如此缺乏度量，同時他也犯了另一重大過失，就是獨裁的教條主義。跟他學的人，必須學習一種表現其主張的教條，而且不許發問。

伊氏一生著作異常豐富，僅自然論（On Nature）一書卽有三十七卷之多；但大部均已散失，現所存者祇是一些斷編殘簡而已。

（一）人生的目的

伊氏把人生的目的看成「幸福」，而「幸福」也就是「快樂」。(註一〇)凡是快樂，總是有利於自己的；凡是痛苦，總是有害於自己的。善與惡的標準也由此分辨：凡對自己有利，可以致樂的，都是善；凡對自己有害，可以致苦的，都是惡。(註一一)他於此一觀點，堅持到底，頗能貫徹。

不過，人究竟應該追求什麼樣的快樂呢？什麼樣的快樂才值得追求呢？這個問題，卻要愼重考慮。快樂可以說有兩種：

1. 動的快樂（dynamic pleasures） 動的快樂得自達到所願望的目的，而那種願望必有痛苦相伴。
2. 靜的快樂（static pleasures） 靜的快樂則在乎一種平衡狀態（state of equilibrium），而這種平衡狀態之得來，乃是由於一種所企求的事態（state of affairs）之存在。

我們舉一個淺近的例子，可以說饑餓得到滿足，正在進行的時候，這是一種動的快樂；而饑餓完全得到滿足之後的一種沉靜狀態，則是靜的快樂。在這兩種快樂中，伊壁鳩魯認爲我們應該追求第二種靜的快樂，才較明智，因爲那是單純的快樂，無須藉痛苦以刺激願望。身體在平衡狀態中，總是沒有痛苦的。所以，我們應該以平衡及恬靜的快樂爲目標，而不必企求狂歡。總之，伊氏的哲學是要獲到寧靜（tranquility）。（註二）

這樣愼重的追求快樂，就可以得到幸福的生活，同時也就可以得到道德的生活，因爲照伊氏的意見，所謂德行（virtue）就是追求快樂的遠慮（prudence in the pursuit of pleasure）。

（二）正義

伊氏既然以個人自己的利害作評定善惡的標準，自然會認爲各個人的利益都是不容侵害的，彼此要互不侵害。因此，他把社會的「正義」就看成人類互不侵害的契約。他說自然的正義是一種便利的契約，用以防止侵害他人或自己被他人侵害。至於不能彼此互相訂約的動物，便沒有正義與不正義之分；人類假如不能互相訂約或不願互相訂約，結果也是一樣。這就是伊氏對正義的看法。

（三）國家與法律

伊氏對於國家與法律的看法也是如此。他認爲國家的法律也是各個人間的一種契約，其目的在保障各個人的利益。我們在國家之中，服從法律，就是因爲法律能夠保障個人的利益，防止不正當的侵犯行爲。

唯有在此種情形下，服從法律才是合理的；不然，我們根本可以不予理會。他是把國家與法律放在個人自利心的基礎之上。這種思想，早年的詭辯派曾經有過，而多年之後，國家的契約說也曾盛行，伊氏的意見大致是一樣的。

他旣以個人利益估計國家的價値，認爲國家的唯一目的就在保護個人的利益，使個人得到快樂，於是凡能達到此種目的之政府，不論本國人也好，外國人也好，民主政體也好，專制政體也好，在他看來，都可以服從。

（四）政治生活

各種的政府，他雖然都不反對，可是他又勸人不必親自去參與政治。蓋個人的目的在追求恬靜的快樂，而政治生活則太麻煩，會妨礙個人的快樂，不如私人生活之安靜平穩，所以最好不去參加。一個人追求權力，必致招人嫉妬，而有加害之圖，權力越大，嫉妬的人也越多；卽使表面上沒有被害，也一定無法保持心中的安寧。智者寧願沒沒無聞，以免樹敵。這又是此派逃避政治生活的主張。（註一三）

這一派的思想，很能夠適應當時的實際情況，自然是顯而易見的。

第三節　斯多亞派

斯多亞派創始於齊諾（Zeno, 336—264 B.C.）。齊諾是腓尼基人（Phoenician），生於塞浦路斯（Cyprus）的栖栖讓（Citium）。他的家庭或許是從事於商業的；他於紀元前三一四年到雅典，最初的目的本來是爲了商務。但，到了雅典之後，他卻要致力於研究哲學。犬儒學派（Cynics）（註一四）的哲學，特別投其所好，齊諾曾經加意研究，所以齊諾的思想受犬儒學派的影響最大。紀元前二九四年起，他在雅典市場中的畫廊（Stoa poikile）講學；因此，他這一派的人乃被稱爲斯多亞派。至於齊諾的文字，流傳到現在的，則僅有些片斷殘餘了。

（一）自然法

斯多亞派有一種始終篤守弗渝的重要理論，就是宇宙決定論（cosmic determinism）。他們認爲宇宙間有一種最高的普遍法則（supreme universal law），而所謂自然（nature）就是此種普遍法則的具體表現。此種普遍法則淵源於人類理性，但所謂人類理性非指個人的獨立判斷，乃指全人類的共同判斷而言。正義存在於自然之中，形成普遍理性（universal reason），爲任何地方之公道與正當的標準，其原則永遠不變，所有的人都受其拘束。這普遍理性就是上面所說的普遍法則，也就是所謂自然法（natural law）。在齊諾看來，宇宙間根本無所謂偶然（chance）那樣的東西，自然的進程（the course of nature）是被自然法所嚴格決定的。人類生在宇宙間，其行爲的最高準則就是要適合這種一定的、不變的自然法；人類努力的最大目的也就是要使我們的生活符合於自然法。唯有「與自然相調和」（in harmony with nature）的生活，才是理想的生活。爲實現這種生活，人一定要修養理性，使個人的「意志」（will）導向「自然」的目的；也唯有這樣，才算是有道德。德行（virtue）成於與自然合一的意志（a "will" which is in agreement with nature）；人類的道德格言可以說就是「順應自然」，順應自然的生活（a life according to nature）就是最好的生活。

我們當然要追求幸福。不過所謂幸福，並不是感覺上的快感或興奮，而實爲一種意志上的狀態。當一個人求什麼就有什麼的時候，那就是他的幸福；假如我們除眼前所有者外，根本別無他求，那麼我們已經就是幸福的了。幸福實在得於意志的滿足。人類如能遵循自然法時，則其意志必能與宇宙的變遷相適合，於是宇宙間所發現的東西正是意志所要求的東西，意志常得滿足，人生也就永有幸福。所以，遵循自然法，不但能實現道德的生活，同時也能實現幸福的生活。

總之，遵循自然法的生活才是理想的生活。

齊諾以道德生活爲人生的目的，這種見解與柏拉圖、亞里斯多德還是一樣的。不過，柏氏和亞氏是要運用國家的力量，來幫助個人實現道德的生活；齊諾卻想拿個人的力量，來實現個人的道德生活，由此可以看出其個人主義的精神。齊諾雖然不重視國家，但是對於政治則並非漠不關心。他不贊成伊璧鳩魯派逃避政治的態度，反而主張智者除非爲事所阻，都應該參與公共事務。

（二）人類平等

依前面所述，人類是有理性的動物，而人類理性就是自然法的淵源。這種天生下來的理性，是人人相同的，並沒有什麼差別。表面上，人好像有智愚之分，但愚者並非沒有理性，不過其理性未經啓發而已。如此說來，各個人在本質上自然都是一樣的。於是，斯多亞派乃認爲人類不容有貴賤之分，而應一律平等；按照自然之理，天下之人，皆爲兄弟。人類不但是一律平等的，而且也應當互相親愛。在以奴隸制度爲基礎的社會中，此種觀念的重要性，自不難想見。

(三)世界主義

人類本應相親相愛，而國家的界限把人類勉強分開，使他們時常不免互相讎恨，這是背乎自然之理，而違反人性的。所以必須使所有世界人類合起來，成爲一個社會，使人人都成爲一個世界共和國的公民，方爲合理。這樣的世界國家，是一切人類以天生的理性相結合的，是一個知識意志之精神的統一體，其中政治權力並非首要。這又是斯多亞派世界主義（cosmopolitanism）的理想。

我們了解斯多亞派的政治思想之後，可知其與當時社會、政治上的實際情況也頗有關係。這一派思想對於後世，影響是很大的：不僅直接影響了羅馬的政治學家與法學家；而且其學理經基督教吸收之後，一直影響到近代。這一派講「順應自然」，與中國的道家頗有相似之處；並且還同樣的，都因此而影響了爾後的法學思想。斯多亞派的思想，對羅馬法學家影響很深；而中國的法家也頗受道家的影響。前者影響的痕迹是很顯然的；後者的關係，則較含蓄。原來中國道家講「無爲」，可是又要作到「無爲而無不爲」；以「無爲」的作法，而能夠達到「無不爲」的目的，背後一定有一種自然的法則，可以遵循。同時他們又明講「道法自然」，足證背後實也具有一種「自然法」的觀念。(註一五)這樣相似的現象，又是中西歷史上的一種巧合。

(註一)亞歷山大死於紀元前三二三年，就是亞里斯多德逝世的前一年。

（註二）亞歷山大自己就娶了兩位蠻族的公主，並且强迫馬其頓的領袖人物，與波斯門第高貴的女子結婚。我們可以想像，其他的人一定也會效法這種榜樣。

（註三）西方此種世界大同的觀點，在哲學上，始於斯多亞派；而在實踐上，則早已始於亞歷山大。

（註四）生年或作紀元前三四一年，死年或作紀元前二七一年。

（註五）狄謨克里特（Democritus,約460—370 B.C.）是一位原子學家。他認爲宇宙是無數物質的原子相互作用的結果。他是一位徹底的唯物論者，在他看來，靈魂是由原子構成，而思想也是物理的過程；萬有世界中，無目的，祇有受機械的法則（mechanical laws）所支配的原子。在倫理觀念上，他以歡樂（cheerfulness）爲人生的目標，這種歡樂是由精神上的舒服得來的，節制和修養是達到歡樂的最好方法。

（註六）他的學校裏，有這兩種人，這是他的敵人中傷他的藉口，但對於他顯然是很不公平的。

（註七）他們所飲食之物，主要的就是麵包與水。

（註八）伊氏說：「當我以水與麵包爲生時，我是爲身體中之快樂所激動的；我之所以唾棄奢侈的快樂，不是因其奢侈，而是因其過後會使人不舒服。」（見Bertrand Russell, A History of Western Philosophy, Book I, Ch. XXVII.）

（註九）伊氏談到敖西芬士時，稱之爲「軟體動物」（The Mollusc）。他說：「我想，這些聒聒不休的人，將以爲我是那個軟體動物（敖西芬士）的學生，並且曾與若干好飲的青年，同受他的教誨。其實，那個傢伙是個壞人，而他的習慣也永遠不能導致智慧。」（見W. J. Oates, The Stoic and Epicurean Philosophers, p.47.）

（註一〇）他說：「快樂乃幸福生活之始終。」（"Pleasure is the beginning and end of the blessed life". 見伊氏致 Menoeceus 的信中。）

（註一一）伊氏此種觀念，與近代的功效主義頗爲近似。

（註一二）於是，伊氏乃以爲無痛苦本身就是快樂。他自已以麵包與水爲生，而安之若素。富貴根本不必追求，因爲追求富貴會使人勞頓不安。至於性愛（sexual love），則是動的快樂中最「動」的一種，自然在禁止之列。他說：「性交從來沒有使一個人得到好處；

假如沒有使他受到害處，他已算幸運。」（見W.J. Oates, The Stoic and Epicurean Philosophers, p.45.）不過，伊氏很喜歡別人的小孩子，那麽，爲滿足他這種好尙，又祇有叫人不要相信他的哲學了。

（註一三）伊氏不但主張逃避政治生活，甚至勸人要「逃避各種的文化」（"flee from every form of culture"，見伊氏致Pythocles的信中）。

（註一四）犬儒學派始於蘇格拉底的弟子安體斯尼（Antisthenes, 444—365 B.C.）。這一派的思想是極端個人主義的，其主旨在要求道德的生活，棄絕物質的快樂，叫人「歸眞反璞」（return to nature）。政府、法律、制度、家庭、財產、以及禮俗、宗教、名譽等等，都在鄙棄之列。

（註一五）參閱張起鈞教授著老子哲學第三篇第四節。

下篇　羅馬政治思想

第五章　羅馬的政治組織

羅馬的文化，很多是從希臘學來的。可以說，在文化上，羅馬乃「寄生」於希臘。羅馬人並沒有構成自創的哲學體系，對於政治思想也沒有什麽很特殊的貢獻。他們勝於希臘人一籌者，祇有軍事的戰術與社會的團結。他們不長於理論，卻長於實行，能把理論上所不容易融合的各種民族、各種階級、各種制度，融成一片，而建立一種政治組織。羅馬的實際政治組織，不但影響了當時的政治思想，並且對後來的政治思想也有影響。所以，要研究羅馬的政治思想，一定要先了解羅馬的政治組織。

羅馬本來也是一個城邦，後領土逐漸擴張，始而統一意大利，終則造成大帝國。其政治的變遷可以分爲三個時代：

1. 王政時代　紀元前七五三年—五〇九年。
2. 共和時代　紀元前五〇九年—二七年。
3. 帝政時代　紀元前二七年—公元四七六年。

茲將這三個時代的政治組織，分述如次：

第一節　王政時代

相傳羅馬建立於紀元前七五三年；自彼時以迄於紀元前五〇九年，其政治組織大體上是這樣的：

1. 國王（King）　由選舉產生出來，但是終身職，為一國的元首，握有最高的政治權與軍事權。

2. 元老院（Senate）　由貴族中居領導地位諸氏族的首領組織而成。這是一個備國王諮詢，而沒有強制力的機構。

3. 貴族議會（Comitia Curiata）　由一般的貴族構成，其主要職權為選舉國王，及正式賦予國王以終身的最高權力。

4. 百人議會（Comitia Centuriata）　這個機構，本來沒有，是以後設立的。政治權利初僅屬於一部分人，這些人稱為「貴族」（patricians），其餘的人稱為「平民」（plebeians）。在王政消滅之前，平民已較貴族為多。到最後幾個國王時，因為平民爭取政權的勢力強盛，乃又設立一個百人議會，使平民與貴族同有參加權，其目的是要調劑階級的不平。而這個議會設立之後，原來那純粹貴族的議會仍然存在。

第二節　共和時代

紀元前五〇九年，最後一個國王蘇波巴斯（Tarquinius Superbus）被逐之後，共和政治開始。這個時代的政治組織如次：

1. 執政官（Consuls）　二人，代替王政時代的國王，執掌政治、軍事大權，由百人議會選舉，每年改選一次。被選的資格初僅限於貴族，也就是祇有貴族才有作元首的機會；紀元前三六七年以後，平民亦可當選。在演進中，曾漸有其他貴族官吏的增設，以輔助執政官，因此也不免分去一部分的權力，如司法官（Praetors）拿去大部分的司法權，監察官（Censors）執掌人口調查（census）及洗罪大典（lustration）。又因爲兩個執政官難免彼此互相牽制，而致減低效率，所以在緊急的時候，可設置一個「狄克推多」（獨裁官—Dictator）；「狄克推多」具有絕對權力，但於任務完成後必須退職，而其任期最多以六個月爲限。

2. 百人議會　仍然存在，其職權有下列幾項：

①執政官的選擧

②執政官的監察

③刑事案件的最高審判權　百人議會是刑事案件的最高法庭。

④和戰問題的最後決定權　這是以前就有的權，此時仍然保持着。

3. 平民議會（Concilium Plebis）與國民議會（Comitia Tributa）　一般平民，在政治、經濟上備受壓迫，不斷爭取政權，並且曾離開羅馬城，以分裂相威脅。後來，貴族與平民兩個階級調和的結果，遂又設立了一個純粹平民的組織，叫作平民議會。這個議會選擧幾種在他們指導之下的官吏，最重要的就是護民官（下面說明）。迨貴族與平民兩個階級融合之後，平民議會又變爲國民議會，除選擧護民官外，並有參與立法之權，這是共和末年主要的立法機關。

4. 護民官（Tribune, Tribunus Plebis）　由平民議會選擧出來，最初僅有二人，後來增加到十人之多。他們有兩大職權：

①爲平民干預貴族政府，以防止貴族政府侵害平民。

②否決執政官的任何措施。

他們雖然沒有積極的命令權，但其消極的禁止權卻不受一點限制。護民官發言時，如果有人打斷他，就算犯罪。護民官的身體是神聖不可侵犯的；他們的住宅，晝夜開門，好讓受虐待的平民可以跑進去躲避。

到平民也得到作各種高官之權時，護民官制度就失去了原來的意義。但此種官職還是存在的，並且因爲保持着兩階級未融合時其所得到的權力，在後來之羅馬憲法史中仍佔很重要的地位。

5. 貴族議會　漸漸失去了重要地位，後來變成祇管不重要的宗教事務之機關。

6. 元老院　這個機關在政府中仍佔重要地位。它最初是貴族的大本營，到後來仍然帶貴族性。其分子，在階級融合之後，都是些作過高官的人，所以包含了最出色、最有經驗的政治家。在理論上，它不過是個諮詢機關；而事實上，有許多政事完全入其掌握之中。羅馬勢力擴大後，尤其是這樣的。如下列各事都是元老院的職掌：

①羅馬與外國及聯盟國、臣屬國的關係，

②國家財政，

③政治特權與社會特權的規定。

第三節　帝政時代

羅馬逐漸征服了許多地方，領土日益擴大，而政治上也形成一種集權的體制，用資維繫。在凱撒（Julius Caesar）(註一) 與奧古斯都 (Augustus) (註二) 當道之後，羅馬的政治實際上已變成軍事的專制政治 (military despotism)。他們對於共和憲法所加的根本改變，是把原來分散於各種官職的權力集中於一個終身在位的人。奧古斯都與其後繼者總攬護民官及省長 (註三) 之權，已足使他們成爲意大利及各省的最高統治者；並且他們又常兼作執政官與監察官，凌駕於其他同僚之上。在新體制之下，元老院雖然還保持着一種重要地位，通常其決議就是正式法律，但皇帝於決定元老院的人選有重大影響力，皇帝的意見每每就是法律的淵源。皇帝的上諭終將被認爲法律，漸與法律無異。各種人民的議會，則漸失去其刑事裁判權、選舉官吏之權、及在立法上之地位，而不復有何重要性。起初，共和政府的形式還保持着，這種專制政治還有假面具來掩飾；到公元三百年左右時，戴克理先 (Diocletian) (註四) 與君士坦丁 (Constantine) (註五) 的行政大改革乃一掃共和制度種種法律上的虛構，而正式承認帝國的制度。自紀元前二七年元老院上「奧古斯都」(Augustus) 尊號於屋大維 (Octavian) 時起，史家通常稱之爲帝政時代。

(註一)100—44 B.C.

(註二)63 B.C.—14 A.D.

(註三)在意大利半島以外，羅馬統治被征服民族的行政制度，通常是行省制，每省的最高權力授與一個由羅馬派去的省長 (Proconsul or Propraetor)。

(註四)245—313，作羅馬皇帝是在284—305。

(註五)280?—337，作羅馬皇帝是在306—337。

第六章　鮑里貝士

羅馬的情形，是先有良好政治制度，而後有頌揚與解釋此種制度的政治理論。一直到已經很強盛時，羅馬幾乎尚無政治思想可言，而其政治思想之發端，還是出於一個希臘人，那就是鮑里貝士（Polybius, 204-122 B.C.）。他本來是希臘人，生於亞加底亞（Arcadia）之麥格羅波里斯（Megalopolis）。他前半生是一位政治家，後半生則為學者。當馬其頓的勢力衰微，羅馬人漸漸來侵略希臘的時候，他同許多政治家聯成一黨，指導亞奇安聯盟的政策；他主張用消極的態度，對付羅馬。迨羅馬征服希臘，親羅馬派的人就把他送到羅馬作抵押。他留在羅馬十六年（167-151 B.C.），結交許多大政治家，遊歷各地，搜集了許多材料，編著一部羅馬史（History of Rome）（註一），敍述羅馬興盛起來的原因，紀載羅馬統治屬地的情形，並且解釋其政治組織的原理。大概鮑氏以一個富於政治思想的希臘人，忽然看見長於實行的羅馬人，在極短的時期中，征服了很多地方，囊括了當時所稱的文明世界，自然會發生研究的興趣，追尋其所以能統一世界的道理，和用什麼方法來統治被征服的民族。他這一部羅馬史，其主要目的蓋卽在此。（註二）其政治思想也見於此書，特別是在第六卷中。

第一節　政體分類

鮑氏對於政治組織的形態，特別重視，認為這是國家一切事業與衰成敗的主要關鍵。（註三）於是，他研究政治，乃先從政體的研究着手。

他襲用柏拉圖及亞里斯多德對於政府形式的分類法，把政體分爲六種：支配者爲一人時，其人在位由於人民同意，爲政講道理，不講威力者，是爲君主政體(Royalty)；反是者，則爲專制政體(Despotism)。支配者爲少數人時，如公正的人因才能出衆，爲人民所推舉，而得到政權者，是爲貴族政體（Aristocracy)；反是者，則爲寡頭政體（Oligarchy）。支配者爲多數人時，其多數人能崇神、尊親、敬老、守法者，是爲民主政體（Democracy）；反是者，則爲暴民政體（Ochlocracy）。茲爲醒目起見，可以把鮑氏的政體分類，列表明之如次：

政體類別		
	支配者一人	君主政體
		專制政體
	支配者少數人	貴族政體
		寡頭政體
	支配者多數人	民主政體
		暴民政體

第二節　政體循環

鮑氏把政體加以區別之後，又有一種政體循環論。在他看來，各種政體的變遷，自然有一定的次序，而其次序是循環的。茲述鮑氏所論政體循環的次序如左：

世界最初由於洪水、疫癘、饑饉、或其他災患的原因，人類幾幾乎被毀滅完了，社會習慣的和技術的知識也失掉了。從這些災難中剩下來的少數人，再逐漸繁殖起來，他們自然要聚在一起，營共同的生活。這個時候，體力強大和膽量勇壯的人，自然可以率領體力孱弱的和膽量怯懦的人。人類在原始狀態中，和禽獸一樣，一面過群居生活，同時又服從於強者之下。強者的權力是以體力為基礎的，權力的大小全視體力的大小而定。所以，人類最初社會的情形，可以名之曰專制政體。

後人類理智逐漸發達，經驗逐漸豐富，「正義」與「義務」的觀念亦漸深入人心。義務的觀念是由於受人之惠而發生的。譬如有人在危急的時候，被人救出危險，倘若被救的人還要傷害救人的人，那麼，旁邊的人一定要痛恨這被救的人了。這樣，人類心中遂發生一種義務觀念，而正義觀念則與義務觀念密切相聯，事實上可以說義務就是正義之始終。人類有了義務與正義的觀念以後，強者如能推行善政，為民造福，則原來畏其威者，必變為感其德，而信賴其統治；倘有叛逆，人民必自動起而殲之。於是，理性的支配代替了腕力的支配，專制政體變為君主政體。這樣的王政建立之後，人民不但擁戴君王的本身，還要推愛到君王的子孫，因此又變成了世襲的君主制。

王位變成世襲之後，子孫之輩難免有不肖者，驕奢淫逸，禍國殃民，而成為暴君，王政因此敗壞下去。於是君主政體又變為暴君政體（Tyranny）。（註四）

暴君政治的出現，確是國內分裂的先兆，勇敢而高尚的人自會發動指導人民予以顛覆；然後，人民一定願意把政權奉給這些勇敢而高尚的人，貴族政體因此樹立。

貴族的子孫繼承先業，又難免腐化敗壞，胡作非為，於是貴族政體變成寡頭政體。

寡頭政體，一定惹起人民的反抗，易被顚覆，其命運與暴君正復相同。革命成功之後，人民必不願把政權奉託給一個人或少數人，而唯以自治爲妥善辦法，於是建立民主政體。

在民主政體之下，人民可以得到自由平等的幸福。不過，傳之數代之後，自由平等的價値低落，一般人民也會腐化而濫用自由平等，於是民主政體的美德盡失，乃變成暴民政體。

暴民政治會演成恐怖現象，毀滅文化，於是形勢又復逆轉，終必導致新的基於强力之專制政體。然後，一個新的循環又將開始，其順序與前述者完全相同。

各種政體的變遷，就是這樣循環進行，周而復始。爲易於明瞭起見，可以圖示如上：

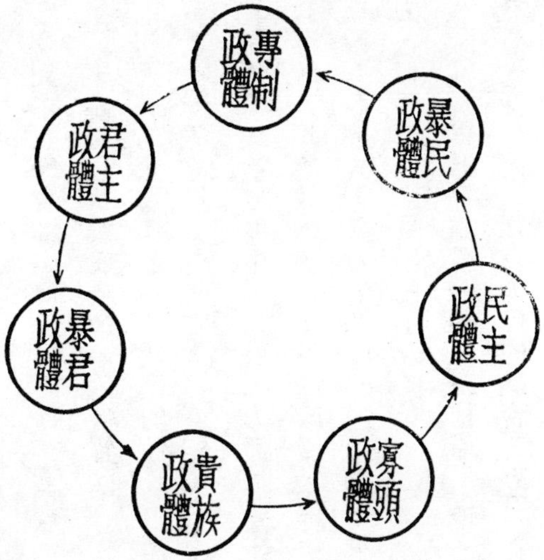

專制政體
君主政體
暴君政體
貴族政體
寡頭政體
民主政體
暴民政體

以上就是鮑氏所講的政體循環論。他認爲這是政體變遷的通例，任何國家之中，必不可免。因此，他推斷政體的變革，也就執此一通例作依據，以爲如此推斷，必可大致不差。(註五)

第三節　制衡原理

鮑氏認爲每一種單純的政體，因爲祇有一種原素在內，無論如何，總會含有敗壞腐化的根苗，就是三種好的政體—君主政體、貴族政體、與民主政體—亦不能免，於是乃有上述那樣必然的循環變遷。要預防敗壞，祇有把君主、貴族、民主這三種政體融合起來，並且使這三種原素互相制衡。如此才可使它們的腐化趨勢相抵相銷，才可使政治臻於穩固。斯巴達之所以能夠安定，就是因爲用了這種方法；羅馬興盛的原因也在於此。斯巴達的情形，應該歸功於李克格斯 (Lycurgus) 的才智與遠見；羅馬的政體，則是從多年困苦患難的教訓中逐漸得來的。

就羅馬的政治制度來說，其中包含三種要素，各有各的最高權力，分別代表三種政體的性質：

1. 執政官代表君主政體的性質　執政官是行政首領，官吏除護民官外都在他指揮命令之下，人民的議會由他召集，各種法案（註六）由他提議，通過後由他執行，軍隊由他指揮。這些權力，簡直像一個君主的權。

2. 元老院代表貴族政體的性質　元老院有很大的財政權與外交權，其組成分子也富有貴族性。所以，元老院可以代表貴族政體的性質。

3. 人民的議會代表民主政體的性質　立法與決定和戰條約等權，都在人民的議會，所以人民的議會又可以代表民主政體的性質。

在羅馬的政治制度中，各種權力都是這樣本乎平衡均等的原則配合起來的。於是，羅馬的政體究竟是君主政體，是貴族政體，或是民主政體，就是他們本國人也說不清楚。這也沒有什麼奇怪，因爲我們如果專看執政官的權力，必定要認作君主政體；如果專看元老院的權力，可能就認爲貴族政體；如果專看平民的勢力，似乎又簡直是個民主政體。

羅馬的政體雖然是由這三種原素構成，但各種權力卻不是各自獨立的，乃是互相制衡的，這可以從執政官、元老院、以及人民的議會三方面，分別來看：

1. 執政官　雖然有行政的全權，但是

①關於軍需的供給，戰勝的論功，以及執政官的去留，卻在元老院控制之中，

②人民的議會有權監察執政官的行爲，又因爲有決定和戰之權，還可以牽制執政官的軍事計畫。

2. 元老院　雖然有很大的財政權及外交權，但人民的議會可通過法律以拘束元老院，而元老院的一切決定，甚至一切集會，都可被人民的特別代表護民官所否決。

3. 人民的議會　雖然有其獨立地位，但是

①關於公共建設的契約不能不有財政上的關係，所以要受元老院的牽制，

②人民遲早總要當兵，就是遲早總要在執政官的絕對支配之下。

人民因爲懼怕報復，所以對於執政官與元老院的權力和計畫，自然不致有過分的誅求。

如此互相制衡的結果，每一種權力都不會流於專橫。鮑氏就從這幾種互相牽制的事實中，找出了「制衡原理」(the principle of checks and balances)。(註七)

鮑氏認爲這種互相制衡的制度，在平時可以維持均衡，在危急時可以團結合作，國家的安寧與繁榮實利賴之；所以，這是所有各種政治制度中最好的制度。他說：

「三部分既各握有相助或相害的權力，其結果乃是一個足以應付一切危機的聯合與一個無出其右的政體。……外來的危險迫使其團結合作，……國家的特殊政體可以使它無敵不摧，無功不克。卽當外患已除，人民安享其勝利成果，過幸運生活，且漸爲驕奢怠惰之惡習所腐化而有暴亂與狂妄的傾向時，更可看出此種政體的本身具有糾正流弊之力。因爲三者之中，如任何一部分妄自尊大，有爭競侵越的表示

時，三者的互倚性，以及一部分的狂妄當受他部的抑制與抵抗之可能，必能阻止此種不良趨勢。每一部分的衝動因畏懼其他部分而受抑制，於是乃得維持適當的平衡狀態。」（註八）

對政治組織中制衡原理的闡揚，在政治思想史上，這是第一次正式出現，值得我們注意。近代的三權制衡原理，與此頗為接近。

（註一）此書共有四十卷，現存者僅頭五卷是完整的，其餘三十五卷則都殘缺不全了。

（註二）鮑氏在羅馬史第六卷中說：

「我所期望的最好與最有價值之效果，就是我的讀者可以知道有什麼情形，以及什麼樣的特殊政治制度，使羅馬能在尚不足五十三年的時間裏，幾乎征服了全世界而予以統治，這是史無前例的事。」

（註三）鮑氏在羅馬史第六卷中這樣說：

「國家政制的形式是一切事業興衰成敗的主要原動力，因為一切行動的意旨與計畫不但由此發源，而且也要由此以底於成功。」

（註四）鮑氏在論政體循環時，於專制政體（Despotism）之外，又多舉了一種暴君政體（Tyranny）；至於此二者究竟是一事，抑為兩事，則不甚清楚。

（註五）鮑氏在羅馬史第六卷中，於說明政體循環的過程之後，接着又說：

「這就是政治革命循環之跡，也就是政治體制更易、變遷，而最後仍歸原位的自然過程。任何人如能徹底了解而把握住這些原則，則預測任何國家的未來時，對時間的估計雖然容或可能有誤，但其判斷倘非蔽於恨嫉的情感，對盛衰的階段以及將要變成的形式，必定很少看錯。」

（註六）無論是提出於元老院之法案，或是提出於人民的議會之法案。

（註七）不過，他對於羅馬政治制度的分析，並不十分勻稱，沒有講到執政官對元老院的牽制，所舉事實也未必盡然，這是應該指出的。

（註八）羅馬史第六卷。

第七章　謝雪廬

謝雪廬（Cicero, 106–43 B.C.）生於意大利的亞平南（Arpinum），他父親是個騎士。他曾經受教於希臘人，學問上受希臘的影響很大。紀元前七六年以後，他歷任羅馬顯要官職，並且曾被舉爲執政官（紀元前六三年）。他的思想沒有什麽創造性，其主要貢獻在把希臘的理想灌輸於羅馬。他的著作很多，關於政治思想的，要有三部，而這三部書又是完全摹仿柏拉圖的著作，名爲：

1. 共和論（De Republica）　摹仿柏拉圖的理想國，
2. 法律論（De Legibus）　摹仿柏拉圖的法律論，
3. 官吏論（De Officiis）　摹仿柏拉圖的政治家。

其共和論不但書名與內容都是摹仿柏拉圖的理想國，就連文字體裁也是效法柏氏的對話體。柏氏以蘇格拉底爲對話的主角，謝氏則以羅馬名將西庇阿（Scipio）作主角，託他的名字來說明自己的理想。由此更可見謝氏思想受希臘學者影響之深。

第一節　國家論

謝雪廬對國家的看法，可以分下列幾點來說明：

（一）國家是自然發生的

關於國家的起源，謝氏認爲並非由於人類覺悟孤獨的生活不好，才互相結合，乃是基於人類天生就有的社會性。人類因爲有此種社會本能（social instinct），所以一定要結合起來；又因爲要使大家的結合維持下去，所以這本能又促使人類建立政府，於是乃有國家的產生。質言之，國家發生的根本原因是人類的社會本能，國家是自然發生的。謝氏此種看法，顯然是屬於亞里斯多德的一派。

謝氏既然認爲國家是自然發生的，因之也就認爲國家不是依據一個人或多數人的意思製作而成的，更不是於一代之內，忽然產生出來的，乃是經過數世紀的光陰，漸次生長而成的，觀夫羅馬的逐漸發展，就可以知道。

（二）國家的基礎在正義與公益

謝氏又認爲我們並不能說人類的任何結合，不管怎樣結合起來，都是國家。國家必須是「共和國」（commonwealth），而「共和國」必須是一群人基於共同正義觀念與共同利益所結合起來的。質言之，國家的基礎一定要建設在正義與公益之上，而不能建設在個人私利之上。他這樣說：

「共和國是人民的事物；所謂人民，並不是說隨便集聚的一群人，而是指利害相聯，是非觀念相同的一群人之集聚。」（註一）

（三）國家權力得自人民「同意」

謝氏所說的「國家」是共和的國家，共和國是全體人民的。國家的終極政治權威應在於全體人民，而政府不過是全體人民的代理者。於是，他似乎又把國家與政府的觀念分開：國家必須是共和的，政府可以是共和的，也可以不必是共和的。但君主或貴族的政權也必須是得自全體人民。總之，謝氏認爲國家的權力是從人民得來的，國家權力的終極來源在於全體人民的「同意」(consent)。他同時把自由與參政看作一件事，人民祇要得到參政的機會，就是有自由。這種「同意」的觀念，與「契約」的觀念頗爲相近，因爲假如說政權是得自全體人民的同意，那也就無異說政權是由全體人民相約而發生的了。所以，雖然謝氏說國家是自然發生的，可是同時他又有一點契約說的觀念。

第二節 政體論

謝雪廬的政體論，幾乎同鮑里貝士完全一樣，祇有極小的差別，茲分幾點說明之。

(一) 政體分類

他將政體分爲君主政體、貴族政體、民主政體三種。這三種政體各有好處，也各有壞處；如果腐敗下去，君主政體就變成專制政體，貴族政體就變成寡頭政體，民主政體就變成暴民政體。

在單純的政體中，他以爲君主政體最優，貴族政體次之，民主政體則最劣。

(二) 理想政體

最理想的政體乃是就上述三種單純的政體，取其所長，棄其所短，把它們融合起來，而成爲一種混合政體。這樣的混合政體可以作到兩點難得的好處：

1. 高度平等，

2. 穩定。

此中道理，請看謝雪廬自己的說明：

「照我的意見，在三種基本政體中，王政是最好的；但是如把三種好的單純政體融合起來，成爲一種中庸而平衡的政體，則實比王政更爲可取。因爲國家之中，應該有一個最高的君主，某種權力也當交與領袖公民，而某些事項則應留下來，依照民衆的判斷與願望去作。第一，此種政治組織可以作到一種高度的平等，這是自由人非經很長時間極難作到的。其次，此種政治組織又可以得到穩定。上述基本政體很容易墮落爲相對的腐化形式：君主政體會變成專制，貴族政體會變成寡頭的結黨營私，而民主政體會變成暴民與無政府；這些政體都常常會經過改變，而成爲新的形式。但在混合而平衡的政治組織之中，則除非統治階級有重大過失，此種情事並不常發生。因爲當每個公民都有固定的適當地位時，殊無改變之理由，而此種政體也就不會流於邪途了。」（註二）

（三）制衡原理

謝雪廬所講的制衡原理與鮑里貝士略有不同，不像鮑氏那樣機械：鮑氏所講的是各機關的制衡，是執政官、元老院、及人民議會三種機關的互相牽制；謝氏所注重者則在精神原理上的制衡，不僅靠各種機關的互相牽制，更重要的是使權力、勢力、及自由 (force, influence, and liberty) 相互間制衡得宜。（註三）

第三節　自然法

謝雪廬最有價値的學說，就是摹仿斯多亞派，對於自然法的觀念，加以闡釋發揮。斯多亞派的自然法理論，經他發揮之後，乃爲西歐人所普遍知曉，自他的時代，流傳以至於十九世紀。這是謝氏一大貢獻，他在政治思想史上的眞正重要性亦由於此。玆將謝氏的自然法觀念，分析說明如次：

（一）自然法的意義及其發生

謝氏把自然法看成從自然（Nature）中發生出來的最高理性（the highest reason），指導當作的事，而禁止不當作的事。他這樣加以解釋：

「最有學問的人們已經決定從對法（Law）的研究開始，而且似乎他們是對了，假如依照他們所下的定義，法是最高理性，發生於自然之中，命令當作的事，並禁止不當作的事。此種理性深入於人心，並充分發展，就成爲法。他們因此又相信法乃是智慧，其自然的功能就在命令正當的行爲而禁止錯誤的行爲。」（註四）

這裏，謝氏所謂「法」就是指普遍的自然法而言。此種普遍的自然法乃是一種自然力量，因而也是正義（Justice）的淵源，所以謝氏又說：

「正義的根源可於法中見之，因爲法乃是一種自然的力量。」（註五）

正義是自然的原則，是一切世界秩序背後的原則；此種包含着正義原則的自然法，也是一切人爲法律背後的終極原則。因此，謝氏又把自然法稱爲最高法（supreme Law）。這最高法並不是在國家成立之後，由人制定的，而是在國家尚未成立，成文法尚未制定，很久以前，就已經發生了。請看謝氏說：

「那最高法的根源，遠在任何成文法制定或任何國家成立之前。」（註六）

（二）自然法的效力

依上述的意義看來，可以說自然法實爲合乎自然的眞正理性（true reason），既是不變的（unchange-able），又是永久的（eternal）。其效力廣布於一切之人，可以統治萬邦萬世，質言之，卽在任何時間都拘束任何民族。所以，任何人都無所逃於自然法的拘束。關於自然法的此種性質，謝氏有一段很詳盡的描寫：

「事實上有一種眞正的法（true law）——那就是正確的理性（right reason）——這種法是順乎自然的，可以施用於一切的人，並且是永久不變的。此法的命令使人履行其義務；此法的禁止，使人不敢作惡。………人間的立法如欲有損於此法的效力，在道德上總是不對的；限制其活動，亦所不許；至若想把它完全取消，那更是絕對不可能。無論元老院或人民全體，都不能使我們免除服從此法的義務，……。此法並非在羅馬立下一種規律，在雅典又另立一種規律；也並非今天是一種規律，明天又是另一種規律。而是僅有一種永久不變的法，在任何時間都拘束任何民族；人類永遠祗有一個共同的主人或統治者，那就是上帝，上帝乃是此法的創造者、解釋者、及保證者。不服從此法的人，就是放棄了其較好的自我；並且，由於否認了人的眞性，雖然可以逃脫人間的懲治，將來還是會受到最嚴酷的處罰。」

（註七）

（三） 自然法與人爲法的關係

永久不變的普遍自然法發生於國家尚未成立之前，而爲一切人爲法的終極原則；一切人爲法都發生在自然法之後，都不過是此種自然法的表示或適用。所以，人爲法的編定，無論其出自人民或君主，都必須以自然法爲依據；否則，雖然具有法律的形式，卻沒有眞正法律的性質。依謝氏之意，一切人爲法的本源與基礎，實在於先國家而有的最高法——自然法。

謝雪廬的自然法觀念，略如上述。用嚴格的邏輯眼光看來，他的理論尚不無缺陷。他對於「自然」的觀念殊欠明白：究竟所謂「自然」是什麼？未嘗有過確切定義。他用這個字時，常常在各處意義不同；而遇到難關，又常用巧言辯詞閃過，不大講什麼道理。

第四節 人類平等

謝雪廬由自然法的觀念出發，又進而主張人類平等。照他說，一切事物都受自然法的支配；人類是最高的動物，其理性與自然法相合。而人類都是知道是非善惡的，其理性都是一樣的，並無差別。人與人之間旣然如此相同（註八），當然各個人都應該有平等的人格。謝氏基於此種觀點，乃認爲人類應該是一律平等的。

我們由此可以看出謝雪廬時代與亞里斯多德時代政治理論的不同，而其不同乃基於彼此的人性觀根本異趣。亞氏認爲人類生來就有兩個階級：一爲天然的治者，一爲天然的被治者；不但國內的人有主人與奴隸之分，就是世界的民族也有文明與野蠻之別。謝氏則認爲人類天生的理性都是一樣的，所以每個人都有平等的人格；奴隸不過是一種終生的僱傭，別人絕不應該把他當作活的工具。（註九）

謝雪盧的著作，對於當時的實際政治，極少影響，蓋以適値黨派鬬爭劇烈，而愛國熱忱消沉之際；但其自然法的觀念與人類平等的精神，則對後代帝國法學家與早年基督教著述家的思想，影響極深。

（**註一**）共和論第一卷第二十五章。

（**註二**）共和論第一卷第四十五章。

（**註三**）共和論的殘餘太少而且太不聯貫了，我們很難據以確當估量謝雪盧的思想，不過這一點是可以看出來的。

（**註四**）法律論第一卷第六章。

（**註五**）同上。

（**註六**）同上。

（**註七**）共和論第三卷第二十二章。

（**註八**）謝氏在法律論第一卷第十章中這樣說：

「世界上沒有任何東西彼此之相似有如人與人間之相似者。若非惡習慣及錯誤信仰使意志薄弱的人們流於邪途，則人與人間之相似，一定正如一個人和他自己相似一樣。」

（**註九**）不過，謝氏對於奴隸制度，還沒有根本反對，但求公正待遇而已。

第八章 孫尼嘉

謝雪廬的時代已經是共和時代的末年；到帝政時代的早年，羅馬又有一位大思想家，就是孫尼嘉（Seneca, 約 4B.C.–65A.D.）（註一）。他是西班牙人（Spaniard），其父住在羅馬，爲頗有教養之士。孫尼嘉從事於政治，相當成功；但在公元四一年，因爲得罪於麥薩萊娜（Messalina）皇后，而被皇帝克羅狄亞斯（Claudius）（註二）放逐於高錫加（Corsica）。至公元四八年，阿格里派娜（Agrippina）皇后又召孫氏回國，並任爲其子的師傅，其子時年十一歲。孫氏與亞里斯多德一樣，得皇儲而教之，可謂很幸運；但是後來卻遭了大禍，因爲此子就是他日以暴虐著名的皇帝尼祿（Nero）（註三）。到尼祿暴虐日益恣肆的時候，孫氏乃逐漸失寵。最後，他被控參與殺害尼祿而另立新君的陰謀（註四），因之喪命；尼祿尚念其舊日勛勞，予以賜死（令他自殺）。孫氏臨死之際，滔滔不絕的留下遺言，其言也善。（註五）

孫氏受斯多亞派的影響最多（註六），以一個斯多亞派的人，自然表面上輕視財富；但實際上，他卻積資甚厚（註七），其中有許多是由在不列顛（Britain）放利得來，而有人說，其取利之過高是該地反叛的原因之一。此種行徑，與其哲學的精神，頗不調和。後人之據以衡鑑孫氏者，乃其可愛的箴言，而非其可疑的行爲。

孫氏著作很多，其與政治思想有關者，要有下列數種：

1. 慈善論（On Benefits，De beneficiis，約公元六二—六四年，共七卷。）
2. 閒暇論（On Leisure，De otio，約公元六三年。）

3. 寬恕論（On Mercy，De clementia，約公元五五—五六年，共二卷。）
4. 天佑論（On Providence，De providentia，約公元六三—六四年。）
5. 函札集（The Epistles of Seneca，Epistulae Morales ad Lucilium，約公元六三—六四年。）

第一節　自然與人性

孫尼嘉雖然不大討論自然法的問題，而「自然」在他的思想中則佔了一個極重要的地位。「自然」一詞，他用來有時簡直同說「自然法」一樣。他認爲「自然」是永久不變的；凡順應自然的東西都是好的，反乎自然的東西都是壞的。自然就是眞與善的標準，合理的人生必須順應自然。

孫尼嘉對於人類的天性也加了一番解釋，大致同謝雪廬差不多。孫氏認爲人類都是同出一源，生來都是一樣的；就理性上說，誰也不比誰高貴些。道德是不顧門第與幸運的，不管是國王、自由人、奴隸、甚至罪人都可以修得到。這就是孫氏的人性自然平等觀。

孫氏因爲認定人性自然平等，所以極力反對奴隸制度。他說奴隸的地位是命運造成的，其身體縱然可以屬於主人，而精神總是他自己的，精神絕不能作奴隸。(註八)他不但在理論上反對奴隸制度，並且在實際上注意奴隸的待遇。他不把奴隸看作下等人，而把他們看作朋輩。他主張同奴隸閒談，同奴隸商議事體，與奴隸同桌吃飯，使奴隸尊重主人，不要使他們懼怕主人。在那個時代，能如此對待奴隸，的確可以算是一種革命的態度。

孫尼嘉在慈善論中，有幾段話講他的人性自然平等觀與反對奴隸制度的意見，茲引述如次：

「我們人類都是由同一個本源蕃衍而來；………『天』(Heaven) 是我們大家共同的祖先，無論從顯赫的或微賤的家世往前追溯，都可以追溯到這個最早的來源。」(註九)

「任何人如相信奴隸的地位深入於一個人的全部，那實在是錯誤。奴隸之較好部分是不會作奴隸的。祇有身體在主人的支配之下，心靈卻是自爲主宰，………。所以，命運所交與主人者是奴隸的身體；……心靈則絕不會淪爲奴隸。」(註一〇)

「有人否認奴隸也能以慈善與其主人，那是不知人類的權利，因爲使其行爲具有慈善性者，並非其身分地位，乃是其居心。道德之門是常開着的，對任何人都不會關閉，無論自由人、奴隸、國王、甚至於被放逐的人都可以有道德；道德的選擇是不顧門第與命運的，它祇以赤裸裸的人爲對象。………奴隸可以是公正的，可以是勇敢的，可以是寬厚的；所以，奴隸也一樣可以對人有慈善之舉，這也是道德的一部分。」(註一一)

「所以，奴隸的慈善並不會因其出自奴隸而不成爲慈善；反之，正以其出自奴隸，而更覺可貴，蓋身爲奴隸，猶有善舉，無所畏懼，實屬難能。」(註一二)

此種人性自然平等之論與亞里斯多德的天生奴隸說，截然不同。這是思想上的一個重大轉變。

第二節 自然狀態與法律制度

(一) 自然狀態

孫尼嘉認爲在原始時代的自然狀態（state of nature）之下，人類都是很快活的；他們雖然沒有知識，但是很能夠表現渾然的天性。其時，大家合起來，過着誠懇天眞，平安無事的自然生活，什麼東西都是公共的，並無私有財產。如此簡單樸實的生活，沒有文明所帶來的奢華與繁文縟節。他們有最好、最聰明的人作統治者，大公無私的引導大家求幸福，而人們也自願歡喜的服從他。然則，當然不會有奴隸，也根本並不需要强制的政府與法律。此種狀態是一種渾噩淳樸，無知無欲的自然世界，其生活之幸福無邪乃是由於人類無知的純潔，而不是修道立德的結果。（註一三）這個時代，其樂融融，所以稱爲「黃金時代」（Golden Age）。

（二）法律制度的發生

人類之脫離自然世界，並非由於進步的本能，乃是由於罪惡的發生。無知無欲的天眞逐漸爲貪欲所蔽；貪欲一生，每個人都想把公共的東西據爲己有，於是最初社會的樂趣就消失了。因此，統治的人也就不願仍遵古法，乃把王道之治變爲專制。到了這個時候，人民不得不創造法律制度，以限制一般人不好的行爲，同時也限制統治者，使他不能任意縱恣。這就是法律制度所以發生的道理。

由此可以看出，照孫尼嘉的意見，法律制度實在是人性敗壞，罪惡發生的結果。人爲的法制之所以需要，是因爲人性的缺點，而不是因爲自然情形的進步。法制的目的就在遏制人性的罪惡與腐化。一言以蔽之，可以說政府就是人性邪惡的必要補救。

那麽，在法律制度發生之後，人類對於社會應該採取如何的態度呢？孫尼嘉雖然認爲法律制度是因人性的罪惡而發生，可是他並不主張智者要退出社會。本來，關於人應否服務社會的問題，伊璧鳩魯派與斯多亞派的意見正正相反：伊璧鳩魯說：「智者除非有特殊事故發生，不要參與公共事務」；齊諾則說：「智者除非為事所阻，都要參與公共事務」。(註一四) 前者以參與社會事務為例外；後者則以不參與社會事務為例外。孫尼嘉的意見接近於斯多亞派，他認為人類生來就是要互相親愛，互相幫助的，為社會服務乃是人類的責任。智者自已雖可無所求於人，但仍應替社會作事，因為知識的可貴，即在能使人類的狀況有所改善；祇有在特殊情形之下，方可獨善其身。足見孫氏的態度是以參與社會事務為原則，以不參與社會事務為例外。不過，他的想法是不必參與政治而能為社會服務 (註一五)，此點又與他以前的政治和社會哲學家都不同。

第三節 帝王權力論

孫尼嘉很注意帝王的權力，也想極力加重其責任心。他說帝王既由全人類中被選出來，代神作事，則一切人的生死休戚都在他的掌握之中，而他就是法律的淵源。如此的統治者，實為國家的眞正靈魂與生命，國家由他統一，人民歸他保護。他如發怒，那是無可抑制的，即使受他的刑罰也不能反抗。照孫氏所論，帝王權力是絕對無限的。我們雖不能認定孫氏有明確的帝王神權之觀念，但至少可以說他有此傾向。

此時羅馬已經到了帝政時代，政治上趨嚮於集權。孫尼嘉生在這樣的時代，自然難免受實際政治趨嚮的影響，因而有如上的帝王權力論。

(註一)這裏，孫氏的生年是以大英百科全書所載爲依據；此外另有紀元前三年，或公元一年、三年、五年等等的說法。

(註二)10 B.C.—54 A.D.，作羅馬皇帝是在41—54 A.D.。

(註三)37—68A.D.，作羅馬皇帝是在54—68 A.D.。

(註四)此種指控是否公正，不得而知。所謂另立新君，有人說就是孫尼嘉本人。

(註五)在得到皇帝決定意旨的消息之後，他開始寫遺囑。旋得悉已無此從容時間，他就對其悲哀的家屬說這類的話：「不要緊，我留給你們的是比塵世財富更有價值的東西，即道德生活的榜樣」（見Bertrand Russell, A History of Western Philosophy, Book I, Ch. XXVIII.）。於是，他叫秘書來，寫下他垂死之言，滔滔不絕，以至於最後一剎那。

(註六)同時他也受柏拉圖派與伊璧鳩魯派的影響。

(註七)據說多至三百兆色斯特斯（Sesterces）。

(註八)此種精神的解放，就是後來身體解放的先聲。

(註九)慈善論第三卷第二十八章。

(註一〇)慈善論第三卷第二十章。

(註一一)慈善論第三卷第十八章。

(註一二)慈善論第三卷第十九章。

(註一三)孫氏認爲人類並不是生來就有道德，而是生來就可以修道立德。

(註一四)伊氏與齊氏的這些話，孫尼嘉都會在閒暇論中，予以引述。

(註一五)孫氏認爲每一個人都是兩個共和國的一員：一爲通常的國家，一爲包括所有人類之更大的共和國。後者乃是一個社會，與通常的國家不同，其維繫的因素不是法律與政治，而是道德或宗教。明智的好人，雖無政治權力，也可以有所貢獻於人類；凡思想可以爲人宗師者，或較政治上的統治者，影響尤多。

第九章　羅馬的法學家

羅馬帝國幾乎把當時一般所稱的全部文明世界都統轄於一個國家之中。如此大一統的國家要統治許多的地方和各種不同的民族，自然需要很好的法律，羅馬人的法學天才也就正好得到極頂的發揮。所以，羅馬法是羅馬人的偉大貢獻，影響極深；後來歐洲許多國家的法律都以羅馬法爲本。

羅馬的私法可以分爲三種：

1. 國民法 (jus civile) 就是羅馬原有的僅適用於羅馬公民的法律，以十二銅表法(Law of the Twelve Tables)爲其基礎。此種銅表法，由於羅馬人思想保守，極少修正。

2. 萬民法 (jus gentium) 迨羅馬的統治擴及被征服的民族，而商業日益發達，居住於羅馬的外國人也日益增多，外國人與羅馬人之間，以及外國人相互間，遂常有法律問題發生。但原有的國民法不能適用於外國人，而羅馬法官又不願用外國法律來裁判，殊多不便。在這樣情形之下，羅馬人乃感覺需要另一種可以適用於外國人的法律。於是尋求在羅馬與其他民族間有共同性質的法律原則，而發展成爲一種法律，對外國人可以適用。此種法律不僅含有羅馬本土逐漸發展的自然正義原則，同時也吸收了外國及臣服民族的許多習慣與法律觀念。這就是所謂萬民法，也就是一切人民適用的法律。

3. 自然法 (jus naturale) 以上兩種都是人爲法。羅馬法學家又以爲此外還有一種世界一切人類公認的理想原則，而是人爲法所應遵循者。這種抽象的原則就是自然法。

在法律發展的過程中，許多成就都有賴於法學家的貢獻。羅馬出了很多大法學家，而於公元第二世紀與第三世紀最盛，茲擇舉下列諸人：

1. 蓋斯（Gaius）關於他生平，我們所知極少。他的著作大概是在公元一三〇至一八〇年中間寫成的，那時是羅馬帝國正盛，羅馬政府正好的時代。
2. 龐保尼斯（Pomponius）約與蓋斯同時。
3. 巴平尼恩（Papinian）公元二一二年，被皇帝處死。
4. 馬謝安那斯（Marcianus）約與巴平尼恩同時。
5. 歐爾平（Ulpian）他是公元一七〇（？）至二二八年間的人。二二八年，在一次軍隊與暴民間的騷動中，被殺死於宮中。
6. 保勒斯（Paulus）約與歐爾平同時。
7. 茅戴斯泰那斯（Modestinus）歐爾平的學生。
8. 柴芬尼那斯（Tryphoninus）約與歐爾平同時。
9. 福老林泰那斯（Florentinus）約與歐爾平同時。

這些人，大致說來，都受斯多亞派的影響很深，可是他們自己並沒有形成一個學派。他們既說不上是哲學家，也說不上是政治思想家，他們的議論祇代表當時知識分子中最流行的思潮。他們祇討論些法律上的問題，對於國家的理論基礎與政治制度等殊少討論。不過，羅馬法學家的議論也可以顯示當時政治思想的一般趨勢，所以我們也不能不約略提到，茲綜述其中重要之點如次：

第一節　萬民法與自然法的關係

羅馬的萬民法並不要各國承認，不論那一國都要遵守，所以法學家常常稱之為「萬國國民的普通法律」，「為一切人民所遵奉的法律」，或「一般人民所用的法律」。於是萬民法與自然法的意義乃不免有些混淆：有的把萬民法與自然法看成一樣；有的又把它們分開。這是一個曾經許多討論的問題。下面，我們就分述兩種不同的說法。

（一）　萬民法即自然法

這種說法可以法學家蓋斯為代表。他以為萬民法是一切人類所公認的普遍原則，而這些原則是自然理性所教導人類的。然則，蓋斯對萬民法的觀念，與自然法觀念幾乎沒有什麽分別。於是，他就不常用自然法這個名詞，簡直認為萬民法就是自然法，他的法律分類祗有國民法與萬民法兩種。他說：大凡一國必定有本國固有的法律，和萬國共同的法律。前者是國民制定的，叫做國民法；後者是根據自然的道理而來的，叫作萬民法，因為萬國都用這種法律，或又叫作自然法。

（二）　萬民法與自然法不同

關於這種說法，可以舉公元第三世紀初三位法學家的議論為例：

1. 柴芬尼那斯　他說：自由依據自然法而存在；統治乃由萬民法而發生。

2. 福老林泰那斯　他說：自由乃任何人爲所欲爲的自然權力，除非受强力或法律之所能禁阻；奴隸制則是萬民法的一種制度，使一人違反自然的屈服於他人。

3. 歐爾平　他認爲自然法是自然指示一切動物的，凡是動物都一樣有自然法，並非人類所專有；而萬民法則是人類之國家所專有的法律。自然法承認一切人類都是生而自由的；在自然法之下的人一律平等，不會有奴隸制度。奴隸制度是從萬民法來的；不在萬民法之下，絕不能使這個人屈服於那個人。

照這一派的說法，法律分爲自然法、萬民法、與國民法三種。

第二節　國民法的理論

謝雪廬認爲一切人爲法必須依據自然法而發生出來；否則沒有法律的性質。這並不是謝雪廬一個人的思想，凡是羅馬人大概都有這樣的想法，而羅馬法學家關於國民法的理論也就代表這種思想。他們大概都認爲國民法的制定必須以自然的理性與正義的原則爲依據，而不能由立法的人依照個人私意或一個團體的私意擅行制定。他們大概都把國民法看作普遍理性和正義的原則特別應用到一個社會裏邊去，它並不是社會中某人的意思之說明。不過有人說國民法是從自然法中丟掉一些東西，故在自然法之下，人類平等，而在國民法之下，人類就不能一律平等了。

第三節　國家權力的來源

前面講過，謝雪廬把國家權力的基礎放在全體國民的「同意」之上；羅馬法學家大概也都抱着這種觀念。他們並不是說國民一定要直接去參與實際政治，而是說國民是國家政治權力的終極來源。他們固然也有時說皇帝的意思就是法律，但是其所以能夠如此，還是因爲國民願意給他這種權力，皇帝的權力都是由國民那裏得來的。(註)照他們看來，國家的法律乃由全國合意而制定。總之，他們認爲政治權力的唯一終極來源就是國民。

(註)如歐爾平說：「皇帝的意志就有法律的力量，因爲經由君法(lex regia)的制定，人民已將自己所有的權力與權威，完全移轉而委之於皇帝」。(羅馬會典第一卷第四章第一條—Digest, 1, 4, 1.)

卷上

第二篇　中古

第十章　中古政治思想的特質

歐洲的中古時期（Middle Ages），大約是從西羅馬滅亡到文藝復興的一段時間，也就是大約從公元第五世紀到第十五世紀，差不多整整經過一千年左右。這個時期的歐洲，由於蠻族入侵的結果，舊日希臘羅馬一脈相傳的文化已經破產，整個社會有賴於兩大制度勉強維持：一個是教會制度，一個是封建制度。舉凡政治組織、社會經濟、生活習慣、文化思想等等，都受這兩個制度的支配。

從研究政治思想的觀點來看，整個歐洲中古時期可以說是一個「非政治的」（unpolitical）時代，其間最重大的事情還是基督教的普遍傳播和基督教會的發展。基督教起源於羅馬帝國偏僻的一角，而逐漸傳播到各處；在傳播的過程中，曾遭遇極殘酷的迫害，但仍繼續向前發展；到公元第四世紀初年，竟已成爲羅馬最上流階級的宗教。公元三一三年，君士坦丁大帝頒布有名的米蘭詔書（Edict of Milan），使基督教與其他宗教處於平等地位（註一），這是基督教在歷史上第一次被政府公認，而得到寬容（toleration）。迨狄奧多修大帝（Theodosius the Great）（註二）使之成爲國教（state religion），於是基督教更將帝國內一切其他宗教壓倒。此外，經教徒們不斷的努力，在後來毀滅羅馬帝國的那些野蠻民族中，基督教也曾植下了很大的勢力。帝國滅亡之後，羅馬人雖不復能發展政治天才，卻能利用宗教來同化野蠻人，而野蠻人對於教會，或由於敬畏，或由於鄙視，也每每不加損傷。在此種情形下，基督教乃得普遍傳播，而其教會也逐漸發展成爲一種異常完密的組織。

基督教會的產生及其特殊發展，在中古歐洲，具有重大意義。教會極度發展之後，其勢力差不多可與政府相等，甚至淩駕政府之上，於是政權與教權的互相衝突乃不可免。此種政教之爭，在歐洲中古的歷史上，數見不鮮，關係綦鉅。當教權高張時，其氣勢簡直令人不可思議。茲以教皇葛來高七世(Gregory VII)(註三)與皇帝亨利四世(Henry IV)(註四)兩人戲劇性的衝突爲例。一〇七五年，葛來高七世發布教詔禁止以後各教士受職於政治統治者，違者雙方俱受驅逐出教(excommunication)的處分。此事表面上的目的是要革除買賣聖職的惡習，而背後則隱伏着葛來高的大野心，他想造成清一色的教會系統，以教皇爲領袖，指導人類一切方向，而絲毫不對政治當局負責。亨利四世對教皇此項措施，堅不同意。一〇七六年，葛來高召亨利到教廷去答辯不遵諭旨的理由，亨利遂召集德國主教開宗教大會，廢黜葛來高的教皇之位。葛來高也就運用教會的最高權威，予亨利以驅逐出教的處分，因而使其臣民免除效忠於他的誓約。亨利旋遭遇內部的叛亂，無法應付，不得已，乃決定要從教皇處得到消罪。一〇七七年的隆冬，他去到教皇所居之坎諾薩(Canossa)，自視爲一個哀求之人。教皇置之不理，他就赤着雙脚，穿着悔罪的外袍，在門外的雪中站着，等候了三天，然後才獲准免掉驅逐出教的大罰。當時教會聲勢之大，於此可見一斑。

人民的教育，又大部在教會的掌握之中。學校多爲主教或修道院所辦，要以養成教士爲目的(註五)。於是，有學識者多屬教士之倫。凡這個時代的人物，對其時理智生活有所貢獻者，除極少數特例外，無非教士。學術思想爲教士所支配，帶有濃厚的宗教氣味，所探究者集中於神學的種種問題。在十四世紀以前，教士實際上是獨佔了哲學，而哲學乃是從教會的觀點來寫的。所以，中古學術思想的一般情形是非歷史的、非科學的、沒有批評精神的。其所立論，乃從基於信仰的教條而加以演繹，並非從觀察、調查、與實驗而加以歸納；引據基督教聖經（Bible）以爲論證，更是教士們所習用的方法。

在上述各種情形之下，政治思想如何呢？前已言之，政教之爭，在歐洲中古歷史上，是一種特殊的發展；而此種特殊發展，與中古政治思想有異常密切的關係。其時的國家與教會和現在我們所想的不同。事實上，並不是這一群人構成國家，而另一群人構成教會；乃是所有的人既屬於教會，同時又屬於國家。教會與國家不是分成兩個社會，而是形成一個社會。不過在這一個社會中，有兩種體制的存在：一爲教皇的精神統治；一爲君主的世俗統治。這兩種範圍，實際上又很難截然畫分清楚，因此政權與教權乃極易發生衝突，兩方每互以侵佔其本身之範圍相咨。於是，兩方皆欲伸張其權力，使對方歸順，而謀求統一。質言之，「帝政主義者欲置教會於次位，而使國家爲一種教會；擁護教皇者則欲置國家於次位，而使教會爲一種國家。」（註六）這是對於管轄權的爭執。在此種紛爭中，兩方都要造成一種有利於自己的學說，作爲理論根據。所以，中古的政治思想也就集中於討論政權與教權之關係；以這個問題爲核心，其理論大致不外下列三種：

1. 教權與政權平等　此種二權論（the dogma of the two powers）是中古一切政治理論的起點。（註七）
2. 教權高於政權　這是擁護教權者所主張的。
3. 政權高於教權　這是擁護君權者所主張的。在教權鼎盛時，卽擁護君權者也每僅採防衛的立場，故此種理論較少。此種理論，至中古末年始漸發展。

抱持這三種主張的人，在那裏爭論不休，莫衷一是；中古的政治思想，大部分都是如此發生出來的。

不過，在教會發展及政教爭權的過程中，也產生若干觀念與制度，如主權在民、代議制度等，而與近代的政治體制有關。近代的政治體制，有些是從中古時期慢慢建立起來的。此點又不能不特別注意。

在下面幾章中，我將就中古較爲重要的政治學說，作簡要的說明。

(註一)公元三一一年，加理瑞（Galerius）皇帝曾下詔結束迫害，而寬容基督教。米蘭詔書將前兩年加理瑞的詔書，更加擴大增廣。關於君士坦丁寬容基督教的動機，還有一段故事。據傳說，他在頒布米蘭詔書的前一年（三一二年），正爭取帝位的時候，曾與他的軍隊看見一個發光的十字架懸在空中，上面有字說「勝利在這個標記中」，當晚他又夢見基督命他用十字架作旗幟。君士坦丁立即以這個基督教的標記，代替舊日的鷹，爲其軍隊的旗幟，於是戰勝了與他競爭的人，成爲羅馬皇帝。

(註二)346?——395A.D.

(註三)1020?——1085

(註四)1050——1106

(註五)凡是從大學出身的人，不論是否眞去擔任教職，總是被列入教職的一類，稱爲「教士」，並因此而享受特別權利。比如，他們可以不受任何國家的管束，不納捐稅，而且除了教會法庭以外，不受任何其他法庭的審訊。當時的大學，頗能吸引多數的青年，這也是原因之一。據說，有一個時期，巴黎大學的學生曾多至五萬人，牛津大學也有一萬學生。雖然這些數字也許不免誇大，但大學生活之普遍，則無疑問。

(註六)柏恩斯（C.D. Burns）：政治理想（Political Ideals）第五章。

(註七)此種二權論是認爲政權與教權各有其確定範圍：世俗的事屬於政權的範圍；精神上的事屬於教權的範圍。這個別的範圍乃由上帝所畫分，爲的是使他們互不侵犯：皇帝及王不能干涉精神上的事；教皇及主教不能干涉世俗的事。所以，依照神定的關係，這兩種權力是完全協調的，不會衝突。二權論深入人心；在教權高張時，就是擁護君權的人，也承認二權的分立。不過，究竟何者是精神的，何者是世俗的，殊乏明確定義；在中古的生活情形之下，政務與教務的嚴格畫分，事實上極爲困難。此種實際困難，乃將二權論的觀念打破。

第十一章　聖奧格斯庭

聖奧格斯庭（St. Augustine 354—430 A.D.）是基督教初期最大的思想家。他是非洲的土著，生於北非之塔加斯特（Tagaste），一生的時間多半在非洲度過。他的母親是基督教徒，他的父親則不是。他幼年在家鄉受北非最好的教育，後並到迦太基（Carthage）去學修辭學。（註一）十九歲時，他已精通修辭學，並作修辭學的教師。公元三八三年，在將近三十歲的時候，他去到羅馬（註二）；約一年之後，又被行政當局派往米蘭（Milan），以應該市修辭學教師之聘。他起初作過一個時期的明暗教徒（Manichean或Manichaean），三八六年在米蘭改教，由聖安勃羅斯（St. Ambrose）爲他舉行洗禮。兩年之後（三八八年），他回到非洲，遂未再他往；約於三九六年，作了喜坡（Hippo）（註三）區主教，住在該處，直至四三〇年逝世爲止。在這段歲月中，他致力於宗教的職務，和與「異端」爭辯的著作，而其自己的理論亦因以闡明。（註四）

聖奧格斯庭最有名的著作是神國論（The City of God）（註五），作於公元四一三年至四二七年之間。當公元四一〇年，羅馬城被哥德人（Goths）攻掠時，信仰其他宗教的人士，追原災禍之所由起，很自然的歸咎於政府之棄絕舊的宗教，而信仰基督教。（註六）此種「異端」的論難，是需要答復的。聖奧格斯庭身爲喜坡區主教，乃費了十幾年的時光，寫成此書，以解答上述的譴責。他攻擊「異端」，推溯羅馬歷史，以示舊日之神並未能拯救羅馬出於災難；並謂基督教如爲人民與君主所普遍信仰，將可救其國家。他著作這部書，最初的動機本來在此；但結果所闡述者，遠超乎其原意之外，涉及至廣，直將人類的歷史、神學、與哲學全部包羅在內，而其主旨則在表明一個被上帝所救者的來世之國。在發揮這一個觀念時，他因襲着柏拉圖；由柏拉圖與謝雪廬的政治哲學出發，他組織了一個以基督教教條為重心的哲學體系。

人類生來就有社會性，所以同類一定要互相結合而共營社會的生活。人類為其本性所逼迫，不得不發生社會的關係。本來，大家都是自由平等的，服從智慧與正義的規律。但是，為了罪惡的結果，乃有一部分人必須服從他人的權威。聖奧格斯庭相信國家起源於神意，認為國家是半為懲罰罪惡，半為糾正罪惡的制度。

宇宙的目的在至善（summum bonum），而所謂至善就是和平（peace）、協調（harmony）、與秩序（order）。表現於家庭、國家、及其他人世社會的秩序是地上秩序（pax terrena），而「神國」的秩序才是永久秩序（pax aeterna）。前者是肉體的和平（the peace of the body），而後者才是靈魂的和平（the peace of the soul）。地上秩序遠不如永久秩序；肉體的和平也遠不如靈魂的和平。（註七）凡俗的國家，乃建設於低等人性的基礎之上；在「神國」裏，才可以得到天堂的和平與精神的拯救。一切凡俗的國家都為人類的貪欲及戰爭等惡性所支配，因而也就都是不穩定的，變化無常的，絕對不能永久不變（註八）；唯有在「神國」裏才有永久的平安。全部歷史可以說就是這兩種社會互相鬭爭的戲劇性過程，而最後勝利必定是屬於「神國」。

「神國」在地上的代表就是基督教會，雖然二者並非完全相同。教會是眞正信徒的聯合，是一種有組織的制度。上帝須透過教會，始能澤及人類，而人類之得救與實現天堂生活也必須仰賴於教會。奧氏認為基督教會的產生是歷史的轉捩點，在善惡兩大勢力的鬭爭中，開了一個新紀元；自是以後，人類之得救與教會的利益發生了緊密關聯，而教會的利益因此也就高出於一切其他利益之上。

聖奧格斯庭並且認爲正義祇能存在於信奉眞正上帝的人民中；在不信奉基督教的國家，根本無正義之可言。因爲正義就是各得其分，而上帝所應得者是信仰；假如一個國家連上帝所應得的信仰都不能給他，而謂已經作到各得其分，自然是不通之至。若是者，尙何正義之可言哉？那種沒有正義的國家，就與一群盜賊無異。所以，奧氏對於謝雪廬和基督以前其他諸家的看法，說一般的眞正國家就可以實現正義，殊不同意；在奧氏看來，基督教出現以後，除基督教的國家之外，沒有其他國家是合乎正義的。他簡直不承認非基督教的國家有一點社會道德。一般公認的原則是國家的目的在實現正義，而奧氏所謂國家的基督教性也就可以包含於這個大原則之中。總之，他以爲眞正的國家必須是基督教的國家；他的思想中，最具特色之點就是「基督教國」(Cristian Commonwealth) 的觀念。

此外，奧氏曾無意中討論到奴隸制度。在他看來，奴隸的命運是罪惡的報酬，而奴隸制度就是對罪惡的糾正，也是上帝對罪惡的懲罰。他採納了羅馬法學家之理論，認爲奴隸是征服者所寬宥的，並且加上了上帝的裁判：「任何一次戰勝都是上帝所判定，卽使戰勝者是惡人亦無不然；戰敗者或因戰敗而得贖罪，或因戰敗而受處分」(註九)。依奧氏的理論，奴隸制度乃變成神聖化了。大概在基督徒看來，服從世上的主人是無關緊要的事，因爲在永生的世界裡人人都是平等的。

聖奧格斯庭的思想，影響甚大。他的神國論，歷整個中古時代，是一部極有勢力的書，尤其在教會與君主鬪爭的時候，關係更爲重要。當教權逐漸高張之際，凡遇教皇與皇帝發生衝突時，西方教會總是以奧氏之所論作爲政策的理論依據。奧氏之賤視政治權威的形式與功能，而推重教徒的精神生活，乃是支配中古歐洲人心的根本觀念。其思想的最特出之點，基督教國的觀念加上以此種國家爲人類精神發展頂點的歷史哲學，成了基督教思想中顛撲不破的部分，不僅歷中古時期，而且一直傳到近代。布萊士(James Bryce)曾謂神聖羅馬帝國的理論基礎，建築於奧格斯庭的神國論之上，誠不爲過；而奧氏觀念的影響初不限於神聖羅馬帝國存在之日，嗣後歷久不滅，近代仍可見之。(註一〇)

(註一)在當時，修辭學對準備從事於公務，是異常重要的，猶如今日，法學學位對從事於政治生涯是一個良好基礎。

(註二)照他說，他之前往羅馬，不是爲了那裏作教師的收入高於迦太基，而是因爲聽說那裏學生的秩序較好。在迦太基，學生的秩序凌亂得幾乎無法講課；在羅馬，秩序略好一點，可是學生又故意作僞，不繳學費。

(註三)距迦太基不遠。

(註四)關於聖奧格斯庭的早年生活，他自己在所著懺悔錄（Confessions）中，敍述甚詳。比如，在童年時，他曾與一些年歲相若的同伴，掠奪鄰人的梨樹。當時，他並非肚餓，而且他自己家裏還有更好的梨子；其此種行爲完全是因爲好作惡而作惡。及稍長，他又曾耽於女色，縱情肉慾。這些都是他後來深自懺悔的。（見懺悔錄第二卷第四章、第二卷第二章、第三卷第一章、第四卷第二章、第六卷第十五章、及第八卷第七章。）

(註五)此書或譯爲「上帝之國」或「神都論」。視國家爲一個城市的觀念，實表現希臘的影響；聖奧格斯庭相信世界上假如都是許多小國，一定會得到最快樂的統治。但是他關於教會的觀念，則是帝國主義的，相信一種在單獨領袖之下的世界組織。

(註六)他們說：當祀奉朱彼德神（Jupiter）時，羅馬始終保持强大；現在諸皇帝旣棄之不顧，此神也就不再保護他的羅馬人了。

(註七)上帝與人以統治無靈魂事物之權，就是肉體與靈魂孰輕孰重的例證。

（註八）奧氏即以此種道理，解釋羅馬的衰落。

（註九）神國論第十九卷第十五章。

（註一〇）比如，在十七世紀，假如說國家可以與宗教信仰的問題完全無關，對於當時的思想家，那是極難理解的觀念了。甚至到十九世紀，葛萊斯東（Gladstone）猶論證國家有一種良知，可以分辨宗教上的眞理與虛妄。

第十二章 聖多瑪

中古時期，神學與哲學交流起來，而哲學附屬於神學；信仰與理智調和起來，而理智附屬於信仰。其結果，乃產生所謂「經院哲學」(Scholasticism)（註一）。十二世紀後半期及十三世紀時，歐洲人又得看到亞里斯多德的全部著作（註二），使經院哲學有一種新的成分加入，而發達成完備的形式。在後期經院學派(Scholastics)中，或許也可以說在全體經院學派中，最偉大的哲學家就是聖多瑪(St. Thomas Aquinas, 1227-1274)（註三）。

聖多瑪是意大利人，生於那不勒斯(Naples)王國中一個貴族之家，他的父親是阿奎諾伯爵(Count of Aquino)。在十歲的時候，他被送到那不勒斯大學(The University of Naples)，在那裏肄業六年；旋在巴黎(Paris)及科倫(Cologne)兩地繼續讀書。一二五七年，他獲得神學博士(Doctor of Theology)學位；然後，乃從事於講演與寫作。一二五九年，他回到意大利，差不多就在該處度其餘年，中間僅有三年（一二六九至一二七二年）是在巴黎。一二七四年三月七日，他於前往里昂(Lyons)出席教會會議途中逝世，時年尚未滿五十。

聖多瑪是一位多產的著作家；他雖然祇活了四十七歲，可是著作已極豐富，其中下列幾種與政治學有關：

1. 君治論(Rule of Princes)　這部書本來準備對政治學作有系統的討論，可惜到聖多瑪逝世時未能完成。全書共四卷，其中祇有第一卷及第二卷的前六章是他自己寫的；其餘則出自其弟子陶勒彌（

Ptolemy of Lucca）的手筆，雖能謹守聖多瑪的大原則與觀點，但缺乏其清晰與一貫的特性。

2. 亞里斯多德政治學註疏（Commentaries on the Polities of Aristotle）此書差不多全屬註解性質，其中所含聖多瑪自己的政治學說極少。

3. 神學大全（Summa Theologica）這是聖多瑪最大的哲學著作，可是也沒有全部完成。在已經完成的部分中（註四），含有他的倫理與法理觀念。這些觀念是政治學的基礎，他發揮得異常透徹；我們研究他的政治哲學，應該先從此着手。

第一節　國家的起源

關於國家的起源，聖多瑪大致承襲亞里斯多德的理論，再加上一點中古思想的色彩。他一面認爲國家起源於人類的社會性，一面又說政治權力出自神意，茲分別說明之：

（一）人類社會性與國家

聖多瑪採取了亞里斯多德的觀點，認爲人類天生就是社會的、政治的動物，必須營共同的社會生活，而社會生活又使人不能不有政府，以謀公共福利。上帝對於一般禽獸，授以皮毛爪牙、銳利的角、敏捷的足等等，使牠們能夠自衛。這些東西，人類都沒有，然而上帝卻與人類以理性，使他們能夠運用理性以謀生自衛。不過，每個人又不能祇用一人的理性，以判斷一切；人類必須各自運用其自己的理性，而互相幫忙，才可以自衛，才可以取得一切的生活必需品。於是人類乃感覺單獨生活的不便，而必須結成社會，營共同生活。有了社會生活之後，又發生一個問題。在社會生活中，假如各人自求所好，而沒有一個統治支配的力量，那就會形成混亂，混亂的結果，一定使共同生活瓦解。為避免混亂，社會生活一定要建立秩序，而秩序就需要一種統治支配的力量。人與人之間因此發生支配與被支配的關係，於是也就有了政府。政府的道德目的超越一切，支配者的責任在引導大家獲致幸福而有德的生活。有了社會生活，又有了政府之後，國家就產生了。

國家起源於人類本來的社會性，在這一點上，聖多瑪與亞里斯多德是完全一樣的；略有不同處是前者把後者的「城」(city) 換上了一個「省」(province)。亞氏視城市國家為自足的、完美的社會，而聖多瑪則以為包括若干個「城」的「省」，比較更能防禦外患，因而也就更能自足。「省」，他也有時叫作「王國」(kingdom)；在其全部著作中，他總是視之為「自然的」(natural) 組織。

(二) 政治權力的由來

聖多瑪雖然認為國家起源於人類的本性，可是又說政治權力是來自上帝的。一切權力都是出於上帝，政治權力當然也不能例外。至其理論根據，則要有下列幾點：

1. 聖保羅 (St. Paul) 的格言：「除上帝的權力外，沒有其他的權力」，以及基督教聖經中許多其他詞句，(註五)
2. 亞里斯多德玄學的「最終原因」與「第一主動者」之理論 (Aristotle's metaphysical doctrines of final cause and first mover)，

3. 聖奧格斯庭對羅馬史的解釋——作爲上帝把權力賦與應得權力的人民之例。

聖多瑪把人對人的權力分爲兩種：一種就是上面所講的政治權力，起源於上帝所賦與人類的社會本能；社會需要秩序，秩序就隱含着不平等，所以此種指揮的權力是根據神意的。另外一種則是在奴隸制度下，主人對奴隸的權力。

我們由此又可以講到聖多瑪對奴隸制度的看法。在亞里斯多德與聖奧格斯庭所舉奴隸制度的根據之外，他又加上了一個根據。亞氏認爲人類的天資不齊，所以有奴隸制度；奧氏把此種制度視爲上帝懲罰罪惡的結果；而聖多瑪則以爲奴隸制度也是用來激勵士卒之勇氣的。他說使戰敗的人作奴隸，就是警戒人，叫他不要戰敗，最有效的方法。(註六) 其所舉這點新的理由，是很值得注意的。

第二節　政體論

(一)　最好的政體

關於政體，聖多瑪也是學亞里斯多德的分類，先分之爲兩大類：一類是以全體的利益爲目的，一類則是以統治者私人的利益爲目的，其中前一類才是正當的；這兩大類之下，再予分類，可勿詳述。至於在各種政體中，究竟那一種是最好的呢？關於這個問題，他也是像亞里斯多德一樣的變化不定；不過，大體說來，亞氏傾向於民主，而聖多瑪則傾向於君主。其所以傾向於將君主政體視爲最優的政體，有下列幾點理由：

1.他有一個觀念，認爲要使社會生活能夠安寧幸福，必須作到社會的「統一」，而統一也就是「和平」。他說社會最好是「維持着它的統一，統一又稱爲和平」。(註七) 如果失去統一與和平，則豈但社會生活的利益將消滅無蹤，而且混亂的民衆將釀成人類的不幸。社會的和平與統一既是他所要求的基本目標，政府的組織當然也必須以統一爲主要原則。假如政治上的支配者爲多數人，而他們的意見又常不能一致，必無法作到統一，不能達成政治的目的；這與數人駕駛一舟，而彼此意見參差，是一樣的。此種統一，與其求之於多數人，不如求之於一個人。所以，爲實現統一與和平，一個人的統治總比多數人的統治爲優。

2.一切順從自然的事物都是最好的。而在他看來，最能適合於自然的政治，就是一個人的政治。他並且舉了宇宙間許多其他類似情形，以支持其此一觀點。他說：

「一切順從自然的事物都是最好的，因爲在任何情形之下，自然都發生最好的效果。但是，一切自然的統治總是定于一的。在人身的各部分中，有一個控制一切的部分，那就是心；在心靈的部分中，又有一種統治一切的最高力量，就是理性。在一群蜂子之中，有一個王；在宇宙之中，有一個創造一切，統治一切的上帝。這是合理的，因爲每一群衆都是來自一個地方。所以，………人類社會歸一個人統治，必然是最好的。」(註八)

3.他又以爲根據經驗，也可以看出君主政體是最好的政體。歷來在民主政治下的國家莫不充滿了分裂的氣氛，而君主政體則可享和平與繁盛之樂。

上述政治組織中統一與穩定的觀念，實爲思想上對中古時代普遍紛亂狀態的一種反動。不過，我們要注意聖多瑪所指君主政體是立憲的；他所論君主和人民的關係，與後代君主立憲政體及選舉的理論，頗爲接近。

（二）暴君問題

君主政體雖爲最優的政體，卻有一種極嚴重的危險，就是可能變成暴君政體（Tyranny）——各種政體中之最壞的。聖多瑪不贊成暴君政體，認爲人民對暴君可以反抗，至少在選舉君主政體（Elective Monarchy）中可以廢黜暴君；煽動叛亂誠屬罪大惡極，不過正當的反抗暴君則並非煽動叛亂。但是他認爲合理的反抗應該是全體人民的共同行動，而不可聽任公民私人去作，因此他又明白表示反對任意誅戮暴君之論。反抗的行動要對於公衆福利有所裨益，其所加的損害應較所欲除去的暴虐情況爲小；唯有在這樣合乎道德的條件之下，反抗的權利才獲得保障。個人之誅戮暴君者，壞人常多於好人，而壞人之厭惡明君並不亞於厭惡暴君；如果承認公民私人有可以隨便刺殺暴君的權利，則失掉明君的機會可能比除去暴君的機會更多，這是異常危險的。所以，推翻暴君的行動不宜聽任個人判斷，而宜委之於公權力（public authority）。所謂委之於公權力，大概不外：

1. 倘若君主是由人民選舉的，全體人民也就有權可以廢黜暴君。
2. 假如選任君主之權屬於某種更高的權威時，則人民可以申訴，廢黜之權屬於那更高的權威。
3. 萬一人民對於暴君，實在沒有辦法可以廢棄的時候，那就祇有向上帝祈禱。上帝必可使暴君悔過；暴君不肯悔過時，上帝當可剝奪其君位。

聖多瑪於此，力斥暴君可殺論之妄，立論極爲精闢，發前人之所未發。

第三節　法律觀念

聖多瑪的法律觀念是把亞里斯多德、斯多亞派、謝雪廬、羅馬帝國法學家、以及聖奧格斯庭諸家的理論，融會爲一體，傳之近代，定義非常明確，而分析非常精到，一洗以前迷離恍惚的弱點。法律的定義與法律的分類，是聖多瑪極大的貢獻，茲分述之：

（一）　法律的定義

依照聖多瑪對法律所下的定義，法律是：

「統治社會者爲共同福利所發布的理智的命令。」（註九）

這樣的定義代表法律觀念演進中的一個階段。希臘哲學以爲法律不是人造的——法律是理智的結論（conclusion of reason），而不是意志的表現（expression of will）。羅馬法理學以爲法律或是理智的結論，或是意志的表現。而聖多瑪則以爲法律既是理智的結論，同時又是意志的表現。法律中意志成分之所以這樣逐漸被人重視，其原因是羅馬人有一個皇帝，中古人有一個上帝，在他們思想中佔了很大的勢力；一個固定的人既逐漸被公認爲對人們的生活有決定力，法律乃逐漸被認爲就是那個人的意志。聖多瑪雖曾謂法律與其說是命令，不如說是行爲的準則，可是其上述定義顯然是把法律看成命令。他很注重法律的命令性；他把法律的來源歸諸一個最高的人，同時又以公布爲法律必不可缺的要素。

（二）法律的分類

聖多瑪的法律分類是其哲學中最重要的特質之一。他把法律分爲四類，就是：永久法（eternal law）、自然法（natural law）、人類法（human law）、及神聖法（divine law），玆分述如次：

（甲）永久法

永久法是統治宇宙的計畫，存在於上帝的心中。這是神的智慧之永久計畫，而整個宇宙萬物同受其支配。所謂永久法，實際上也就是上帝的最高理性。

（乙）自然法

自然法是人類因爲有理性而分得的永久法之一部分，用以分別善惡並追求眞正的目的。永久法的一部分，施行於有理性的動物——人類——者，就是自然法。

自然法中有一個總的法則，就是趨善而避惡；其中一切個別法則都是達到此種目的之合理方法。一切的人都有理性，因而也就都受自然法的拘束。對於自然法的基本原則，一切人都是一樣的；而由這些基本原則所作的若干演繹，則各民族容有不同。譬如刼掠本是違反自然法的，而在凱撒時代，日耳曼人則不以刼掠爲非。又人們也許以爲自然法既是在一切人類中普遍而一致，當然應該是不可改變的；聖多瑪卻不以爲然。他認爲自然法的內容是可以擴充的，凡能促進人類福利者，都可予以加入。私有財產制與奴隸制就可以爲例。自然法本來要人人自由，財產公有；而私有財產制與奴隸制雖非人性本來的傾向，卻是爲便利生活，由理智發展出來的。同樣的，假如人類情況變遷，對自然法的某項特殊法則不能遵守時，自然法也可以改變。(註一〇)

(丙) 人類法

人類法是人類的理智把自然法施用於人世間的特殊事件上去，而制定的法律。這種人類法，聖多瑪又分之爲兩種，就是：

1. 萬民法 (jus gentium)
2. 國民法 (jus civile)

人類法對於維持社會和平是異常重要的，因爲其懲罰可以使人生畏懼之心。人類法生於自然法，不是自然法某原則的演繹，就是自然法某原則的應用。這兩種法必須相聯；人類法倘與自然法相違反，那就根本不成爲法律了。

(丁) 神聖法

神聖法是一種法，可以使人類理性的限制與缺點得到補充，又可以萬無一失的將人類引到超乎現世的目的——永久的幸福。這種法有新舊兩種，是舊約與新約中所啓示的上帝之意志。所以，神聖法是上帝的賜與，而不是自然理性的發現。質言之，神聖法就是「天示法」(the law of Revelation)；天示是可以增益理性而不會毁損理性。

第四節 政權與教權的關係

對於中古時代最大的問題，政治權力與宗教權力的關係，聖多瑪並沒有什麽新的創見，他的意見就是歷來各大教士所發揮的意見，他不過把那些意見總集起來，套上他的公式，搜羅到他的哲學體系裏而已。在他的全部哲學中，有一個大前提，就是有些眞理不能由理智證明，祇能由信仰得來，由上帝直接默示，人類最重要的眞理亦復如是。關於這些，教會有無上權威，教會的判斷就等於上帝自己的判斷。聖多瑪此種基本教條，已足使教會高於一切人的權力。不過，他以爲教會權力之最高，還可以用純理智的方法，予以說明。照亞里斯多德的理論，統治是要使被治者達到其眞正的目的。那麽，人的眞正目的究竟是什麽呢？亞里斯多德認爲是善的生活，而聖多瑪則認爲是由善的生活，以得到上帝的恩寵。如果這個目的祇由人類善的生活就自然可以達到，則君主的最高政治統治已經夠了。但是，這個目的是超乎現世生活的，必須仰賴一種高於政治的統治——教會的統治，才可以達到；所以君主對於世俗的生活固然有最高的統治權，而世俗生活必須導向更高的目的，在這一方面，則君主應該服從教士。這就是向來的教會最高說，不過加上一層亞里斯多德的外套而已。

聖多瑪也曾論到基督教國對於非教徒——包括異教徒和叛教者——的態度。(註一一) 他把這些人嚴格的分爲兩類，而對待的態度不同：

1. 從未信奉基督教者　對此種人大體上可以容忍。

2. 會信基督教而流入異教或叛教者　對此種人不能容忍。

此外又有一個特別重要的問題，就是非基督教徒對於基督教徒究竟可否行使政治權力。對於這個問題，聖多瑪也分別情形來看：

1. 從新建立政權　假如新建立一個非基督徒統治基督徒的政權，教會是不能許可的。

2. 已經建立的政權　與前項情形不同。治者與被治者的關係是人類法上的問題，而教徒與非教徒的關係則是神聖法上的問題。神聖法並不破壞人類法；所以，在此種情形下，不能僅以其統治者非教徒的理由，而使其統治教徒的權力遽行消滅。不過，聖多瑪趕緊又接着說：如果教會在神聖法所賦予的權力範圍之內，下令停止一個非教徒的君主之權力，則其命令是有決定性的。對一個叛教的君主，也是如此；假如教會說他叛教而予以驅逐出教的處分，則他的臣民無須再服從他的權力，對他效忠的誓約也就失去拘束作用。

上述的思想可以說是亞里斯多德與聖奧格斯庭二人思想的融合（註一二）。聖多瑪對於亞里斯多德，頗能徹底了解，並將亞氏的理論適用基督教教義之中。聖多瑪的政治理論雖然沒有很特殊的地方，但其法律的定義與法律的分類則對後世影響甚大。

（註一一）一般說來，經院學派視純理的哲學低於神學；他們有這樣的一種主張：哲學與神學會於一處時，神學是眞理的絕對標準。

（註一二）十二世紀後半期，亞里斯多德的全部著作才由西班牙傳入西歐，這些都是西班牙的回教人大學所採用了許久的拉丁文翻譯本。再過不久，十字軍又由東方傳入了希臘文原本。所以到十三世紀中期，哲學家們對於亞氏的著作，已能一覽無餘。其結果就是經院哲學發達成後期的、最完備的形式。

（註三）生年或作一二二五年或一二二六年。

（註四）要在該書的第二、三兩卷。

（註五）如箴言（Proverbs）中說：「王的心在上帝手中……叫他怎麽樣就怎麽樣。」

（註六）他為證明此種看法，不但引述羅馬歷史上的事實，而且也引了申命記（Deuteronomy）中上帝所示的箴規。

（註七）君治論第一卷第二章。

（註八）同上。

（註九）神學大全第二卷。

（註一〇）但是，自然法所包含的特殊法則，聖多瑪並沒有列舉出來。所以，究竟他認為有那些是不變的，有那些是可變的，很難分辨清楚。

（註一一）在神學大全第二卷中。

（註一二）融合此二人的思想是經院學派的共同特點。

第十三章 但丁

但丁（Dante Alighieri, 1265–1321）是意大利人，約於一二六五年的五月中旬，生於福羅林斯（Florence）。他本是一位詩人，可算是意大利最偉大的詩人；又曾投身政界，於一二九五至一三〇一年間，實際參與福羅林斯的政治。他的家庭本屬擁護教皇的歸爾甫黨（Guelfs），而他自己則傾向於擁護皇帝的吉伯林黨（Ghibellines）。曾有一個時期，他因政治上的關係，亡命國外。

君政論（De Monarchia）一書是但丁在政治思想方面的名著。此書究竟是什麽時候寫的，不能確定，大約是在一三一〇至一三一三年之間。

在但丁所處的時代，教權之高張已經惹起普遍反感，而意大利的情況又是紛爭擾攘，雜亂無章之局；他的政治思想就是由此種環境中產生出來的。

第一節 國家的目的與君政

但丁認為人類的目的在得到兩種幸福：一種是地上的幸福，一種是天上的幸福。如想得到地上的幸福生活，最必要的條件，就是「和平」。何以呢？先從個人來看，個人必須安然無事，才可以養成完全的智慧。全人類也是一樣的，人類也必須在和平中過安靜的生活，才能自由自在的作出應作的事體。人類的完善生活，以和平為先決條件。和平對於人類是最重要的，比其他一切，如富裕、榮譽、健康、……等等都更為重要。人類的第一目標就是和平，而保障和平的制度乃是國家。所以，國家最重要的目的就在保障和平。

一切事物，凡有某種目的而要達到其目的，就必須有一個首腦。試看一個家族必須有一個家長，一個部落必須有一個酋長，然後才能分別達到其目的；一個都市爲達到它的目的，也必定要有一個人出來作統治者。一個國家又何獨不然？國家最重要的目的在保障和平，爲達到此種目的，也必須有一個首腦。唯有在一個首腦的統一政府體制之下，和平才可以實現。這一個首腦就是君主；國家倘若沒有一個君主，則不但目的不能實現，且將趨於崩壞之途。所以，君主政體就是最適當的政體。唯有在君主政體之下，人類天性及命運的統一性才能表現出來，人類也才可以學到上帝的唯一性。

第二節　世界帝國

但丁所講的君政是以一個君主在一切人民之上，統治一切世俗事務。大概他認爲人類需要和平，而唯有在一個君主之下，和平始能實現；爲求普遍的和平，就必須實行普遍的君政。於是，他乃以世界帝國爲理想的政治，要全世界共戴一個君主，受治於一個政府之下。其此種觀念，可以分幾點說明如次：

（一）統一的政府

從經驗上可以看到，世界各國之間，很容易互相爭執衝突，甚且發生戰爭，以致影響人類的安寧幸福。而各國的君主都是平行的，誰也不服從誰，所以遇有衝突，常苦於無法解決。爲排難解紛，消弭亂源，確保世界和平起見，一定要在各個君主之上，另有一個君主，其權力較他們爲高，使他們都要服從這一個君主的裁判。且看但丁這樣說：

「在互不服從的兩個君主之間，無論由於他們自己或屬民的過失，都可能發生衝突，因而也就應該有裁判的方法，立於其間。又因爲誰也不服從誰，那一個也不能受另外一個的裁判（因爲沒有平等之人對平等之人的統治），所以必須有一個管轄權更大的第三君主，其法律可以支配雙方。」（註一）

所謂「第三君主」，就是上述高於其他一切君主的君主，這個君主可以稱爲皇帝。世界帝國就是使全世界統一於一個政府之下，受治於一個皇帝。

（二）和平幸福的善政

在世界帝國中，皇帝既已主有一切，自不復有任何欲望，所以不會壓迫人民，肆行暴虐的專制政治，而一定是愛民如子，時時以人民的福利爲念，領導和平幸福的善政。此種善政，又可以分下列幾點說明之：

1. 正義　正義要依靠於權力與意志。世界帝國的皇帝，一面具有最大的權力；一面也同時具有主持正義的堅定意志，因爲他已經到無所可嫉妬，無所可欲望的地位。所以，在此種世界帝國中，一定可以有最大的正義。

2. 自由　但丁很重視自由，自由的第一原則乃是意志自由，這是上帝賜與人類，使人類可以得到天上與地上之幸福的。最有自由的國家，就是最好的國家；而眞正的自由，在世界帝國中才可以看到。在此種世界帝國中，每個人都是爲自己而生存，並不是爲他人而生存，也就不會被他人所壓制。人民不是爲君王之幸福而存在的；反之，君王卻是爲人民之幸福而存在的。法律乃是爲適應國家而編定，國家卻不是爲適應法律而建設；生活於法律之下的人們，不是爲立法者而生的，法律卻是立法者爲他們而立的。就政治方法來說，君王雖可支配人民；但就政治目的來說，君王實爲人民之僕，而皇帝則爲全人類的公僕。所以，人生活在世界帝國之下，最能夠享受眞正的自由。

3. 意志的統一　在世界帝國中，一面有充分的自由，一面藉一個皇帝的最高意志，又可以作到意志的統一。而意志的統一，則是和平與幸福的必要條件。

(三) 地方政權

然而，但丁並不是要以一個最高的統一政府，把各地方的權力一概抹殺。各地民情不同，有採取不同法制之必要，這還是要容許的；皇帝不過調和各種社會，以達到最後的和平目的。所以，世界帝國的皇帝並不是一個萬權集中的普遍專制者，而是在各個國家的君主之上，有較高地位的一個總管，好像一種國際的監督，其責任在解決各國君主之間的爭執，維持他們之間的和平。

第三節　帝王權力論與政教關係

關於帝王權力的來源與政教關係，但丁攻擊皇帝權位來自教皇之說。在他看來，當時的神聖羅馬帝國是羅馬帝國的繼承者，有羅馬帝國的合法權力。羅馬帝國是由羅馬人建設起來的，羅馬人由於戰勝的結果，直接從上帝的意志，得到了合法的帝國統治權，羅馬皇帝就是羅馬人民的代表；而神聖羅馬帝國的皇帝乃是繼承羅馬皇帝之正統者。所以，他認爲皇帝的權力是直接由上帝那裏得來。人性是兩重的，需要兩種領袖：一爲皇帝，一爲教皇；二者的權力都是得自上帝。上帝直接創造了人類福利所必要的兩種權力，而直接將其中一種交與政治上的世界統治者，故於一切有關政治社會之事，應以皇帝爲至尊。這兩種權力是有分別的；教皇並未曾由上帝那裏得到統治帝國的權力，自然無從把這種權力交與皇帝，也自然不能參與皇帝的權力。但丁此種議論，並沒有什麽特別新鮮之處，極少超越前兩世紀反教皇派的老調；所不同者，祇在他比較少引基督教聖經的章句，而多根據亞里斯多德的形式邏輯與法理學觀念已耳。

關於上述羅馬人因戰勝而得到帝國的權力一點，但丁的觀念是戰爭的勝負就是是非的最後測驗，由戰爭判定功罪就是正義的終極判斷。在他看來，無論是人與人鬭，或是民族與民族鬭，也無論是鬭智，或是鬭力，最後的勝利者就是正義之所在。他說：

「戰勝全世界各民族的人民造成世界的帝國，就是由上帝的判斷而戰勝的。」（註二）

又說：

「從決鬭中贏得的，就是從正義中贏得的。」（註三）

所以，他認爲羅馬人空前的成功，其本身就是神命的證明。他的此種觀念，說來與近代生存競爭之說，略有近似之處。

（註一）君政論第一卷第十章。
（註二）君政論第二卷第九章。
（註三）君政論第二卷第十章。

第十四章　馬塞流

中古時代政治論著中，最有創見者要算馬塞流（Marsiglio of Padua, 1270–1342）（註一）的著作。馬塞流差不多與但丁同時，稍晚一點，也是意大利人，生於柏都亞（Padua），本習醫學。他約於一三一一年到巴黎，一三一三年作了巴黎大學校長。他在巴黎結識哲學家約翰（John of Jandun），二人合著和平保障者（The Defender of Peace; Defensor Pacis）一書。此書約於一三二四年完成，是馬氏與約翰的共同作品，而通常則被視爲馬氏的著作。茲述馬氏的政治思想如次：

第一節　國家論

馬塞流對於國家的起源與目的之理論，大體上是因襲亞里斯多德的，茲分述之：

（一）國家的起源

人類的生活必有賴於各種技能，人類利用許多技能才可以獲得有益的東西，而避免有害的東西。但是這許多技能，絕不是一人之力所能供給的，必須由多數人分工合作，才可以充分供給。於是人類乃非有群居的生活不可。人類有群居生活的必要，而群居生活之中，又不免發生紛爭；若非依據正義的法則加以統治，則人類必爭鬬無已，終致群居生活亦將瓦解。爲維持社會生活，乃又必須設置保障和平的人，來實行正義的支配，因此又有了强制性的政府。有了群居的生活，又有了政府，國家也就產生了。總之，社會的結合生於人類的本性，而政府則爲社會生活所必需——這就是國家的起源。

（二）國家的目的

如此產生的國家是一個完全自足的社會，其目的在謀求人類的幸福生活。人類與禽獸不同，不但要生存，而且要有以善其生，國家就是爲這個目的而設的。馬氏說：

「照亞里斯多德在政治學第一編第一章中所說，國家是一個完全的社會，包含着一切自足的因素，其目的不僅在求生，乃在求所以善其生。這個定義的最後一句話，就是指出國家終極的目的，因爲過政治生活的人並不是僅僅活着——禽獸與奴隸是那樣的，他們卻要過善的生活。」（註二）

第二節 法律論

國家之中，必有統治的關係，而統治必須依照法律。因此，合理的政府以法律爲活動力，而國家的精髓就在於法律的創造者。馬塞流對於此點，特別注重。那麼，法律應該由誰來制定，由誰來執行呢？馬氏的意見如次：

（一）法律的制定

國家的目的在謀求人民的幸福生活，而法律對於人民的社會生活每有重大影響。是以馬塞流認爲制定法律之權——立法權——應該就在人民本身，屬於「公民全體或其重要優越部分」（"whole body of citizens or a prevailing part of it")。他說：

「立法者，或法律之原始的、正當的、有效的造因者，乃是人民或公民全體，或其重要優越部分，他們在公民大會之內，從表明的選擇或意旨中，對於民政事務有所令行或禁止，並附以犯則處罪的規定。」(註三)

至於所謂「重要優越部分」(pars valentior)，究竟是什麼意思呢？他又這樣加以解釋：

「我所謂重要優越部分，是將他們在社會中的數目與品質 (number and quality) 一併計算在內。」(註四)

立法權在人民本身，有兩種好處：

1. 人類之結成社會，乃欲獲得幸福的生活。而人民的幸福何在，唯人民自己知之最深。無論何人都喜歡有利於自己的事物，而不喜歡有害於自己的事物。凡與全體人民的利害有關之事，須使人民自己了解，他們一定能夠擇其有利者，而避其有害者。所以，人民自己有立法權，方可制定與公共幸福一致的良好法律。

2. 法律必須受到人民的服從，才能發生效用；「沒有人服從的法律是無用的」。那麼，什麼樣的法律才是人民所樂於服從的呢？無疑的，他們一定願意服從自己制定的法律，而不願意服從別人制定的法律。所以，人民自己制定的法律，必是人民所最樂於服從的，同時也是最能發揮宏效的。

基於上述理由，馬氏乃認定立法者 (legislator) 必須就是公民全體或其重要優越部分。假如立法權屬於一個人，很可能造成暴君政治；同樣的，立法權若屬於少數人，也很容易出現寡頭政治。

那麼，立法者的意志如何表示出來呢？可以有兩種方式：

1. 由立法者自己直接表示。

2. 由立法者將權力委託於一個人或一群人，而立法者的意志就由這一個人或一群人代爲表示出來。立法者意志的表示雖然可以有這兩種方式，但是卽在第二種情形之下，依嚴格的意義來說，「立法者」仍爲人民；被委託者不過是代表人，其立法工作祇能在一定時間內，就人民所委託的事項爲之，他們並不能因此而成爲立法者，故仍須聽命於眞正立法者的權威。關於此點，馬氏這樣說：

「上述公民全體或其重要優越部分，可親自直接立法，或將立法之責委託一人或多人爲之。但受託之人不是，也不可能是嚴格意義的『立法者』，而祇是在原始立法者授權的範圍之內，於一定期間，就某些特定事項，從事立法工作而已。」（註五）

總之，照馬氏的意見，法律的終極來源在於人民，人民是法律的創造者；最廣義的法律，其精髓就在於人民的集體意志 (collective will)。

（二） 法律的執行

制定法律之權雖在人民，至於法律的執行，則按其性質，必須迅速，而又須斟酌各種條件，故以交由一個人或少數人負責，較爲便利。這種執行機關，馬氏叫作「行政部」(pars principans)，包括君主在內；而公民全體或其重要優越部分則爲「立法者」。他把政府的立法功能與行政功能區別得十分淸楚。他認爲行政部是由立法者授權，執行其所制定之法律的。行政官應該由人民選舉出來，並且向人民負其責任。人民對超越權力或違法的行政官，應有懲罰之權；於必要時，並得予以罷免。所以，執行權的最後基礎還是在人民；合法行政部的行爲可以視作公民全體的行爲。

上述馬塞流的理論，含有一切政府基於被治者的同意之義，也與主權在民之論息息相通。這是馬氏政治理論的核心。不過，馬氏所謂公民的「重要優越部分」，是於數目之外，兼重「品質」，可見事實上是指最有影響力的部分而言，未必把每一個人都當一個來計算。（註六）這又是我們應該加以注意的。

第三節　「全權」與代議制度

馬塞流認爲國家之中，必定有一種至高無上的權力存在，其所發布的命令，具有法律的性質。此種至高無上的權力，就是他所謂「全權」（plenary power），以全體人民的名義來行使。一個國家就是有此種「全權」存在的一個社會（註七）；國家之具有此種「全權」，乃使國家與其他團體不同。馬氏的「全權」觀念，在逐漸形成近代主權（sovereignty）觀念的發展過程中，是一個重要進步。

馬氏並且把他的國家理論應用到教會方面。他認爲教會也是一種社團（social aggregate），由上帝對人生的計畫而得其存在，其精髓不僅在教士，而是在全體的信徒。教會的最高權力——在上帝之下——應在於全體，而不在任何一部分；教皇並無此權。表現此種最高權力的機關就是「總會」（General Council），這個總會是由全體信徒——包括教士與俗人——或其代表組織起來的。總會採用取決於多數的制度；凡宗教上一切與國家立法相類的事情，都在總會的權力範圍之內。如解釋經典、判定驅逐出教、規定禮拜儀節、任命教會官吏等事，都要經過總會的決定。經這個總會議決的事件，教會上下都要一體服從。

馬氏所說的「代表」，是具體實在的，與所謂「羅馬皇帝代表羅馬人民」的空洞理論，迥乎不同。馬氏的計畫是要使全世界的基督教徒，由每一地區或會社依照其居民的「數目與品質」(number and quality) 選出其代表。他提出這種主張後，雖然沒有再詳加詮釋，可是我們已經可以看出他所設計的實際上就是代議制度。按照「人之品質」(quality of persons) 選出代表的主張，顯然是受了當時社會階級與教會階級制度的影響；但其以人數為基礎而分配代表的主張，則在當時似為完全新奇之論。(註八)

馬塞流所擬宗教上「總會」的組織法是十四世紀中極堪注意的計畫(註九)。他的創闢之論，在議會政治發展史上可算是很大的貢獻，會使人覺察到，對議會政治發展史的研究，並不能限於英國憲法。

第四節　國家與教會的關係

關於國家與教會的關係，馬塞流的基本觀念是教會應在國家之下，詳細言之，有下列幾點要義：

1. 他認為教會沒有真正的裁判權或強制力。教會的功能純在促進人們的信仰，以引入天堂，其方法祇在指示真途，勸人遵循，但是沒有任何強迫的權力。所以，總會自身也不能強制執行其決議案；關於總會的召集，參加分子資格的決定，以及其決議案之施行於教士及俗人等事，權力都在國家的最高立法者。

2. 以上所舉還是些政教相關的事，就是純粹宗教上的處罰，如「驅逐出教」與「停止教權」(interdict)，也非由國家立法者的權力來施行不可，因為這些事如聽任不負責任的人去施行，將會擾亂教徒生活的和平與寧靜，而這種和平與寧靜是政治統治者所要保護的。

3.國家之中，祇有一個至高無上的「全權」，其所發布之命令具有法律性質，可對國內一切的人施以强制，敎士也不能例外。敎士既爲國家的分子，自應與其他人民受同等待遇，同樣受政府的管轄，殊不當以其宗敎資格，而免除政治的服從。

4.敎會不應該有財產權；敎會的財產是社會贈與或補助的性質。當然，敎會無權享受什一稅，也沒有免納捐稅的權利。

從前，極端擁護敎皇的人把政權的範圍縮減到極小限度；相反的，馬塞流卻把敎權的範圍縮減到極小限度，使敎會組織在國家中處於低微的地位。

馬氏與但丁相似，對當時騷動無法的狀態，頗爲痛心，其所以擁護皇帝，乃基於秩序與安全的必要；他認爲敎士的特權與敎皇對最高權力的要求，實爲阻礙和平與良好政府的主要因素。不過，馬氏的態度較但丁更爲激進：但丁祇要政權獨立起來，脫離敎權的控制，而使二者居於平等的地位；馬氏則認爲僅使政權獨立還不夠，他進一步主張政權必須是至尊的。

馬塞流的政治思想，在中古時代，是頗具革命性的。他不但反對敎權的高張，同時也反對政治上的專制，並且又把政治理論應用到敎會方面。他的觀點，有些顯然已經接近於近代。後來，十六世紀的宗敎改革中，以敎徒的集會代替敎士的神政，而十七、十八兩世紀的政治革命中，承認人民爲國家主權之來源；此等觀念，馬塞流在十四世紀中，早已有所提示。他所主張敎會中的代議制度，在政治思想史上，也甚爲重要。

(註一)Marsiglio 或作 Marsilio 或 Marsilius 。又其生年或作一二七四年或一二九〇年，死年或作一三四〇年或一三四三年。

(註二)和平保障者第一卷第四章。

(註三)和平保障者第一卷第十二章。

(註四)同上。

(註五)同上。

(註六)比如，雖然數量也有相當的關係，可是貴冑自然會比平民更有影響力。

(註七)事實上，這幾乎可以視爲馬塞流對於一個國家所下的定義。

(註八)我們可以看出馬氏的觀念受早年宗教大會的影響很大，但早年宗教大會中卻毫無比例代表制的意味。

(註九)代議制的宗教「總會」，旋又經英人奧鏗（William of Ockam,1280—1347）詳細計畫，定出一種民主的選擧方法，乃更爲完備。奧鏗是馬塞流在巴黎大學結識的熟朋友。

二畫

四畫

五畫

六畫

七畫

八畫

九　畫

十　畫

十二畫

十四畫

十五畫

卷下

第三篇　近代

第十五章　文藝復興與近代精神

歐洲中古時代進入近代的最大樞紐，實爲十五世紀前後的文藝復興（Renaissance）運動。所謂「文藝復興」，其意義並不僅是「復興」而已，其範圍也不以「文藝」爲限。"Renaissance"一語本來含有「再生」（re-birth）與「新生」（new-birth）二義，實兼賅古典文化之復活與近代新文化之誕生。文藝復興運動不僅恢復了古典文化的眞面目，而且更創造了一個光華燦爛、富有活力的新世界。在文藝復興期間，歐洲的社會、政治、科學、哲學、宗教等等，都有重要轉變，所以「文藝復興」又實爲當時由於各方面轉變而產生一切新文化的現象之總稱，初不限於文藝一途。

文藝復興運動是歐洲跨入近代的第一步，其根本精神在「人的發現」（the discovery of man）與「宇宙的發現」（the discovery of universe）。中古時代，歐洲全部社會文化都在嚴格統制之下，個人無合理地位，亦無發展之可能。到文藝復興時代，才有「人的發現」，因而發生個性之尊重，自我之廣大，與眞理之探求，「人文主義」（humanism）於是興起，這是文藝復興的核心。更因爲要使已發現的自我在現實世界中充分發揮，乃又有「宇宙的發現」。海外發展，殖民競爭等都是與此有關的。以上兩點，可以說是文藝復興的根本精神，這種精神打破了中古的沈悶，創造了近代的文明。後來的許多大事，差不多都是受文藝復興運動的影響。所以，文藝復興實爲歐洲由中古進入近代的最大樞紐。

近代精神，在各方面都與中古不同，其中有兩個特點是最爲重要的，而這兩點與其他各方面都有關係：

1. 教會權威（ecclesiastical authority）之日漸減少　這是近代消極方面的特徵，而開始較早。近代的文化是較多世俗性，而較少宗教性的。作爲統制文化的政府權威來看，國家日益代替了教會的地位。

2. 科學權威（scientific authority）之日漸增加　這是近代積極方面的特徵，其開始較上述消極的特徵較遲。多數近代哲學家所承認的此種科學權威，與教會權威截然不同，分析言之，要有下列幾點：

①科學權威是理智的（intellectual），而不是統治的（governmental）。拒絕科學權威的人，不會受到懲罰；接受科學權威的人，也並不是由於爲鄭重的論辯所左右。科學權威之所以能夠樹立起來，完全因爲其本質與理性相合。

②科學權威是片斷的（piecemeal）、部分的（partial）。它所宣示的不過是在某一時間，某事曾經科學的證驗，並不像宗教的教條一樣，立下一個完全的體系，把人類的道德、人類的希望、以及宇宙過去和將來的歷史，囊括無遺。

③科學權威所宣示者，以或然性（probability）爲基礎，是暫時性的，可以修改的，不像宗教權威所宣示者爲絕對確定，永不能改。

近代的思想，對宇宙及人生的看法，與上古及中古時代都有顯著的不同：

1. 宇宙的觀念

①上古與中古　上古與中古的精神雖然不同，但是有一點是相同的，就是認爲宇宙間的事物都有某種目的。事物的價値（value），完全由其目的來決定：凡能達到其目的者都是善的，有價値的；

凡不能達到其目的者，都是惡的，無價值的。因爲事物的目的有高下之不同，其價值也就有不同的品級。於是，整個宇宙乃被想成「價值的品級」(a hierarchy of values) 了。

②近代　近代的思想則大不相同，認爲所謂「價值」並非客觀的實在 (objective realities)，而不過是主觀的感覺 (subjective feelings)。近代對宇宙的觀念，不把宇宙想成「價值的品級」，而把宇宙想成若干事實在時空間有秩序的排列 (a spatio-temporal order of facts)。這些事實都是中性的 (neutral)，根本沒有善惡、高下、貴賤等之可言（註一）。這些事實的性質與相互關係，都是可以用近代科學技術加以證明的。近代人異常重視科學，相信惟有科學才能指出宇宙的全部眞理。凡科學工具可以顯示的，都認爲眞實；反之，凡科學工具所不能顯示的，如上古與中古思想中的價值觀念，則認爲僅是一種主觀的感覺而已。

2.人生的觀念

①上古與中古　上古與中古的思想，對於人生的看法也有一個共同之點，就是把人看成價值的焦點 (focus of values)。希臘的哲學家與中古的神學家對於價值的認定，縱然不同，但是他們都認爲人生一定有一種目的，而好的人生就是要實現這種目的。

②近代　近代的思想對於人生也有不同的看法，就是不把人看成價值的焦點，而把人看成力量的中心 (center of forces)。從近代的眼光看來，人也是一種自然之物 (natural object)，與其他自然之物，如樹木之類，是一樣的。拿人作爲研究對象時，所注意的不是這個對象要產生什麼價值，而是這個對象事實上在作什麼。近代人對於人生所想的中心問題乃是有關人性的「事實」究

竟是些什麼。

在政治思潮上，近代也產生一些新的觀念，最重要的有下列三種：

1. 民族主義（nationalism）（註二）　民族主義乃是一種近代的運動。在中古的封建制度漸趨沒落之後，歐洲有許多民族國家（national state 或 nation-state）建立起來，如法蘭西（France）、英格蘭（England）、蘇格蘭（Scotland）、匈牙利（Hungary）、波蘭（Poland）、丹麥（Denmark）、挪威（Norway）、瑞典（Sweden）、葡萄牙（Portugal）、卡斯提爾（Castile）、阿拉岡（Aragon）等，此時已有所謂民族主義之萌芽。這初期的所謂民族主義乃將地理上之一體與種族、語言、文化等之親密關係揉合而成，不時予以加强的因素並有共同的宗教信仰或王朝的建立，或二者兼而有之；不過，其本質卻既非政治性的，亦非經濟性的。愛國心與民族意識鎔合而成眞正的民族主義，則是十八世紀的事；此時民族主義始在西歐與北美形成浩大的勢力，亦始爲人類歷史的重大決定因素之一。自法國大革命時起，政治的民族主義（political nationalism）乃大放異彩：政治上的自由民主運動與民族主義相輔而行；民族主義與自由主義並駕齊驅。十九世紀更是號稱爲歐洲的「民族主義時代」（"the age of nationalism"）。十九世紀中葉，尤其一八八〇年以後，民族主義的理論與實際又發生了重大轉變。在政治上略有成就之餘，民族主義的箭頭乃復指向經濟方面，而工商業的發展又適足以助長此種趨勢。經濟的民族主義（economic nationalism）於是興起，而其極度發展又變成了經濟的帝國主義（economic imperialism）。

2. 主權（sovereignty）理論　國家有一種最高權力的觀念，希臘羅馬時代卽已有之，惟不甚清晰。如亞里斯多德的政治學及羅馬法中對此均有提示。亞里斯多德承認國家有一種最高權力之存在，並以爲此種權力可在於一人、少數人、或多數人之手。羅馬法的理論認爲國家的終極權力在於全體人民，但人民既已將此種權力委託於皇帝，皇帝的意志乃有法律的效力。中古時代，由於政教爭權，也曾產生國家最高權力的理論，不過僅以十二、十三兩世紀對亞里斯多德的政治學與羅馬法的復加研究爲其基礎。馬塞流所講的「全權」，雖與近代所講的主權極爲接近，但是他所想的是一種像希臘城邦樣的小國，不是大帝國，更不是民族國家，而且許多有關問題，他也沒有充分的說明。清晰而有系統的主權理論，是近代才有的，始於十六世紀的鮑丹（Bodin）（註三）。這種主權的理論，在近代政治思潮上是極爲重要的。

3. 自然主義（naturalism）　自然主義的含義，本來包括甚多，此處所指的自然主義則是偏於實證精神的。如上所言，從近代科學的眼光來看，宇宙間並無前人所謂的「價值」存在，宇宙實在是一些事實和它們在時空間的相互關係，而這些都是用近代科學技術可以證明的。因此，近代人對於一切事的判斷，皆須以實際證驗爲依據。在這種精神下，乃有政治上的自然主義之產生。一個自然主義的政治理論家把近代科學方法應用於政治問題，他自認爲他所作的事情，與其他科學家並無二致，不過碰巧他所研究的對象不是某種的植物或鑛物，而是一個國家。他把國家也看成一個「中性的」研究對象，一切皆須用科學方法得到證驗。至於道德目的，則根本不予理會，因爲在他看來，所謂道德目的不過是私人的好尚而已。比如，他評判某種政治制度的標準，不是以某種理想來衡量，看它達到何種程度，而是把它視爲一種手段，看它成功的程度如何。一個從事於實際政治工作的自然主義者也不理會道德目的；他祇把自然主義的政治理論家所給予他的知識，用來保持既有的權力，或取得新的權力，也就是滿足他自已的欲望，而且他認爲別人也是採取同樣策略的。這又是「政治的自然主義」(political naturalism)。

以上所舉民族主義、主權理論、與自然主義，都是近代的新觀念，於了解近代的各種政治思想，關係甚多，我們應該首先加以注意。

(註一) 此種觀點，與中國莊子的看法，頗有契合之處。莊子秋水篇有云：「以道觀之，物無貴賤；以物觀之，自貴而相賤」。

(註二) "Nationalism"一詞，含義甚爲複雜，譯爲中文，極難以一詞概括之。玆姑仍依通常譯法，稱之爲「民族主義」。

(註三) 鮑丹的主權論，我們將於下面第十七章中詳述。

第十六章　馬凱維里

在文藝復興時代，歐洲各地已經有許多民族國家建設起來。此時，在一個帝王的統治之下統一歐洲的舊觀念已經完全失了勢力，引人尊敬與注意的政治形態唯有民族的君主國。各區域都逐漸趨向於統一，而意大利則最爲落後，還在四分五裂、分崩離散的狀態之下。意大利半島上，城市很多，分成無數的城市國家，其各自獨立的情形，與古希臘世界正復相類。到十六世紀初，由於內部情形變化，及逐漸合併的結果，全半島中實際上分成五個較大的國家：

1. 羅馬教會的領土 (the territory of the Roman Church)
2. 那不勒斯王國 (Kingdom of Naples)
3. 米蘭公國 (Duchy of Milan)
4. 威尼斯共和國 (Republic of Venice)
5. 福羅林斯共和國 (Republic of Florence)

進一步的統一，本來顯然是可能的；但是事實上卻無法實現，蓋由於下列諸種障礙：

1. 上列各國間互相猜忌，不能團結，而且也沒有一個實力與威望足以統一意大利的君主。
2. 教皇爲保持自己的地位計，也常運用種種政策，以反對統一。教皇自己既無力以統一全部意大利，又不讓其他勢力去作統一運動。教皇的特殊地位與政策是意大利不能統一的一個重要原因。(註一)

3.列強對意大利懷有野心，希圖在這個半島上取得權力，所以往往挑撥各國互相爭鬬，藉收漁利。此種外力干涉也阻礙了意大利的統一。

在此種情形下，一般意大利人民渴望統一，並且希望產生一位強有力的君主。他們望能仿照其他已建立的民族國家的先例，統一全半島，建立一個民族君主國。而足以代表這種思想的，就是馬凱維里(Niccolo Machiavelli, 1469—1527)（註一）。馬氏的思想，十足的是他的時代的產品；政治學說之受環境影響，其彰明無有過於馬氏者。

馬凱維里生於意大利的福羅林斯，而福羅林斯正是意大利文藝復興運動的中心，所以他的思想受文藝復興的影響極深。他的父親是作律師的。關於馬氏的早年生活，我們所能確知者甚少。他從二十九歲起，才開始從事於政治。一四九八年，他在福羅林斯的政府中，得到一個小小的位置，在職一直到一五一二年麥第奇族(Medici)復辟時爲止，其間他的工作範圍曾經擴大，肩負重要的外交使命。他曾出使各國，不但出使到意大利半島上的各國，而且也曾出使到半島以外的法國與德國。這些時間中，意大利正成爲諸大國的逐鹿之地；在法蘭西、西班牙、及德意志諸大國的爭奪之下，意大利各國無論如何不能以物質力量來維持獨立，但是他們卻用盡了縱橫捭闔的外交技術，以資應付。所以，這一段意大利的政治是異常複雜的政治，而馬凱維里服官於福羅林斯政府凡十四年(1498—1512)，正捲在此種政治的中間，乃使他於哲學天才之外，又加上了很豐富的實際政治經驗。他奉使各國的工作，使他不但對意大利的實際政治，瞭如指掌，同時對於歐洲其他大國的政治，也獲得實地觀察的機會。從他的思想中，我們可以看出他對於實際政治曾有廣泛而精密的考察。不過，當時他的國家備受外國的侵凌，也使他觸目驚

心，深受刺激。（註三）

馬凱維里一向反對麥第奇朝，所以在一五一二年麥第奇族復辟之後，他曾經被捕，旋又被釋放，而准其在鄰近福羅林斯的鄉間，度其退隱生活。他就這樣退隱林下，以終天年。他既不能與麥第奇族棄嫌修好，迫不得已，乃於退隱期間，從事著述；他之成爲作家，實在是因爲沒有別的事情可作。

馬氏的政治著作，最重要者爲下列兩種：

1.君道論 (The Prince)（註四） 此書作於一五一三年，本來是獻給羅倫梭 (Lorenzo the Magnificent) 的，馬氏希望藉此博得麥第奇族的眷愛；但是後來證明，他的此種希望卻落空了。

2.李維論 (Discourses on Livy)（註五） 此書是與君道論同時寫的。（註六）

馬凱維里思想的形式與方法一直上追古希臘之亞里斯多德。於是他完全脫去中古經院學派的氣味；對於中古常見的種種議論，如教會與國家的關係、教皇與皇帝的關係、聖經中的教義、自然法的原理等等，他也絲毫不予注意，絕口不談。他認爲研究政治學的眞方法是歷史的方法。蓋人類在任何時代、任地何方，都與在此時此處一樣：受同樣動機的影響，應用同樣方法以解決同樣的問題；所以，研究過去就可以解決現在的問題，並且容易預測將來。（註七）這是一種鑑往知來的觀念。不過，他所研究的過去（註八），幾乎衹以上古爲限，他的政治思想的來源是古希臘與羅馬（註九）；至於以基督教爲主力的中古歷史，則差不多完全抹殺。又歷史方法中最有效的比較方法，他很少應用，而且極不精密。

事實上，馬氏所謂應用歷史方法，還不是眞正的，而衹是表面上的。他的思想的眞正來源，是他對於當代人物及事實的注意；對於古史，不過發現與當時相類的情形時，才拿來作理論的證明。但對於當時的實況，他觀察得極其精確，而分析得異常銳敏。他的眞正的方法就是經驗，他的結論是由經驗得來的，歷史不過是拿來作更進一步的證明而已。

馬氏所採用的方法，與他研究政治的觀點，頗有密切關係。嚴格說來，馬氏的政治思想並不是國家學說，而僅是政治技術的研究。他研究的對象是實際政治（politik），而不是政治理論（staatslehre）。他所注意的是政府的機構之建立與運用，是政府的權力之產生與實施。他的着眼點在治者，而不在被治者；大概他僅着重在統治者所用的方法，至於被治者的一切不過視爲統治者的活動中偶然的因素而已。此種態度，表現得最顯著的是他的君道論，此書使他落了罵名；而其李維論一書實也具有同樣的性質。前者分析一個强大的君主國，而後者則是分析一個强大的共和國；在這兩本書中，他的思想的中心都是掌握國家權力者所用的方略，而不是國家精髓所在的種種基本關係。我們由這裏可以看出馬氏與亞里斯多德的分野。馬氏所用的方法雖似接近於亞氏，但就思想的全體來看，他兩人顯然不同。亞氏固然也曾附帶注意到政府運用的種種實際問題，但其主要對象還是有組織的社會及政治生活；他爲廣義的國家建立了一種理論。而馬氏的研究範圍則狹隘得多，其理想也與亞氏大異其趣。

第一節　人性論

馬凱維里對於人性的觀察是他的全部政治哲學的基礎，所以要研究馬氏的政治思想，首先應該了解他的人性論。

（一） 普遍的自私自利

馬凱維里認爲一般人類天生都是壞的。照他看來，所有的人都是純粹自私自利的；人永遠爲衝動所驅使，而在人類的衝動中，絲毫沒有所謂社會道德的成分。他說：

「一般言之，人都是忘恩的、反覆的、詐僞的、怯懦的、貪婪的。當你成功的時候，他的什麼東西都附屬於你，他們的血肉，他們的財產，他們的生命，他們的子孫，一切都貢獻給你。但是一旦遇到緊急，他們就都來背叛你了。」（註一〇）

可見在他的心目中，人性都是詐僞狡獪的；除非有不得已的情形逼迫，誰也不會變爲善良。人民服從君主，是出於萬不得已；一旦有可以不服從的情勢發生，馬上就會轉過頭去反叛。

一般人既然都有如此的劣根性，對於一切事乃必以個人的私利爲前提。因此，由愛而生的服從，人們常因私利而懷貳心，是很靠不住的；至於由懼而生的服從，則可永久不變。他說：

「……由利益結成的友誼，不是以人物門第結成的友誼，當時固然很好，但是不大穩當，到了要用的時候，就靠不住了。而且人對於親愛的人比較對於懼怕的人更容易發脾氣，因爲愛情是由於義務的束縛而保全的，有惡性根的人爲了利益的關係，隨時都可予以打破；但是畏懼是由怕受刑罰而來，無論什麼時候都是有效的。」（註一一）

（二） 慾望是一切行爲的動機

人類既然是這樣自私自利的，當然就會有許多慾望。這些慾望是無窮盡的，一定要時時求其滿足，得寸進尺，貪得無饜；而人類的一切動作都是由於想塡滿這個貪慾之壑。因此，馬氏認爲慾望就是人類一切行爲的主要動機。他不承認亞里斯多德所說的人類的社會性，而認爲社會是起源於個人私利的追求；馬氏以狹隘的自利爲解釋一切政治現象的鎖鑰。

他並且認爲人類的慾望祇是些下等的慾望——物質的慾望，而在物質慾望中有一種最大的就是私有財產的慾望。關於這一點，他用很刻薄的話來形容說：

「………人們比較容易忘掉了他們父親的死亡，但不易忘掉他們的遺產的喪失。」（註一二）

馬氏又以此種唯物的個人主義，來解釋人類愛獨立、愛自治的心理。此種目標的追求，其動機雖也有時是出於權勢的慾望，但那是很少數的人；大多數人祇是想謀身體及財產的安全。人類爲什麼喜歡共和政府呢？因爲在共和政府之下，大多數人民都有獲得物質利益的機會；在君主政體之下，則一切利益集於君主一身。人類爲什麼又愛獨立呢？因爲在不臣服於他國的國家之中，貨財才可以積聚得多些。

總之，馬凱維里以爲人類政治生活的心理基礎是想謀物質的繁榮。上古哲學家的觀念以爲國家是發展道德與理智的制度，中古的觀念以爲國家的目標在爲人類鋪路以入於永生；馬氏的觀念則與這兩種觀念相去遠甚了。

馬氏的此種人性論，在實質上，與後來霍布斯的理論是一樣的。不過，後者有其心理學的基礎；前者則祇是武斷的議論，所以看來似乎更覺刺目。

第二節　政體論

(一)　政體分類

馬氏的政體分類，差不多是完全因襲亞里斯多德的，就是以君主政體、貴族政體、及立憲民主政體爲正當的政體；以專制政體、寡頭政體、及暴民政體爲腐敗的政體。

馬氏並且摹仿鮑里貝士的政體循環論。他認爲國家的變化，在上進到頂點時，即開始下降；在下降到極處時，又將開始上進；所以，一切國家總是由富强漸趨於貧弱，再由貧弱以漸躋於富强。國家政治體制的變更也是由秩序而漸趨於紛亂，再由紛亂以漸復於秩序，如是者循環不已。

此外，馬氏又與鮑里貝士和謝雪廬一樣，以爲最好的、最鞏固的政體是混合政體。(註一三) 不過，對於以上各點，他並沒有詳加議論，而他的注意集中於下面的問題：

(二)　民主政體與君主政體

馬氏對於君主政體與民主政體的性質，及兩種政體的優劣比較，甚爲注意。他常被人指爲擁護君主政體的人，其實他對民主政體的價值，並未抹殺，而且認爲在相當的條件下，還是民主政體比較可靠；他之欽慕民主政體並不亞於亞里斯多德。在他看來，民主政體優於君主政體者要有下列幾點：

1.全體人民總要比君主一人更爲明智而堅定。他說：

「……人民較之君主智慮更深，意志更爲堅定，斷判更爲正確；所謂『人民之聲即上帝之聲』

("The voice of the people is the voice of God.") 之說，非無理由……」（註一四）

2.共和國執政者的忘恩負義，比君主總要好些。

3.人民的判斷，一般說來，總要比君主一人更爲健全，尤其關於選任官吏與頒賜勳位一類的事。

4.即使君主最適宜於開國的事業，那麼，民主政府就是最適宜於維持國家的；一個國家在建立之後，而欲垂之久遠，必須容許人民參加政治。

5.共和政府中，各機關的行動比較遲緩，無論如何，總比非選出的君主較爲忠實。

6.政治必須能適應時代環境的需要，才可以成功。就此點而論，共和國也優於君主國，因爲君主個人的性格不能隨時變遷，但在共和國的許多執政者中，總可以找出一個人，其性格恰能適應時勢的特殊需要。

馬氏不但並未曾無理的推崇君主國，而且對於貴族的勢力更完全沒有好感。在貴族與民衆二者之間，他的同情顯然是傾向於後者。他以爲民衆是維護國家獨立最有效的工具，他們所希望的祇是和平與秩序。而貴族則隨時隨地都想攬權，且勇於內爭，實爲自由政府的障礙。擁有土地的貴族，既有城堡，又有他們自己的臣民，尤爲一切社會秩序的大害，自由政府的致命傷。假如像在意大利的許多地方一樣，有這種「士紳」("gentlemen") 階級存在，則不但建設共和政府爲不可能，就是君主政體也必無法建立。他說：

「受貴族之助而爲君者，其維持權位，較受一般人民之擁戴者有更大的困難，因爲他被自命爲與他同等之人所包圍，乃不能領導指揮如意。受一般人民之愛戴而成領袖者，則莫與抗衡，不準備服從者簡直沒有一個人，或者極少。此外，在公平而不損及他人的條件下，滿足貴族，勢不可能，但如此滿足民衆則甚易。蓋人民之目標較貴族爲正大，後者企求施行壓迫，前者則僅避免壓迫而已。抑尤有進者，人民衆多，如與君主爲敵，君主斷不能自保；貴族則僅爲少數，雖懷敵意，仍可抗拒。敵對的人民最壞不過棄絕君主，但於敵對的貴族，君主不僅懼其背棄，且有積極反叛之虞，……」(註一五)

由上述各點看來，可見馬凱維里高度欽慕以平等的公民羣衆爲基礎的共和國，這是馬氏政治思想的一大特點。不過，他又完全承認政體必須與國情相配合；不同的國情需要不同的政體。在不同的時代，不同的地方，因爲環境與各種情況不同，必須有不同的政治組織的形式。在一般經濟地位平等的社會中，共和國是最好的，而且也是唯一可能的政體。至於專制政治，則僅可於兩種特殊情況下行之：

1. 創建一個國家，

2. 改造一個腐敗的國家。

專制是一種强烈的政治藥劑，含有毒素，不可輕於使用，而使用時又必須特別愼重。就馬氏當時的情形而論，他認爲瑞士和德國的若干地區尚有建立共和政體的可能；意大利已趨腐化，自不宜於共和，則唯有實行專制了。

第三節　霸術與權謀

前面曾經講過，馬凱維里的政治思想實際上是政治技術、政治策略，其中有很多關於霸術與權謀的議論(註一六)，這是馬氏政治思想的核心。下面詳述馬氏所論霸術與權謀，先述其動機與目的，再述其內容要點。

(一) 動機與目的

馬氏目擊當時意大利內則四分五裂，外則强敵侵凌的狀態，痛心疾首，急於謀求意大利的統一與强盛。此種動機乃促成馬氏的思想，以爲政治的目的就在保持並增加國家的政治權力，而即以其能否成功，作爲衡量評判的標準。爲求達到政治目的，可以不擇手段；任何手段都可以採用，即使殘忍、不義，也是無妨的。(註一七) 同時他又有一個基本的看法，就是一般的人性都是惡的，聰明的統治者應以此爲確定政策的準據。爲針對人類的惡性而採取各種手段，就不免崇尙霸術與權謀；於是霸術與權謀乃成爲達到政治目的的重要條件。對於一個統治者的評判，也是要看他的政治手段是否能保持並擴大其國家的權力，此外別無其他標準。所以，霸術與權謀是手段，其目的在維持並擴大國家的權力，簡言之，可以說是全爲國家。爲了國家，應該不顧一切，犧牲奮鬪，採取任何手段，在所不惜；維持國家的手段，無論如何，總是光榮的，總是值得稱讚的。馬氏這樣說：

「當國家的安全已到生死關頭的時候，人們應該不問公正或不公正，仁愛或殘酷，光榮或恥辱，而不顧一切，採取任何手段，但求可以挽救危難，維持國家的安全。」(註一八)

他又說：

「我以爲，當國家危急存亡之秋，無論君主國或共和國的當局，爲維持國家的生存起見，都要不顧信義，而作負人的事。」(註一九)

(二) 內容要點

(甲) 一般原則

1.武力是國家興盛的基礎，所以國家必須注重武備，無論君主國或共和國都須擁有重兵；不但爲擴張國勢，必須如此，甚至非如此簡直就不能維持生存。馬氏說：

「一切新舊或過渡時代的國家，其主要基礎都在優良法律與優良軍隊。不過，武備不精者絕無優良法律之可言，而有精壯軍隊者也就必有優良法律，所以我將不論法律，而專言武備。」(註二〇)

武力對於國家之重要，於此可見。據馬氏的經驗，所有武裝的先知者，都得勝了；非武裝的，則都失敗了。當時流行着一種意見，說「金錢是戰爭的筋力」，馬氏卻不同意這種意見；他認爲戰爭的筋力不在金錢，而在精良的軍隊。他這樣說：

「所謂金錢是戰爭的筋力者，實爲一種錯誤的意見，意見之錯誤無有過於是者。……我則與一般意見相反，認爲戰爭的筋力不在金錢，而在精良的軍隊；因爲祇有金錢不一定可以得到好軍隊，但是有了好軍隊常常可以獲得金錢。」(註二一)

不過他認爲招募的軍隊是靠不住的，精練的國民軍才是靠得住的軍隊，他很想以國民軍代替當時流行的募兵制。

關於此點，要注意的是武力必須與詐術配合運用，而詐術尤爲重要。因爲祇有武力而沒有詐術，總是不夠的；反之，祇有詐術而沒有武力，倒容或可以成功。此一原則，也是既適用於君主國，同時又可適用於共和國。

2.君主必須同時具有兇猛與狡猾兩種特性；他必須學獅子的兇猛與狐狸的狡猾。蓋兇猛才足以威嚇；狡猾才能夠發現陷阱。馬氏說：

「須知戰鬬之方法有二，一爲依照法律，一爲憑藉强力：第一種是人的方法，第二種則是獸類的方法；但以第一種方法常感不足，人乃必須藉助於第二種方法。所以君主對於如何運用人的方法以及獸的方法，均必須熟知。……

「一個君主旣非熟知如何爲獸不可，就必須兼學狐與獅，蓋獅不能免於陷阱，而狐則不能抵禦羣狼。所以君主必須爲狐以識陷阱，又必須爲獅以嚇羣狼。……」（註二二）

3.君主非有好名譽，不能得人民的愛戴，故必須沽名釣譽，爭取令名，而避免誹謗；新君尤應特別注意。一個人薈萃各種美德，而毫無瑕疵，事實上是不可能的，所以君主應深思熟慮，洞悉如何避免惡名，而博得令譽。但是君主如果非受奸邪的惡名，不足以維持權威而保存國家時，則唯有毅然蒙受惡名，而不必畏縮，蓋儘有看似美德，而行之不免招致敗亡者，也有看似邪惡，而行之卻可得到繁榮與鞏固者。

4.可以博得令名的種種優點，君主固不必眞眞作到，祇要表面上似有即可。並且，在馬氏看來，眞眞作到，反而危險；表面上似有各種優點，而實際上採用奸邪的手段，則是最有效的。他似乎認爲最好能作到「面帶忠厚，內藏奸詐」。且看他這樣說：

「所以，上列種種優點，君主固不必眞有，而似有則甚必要。我甚至於敢說，實有而常遵守之倒是危險的，但似有之則頗有用。……

「一個君主必須特別注意，凡非充滿上列五種優點者，絕不可出口，而在見聞所及之前，他應當好像完全仁慈、信實、正直、人道、且篤信宗教。人人所共見者祇是你表面上似乎如何，僅有少數人覺察到你眞是如何，而即此少數人也不敢反抗以國家之尊嚴爲後盾的多數人……」（註二三）

5. 君主能夠得到人民的愛戴，固然很好，但同時又須使人民畏懼；親愛與畏懼不可得兼時，則使人畏懼更爲重要。馬氏說：

「由此又發生一個問題，就是使人畏懼與使人親愛究竟何者較優。回答是應該同時使人既親愛又畏懼；但是，因爲二者並行是很困難的，在二者而不可得兼時，則使人畏懼較使人親愛安全得多。」（註二四）

（乙）關於國家的擴張

1. 必然的趨勢　馬凱維里以爲無論君主國或共和國都免不了擴張的趨勢。君主因爲自然的對於權勢有無厭的追求，故必傾向於擴張領域，而不能自已；共和國雖不一定有意擴大，但每爲事勢所迫，也不得不然。如果一個共和國的憲法不適於擴張政策，則一遇不得不從事擴張時，國家的基礎行將動搖，而那種憲法也將被毀掉。所以，馬氏的兩個名著，對國家領土擴張的問題，都有所議論：君道論中論君主國領土之擴張；李維論中則論共和國領土之擴張。

2.擴張的方式　馬氏以爲這兩種國家的擴張方式都不是使兩個或兩個以上的國家合併在一起，而是要使許多國家收在一個君主或共和國的統治之下；擴張的結果，不是形成單一的組織，而是形成一羣國家的集聚。像法國和西班牙就是這樣，其政治組織是馬氏所最欽慕的，他鼓吹意大利的統一，顯然就是想造成這樣一種聯合。此種統一觀念與十九世紀民族運動的統一觀念絕少相同；但在馬氏死後的三百年間，西歐一帶所有政治地理的變遷，大概都是受馬氏此種觀念的影響。

3.對同種人民的征服　野心的君主擴張領土，最好向阻力最小的方面發展，那就是與他同種的人民。在同地域及同語言的地方，最容易保持取得的領土；在這種地方的征服者，只要將以前的王朝傾覆，而使原有的制度一仍舊貫就可以了。

4.對不同種人民的征服　在不同制度、不同語言之處，則征服者所遭遇的問題比較複雜。對於此種問題的解決，羅馬人最爲成功，可以效法。

5.君主征服共和國　最困難的是以一個君主去征服一個共和國。在這種地方，自由思想及對於舊制度的懷念常會引起被征服者的革命；最安全的政策就是把這個社會完全毀滅。

（丙）　關於保國的方略

馬凱維里深信國家必須擴大其權勢，不然即將趨於滅亡，所以他的哲學特別注重國家的擴張。但在他的著作中，關於君主國及共和國平時如何保持其國家的方略，也講了許多原則，玆分述之：

（子）關於君主國者

1. 要使君主政府鞏固，第一個原則就是尊重既成的制度及風俗，因爲人民如果在好的政府之下，而其慣常的生活方式又不被干擾，就不會再尋求進一步的自由了。此一原則，無論繼位的或篡位的君主都要注意遵守。

2. 君主寧可落吝嗇之名，對自己及人民的財力必須節省，但分賞戰利品時，則必須顯示慷慨豪華。

3. 君主對於國家政事，必須採取極嚴厲的態度，但又必須盡可能使人民懼而不恨。在這一點上，特別要注意的就是對於人民的財產與婦女不可觸犯。馬氏說：

「君主當使人民畏懼，而最好同時受到愛戴；倘不能得到愛戴時，無論如何也要避免怨恨。使人民懼而不恨是可能的，對於人民的財產或婦女，秋毫無犯，就可以作到此點了。」（註二五）

又說：

「如前所言，凡會招致怨恨與鄙視的事，君主都必須避免；……君主招致怨恨的主要原因就是貪婪而奪取人民的財產與婦女，此種事是必不可爲的。大多數人的財產與名譽如不受侵犯，他們就會滿足的度其生活；然則君主所要對付的僅有少數人的野心，而壓制此少數人的方法多而且易。」（註二六）

此外，易於招人尤怨的事，應交與臣屬去執行，而一切恩典則必須出於自己之手。

4. 君主必須隨時利用時機，製造口碑，使人民欽仰其目標如何遠大，人格如何崇高。

5. 君主必須使人民忙於大事業。

6. 君主必須使他自己的行爲顯得輝煌偉大。
7. 對於隣邦的爭鬪，君主必須表示明朗的態度，不可中立騎牆。
8. 君主必須以提倡藝術的姿態，獎勵特殊天才。
9. 君主必須鼓勵商業與農業的實用技藝，而力避以重稅擾民。

(丑) 關於共和國者

關於一個共和國如何可以維持不墜，馬凱維里的思想受羅馬的影響極深，他的議論竟至完全在歌頌共和時代之後一般詩人與歷史家所追懷想像的羅馬。其中有下列幾點論斷是值得特別注意的，在這幾點上雖然根本是基於對羅馬的頌揚，但是他的意見卻有普通政治學的性質：

1. 一個共和國要維持長治久安，其憲法必須是柔性的；因爲假如憲法不是柔性的，則在國家情形變遷時，必致憲法逐漸與習慣及普通法律不能協調，終乃成爲國家衰亡的根源。不能協調的情形，經過長久的不安之後，必由突然而劇烈的方法得到調整，其結果每致舊制度完全毀滅，如古羅馬的先例。所以，柔性憲法對於維持共和政府的壽命是十分必要的。但憲法之修正，無論內容有如何重大的變遷，務須儘量保存固有的形式，因爲一般人民多半僅滿足於事物之表面，而不深察其實際。
2. 共和國必須規定在國家危急時，設置一個行使絕對權力的官員。共和國平日的政治，因爲要得到許多意見的調和，不免柔弱而遲緩，所以特別需要在憲法中規定，遇有危急時如何採取敏捷而有效的行動。倘若憲法中沒有此種集權的規定，則遇緊急狀態來臨，必要的行動不顧憲法而被採取時，憲法就將遭受破壞。羅馬的「狄克推多制」(Dictatorship) 實爲共和憲法的最大要素之一，也是羅馬成就偉業的最大助力之一。此種制度，加上嚴明的設立與終止之方法，以爲限制，給一切自由政府立下了好榜樣。(註二七)

3. 馬氏另有一種得自觀察羅馬歷史，而與一般見解不同的意見，就是認爲國內的黨爭並不是國家的病徵與亂源，而是共和國與盛的必要條件。(註二八) 他說人們切不可蔽於黨爭表面上的擾攘不安；在這樣的表面之下，所產生的結果，卻對於國家有重大關係，如：

①黨爭可以使一般人民的情感與野心有發洩的機會(註二九)，

②黨爭可以考驗領袖公民的權勢並表現其能力，

③黨爭可以產生制度與法律，爲來日政府的基礎。

這些結果，都可以由羅馬歷史中看出，羅馬平民與貴族的鬬爭實爲其興盛的重要因素。

第四節　對道德與宗教的態度

馬凱維里對道德與宗教的態度和上古與中古迥乎不同。上古與中古的哲學家，從來沒有人以政治的理論與實際壓倒道德與宗教，甚至於抹殺道德與宗教；而馬凱維里的政治學中則絲毫不包含宗教與私人道德的成分。馬氏此種態度使他完全破除了中古的色彩，也使他爲人所熟知，而於他的聲名關係尤爲重大。

馬氏是第一個特意把政治學與倫理學分開的人。亞里斯多德曾經事實上把兩者分開，但這是偶然的，而不是特意的；他並沒有明白倡言政治學說要離開倫理學說，反而認爲前者常依後者以轉變。馬氏則不然，他特意的把政治現象孤立起來，使政治現象的研究與倫理無關。他把公道德與私道德區別得很清楚，因此他提供了兩種的道德標準：一種是屬於統治者的，另一種是屬於公民私人的。前者以是否能保持並擴大其權力爲標準；後者則以其行爲所加於社會人羣的影響力爲標準。馬凱維里的「政治人」（political man）是不受一般道德之束縛的，其目的祇在建立及擴張政治上的權力。在君道論與李維論兩書中，他都討論到强暴、殘酷、欺詐、以及其他各種罪惡的手段，而很少說這些是不道德的；對於合乎道德與宗教的手段，也很少加以稱讚。

馬氏之所以對道德與宗教採取此種態度，乃由於下列幾種因素：

1.在馬氏的心目中，常以國家生存的必要爲其哲學的第一原則。他對此點，甚爲重視；爲了國家，應該不顧一切。所以，他以爲道德是完全可以爲維持政治生存與福利而犧牲的。

2.馬氏天生崇拜人的威力與效能，欽慕作事可以如願成功的本領。他有一個英雄崇拜者的本質；强有力的人及其手段是馬氏的天才所注意研究的對象。

3.馬氏之特意把政治與倫理及宗教分開，乃由於他深信必如此才最切合人生的實際。他是一個十足的實際政治研究者；他想要確定的是實際的政治生活，而不是理想的政治生活。對於想像而不能實現的國家，他毫無興趣。他的目的是「得到事物的眞正實情」（註三〇）。他認爲，人實際如何生活與應該如何生活，其間有極大的不同，而他很愼重的選擇了前者作爲研究的對象。關於此點，馬氏自己這樣說：

「我的意向既在爲了解之人寫些有用的東西，那麼對我來說，寧求事物之眞實而不及幻想，似更適當；許多人曾經想像一些共和或君主國家，從來沒有人見過，也沒有人知道其確曾存在；蓋吾人實際上如何生活，與吾人應如何生活，相去是那樣遙遠，凡捨實際而趨理想之人將自致毀滅而不能保全。在許多不善之人的環繞之中，一個人如欲一切都盡美盡善，必然會歸於失敗。」（註三一）

在馬凱維里的時代，智識分子中，道德與宗教的情緒，實已消滅無踪，每個人自己的私利成了行爲的標準；基督教雖然形式上被人奉行，而實際上則到處被人唾棄。在此種環境中，很容易成就了馬氏不顧道德與宗教的政治哲學；他也很容易說出，政治的原則及其實施與道德及宗教分離就是「事物的眞正實情。」

不過，我們要了解，馬氏並沒有忽視道德與宗教所加於人類社會與政治生活的影響。他不把倫理上的德看作政治的要素或條件，但是他並不完全否認倫理上的德；他也沒有懷疑人民道德的敗壞會使良好的政府無法實現。所以，馬氏的政治學不是不道德的，乃是非道德的。他對於宗教的態度也是一樣，他的政治學乃是非宗教的，而不是反宗教的。宗教生活之不能以人類理智運用者，他雖略而不談（註三二），但於其可以影響國家及政治發展之處，則加以冷靜的分析。他認定宗教情感是運用國家政策的一種重要工具，政治家可藉以實施不易作到的改進，所以應該善加利導；這並不是因爲其中含有高深的眞理，而是因爲宗教代表一種社會的黏合力，宗教信仰的衰落必爲國家將亡之徵。（註三三）

馬凱維里既是中古的殿軍，又是近代的先導，在政治思想史上影響極大。其政治思想的方法與內容，以及其不凡的文筆，都足够贏得普遍的注意。政治上許多雄才大略的人物，事實上都在遵奉着馬氏所講的原則與方略，視爲獲致成功的「枕中鴻寶」；不過，因爲他的議論以霸術與權謀爲中心，反對之者又造出「Machiavellism」（馬凱維里主義），「Machiavellian」（馬凱維里派）一類的字，使他的名字成為陰謀詭譎的象徵，於是他又落了千古的罵名。

公平而論，馬氏所講的霸術與權謀，在理論上誠然有問題，即僅就實際效用講，往長遠看，也並非長治久安之計；在今日反極權、反侵略的自由世界，對馬氏之論，尤不宜提倡宣揚。不過，我們對馬氏的思想，似乎應有下列幾點認識：

1.前已一再言之，當時的意大利處於紛爭擾攘，外敵侵凌的局面之下，馬氏為急求意大利的獨立與統一，因而有為達目的不擇手段之論。他所講的各種手段，容或不免於訾議，而其動機與目的，則未可厚非，甚至值得讚揚。馬氏的精神可以說是一種「不擇手段的愛國主義」(unscrupulous patriotism)。

2.馬氏的議論足以反映當時政治上的實際狀況。其時，政治上的殘暴詭詐，可以說是司空見慣的現象；馬氏所講的許多權術，在我們看來，也許有駭人聽聞之感，而在當時的人看來，則視為平常，無足驚異。所謂「馬凱維里主義」，也許早已盛行，而並非馬氏的創作。

3.人類實際政治生活之壞的一面，的確隱藏着許多罪惡，但常人則每避忌而諱言；馬氏獨能毫無隱諱的，率直道出。固然他因此落得罵名，而其如是大膽，則令人頗有痛快淋漓之感。當代大哲學家羅素有替馬凱維里抱屈的話，殊堪玩味，他說：

「………有時他（註三四）確是使人震驚了。但許多別的人如果同樣能免於虛偽，他們也會同樣的使人震驚。……所有向來與他的名字相聯的毀謗，多是由於激怒了偽君子，他們以其公然講出壞

事，所以覺得他可恨。」（註三五）

然則，馬氏蒙受千古的罵名，是否尚稍有過分之處，似乎還不無疑問。

（註一）關於此點，馬凱維里在李維論中慨乎言之：

「我們意大利人所受惠於羅馬教會及其教士者，就是我們變得無宗教信仰而且邪惡；但是我們還受了她一種更大的恩惠，一種足以使我們滅亡的恩惠，那就是教會曾經使而如今仍在使我們的國家陷於分裂。除非全國服從一個政府，不論共和政府或君主政府，如法國與西班牙然，一個國家是一定總不會統一或幸福的。意大利之所以未能達到法國與西班牙的情況，及未能受治於一個共和政府或一個主權者，其唯一原因就在教會；……教會既無足夠的力量以統一全部意大利，又沒有讓任何其他勢力去那樣作，這正是意大利之所以一直未能統一於一個首領，老是受治於許多地方王侯，乃使她分裂衰弱，而成爲强有力的野蠻人以及任何攻擊她的人們之魚肉。」（第一卷第十二章）

（註二）馬氏的成熟時期，有二十多年是在十六世紀。

（註三）馬氏對於外國的侵凌，深惡痛絕；此種心情，從君道論的最後一段話中，可以看出：

「此種機會不容錯過，庶幾意大利終於找到她的救主。在那些備受外夷侵凌蹂躪的一切省區，人們將如何以熱愛相擁戴，將如何渴望復仇，將如何矢志效忠，將如何感激涕零，我簡直無法以言語來形容。……這野蠻的統治，在每個人的鼻孔裏，發出惡臭。」（第二十六章）

（註四）或譯爲「君主論」、「人君論」、「國王論」、「人君」、或「霸術」。

（註五）亦即"Discourses on the First Decade of Titus Livius"（提多李維最初十年論），或"Discourses on the First Ten Books of Titus Livius"（提多李維首十篇書後），或簡稱"Discourses"（論叢）。

（註六）這兩種書都是在一五一三年開始著作，而於同年大部完成。

（註七）他自命發現了歷史與政治的眞關係，用了前人討論政治所未曾用過的新方法。

（註八）他自以爲他的結論是從此種對過去的研究而得來的。

（註九）尤其是羅馬。

（註一〇）君道論第十七章。

（註一一）君道論第十七章。

（註一二）"……men forget more easily the death of their father than the loss of their patrimony."（君道論第十七章）

（註一三）在李維論一書中，馬氏曾明白的說出制衡原理。君主、貴族、與人民都要參與憲法；「於是這三種力量乃將互相牽制」。該書中有許多章幾乎好像是出於孟德斯鳩的手筆。

（註一四）李維論第一卷第五十八章。

（註一五）君道論第九章。

（註一六）"The Prince"一書，有人簡直譯爲「霸術」；觀其書名，即可對其內容思過半矣。

（註一七）關於此義，馬氏在李維論第一卷第九章中這樣說：

「當他的行爲歸罪於他的時候，他所得到的結果就應該寬恕他；結果假若是好的，像饒馬勒斯（Romulus）之謀殺其兄弟，他總可以免於譴責。因爲以破壞爲目的而使用暴力者當受譴責，但爲有益的目的而使用暴力者則否。」

（註一八）李維論第三卷第四十一章。

（註一九）李維論第一卷第五十九章。

（註二〇）君道論第十二章。

（註二一）李維論第二卷第十章。

（註二二）君道論第十八章。

（註二三）君道論第十八章。

(註二四) 君道論第十七章。

(註二五) 君道論第十七章。

(註二六) 君道論第十九章。

(註二七) 有人或以爲引導羅馬入於專制者，實爲狄克推多制，此種制度之存在，使凱撒可以奴役羅馬，所以這是一個很危險的制度。馬凱維里卻不同意這樣的意見，他認爲持這樣意見的人實未之深思；顛覆共和者是凱撒的權力，而非狄克推多的名義或品級。即使當時的羅馬沒有狄克推多的名義存在，凱撒所掌握的權力也必在其他的名義下行之；因爲一個名義固不能產生權力，而權力找一個名義倒是很容易的。此義見李維論第一卷第三十四章。

(註二八) 如此說來，在馬凱維里所理想的共和國，强烈的國內黨爭與經常的對外侵略應是必不可少的生存條件。我們由此又可以看出馬氏與亞里斯多德二人的政治學之不同。

(註二九) 馬氏以爲如何可以使一般人民的情感適當而無害的發洩出來，是最關重要的事；對於這個問題，他並且提出了其他種種方法，尤其主張要使人民易於控告政治人物，而司法調查的手續也易於進行。

(註三〇) 君道論第十五章。

(註三一) 君道論第十五章。

(註三二) 馬氏從未將其政治論證立於基督教或基督教聖經的基礎之上。

(註三三) 馬氏在李維論第一卷第十一章中這樣說：「事神信教是共和國成爲偉大的原因，而忽略神教就會招致毀滅；……。」

(註三四) 按係指馬凱維里。

(註三五) Bertrand Russell, A History of Western Philosophy, Bk.Ⅲ,Ch.3.

第十七章 鮑丹

鮑丹（Jean Bodin, 1530—1596）是法國人，生於安熱（Angers）。他曾在杜魯茲（Toulouse）學習法律，旋即在該處作法學講師，然後又在巴黎作律師。在十六世紀後半法國擾攘不安的政局中，他也曾參與實際政治，屬於所謂「政治派」（Les Politiques）（註一）。他很得法王亨利三世（Henry III）之寵，於一五七六年被擢爲拉翁（Laon）的檢察官。是年，他又參加布隴（Blois）的階級會議（States-general）（註二），代表平民；在這個會議中，於萬分困難的環境之下，他與貴族及教士周旋奮鬭，頗能表現卓越的手腕與勇敢。晚年，他在拉翁過退隱的生活，而於一五九六年即在該處死於時疫。

鮑丹有關政治的重要著作爲：

1. 歷史易知法（A Method for the Easy Understanding of History）（註三）這是討論歷史哲學的，出版於一五六六年。下列國家論一書中的若干要旨，也已於此書中樹立；有些理論，如氣候與地形可以影響政治與社會制度的理論、國家的形式與變革的理論、以及人類進步的理論（註四）等，其基礎都可於此中見之。

2. 國家論（Six Books concerning the State）這是鮑丹在政治學方面最有名的著作，出版於一五七六年；最初是用法文發表的（註五），十年之後（一五八六年），又用拉丁文發表（註六），並增廣其內容。在十六世紀之末的法國，所出版的政治書籍，多屬辯論的小册性質，缺乏不偏不倚的公正精神與哲學基礎。鮑氏此書，雖亦不免與時勢有關（註七），但獨能建立政治觀念的哲學體系，與流行的小册不可同日而語，故匪特於當日享有盛名，抑且在政治思想史上佔一重要地位，為學者所公認。

鮑丹雖然生逢宗教戰爭時代，但他的思想中卻並無戰爭的氣氛；他的政治理論是平心靜氣的，富有哲學精神，而分析頗為精密。他的著作，在政治學的歷史上，表現一種顯著的進步。他不僅是一個學者，並且久於公務，故能融合學術的與實際的觀點而貫通之。

我們首先要注意的是鮑丹採用歷史的方法，其政治哲學乃以人類歷史的經驗為基礎。他嚴格的應用歷史方法，對人類發展的歷史事實加以徹底而科學的研究，由此尋求一般的原理。鮑氏實為發表近代意味之歷史哲學的第一個學者。他對於「烏托邦」的空想，毫無興趣；他的理想都是依據歷史經驗的。所有他的結論，都是經過審慎的研究與觀察而得來，於是乃使他成為一個政治哲學家，而與一般辯論性宣傳小册的作家迥乎不同。

其次，鮑氏法學的造詣，對於他的政治學說，也有重大關係。雖然實際從事於律師的業務，對他並不見得適宜，可是他在法學方面的造詣卻異常深邃。他研究法學，也採用歷史的與比較的方法；他覺得對法律嚴格而有效的研究，必須先對各種民族的社會與政治制度之發展作審慎而徹底的研究，以為基礎。他對法律的研究,富有哲學精神,也使法學對於政治學發生重大關係；他對國家制度中的法律關係，特別注重。在他的心目中，法律與政治實為關係異常密切的科學，而二者皆須以歷史的觀察為其依據。

不過，鮑丹的思想也不無瑕疵可指。在其極為近代化的思想中，竟夾雜着一些迷信觀念。他堅信環境要受星辰的影響，而其與各國歷史的關係，由占星學的研究可以得知。概括言之，鮑氏的思想實為迷信、理性主義(rationalism)、神秘主義(mysticism)、功效主義(utilitarianism)、與復古主義(antiquarianism)的大混合；而其政治哲學中，也有類似的混淆情形。

第一節 國家的起源

鮑丹對國家起源的觀點，在昔時亞里斯多德的觀念與後來甚佔勢力的社會契約觀念之間，代表一種過渡。他以爲所有人的結合一定是有些人要服從另外一個人的命令；所以任何人的結合都會對自然所賦與個人的自由有所侵犯。他對於此種自然的自由所下的界說是除受永生的上帝的權力支配之外，不受任何他人權力的支配。不過，他所注重的不是自由，而是權力；所以，在構成對政治社會歷史起源的觀點時，他完全忽略了個人自由的觀念，而以家庭爲起點。他的家庭觀念是指在家長的最高權力支配之下的一羣個人；妻子、奴隸等同受一個家長的支配，這是與所謂「自然的自由」不相容的。

在鮑丹看來，人類從一個單獨的家庭開始，逐漸自然的蕃衍出許多家庭，於適宜的地方建立住所；而若干家庭爲了共同利益，又會羣居於一處。最初祇有一家的人結合在一起，後相互的情意逐漸擴大，不同家庭的人，爲了商務、宗教信仰、或其他活動，乃也結合起來，超越了家庭的界限。家庭是「自然結合」(natural association)；不同家庭之人的結合則是「人事結合」(civil association)，而其結合的主要原理則是友誼(friendship)。這些「人事結合」，在政治結合尚未建立以前，代表人類社會的結合力量；即在以後的歷史中，它們雖然與政府不同，可是仍然對社會生活有其必不可少的貢獻。鮑氏對當時流行的同業公會(guilds)、社團(corporations)、與自治體(communes)等，就是如此解釋。照鮑氏的意見，自家庭以至各種「人事結合」，這些社會組織，都是起源於人類的社會本能(social instinct)。

人類的社會 (society) 雖然起源於社會本能的發動，相反的，國家 (state) 之起源則是由於武力。最初的人類本是兇暴刼奪的羣衆，幸賴具有神授的社會本能，才可以過合羣的生活；否則人類生活將至不可忍受。許多家庭或許多羣的家庭彼此之間，最初一定不斷的發生戰爭。戰爭的結果，被征服的人就變成戰勝者的奴隸，而戰勝者也要服從他們自己所擁戴的首領之權力。於是，特別强有力者不但可以支配自己的家庭，而且可以支配其敵人及自己的同盟者。敵人因爲反抗，所以變成奴隸；同盟者因爲歸順，所以享受自由，可是他們必須服從首領的最高權力，其自由也不免受了限制。於是，自然的自由消失，而奴隸制度與政治服從乃同時發生。亞里斯多德一派之論所謂最初的君主是由於道德出衆而爲人民所自願選出來的，鮑氏頗不同意，他說此種謬誤乃由於虛無飄渺的原始黃金時代的空想而來。他認爲歷史事實證明最初的君主都是些軍事領袖，以武力來迫使人民服從他們的權威。總之，依鮑氏之論，國家最初都是由武力造成的，雖然他並不以爲合法的統治僅靠力量卽能成立，也並不以爲國家在建立之後卽以武力爲其特徵。

這樣造成的國家乃是人類結合的最後形式，藉一種最高的權力，把許多個人及其較小的社會組織聯合在一起。人類較小的結合形式，最基本的是自然結合的家庭，其次則爲各種的人事結合；迨這些較小的結合最後又被一種至高無上的權力聯合在一起的時候，國家就形成了，這是政治結合 (political association)。

在鮑丹的國家起源論中，有兩點是可以看得很清楚的：

1.國家組成的基本單位是家庭；家庭是一個自然單位，其他各種社會以及國家都是由家庭所形成。所以，家庭乃是國家的基礎。至於一個國家所包括的家庭，數目多少，則並無限制。(註八)

2.國家的精髓在一種至高無上的權力；倘無公認的此種權力，井然有序的國家("well-ordered state")根本不能存在。此種權力就是國家的主權。

所以，鮑丹對國家所下的定義是這樣的：

「國家是由主權與理性所統治的許多家庭及其公共財物的總結合體。」(註九)

那麼，國家的主權又是怎樣的呢？下面請看鮑丹的主權論。

第二節　主權的理論

近代主權的理論是在民族國家出現之後才有的。民族國家建立起來之後，其中央集權的君主政體，高於一切封建的貴族與教士之上，不受教皇的支配，而且被承認爲法律的創造者；至此，近代主權的理論才算確定。在十六世紀之末，政治思想上，關於國家之主權已有相當清晰的概念。十六世紀中，最能團結其國家且鞏固其自己之權威者，實推法蘭西之國王；而使主權成爲國家必要的特點者，亦以法國著作家鮑丹爲第一人。鮑丹的主權論，通常被視爲其政治哲學中最重要的部份；這是他對政治學上最大的貢獻。鮑氏能以一個簡單的觀念，對後來的政治學說發生極大的影響，這是他在政治思想史上佔一個重要地位的主要原因。

（一）主權的定義

鮑丹的主權觀念，在其國家的定義中，已可見之。那麼，國家的主權究竟是什麼呢？在正式討論主權時，他對主權所下的定義是這樣的：

「主權是在公民與屬民之上的不受法律限制之最高權力。」（註一〇）

鮑氏認為國家具有主權，這是國家與所有由家庭組成的其他各種團體顯著不同之點；一個共同主權的存在是政治社會的要素。所以，在鮑氏的心目中，上述主權的定義，對於國家的概念，是絕對必要的；而以前的哲學家或法學家從來沒有一個人提出這樣的定義，鮑氏於如此宣示時，頗有自負之感，似乎並不為過。

（二）主權的性質

鮑丹所講的主權，簡單言之，也可以說就是一個國家之絕對的與永久的權力。這樣的主權具有三個重要性質：一為絕對性，一為永久性，一為不可分性，茲分別說明之。

（甲）絕對性

一個國家的主權是至高無上的，不受任何人為的限制，也不為任何條件所拘束，這就是主權的絕對性。在鮑丹看來，握有國家主權的人實在是塵世上的至尊者，其言曰：

「除上帝外，塵世上沒有比各主權的人主（sovereign prince）更偉大的，他們是上帝之所設立，爲彼之助理，以施號令於其餘的衆人，……」（註一一）

主權之此種絕對性，可以下列兩點來具體說明：

1. 法律是由主權創造出來的　主權最重要的功能就是制定法律（註一二）；法律是由主權創造出來的。所以，主權者就是法律的創造者；主權的人主制定法律，以之拘束全體的或個別的屬民。簡單言之，法律實在無異乎主權者的命令，主權者的意志實爲法律的終極來源。於此，尤其要注意的是主權者的意志是自由的；主權的人主在制定法律的時候，並不需要得到人民的同意。

2. 主權者不受法律的拘束　法律是由主權創造出來的，而主權者本身卻並不受法律的拘束。何以呢？一個人可以受命於別人，但是一個人在自由運用自己意志的事體中，絕對不可能自己拘束自己。在一個人運用其自由意志的事體中，絕沒有義務存在。主權者既然可以運用其自由意志以制定法律，那麼，他不爲他自己所制定的法律所拘束，自屬理之當然。即使主權者自願受自己制定的法律之拘束，也是於理不可的。所以，一個主權的人主不但不爲前人制定的法律所限制，並且也不受自己制定的法律之拘束。關於此點，鮑丹說：

「照教會法專家說，教皇永不能自己限制自己，同樣的，主權的人主也不能自己拘束自己，即使他自願如此，也是不可以的。」（註一三）

總之，主權最重要的功能在於不必徵求人民的同意，即可制定法律，而其本身，除對上帝之外，不受任何拘束——這兩點可以具體的說明主權的絕對性。

（乙）永久性

眞正的主權不但是絕對的，而且一定是有永久性的，所謂永久性，也就是沒有時間的限制。最高的權力，有時可以暫時付託給一個人或幾個人，定期一滿，權力馬上停止，在這種情形之下，那暫時握有最高權力的人，不算是眞正的主權者。眞正的主權者一定永久掌握其最高的權力。所以，像羅馬的「狄克推多」（Dictator），雖具有充分的權力，但是因爲有任期限制，仍然不能算是主權者。

不過，鮑丹並沒有把所謂「永久」的觀念推得太遠。他沒有把終身的任期排除於「永久」的範圍之外，他認爲一個終身握有最高權力的人，可以算是主權之所在。

（丙）不可分性

除絕對性與永久性之外，主權還有一種不可分性。國家的主權是完整的，不能分割；假若一國的主權被分爲幾部分，那也就根本不成其爲主權了。所以，一國的主權祇能整個的在於一個人、少數人、或多數人，而不能分散在幾種人身上，由他們同時分別握有主權的一部分。鮑丹這樣說：

「我們已經說明，主權就其性質而言是不可分的。那麼，一個君主、一個統治階級、與人民，這三種人豈可同時各握有主權的一部分？主權的第一個特徵是制定拘束屬民的法律。但是，假如他們各享有立法權的一部分，在這種情形之下，究竟誰算是應該服從的屬民呢？假如一個人立法叫別人服從，而他同時又被迫須接受那些人所制定的法律，那麼究竟誰算是立法者呢？」（註一四）

從這一段話，可以看出分割主權之不可能。

以上所述，是主權的三種最重要的性質。在鮑丹看來，這樣的主權，對於一個井然有序的國家，是十分必要的。

（三）主權的限制

那麼，國家的主權是不是絲毫不受任何限制呢？是又不然。在論到主權的正當運用時，鮑丹又認爲應受幾種的限制。本來，上述鮑丹關於主權的理論是相當貫徹的，不致發生什麼困難；可是，他又說主權還是要受種種限制，乃使他的全部主權理論發生混淆，不免有自相矛盾之處。主權應受的限制要有兩方面：一爲神法與自然法（divine and natural laws），一爲「根本大法」（leges imperii），玆分別說明之。

（甲）神法與自然法

首先，鮑丹從未懷疑主權要受神法與自然法的拘束。雖然他說法律乃由主權者的意志而來，也就無異乎主權者的命令，但此義並不包括神法與自然法在內。主權者雖然完全不爲他自己制定的法律所拘束，但是不能違反神法與自然法。主權的人主之爲神法與自然法所限制，與其屬民無異；所謂主權不受法律拘束，完全和神法與自然法無關。關於此點，鮑氏這樣說：

「至於神法與自然法則大不相同了。世上所有的人主都要服從這些法，違背這些法就算是冒犯上帝。

上帝對於人主有拘束力，他們對於上帝的神威，由於敬重與畏懼，必須低頭。人主的絕對權力不能擴展到神法與自然法的範圍。」（註一五）

鮑氏相信神法與自然法超乎人為法之上，確定正義之若干不可移易的標準。大概他深恐其主權的理論歪曲為對强暴政府的擁護，故對主權者應受神法與自然法的限制一點，不惜反覆言之。他也就以此為基礎，把仁君與暴君區別出來：仁君之服從神法與自然法，同他的屬民服從他自己完全一樣；暴君則對這些法棄置不顧。不過，他對仁君與暴君祇是從道德的原理上來加以區別。主權是一種政治事實，在乎最高權力的掌握與運用；暴君與仁君之區別，僅在其運用此種最高權力的方式不同，而其為主權者，卻與仁君無異。

鮑氏的理論，於此乃不免發生困難，因為把主權者遵守神法與自然法的義務嚴格置於道德的範圍之內，而使之與法律及政治完全無關，是相當不容易的。譬如，主權者對他的官員發一個違反自然法的命令，這個官員是應該服從呢？還是應該不服從呢？鮑氏無疑的認為在罪惡昭彰的情形之下，有時對主權者可以不要服從。雖然他盡力把此種可能減少到最小限度，可是理論上還是不免有些混亂。問題在於，依鮑氏之意，法律應該一面是主權者的意志，同時也是永恒正義的表示，但是此二者卻是可能互相抵觸的。

在鮑丹看來，對於違反自然法的主權者雖然不能科以法律責任，但是自然法的原則確可對於主權者加以若干限制，其中有兩項是要特別加以注意的：

1. 履行契約　履行契約是自然法中一項重要原則，故主權者與庶民同須遵守。契約的性質與法律截然不同：法律出自主權者單方的意志，可以拘束其屬民，卻不能拘束主權者本身，而且主權者可以隨意加以改廢；契約則是出自雙方相互的行爲，對於雙方都同樣的有拘束力，倘若主權的人主與其屬民訂立契約，人主也是一樣要受拘束的。此種區別，在一般的觀念中，極易混淆，所以鮑丹特別說：

「法律與契約切不可混爲一談。一個法律乃由握有主權的人而來，他以之拘束其屬民，而不能拘束自己。至於君民之間所訂立的契約，則是雙方相互的承擔，同等的拘束雙方，任何一方非得對方的同意，不得違反，致生損害於對方。在此種事中，君主並不具有比其屬民更大的特權。」（註一六）

2.不得侵犯私有財產　另一項自然法的重要原則，對君主加以約束的，就是對人民的私有財產不得侵犯。此種權利乃由自然法加以保障，而在鮑丹的心目中，其所加於主權者的限制，超乎道德約束之上。鮑氏對於此點，極爲重視，他認爲私有財產是神聖不可侵犯的，主權者對其屬民的私有財產，非得產主的同意，也不得予以侵犯。因爲徵稅與人民的私有財產有關，鮑氏乃又認爲徵稅必須得到人民的認可。此處又不免自相矛盾，蓋鮑氏曾說主權者不必徵求人民同意，即可立法，有關徵稅的立法與其他的立法並無不同，何以又要徵求人民的同意呢？這樣不一致的情形乃由於鮑氏對私有財產權的特別重視。在他的心目中，私有財產權是家庭的不可侵犯之權利，而家庭則是組成國家的獨立單位。但是井然有序的國家又需要一個主權者，其法律上的權力是無限制的。於是，在鮑丹所想的國家中，乃含有兩個絕對體：一爲家庭的不可侵犯之財產權，一爲主權者的無限之立法權（註一七）；此二者很不容易調和起來，因而也就發生了上述的矛盾。

以上兩項，又是從自然法所引出來的，對主權之具體限制。

（乙）根本大法

上述神法與自然法的限制，還是屬於道德範圍的；此外更有法的限制。鮑丹承認國家之中，有某種特殊的法，與主權本身的存在有關，所以主權者也不能加以改變。此種法，鮑氏把它叫作"leges imperii"，也是對主權的一種限制。鮑氏所指，究竟是什麼，不甚清楚，大體說來，就是政治的基本原則，與國家本身的存在有關者，也彷彿就是我們所說的憲法。且看他這樣說：

「至於根本大法，因其與主權本身連在一起，所以君主也不能予以廢止或改變。塞林法(Salic Law)，我們王國最堅強的基礎，就是屬於這一類的。」（註一八）

鮑丹所說的「塞林法」，是指法國的王位繼承法而言（註一九）；像這樣的根本大法，君主也是不能違反的。這裏，顯然的又有一點矛盾，蓋如此說來，主權者一面是法律的淵源，同時卻又須服從未經他制定的根本大法，而不能予以改變了。鮑氏的本性，傾向於憲法政府及國內傳統制度的保持，可是為了時勢的需要，他又不得不盡力加重王權，於是乃有上述不免混淆的情形。

第三節　國體與政體

上述鮑丹關於主權的理論，雖不免有不甚貫徹之處，總算是在政治思想史上，具有畫時代的重要性。鮑氏關於國體與政體的理論，乃以其主權論為基礎，而與其主權論同等的著名；他在這方面的思想是很清晰謹嚴、斬釘截鐵的，茲申述如次：

（一）國體與政體的區別

國家和政府的嚴格區別是近代政治學上一件重要的事；以前，這兩個觀念常是混在一起，沒有明白畫分。鮑丹認定此種混淆是亞里斯多德和別人的政治學說之重要缺點，乃將國家與政府兩個觀念予以明確畫分，因之也就把國體（form of state）與政體（form of government）嚴爲區別。這也是鮑氏的創闢之論。那麼，國體與政體究應如何區別呢？下面是區別的標準：

1.國體　是由主權歸屬之不同來決定的。

2.政體　是由運用主權之組織與方法來決定的。

關於此點，鮑丹之言曰：

「在已經確定主權是什麼，並且描述其特性之後，我們必須看一看在各種的國家之中，主權歸屬於何人，以決定國家之各種可能的形式。」（註二〇）

「明確區別國體與政體是要緊的事，所謂政體，不過是管理國家的方法，雖然還沒有一個人如此想過。……此種政體的不同迷惑了許多人，他們由於未能區別國體與政體，在政治學上的論著乃不免混淆。」（註二一）

（二）國體的類別及其比較

按國家主權歸屬之不同而定國體，鮑丹將國體分爲三種，其分類的基礎純在主權者的人數。三種國體就是：

1.君主國體（Monarchy）　主權屬於一個人的國家，就是君主國體。君主國又可以分爲三種：

①專制的君主國（Dominatus, Despotism）　在此種君主國中，君主好像古代的家長，他統治其屬民，如同家長統治其奴隸一般。

②王道的君主國（Monarchia Regalis, Royal Monarchy）　在此種君主國中，君主遵守神法與自然法，而人民都可確保身體與財產的權利。

③橫暴的君主國（Tyrannis, Tyranny）　在此種君主國中，君主對於神法與自然法棄置不顧，任意殘害人民。這種不服從神法與自然法的君主就是暴君。但是暴君祇要是合法的主權者，不論如何罪大惡極，人民還是有服從他的義務；反抗他，就無異反抗主權。由此也可以看出，鮑丹把法律的義務與道德的責任分別得很淸楚，他認爲暴政與王政的殊異，不是法律上的問題，僅係一種道德的差別而已。

2.貴族國體（Aristocracy）　主權屬於少數人的國家就是貴族國體。

3.民主國體（Democracy）　主權屬於多數人的國家就是民主國體。

鮑丹的國體分類，乃以其主權論爲基礎。在此種分類之下，國體也祇能分爲上述三種，不可能另有所謂「混合國體」。蓋依照其主權的理論，主權是不可分割的；假如主權分掌在幾種人的手中，他們各享有主權的一部分，那就國將不國，簡直無異是無政府狀態了。自鮑里貝士以來，流行着一種觀念，以爲國家可能有一種混合的形式；此種混合國體的觀念，在鮑丹的國體分類中，絲毫沒有存在的餘地。

至於把上述三種國體的優劣加以比較，鮑丹承認民主國似乎在許多方面都比君主國與貴族國更與自然相合，不過同時他卻認爲民主國有種種壞處，比如無常易變、賄賂收買、以及政治無效率諸弊，無論在理論上或實際上，都是極易看到的。(註二二) 貴族國，介乎兩個極端之間，如能確保道德與財產，似乎也頗有可取之處，但是由理論與歷史事實方面詳加分析的結果，總覺不能完全令人滿意。最後，他認定君主國才是各種國體中之最好的。君主國之優於貴族國與民主國，有下列幾點：

1. 在日常行政中，君主國與貴族國或民主國情形不同，不會受到黨派齟齬的影響。
2. 値危急存亡之秋，君主國最適宜於應付，蓋此時權力必須集中，在君主國中本屬常情，而在他種國體中，則尚須仰賴於特殊的設計。(註二三)
3. 君主國最適宜於開疆拓土；要擴展疆土，造成偉大的國家，更非君主國不可。

不過，他看到君主國中王位的繼承，卻是困難而危險的問題，不能不特別注意。假如定下長子繼承制，使女子不能繼承王位，那麼君主國就是國家最好的形式；尤其王道的君主國，不但在君主國中是最好的形式，即在所有國家的各種形式中，也算是最好的。

(三) 政體的類別

君主、貴族、與民主等三種同時亦可爲政體的類別，而一個國家的政體與國體未必一致。一個君主國體中的君主，假如把爵位官職頒賜於一定的階級，這個君主國就有一個貴族政體；假如爵位官職的頒賜普及於一切的階級，這個君主國就有一個民主政體。早年共和時代的羅馬就是貴族政體的民主國體；柏瑞克里 (Pericles) 時代的雅典既是民主國體，又是民主政體。

第四節　國家的變革

鮑丹關於國家變革的理論，顯然是以亞里斯多德的政治學爲模範。不過，這並不是說鮑氏祇會摹倣亞氏；相反的，鮑氏在這一方面的議論，與亞氏在十九世紀以前的議論，同樣的具有創見，其貢獻同等重要。這兩位哲學家對於此一問題的論點，自始即有根本的不同：亞氏總以爲政治組織與活動的理想目的在於完全穩定，並且以此爲標準來評判一切制度的好壞；鮑氏的政治哲學則爲由衰滅而發展進步的觀念所支配。茲將鮑丹的理論說明如次：

（一）變革的必然

在鮑丹看來，國家的變革是必然的、不可避免的，非人力所可阻止。不過，人類的努力雖不能完全阻止變革的發生，卻可能使變革的情況不同。國家的變革有的是突然而暴亂的，有的是和平而自願的；後者才是比較「自然的」方式，人類可以努力使國家依此種方式而變革。

（二）變革的種類

鮑丹應用他的主權論，把國家的變革分爲「變」與「革」兩種：

1. 變遷 (alteration, alteratio)　假如國家主權的所在沒有更易，無論法律、制度、宗教等如何改變，那都祇能算是變遷。

2.革命（revolution, conversio）　即使法律、制度、宗教等一仍舊貫，毫無改變，倘若主權的所在有所變更，如由君主之手轉移到貴族或人民之手，那就不祇是變遷，而是革命了。依鮑丹之意，眞正的革命乃是主權易手。主權易手，一定會使國體發生改變。國體有三種，任何一種都可能因主權易手而變成其餘二者中之一種；因此，革命可能有六類不同的形式。在三種國體中，君主國體比較最爲穩定，而不易發生革命，民主國體則最不穩定。革命的原因可分爲三種：

①神命的（divine）

②人爲的（human）

③自然的（natural）

這些使革命成爲無可避免的原因固非人力所可控制，但是人類的智慧可以覺察得到，並且可以使其影響的程度略有改變；至於具體方法，則隨各種國體的特別情況而有不同。（註二四）從哲學的觀點來看，在這一方面，最重要的莫過於研究一個國家與人民的特性以及各種制度如何適應此種特性。對此種特性，影響最大的就是物質環境（physical environment），於是鮑丹由此又講到物質環境與政治的關係，此點另於下節詳述之。

第五節　物質環境與政治的關係

在鮑丹看來，每一個國家的人民一定具有一種特性，一切社會與政治的制度都要適應這種特殊的民性，而民性又受物質環境的影響最大，所以他認爲物質環境與政治有密切關係，而前人從未加以科學的分析。於是他在歷史易知法與國家論兩部著作中，對於此一問題，乃都以科學精神，詳密研討。物質環境——包括地理位置、氣候、地形等——對於民性所生的影響，重要者有下列幾點：

1.因緯度不同而生的差別

①北方人　大概體力强壯，而智識魯鈍，行動遲緩。此種人長於戰鬪能力。

②南方人　大概體力較弱，而才智優越。哲學與抽象的理論差不多都來自南方。

③中部人　兼具南北的優點，體力才智都比較優長，所以最適宜於支配政治與維持正義。政治學與法律學多半是從中間地區生出來的；中間地區也曾經有大帝國建立起來。

2.因經度不同而生的差別　關於此點，沒有像上述那樣肯定的結論，大概說來：

①西方人　比較多有北方人的特性。

②東方人　比較與南方人相似。

3.因地形不同而生的差別　要在高度方面：高山與平原中人民的差別與北方人和南方人的差別一樣。

鮑丹關於這一方面的議論，雖然沒有與其主權論發生邏輯關係，卻是他的全部政治哲學中必要的部份，也算是一種創闢之論。(註二五) 鮑氏此論對於後來孟德斯鳩(Montesquieu)負有盛名的理論，頗有啓發。

不過，這裏我們要特別注意，鮑氏雖然相信物質環境對於民性與制度具有重大影響，但是他並不認爲物質環境確定了絕對的限制，他並沒有把人爲制度的影響完全忽略。相反的，他認爲政府或法律的形式也可以對於民性發生決定性的影響。比如，一個絕對橫暴的君主國會使强壯的人民變成萎靡不振；一個民主的制度會使原來被壓迫奴役的人民發展其政治能力。所以，鮑氏是要拿物質勢力的影響來鼓舞政治家的智力，而不是用以痲痺政治家的智力。

鮑丹的政治思想，略如上述。這樣一位哲學家，在政治思想史上要佔一個重要地位，自不待言。至於他所佔的究竟是一個什麼樣的地位，則有許多不同的看法。不過，有一點是大家都同意的，那就是鮑丹把政治理論的形式與方法恢復到亞里斯多德的原狀，並且給它一個科學的外形——至少是外形。馬凱維里曾經朝着這個方向有所努力，他確曾重視歷史與觀察的方法，但是應用起來，實際上變成祇憑經驗，於是所得到的僅是些政府實際行動的若干原則，而並沒有產生國家的理論。鮑氏以其哲學修養爲基礎，供給了馬氏體系中所缺少的因素，而同時也並沒有忽略實際政治的原則，於是形成了包羅宏富的政治學——其中既有政治理論（staatslehre），也有實際政治（politik）。由馬氏開端的一個運動，鮑氏乃予以完成。鮑氏眞眞的完成了一項值得稱讚的工作，就是把國家的理論以及政府的科學，重新放在亞里斯多德所放的基礎——歷史與觀察的基礎之上。固然鮑丹的政治學中，有些確是從亞里斯多德的政治學一書得來的；但是，同時我們也不能不承認，有些這位法國哲學家所注重的觀念而成爲其政治思想之特點者，在那位希臘哲學家的體系中或則未受重視，或則甚至完全無所知曉，如主權的理論、國家與政府的區別、以及物質環境的影響等是。

（**註一**）他曾於短時間，在特殊環境之下，參加聯盟派。

（**註二**）États-généraux。

（註三）拉丁文名爲"Methodus ad facilem Historiarum Cognitionem"。

（註四）鮑丹所主張的人類進步的學說，與古代所謂人類由黃金時代墮落下來之論，恰恰相反。

（註五）法文名爲"Six livres de la république"。

（註六）拉丁文名爲"De Republica Libri Sex"。

（註七）著作的動機，與當時法國的政治情勢有關，鮑丹曾於該書第一卷序文中率直道出，他說：

「我想以這個著作來鞏固因內亂而動搖的法國王權的基礎，來實現關於國家的理想，並想發現適合事實的法則，決定普通政治學的原則。」

（註八）昔時傳統的城邦觀念中，認爲國家有一種數目的限制，鮑丹則無此困擾了。

（註九）"A state is an aggregation of families and their common possessions, ruled by a sovereign power and by reason."——國家論第一卷第一章。

（註一〇）"Sovereignty is supreme power over citizens and subjects, unrestrained by the laws."——國家論第一卷第八章。

（註一一）國家論第一卷第十章。

（註一二）實際上，制定法律也可以說就是主權的唯一功能，因爲許多其他的功能也包括在立法的範圍之內。不過，爲特別清楚起見，鮑丹對於主權的其他各種功能，也曾予以列舉，如和戰問題之決定、官吏之任命、赦免、鑄幣、徵稅、……等是。

（註一三）國家論第一卷第八章。

（註一四）國家論第二卷第一章。

（註一五）國家論第一卷第八章。

（註一六）國家論第一卷第八章。

（註一七）在鮑丹的思想中，此二種權相比較，財產權更較爲基本。

（註一八）國家論第一卷第八章。

（註一九）塞林族是法蘭克族的一種，塞林法中包含一種規定說女子不得繼承土地，後來引申到凡是女子都不能繼承法國的王位。

（註二〇）國家論第二卷第一章。

（註二一）國家論第二卷第二章。

（註二二）當時的瑞士是唯一顯然成功的民主國家，不過鮑氏認爲瑞士之强，有其特殊例外的原因，不可視爲通例。

（註二三）如狄克推多制。

（註二四）鮑氏於此曾詳加討論，其中除夾雜着一些天文學、占星學、以及神秘的數學之外，對於與國家變革有密切關係的許多社會與政治情況也有精到的分析，頗能表現其豐富而銳敏的政治智慧。他講到法律不宜輕易改變，對於人民已經習慣了的法律加以改變總是危險的；過分的不平等——尤其財富方面——乃重要亂源，應該避免；對於宗教，應該採取容忍政策。

（註二五）柏拉圖與亞里斯多德雖然都曾涉及人因所處地域情況不同而有所差異的問題，但是都沒有深入而精密的探討。

第十八章　霍布斯

霍布斯（Thomas Hobbes, 1588－1679）是英國第一位對政治思想有偉大貢獻的思想家。他的父親是個牧師，脾氣很壞，又沒有受過教育；因爲有一天在教堂門口同隔壁的牧師吵嘴，就把職位丟掉了。此後，霍布斯就由他的一位叔父來撫養。他對於古典，得到很好的知識；十四歲時，已經能用拉丁文來翻譯（註一）。十五歲時，他進了牛津大學，在那裏，教師們所教他的是經院派的邏輯與亞里斯多德的哲學（註二）。這一段在大學的時間，他自己以爲獲益極少（註三）；但是實際上他卻學得很好，於是被推薦到一個貴族家庭去作家庭教師。霍氏作哈維克勳爵（Lord Hardwick，就是以後的 second Earl of Devonshire）的家庭教師是在一六一〇年，就是霍氏二十二歲的時候。霍氏與這位學生日常生活都在一起，形影不離，並且同他作廣漫的旅行，足跡及於歐洲大陸各國。到這位學生長大的時候，老師變成學生的好朋友，而學生變成老師的恩人，直至這位學生於一六二八年逝世時，都是如此。這位學生死後，遺一幼子；霍氏有一段時間住在巴黎，又作了這位遺孤的先生（註四）。霍氏在漫長的一生中，與他們這一家結了不解之緣，世代有師生友朋之誼；此種地位，對於霍氏的成就，有很大的關係，不但使他有空閑的時間，可以深思熟慮（註五），而且使他有機會認識當代英國以及歐洲大陸上許多鼎鼎大名的哲學家和科學家，如培根（Bacon）、笛卡爾（Descartes）、蓋森底（Gassendi），蓋利略（Galileo）等。

一六三七年，他回到英國。至一六四〇年，長期國會(Long Parliament)開會時，他又逃往巴黎。

在巴黎，他頗爲許多知名的數學家與科學家所歡迎。在笛卡爾的沉思錄（Meditations）還未出版以前，有些人已經先看過，霍氏也是其中之一，並且提出相反的意見，笛氏乃將這些意見連同他自己的答覆，一同發表。霍氏旋與許多亡命的英國保皇黨相往還。有一個時期，從一六四六年到一六四八年，他又作了未來的查理二世（Charles II）的數學教師。至一六五一年，他的名著「巨靈」（Leviathan）發表，未嘗博得一個人的喜悅，因爲其理性主義冒犯了多數亡命之徒，而其猛烈攻擊天主教會又冒犯了法國政府。霍氏於是秘密的逃回倫敦，屈服於克林威爾（Cromwell）的治下，而放棄一切政治活動了。復辟之後，查理二世還懷念昔日的老師，情意殷殷，對霍氏眷顧備至（註六）。霍氏晚年，從事於各種爭辯，頗饒興趣；所爭辯的問題，牽涉頗廣，從自由意志以至於幾何上的問題（註七）。

霍布斯的鼎鼎大名，主要的由於上述名著巨靈一書。此書於一六五一年以英文發表，一六六八年又以拉丁文發表。書中所討論的問題，分爲四部分：

1. 論人
2. 論國家
3. 論基督教國
4. 論黑暗王國

我們現在研究霍布斯的政治思想，要以此書爲依據。

霍布斯比鮑丹晚幾十年，是十七世紀人，生逢英國發生內亂的時代，其時君主與國會之爭權甚爲劇烈。霍氏於此時發表其政治著作，自難免受內亂之影響；而其政治著作傾向於擁護君權，也是沒有疑問的。霍氏與王室及保皇黨的淵源使他在內爭中支持國王，而維護君主專制制度。但是，我們要注意，此種傾向祇是霍氏政治哲學的表面，我們對他的政治思想不可就如此膚淺的了解。霍氏的氣質，天生是一位很深刻的哲學家，而不是從事實際政治的政客，更不是政爭中任何一派的黨徒。他相信他所討論的是永久不變的眞理，而其著作可以垂之千古而不易。於是，他所講的乃是對一般政治學之闡釋，與政爭中僅討論實際問題的時論根本不同。尤有進者，霍氏還有一種嘗試，要把政治理論導入一個大的哲學體系之中，而與之密切關聯。他努力建立一個包羅一切的廣泛哲學體系，廣泛到可以解釋一切自然中的事實，包括人類行爲——個人的以及社會的方面。而政治理論則是這個無所不包的哲學體系的一部分。我們對於霍氏的政治思想，應該先有這樣一點基本的認識。

上述包羅一切的體系，可謂就是唯物論 (materialism)。霍氏是一個徹底的唯物論者；他有一種想法，認爲世界祇是一個機械的體系 (mechanical system)，其中所發生之事物，都可以物體的相互變換位置，用幾何方法，精確的加以解釋。所謂物體的變換位置，就是物體的運動(motions of bodies)。其時，牛頓 (Newton)的萬有動力學說尚未發表，而霍氏則已抓住此一原則，作爲其整個體系的中心。在霍氏看來，任何事物，開始之時，都是最簡單的物體的運動——僅僅位置的變換，然後再逐漸趨於複雜；趨於複雜之後，在表面上看來，可能看不出就是物體的運動，但實際上卻是由物體的運動而成的。任何事物，在基本上，都是物體的運動；所以，我們對於萬事萬物的分析，一定要從表面上複雜的外觀，分析到其中所蘊含的物體的運動，然後才可以對於各種的自然程序，得到正確的解釋。在如此大膽的一個體系之下，理論上，除運動的規律之外，別無任何其他新的力量或原則了。

所有十七世紀的科學都在幾何學魔力的影響之下，霍布斯也並不例外。他以爲，就所有已造出的科學來說，幾何學才是唯一眞正的科學（註八）；推理是屬於計算的性質，應該以定義爲起點。唯有幾何方法的確切謹嚴，才足以滿足這位哲學家的頭腦。幾何學的奧祕就是從最簡單之點開始，由簡及繁，而發展到較爲複雜的問題，其所利用者都是前已經過證明的道理。此種推理的方法是穩紮穩打的，每一步都有前已證明的道理爲依據；因此，每一個結論，追本溯源，都可以很容易的推到最初不言而喻的眞理。霍布斯就是用此種方法，以建立其思想體系，而其整個體系是金字塔式的。他用這樣的推理方法，以說服人，而極少藉助於人類經驗中具體的事實，尤其根本不以其他哲學家的判斷爲依據。（註九）在他的思想體系中，歷史的教訓以及權威者的言論都沒有什麼地位可言。簡括言之，他所採用的方法是演繹的，而不是歸納的。（註一〇）即以我們現在所特別注意研究的巨靈一書而論，其中首先把許多科學觀念，列成一套定義，而敏銳精確的予以區別，然後繼之以一連串緊密有力而令人信服的演繹，於是一個讀者幾乎很容易不知不覺的就被導入於作者的結論之中。

霍氏從唯物論的觀點，認定自然間充滿了物體的運動。人類行爲，包括情感、思想等，乃是運動的一種方式；政府賴以建立的社會行爲，不過是人類行爲的特種狀態，由相互行動而起者。他對人類行爲，假定了一項原理，而由此又推演出這種原理運用於各種特殊情況下所發生的各種狀態。用如此的方法，他乃能由心理學進入於政治學。他認爲人性僅受一種基本法則的支配，而在他的政治學中，他又顯示此種法則在各種社團間的運用。所以，霍布斯的政治學乃是建立於心理學之上，而其程序的方式則是演繹的。

第一節　人性論

霍布斯的政治學旣建立於心理學之上，其人性論實爲其全部政治哲學的基礎。所以，我們論述霍氏的政治思想，首先從他的人性論講起。

霍氏基於唯物論的原則，認爲自然之中永遠充滿了物體的運動。這種運動，由感覺器官傳到人的中樞神經系統，就造成感覺（sensation）。一面人體內部有一種「生命的運動」（vital motion），其器官爲心臟。感官所傳到的外界物體的運動，有的會幫助此種生命的運動，有的會阻礙此種生命的運動。兩種最原始而基本的情感（feeling）因之發生：人對於有利於生命的運動者，奮力趨之，是爲「欲望」（desire）；對於有害於生命的運動者，則奮力避之，是爲「厭惡」（aversion）。凡足以引起欲望的事物，人稱之爲「善」，而凡足以引起厭惡的事物，人稱之爲「惡」；善與惡也就是如此區分，此外別無區分的標準。人類有許多其他更爲複雜的情緒（emotion），都可以由這兩種相對的欲望與厭惡推演出來；因爲那些情緒都不外是欲望或厭惡的各種不同方式，所以也常是成對的，如愛與恨、快樂與悲哀、希望與失望等是。人的欲望是無止境的，一定會「得隴望蜀」；而霍布斯所謂「幸福」（felicity）就是時時所欲望者總可以繼續不斷的得到。

由此可見，一切人類行爲的背後，有一個規律，就是每個人都出於本能的要保全其生命。約而言之，人類行爲的心理學原則實爲「自保」（self-preservation），而所謂「自保」不外就是個體生存的繼續。此種自保，也不是簡單、暫時的事。人的欲望無窮，人生也就沒有長久的寧靜，總是在不斷的追求繼續生存的方法。

霍布斯所稱的「權力」(power)，乃是可以達到不斷欲望的目標之手段。人既須時時刻刻尋求自存之道，因而也就繼續不斷的在追求權力，死而後已：

「我以爲一切人類的普通傾向，都在永久不息的企求權力，企求復企求，至死方休。其所以然之故，並非人已得快樂，必求更高度的快樂，或以已得相當的權力爲不滿足，而是因爲假如不能獲得更多的權力時，則不能保證以現有的權力與手段，一定可以過美滿的生活。」(註一一)

總之，依霍布斯的見解，人都是自私自利的。不過，霍氏心理學中所隱含的人類自私之假定，與馬凱維里無異，尚不足爲奇；其特爲奇異之點，在霍氏企圖以自私作爲估量人類行爲的科學根據。

第二節　自然狀態

霍布斯由其人性論進而講到人類在有政治社會以前原始的自然狀態(state of nature)。惟霍氏對自然狀態的觀念，與前人不同：前人所論者，皆以歷史事實視之，認爲其所謂自然狀態乃人類曾經實有之事；霍氏所講的自然狀態，乃是由其人性論的基本原則所推出的必然結論，至於究竟是否歷史事實，則根本並不注意。

如前節所述，霍氏認爲人都繼續不斷的追求權力，至死方休，這是人類一切行爲的唯一基礎。又依霍氏所認定之「權力」的意義言之，這也就無異說各個人都在奮力以求欲望的滿足。各個人的欲望自有殊異，至其滿足欲望的能力則大體上是彼此平等的。霍氏認爲各個人的體力與智力雖顯有不同，但其長短每可互相抵銷，故總計起來，大體上人與人之間所差殊微。請看他說：

「自然之造人，在體力與智力方面是如此的平等：雖然有時一個人顯然比別人體力較爲强健或智力較爲敏捷，但是總共計算起來，人與人之間的差別並不大，不至於一個人可以自認有任何利益，而別人不能同他一樣的自命爲分所有之。蓋即就體力而論，最弱者也有足夠的力量可以殺死最强者，或出於秘密的詭謀，或出於與同在危險中的人相結合。

「至論及智力，……據我所見，人與人之間的平等更大於體力的平等。蓋明智祇是經驗，而於大家同樣潛心致力之事，同等的時間所給予一切人的經驗也是同等的。或可使人不相信此種平等者，祇有人對自己的智慧之虛妄觀念，人都自以爲智慧高於一般人。……但是這適足以證明人在那一點上是平等的，而不是不平等的。因爲任何東西分配平均的徵象，通常無過於每人於其自己所得之分都心滿意足。」（註一二）

這也就是人類生而平等的觀念，不過霍氏之論，出之以特異的說法已耳。

每人都在努力以求滿足欲望，而各個人滿足欲望的能力又大體相同；在此種情形之下，各人心中乃有三種動機：

1.競爭　人的能力既皆相等，因之對達到目的的希望亦相等。於是，設有一物，二人皆欲得之，但又不能同享，則此二人必成爲讐敵，而互謀相傷相制。這就是人與人間爲滿足同一欲望所發生的競爭。

2.疑懼　然則每人自然都怕別人的權力超過自己，乃要先發制人，必求無他人之力足以爲害於己身，而後安心。人與人間互相疑懼，有如是者。

3. 愛榮譽　又人與人之相處，每人都希望他人欽仰、尊重自己，而承認自己的優越；倘有表示輕蔑者，必加害之，並以此示衆。這又是一種愛榮譽的心理。

各個人間的自然關係，都是爲上述三種動機所決定；這三種動機，一爲求利，一爲求安，一爲求名，實皆爲導致紛爭之源。於是，人類自然狀態的正常情形乃是每個人與每個人爲敵。質言之，霍氏認爲人類的自然狀態就是戰爭狀態——每個人對每個人的戰爭（war of every man against every man），其言曰：

「當人類尙無公共權力可以使人生畏之時，他們乃處於戰爭的情況之下，而那種戰爭就是每個人對每個人的。」（註一三）

這種狀態是與任何文明不相容的，工業、農業、航海、建築、交通、藝術、文學等等根本沒有；人皆在不斷的恐懼之中，朝不保夕。所以其時「人類的生活乃是孤獨的、貧窮的、齷齪的、野蠻的、短暫的」（註一四）。

這樣的自然狀態具有下列幾項特點：

1. 無是非之分　在自然狀態中，人類的行爲乃基於衝動，而衝動則是生而有之的情感。至於任何一種情感，在道德上，與其他情感有何不同，並無一種標準可以判斷。祇有在立有某種規條可以比較各種行爲的時候，才可以明斷是非。那種規條——也就是法律——的制定，必須在大家同意有一個立法者之後，而如此的同意將使自然狀態結束。所以在自然狀態中，根本無所謂是非之分。

2.無正義與不正義之別　霍布斯認爲唯在有一種公共權力立於人間的時候，人類始能有正義與不正義的分別。「沒有公共權力之處，就沒有法律；沒有法律之處，就無所謂不正義。」（註一五）正義與不正義並非個人的體力或智力，如感覺、情緒等，故孤獨之人無之，必待人與人結成社會之後，才會發生。然則，在社會形成之前，自亦無所謂正義與不正義之別。「在戰爭中，武力與詐欺乃是兩種重要的道德。」（註一六）

3.無私有財產　自然狀態中，每個人對外界的東西，其關係與他人完全相同，故根本沒有「我的」或「你的」之分。「唯每人力之所能得，才算是屬於他的，至時間之久暫則須視其力之所能保而定」（註一七）。決定權利者，唯力量耳。在此種情形下，自然也就沒有私有財產那樣的東西。

霍布斯固未嘗把這樣的自然狀態視爲一般的歷史事實，但是他也舉出下列幾點，以證明其所言不虛：

1.文明社會中人之互相防範　人或以爲上述之自然狀態乃純由推理所得之結論，與實際情形未必相符，殊不可信，然則可捨理論而求之於經驗。在文明社會中，人明知有政府法律的保障，而人與人之互相防範，猶如防盜賊；霍氏對此，曾有如下之描述：

「旅行的時候，他要武裝起來，並且要結伴同行；睡覺的時候，他要把門鎖上；甚至於家居的時候，他還要把箱子鎖起來。他明知有法律及武裝的軍警，可對加於他的損害施以報復，而他尚且如此。當他武裝騎在馬上的時候，他對於一國的屬民有什麼意見呢？當他鎖門的時候，他對於同胞公民有什麼意見呢？當他鎖箱子的時候，他對於他的子女與僕役又有什麼意見呢？」（註一八）

觀夫此種情形，不難想像原始的自然狀態如何，亦可知上面所推論者並不爲過了。

2. 野人的生活　而且像上面所說的生活情形，在許多地方，也還可以眞眞看到。於此，霍氏擧了美洲野人的生活爲例。

3. 國家陷於內亂時的情況　在文明國家，人民本來過着和平生活，但於一旦國家陷於內亂時，又復爲自然情感所支配。這種情形也可以使我們想到在無公共權力可畏的狀況之下，人的生活方式是個什麼樣子。

4. 主權者之間的敵視　各國的主權者都是獨立的，其間沒有一個更高的公共權力。他們彼此間常是劍拔弩張、虎視鷹瞵的。然則，在沒有公共權力時，各個人之間的自然關係自亦可想見。

第三節　自然權利與自然法

依霍布斯的見解，在自然狀態中，每個人都有爲所欲爲的自然權利（right of nature，或natural right，或 jus naturale），而人類的理性又會發現出自然法（law of nature, 或 natural law, 或 lex naturalis）來，以爲約束。所謂自然權利與自然法，二者彼此間的關係，究竟如何，久已含混不清，莫衷一是。霍氏既將自然狀態，加以形容之後，進一步的問題乃是人類如何從自然狀態過渡到政治社會；而在導入此項理論之際，他特意把自然權利與自然法嚴爲區別，區別得異常清楚。玆述霍氏對此二者的觀念如次：

（一）自然權利

自然權利是什麼呢？用霍布斯自己的話來解釋，是這樣的：

「自然權利，……乃是每個人所有的，爲保全……他自己的生命，而使用自己的力量之自由。」（註一九）

那麼，所謂自由又當如何解釋呢？霍氏也有一個簡單明瞭的說法：

「依正當的字義解釋，自由就是外界障礙之不存（absence of external impediments）。」（註二〇）

所以，所謂自然權利也就是：

「每個人可以作任何事情，祇要依照自己的判斷與理性，那種事情對保全其生命是最適宜的。」（註二一）

從上面所引述的話看來，我們可以簡單的說，依霍氏之意，自然權利實爲每個人以其自己力量之所及，保全其生命的自由。一個人保全其自己生命的力量，有時不免爲環境所限，譬如孤獨一人流落在荒野無人之境，自然會有無法施展之嘆；但是，祇要在他自己的力量可及之處，其此種天然的權利總是完滿的。

（二） 自然法

（甲） 自然法的定義

「自然法乃是由理性所發現的箴規或通則，人用以禁止作有害於其生命或取去其自保生命的方法之事，並且禁止不作自以爲最能保全生命之事。」（註二二）

這是霍布斯對自然法所下的定義。簡單言之，霍氏心目中的自然法乃是來自理性的規律，禁人爲有害於其保全生命的事或不爲有益於其保全生命的事。

可見，依照此種自然法，人類行爲的根源還是在自保，不過由於對未來一切後果的先見爲之指引，自保之道乃較爲開明。此種由理性而來的先見之明，爲人類提供可以聯合協同的條件。從人類原始的欲望與厭惡中，生出許多衝動與情感，而人類的理性則可以將人類行爲很明智的導向於自保的目的。理性所增益者乃是一種節制力；因爲有此種節制力，人才可以在不離自保的一般原則之下，而使安全的追求更爲有效。人類能由野蠻的、孤獨的狀態轉入於文明社會，有賴於理性的節制力，而此種轉變乃由自然法所造成。所以，自然法者，實爲「社會或人類和平的條件」（"conditions of society or of human peace"）。

（乙）自然法與自然權利的不同

由上述自然權利與自然法之義，我們可以看出二者的不同：自然權利的基本性質是能爲與不爲的自由，而自然法的基本性質則是使人不能爲或不能不爲的限制。依照前者，無論何事，凡可以滿足欲望者，個人都有權爲之；而依照後者，個人基於熟思審慮的自私（calculated selfishness），乃不得不放棄其一部分權利，以使其餘的可以安享。保全生命是每個人的第一個大欲望，而每個人都有的同等自然權利，却使每個人的生命都在極度不安的狀態之中；自然法則是人類理性所設計的若干原則，可以使生命得到安全保障。每個人的自然權利足以使自然狀態成爲戰爭狀態；而自然法則可以引導人類從戰爭狀態轉入於文明社會。

（丙）自然法的規條

這樣的自然法包括着許多具體的規條，霍布斯一共列舉了十九條，其中最重要的是頭三條：

1. 尋求和平而遵守之　在自然狀態中，每個人的自然權利都無所不包，以致形成人互爲戰的戰爭狀態；任何人，無論如何智勇，都無法維護生命的安全。處於此種人人自危的情況之下，大家乃感覺和平與合作對於自保，實較暴亂與競爭更爲有利。於是，依照理性的通則，「當有希望可以得到和平時，每個人都應該努力尋求和平。」（註二三）自然法的第一項規條，也是最基本的規條，就是尋求和平而遵守之——也就是逃脫自然的戰爭狀態。

2. 互約放棄自然權利　那麼，如何才可以脫離戰爭狀態，而得到和平之境呢？理性又指示人類，要實現和平，祇有每個人都放棄其自然權利：

「人對和平及自衛既具有同感，則於他人也同樣作時，情願放棄其對一切事物的權利，而滿足於對他人的自由與他人對自己的自由同等。」（註二四）

這裏，所謂「於他人也同樣作時」一句話很重要，因爲假如一個人如此放棄權利，而別人都不放棄，他就成了大傻瓜，將爲別人所摧殘毀滅。所以，權利的放棄必須是普遍而相互的，質言之，就是必須每個人與每個人相約互不行使自然的自由。如此互約放棄自然權利，乃是自然法的第二個規條。

3. 履行契約　契約訂立之後，繼之的問題就是大家要有互信與守約的精神，因爲假如約成而無人遵守，則契約等於具文，人人仍可行使其對一切事物之權，而戰爭狀態如故。所以，隨第二項規條而來的第三項規條乃是「人應履行其已成的契約。」（註二五）

霍布斯對於人應當履行契約一點，特別注視。他在巨靈一書的第十四及第十五兩章中，對於承諾與契約的性質，以及其中所含的義務等問題，慘澹經營，討論綦詳，而見解頗爲卓異。他並由此引出正義觀念，認爲所謂「正義」(justice)就是履行契約，而不履行契約就是「不正義」(injustice)，其言曰：

「不正義的定義就是不履行契約，而凡非不正義者都是正義」。(註二六)

不過，人爲什麼要與人訂立契約呢？這與人類任何其他自願的行爲一樣，還是出於自利的動機，質言之，就是訂約一定對他有某種好處。所以，在訂約行爲的本質上，並沒有使人一定履行的保證。一旦情勢變遷，變得不履行契約比履行契約對訂約人更爲有利時，他就會不予履行，而他也具有這樣的自然權利。那麼，契約的履行如何才可以得到保證呢？唯一的保證就是要使履行契約一定對訂約者較爲有利。而此種確定性，唯在一種情形下，才可以有之，就是有一個崇高的權力，可以强使不踐約的人遭受某種禍害。在自然狀態中，人與人之間，缺乏這樣一種權力，所有的人差不多都是平等的，沒有一個人有權强使他人踐約，因此契約也就無關重要。所謂正義，既不過是履行契約，然則在自然狀態中，自根本沒有正義與不正義之分。正義與不正義的區別，是在政府之下，才會有的。此種正義觀念，在霍布斯的全部哲學中，頗多重大關係，研究霍氏哲學者不可不牢牢記在心頭。

以上是自然法最重要的三項規條。此外，霍布斯還列舉了十六條之多，包括感恩圖報、禮讓、寬宥、以及公平斷事等等。所有這些規條，可以說每一項都是基於兩點根本的原則：

1. 自然法的目的是使人與人的關係由戰爭變爲和平。

2. 分析到最後，人類行爲的動機唯在自利。

霍氏又以爲，這許多的規條，爲使一般人易於理解起見，可以總括之，而緊縮於一個規條之中，那就是「已所不欲，勿施於人」（註二七），其言曰：

「凡此種種由演繹而得的自然法，似乎過於複雜難解，一般人或則忙於衣食，不暇顧及，或則不求甚解，都不易加以注意；於是我們可以把它們簡縮在一個總規條之中，雖最低能的人也能了解，那就是已所不欲，勿施於人。」（註二八）

（丁）自然法並非法律

關於霍布斯的自然法觀念還有一點應該了解清楚的，就是此種自然法，嚴格說來，並不是法律。這些理性的指示，人們通常皆以法名之，但霍氏認爲那是不適當的，因爲：

「它們不過是與有助於自保及自衛之事物相關的一些結論（conclusions）或定理（theorems）；然而，正確言之，法律（law）乃是有權命令他人者的命令。」（註二九）

霍氏於此，乃將道德與法律明白區分。

第四節　社會契約

在從人性的基本原則推演出自然狀態以及自然權利與自然法之後，霍布斯進而告訴我們人類如何逃脫自然狀態的禍害，進入於政治社會。這個過程是以社會契約（social contract）表現出來的。霍氏建立了一個明晰而謹嚴的社會契約說，在政治哲學的歷史中頗佔重要地位。

霍氏認爲政治社會的產生，可能有兩種途徑：

1. 人之結合成政治社會，其動機乃出於自己本身。如此結成的政治社會，可以稱之爲建立的國家(commonwealth by institution)

2. 人的結合，其動機不是出於自己本身，而是出於某個人優越權力的威嚇。這樣的政治社會，可以稱之爲取得的國家 (commonwealth by acquisition)。

這兩種國家產生的途徑，從根本上說，都是由於契約；不過，以所謂建立的國家來例示社會契約，更較爲明顯。茲就此種國家，而論霍布斯所講的社會契約。

(一)　社會契約與國家的起源

論到國家的起源，霍布斯以爲同任何其他人類能力的表現一樣，還是基於自保的欲望。有許多哲學家認定所謂「社會衝動」(social impulse) 是國家發生的第一原因，霍布斯以爲實未說到最根本的地方，殊不知在社會衝動的背後還隱伏着一個更深遠的原因，那就是每個人自保的欲望。由於每個人都愛好自由而企圖支配他人，以致形成人人不能自保的戰爭狀態，理性乃指示人類要逃脫這種戰爭不息的自然狀態。要脫離戰爭狀態，覓致和平，以求自保，唯一不二的法門就是人自己限制自己，而建設一個公共權力 (common power)，這種公共權力對於每一個人，既可加以限制，同時又可加以保護。

那麼，這樣的公共權力，如何才可以建立起來呢？其要點就是要使原來羣衆 (multitude) 的許多個別意志，集中轉化爲一個單一的意志。請看霍布斯說：

「要建立這樣一個公共權力，唯一的方法……就是把一切人的權力賦予一個人（one Man）或許多人的一個集會（one Assembly of men），使所有衆人的意志可以藉取決於多數而化爲一個意志。這就等於說指定一個人或集會，來負起大家的人格（to bear their person）；對如此負起大家之人格者，於有關公共和平與安全之事，所有任何直接、間接的行爲，每個人都承認爲己所主動，從而使大家的意志服從此一人或集會的意志，使大家的判斷服從此一人或集會的判斷。」（註三〇）這個行動，不僅是出於大家的同意而已，並且簡直是把所有的人結合成一個人格，其方式是用「每個人對每個人的契約」（"covenant of every man with every man"），就好像是每個人對每個人這樣說：

「我在這樣的條件之下，放棄自治之權，而授權於此人或此集會，就是你也放棄你的權利而與之，並且對其一切行爲同樣的授權。」（註三一）這樣作了之後，原來的「烏合之衆」乃結合成單一的人格（one Person），於是政治社會才算產生了：

「當一羣人中每人與每人合意並立約，聽其多數將代表大家之權授與任何人或集會，而無論贊成者或反對者，任何人都要把那個人或集會的一切行爲與判斷視同自己的一樣，以達和平共處並防禦外侮的目的，這時候一個國家才算是建立起來了。」（註三二）

如此產生的國家，也就是霍布斯所稱的「巨靈」（Leviathan）。這個「巨靈」也可以尊稱之爲「有終的上帝」(mortal God)，「我們在『永生的上帝』(immortal God)之下，從這『有終的上帝』可以得到和平與保障。」(註三三)

這個契約成立之後，各個人都把他的自然權利放棄，而由國家接收。國家的權利可與其威力同等，其威力乃是組成國家各分子的力量之總和。而國家所有的此種力量，其基礎則在於被治者最初的同意之上。

上述可以代表單一的人格、單一的意志之人，稱爲「主權者」(sovereign)，其權力稱爲「主權」(sovereign power)，而其餘的每一個人都是主權者的「屬民」(subject)。主權者是與政治社會同時產生的；依霍布斯之意，幾乎可以說沒有主權者就簡直沒有政治社會。

(二) 社會契約的特點

霍布斯所講的社會契約，有幾個異常重要的特點，我們應該首先加以注意：

1. 契約的當事人不是任何團體，不是籠統的「人民」，不是任何崇高的人物，也不是主權者，卻是一個一個的自然人。主權者的存在，乃是由契約所產生，並不是先契約而有的。一個一個自然平等的個人，彼此同意，放棄其自然權利，而交與一個共同的接收人；這個接收人，由於此一事實，就變成他們大家的主權者，但是他自己卻不是契約的當事人。

2. 關於主權者的選擇，應取決於多數，乃契約之所規定；契約既經成立之後，少數人應與多數人同樣受其拘束，而無權可以反抗。

3.締結契約者所企求的目的在維持內部的和平及防禦外來的敵人。這是契約必不可少的因素，所以也必須視為契約繼續存在的一個條件。

以上這幾個特點，對於霍布斯政治理論進一步的發展都有重大關係，不可等閒視之。

霍布斯所論產生「建立的國家」之社會契約，略如上述。至所謂「取得的國家」之產生，在基本性質上與「建立的國家」並沒有什麼不同。畏懼乃是成立政治社會的契約之必要條件；所以，這兩種國家的產生，其基礎都是畏懼，其分別不過是在一種情形下，所畏懼者是一個取得權力的人，而在另一種情形下，則是彼此互相畏懼。霍氏依據此理，乃認為羣衆之屈服於一個以暴力相威嚇的人，也是一項契約，與用契約屈服於審愼選擇的人，同其意義。因此，在這兩種國家之中，主權者與屬民的關係也是完全一樣的。

第五節　主權論

(一)　絕對無限的主權

社會契約訂立之後，如何可以保證其必能遵守而履行呢？這是重要問題，因為假如不能保證其履行，則契約根本無用。霍布斯既認為人性都是自私自利的，都有反社會的傾向，然則在他看來，除非為強力所迫，人都不會自動的遵守契約。請看他說：

「無刀劍的契約僅屬空言，而全然無力以保障人的安全。」(註三四)

又說：

「文字的約束而無對某種強制力的畏懼爲後盾，實屬過於脆弱，不足以剋制人的野心、貪慾、憤怒、與其他情感。」（註三五）

所以，若使契約的履行得到保證，就必須有一種強制力（coercive power），足以剋制人類天生反社會的性格，而對不履行契約者予以懲罰。

霍氏此種想法，於其專制主義之形成，頗有關係。他認爲所有政治社會的權威必須集中於主權者。主權不論在於一個人或一個集會，都是絕對的、無限的。在君主國家如此，在民主或貴族國家亦復如此。在取得的國家或建立的國家中，其主權之性質也是一樣的。所以霍布斯說，主權之大可以大到「人們所能想像作得到的那麼大」（註三六）。霍氏對主權的此種性質，講得甚爲徹底；鮑丹對於主權所加的各種限制，霍氏已予以解除。主權不但是絕對無限的，而且也是不可分割的與不能轉讓的。

霍氏亦知人們會有一種顧慮，深恐如此漫無限制的主權會產生惡果。但是他以爲大家要反過來想一想，假如沒有這樣一種權力，又是如何的情形。那必是一種無政府的狀態，也就是人互爲戰的狀態，其痛苦不堪設想，實屬更壞。政治社會中無限的主權，縱亦有弊，但較之長處於人互爲戰的無政府狀態中，還是好得多。請看霍氏這樣說：

「雖然人們對於如此無限的權力，想到許多惡果，但如無此權，則每人與其隣人常處於戰爭狀態之中，其結果豈不更壞得多嗎。人於生活之中，總不能免於一些不便，但國內不便之大者要皆起於屬民之不服從而毀其立國之約。」（註三七）

霍氏並不否認主權者可能會變成專制，但是他以爲即使是最壞的專制，也要勝過無政府。在他看來，人祇有在兩條途徑中選擇一條：一條是服從絕對的主權，另一條是完全無政府狀態；一條是有一個具有無限權力的主權者，另一條則是根本沒有社會。此外別無其他途徑可循。質言之，如有國家的存在，即須承認一個至高無上、絕對無限的主權；倘不予承認，則必返於無政府的戰爭狀態。

（二）主權者的權威

主權之絕對無限，已如上述。霍布斯並且對於主權者所具有的權威，予以列舉說明，共得下列數項：

1. 屬民不得另訂新約　契約既成，屬民自不得有違約之舉；無論依據任何理由，違約之舉皆爲不義。屬民於訂約時，已經承認主權者的意志就是每個訂約之人的意志，主權者的行爲也就無異每個訂約之人自己的行爲。倘一旦他們不得主權者許可，另訂新約，轉而服從另外一個主權者，自顯屬違約之舉，因之也是不正義的。有此種企圖的屬民，如被主權者誅戮，依邏輯言之，實與自殺無異。又有人不服從主權者的權力，其藉口不是與他人訂約，而是與上帝另訂新約，這也是一樣不合正義的，因爲與上帝訂約非透過一個可以代表上帝的居間者不可，而此一代理人惟有主權者足以當之。霍布斯認爲所謂與上帝訂約之說，「顯屬謊言，卽在製造此說者之良心中，亦自知之」。（註三八）

2. 主權者不可能違約　契約是由羣衆中每個人與其他各個人互相訂立的，每人放棄其自然權利，以共同擁戴一個第三者。而這個第三者——主權者並沒有拋棄什麼，其所有自然權利與權力依然保留着。主權者並不是契約的當事人，自不受契約的拘束，所以也根本沒有違背契約之可能，而任何屬民不能以違約責之。又依前述之定義，所謂「不正義」僅是不履行契約。主權者既根本不會違背契約，自然也就不會對其屬民有不正義之擧；任何屬民不得以不正義之罪歸諸主權者。主權者的行爲容或有不公平之處，如不平等或偏袒的待遇，但絕不會是不正義的。

3. 少數人不得反抗　主權者係由多數同意所擁戴，但旣經選定之後，少數人也必須承認，不得反抗。蓋這些少數人對取決於多數的辦法，不外已否同意兩種情形。如已同意，則不遵契約，卽爲不義。倘若並未同意，那就是與其他的人仍處於自然狀態——戰爭狀態——中，然則他人之於這些少數人，人人可得而誅之，絕不發生違背契約的問題，自然也就不發生不正義的問題。

4. 主權者的行爲不會損害屬民　一個人自己損害自己，那是不可能的。故凡授權與人而自爲主動者，則被授權之人依所授之權行事，必不會於授權者有所損害。社會契約訂立之後，每一屬民對於主權者的行爲旣皆居於主動者之地位，則主權者的所作所爲自亦不會損害到任何屬民。如或有人怨主權者之加害，實屬不明此理，因爲他自己旣爲主動者，實祇能自怨，而不能尤人。

5. 主權者不受屬民的殺罰　依據前項所述理由，屬民對於主權者不得處死，亦不得以任何方式處罰。蓋主權者之所作所爲，屬民皆居於主動者之地位，他如有罪，也就是屬民自己有罪。屬民如以主權者有罪，而欲殺罰之，實無異自已有罪，而必欲加罪於他人，於理殊有未合。

主權者的權威，絕對不受屬民的干擾或反抗，已如上述。又建立國家的目的乃在和平與保障(peace and defence)，對於決定達到此二目的之方法以及判定何者爲其阻礙，主權者自具有無限的權力。在這一方面，霍布斯又列擧了下列數端：

6. 主權者可取締言論與出版　霍氏認爲主權者爲維持和平，必須對人的行爲善加管理；人的行爲乃由其思想而來，如欲好好管理人的行爲，又須對人的思想，善加統制。所以，主權者對於何種意見與理論有益或有害於和平，應有決斷之權，以防其破壞和平而啓內亂。對公衆發表之言論，其內容與時間等均須經過核定；書籍於出版之前，亦須加以審查。依霍布斯的意思，國家之中，根本不容許言論與出版的自由。

7. 主權者可制定國法　在自然狀態中，人人對於一切東西都有權利，是爲引起戰亂之源。社會契約訂立之後，國家之中，一定要立下規條，使人知道什麼東西可以享有，什麼行爲可作，以資維持公安。制定此種規條的全權應屬於主權者，而此種規條就是國法（civil law）。可見霍布斯認爲主權者對於私有財產也有無限的權力。鮑丹以私有財產爲主權的一種限制；此種觀念，在霍氏的主權論中，乃一掃而空。

8. 主權者有司法之權　屬民之間如發生爭執，必須有以裁判；不然，則不足以保護屬民之被他人侵害，而人將各恃其自己之力以保護自己，殊悖立國之旨。此種裁判爭執的司法權亦應屬於主權者。

9. 主權者可決定和戰　主權者又有全權以決定對其他國家的和戰，而關於用兵之數，武器裝備之額，以及爲此而徵稅等，亦有絕對之權。蓋國家權利之大小須視其實力之大小以定，而軍隊則是實力的表現。國家保衛人民之力唯在軍隊；軍隊必統一於一個命令之下，才有力量。所以決定宣戰或媾和之權必須集中於主權者，而主權者又必須是軍隊的大元帥。

10 主權者有選任文武官吏之權　蓋主權者既負有保安與防衛之重任，凡可以達到此項目的的方法，都應該聽其放手爲之。

11主權者有施行賞罰之權　如已有法律規定，從其規定；倘律無明文，主權者亦可本獎勵有貢獻於國者而懲戒爲患於國者的原則，斟酌裁奪。

12主權者有贈爵授勳之權　人的習性多自尊自貴，賤視他人，因之常引起爭競、衝突、黨派等，而終於難免一戰，以致削弱防禦共同敵人的力量。所以，國家必須有榮譽之法，以崇有功，且又有武力爲之後盾。如上所述，指揮軍隊及裁判爭執之權既屬於主權者，則贈爵授勳之權自亦應屬於主權者。

上列幾種權力皆爲主權之要素，主權之誰屬亦以此爲其特徵。這些權力都是不能轉讓、不可分割的。此外，還有些其他權力，如鑄幣等，主權者可以授與他人，仍不失保衛人民之權。

(三) 主權與自由

主權者的權威既然這樣大，那麼人民是不是就毫無自由了呢?霍布斯卻沒有作如是想；他於提出絕對無限的主權論之後，進而又有一種自由論爲之補充。不過，依霍氏的觀念，人民的自由實在是微乎其微了。

霍氏的哲學本是個人主義的，他以個人的利益爲其政治理論的出發點。但是他並不承認這種個人利益含有對已建立的國家保有任何權利之義。他認爲對於自由，過去有一種混淆不清的觀念，就是把國家的自由與個人的自由混爲一談。前者表示國家的獨立自主，後者則係就個人與其國家的關係而言；混爲一談，實屬重大錯誤。大家盲從亞里斯多德、謝雪盧、以及其他許多古代哲學家的權威，遂使此種錯誤滋長。依霍氏之見，所謂自由實卽無外力阻礙行動之意，故對於有理性或無理性之物皆可適用。就有理性的動物來說，能作其意志所要作的事，而無阻礙，卽爲自由。此種自由，與恐懼 (fear) 或必要（necessity）均不衝突：

1. 恐懼無悖於自由　如船上的人爲了怕船沉下，而將貨物投入水中，此種行動還是自由的。蓋其間雖有恐懼心理，但他那樣作仍係出於自願；假若他不願那樣作，並無外力加以阻撓。

2. 必要亦無悖於自由　在沒有外力阻礙行動時，水一定就下，這有其「必要」，而同時也有其「自由」。人在作其意志所要作的事時，是自由的，而同時也是有必要的，因爲必須符合上帝的永久意志。

此種意義的自由，國家自然有之，也就是說，主權者一定有之。但國家之中的個人，其自由則不免受到基本限制。蓋訂立社會契約之初，每個人已經承認一個高於其自已意志的意志，而此一意志的表示就是國家的法律（註三九），以國家的大力爲後盾，乃形成對每個人的阻礙。所以，霍氏認爲對屬民的自由，必須就其與國家法律的關係來設想，才可以得到正確觀念。

於是，照霍布斯據此種觀點所論，國家中屬民的自由乃不外下列兩個範圍：

1. 主權者沒有禁止的　換句話說，也就是國家的法律所沒有禁止的；在這個範圍之內，屬民有其自由。不過，此種自由切不可解釋爲對主權的限制。主權者行事並不一定要依據法律的條文；其實力所及，縱法無明文，亦可爲之，甚至奪取屬民的生命、財產，亦無不可。依前述正義的定義，主權者不論怎樣作，雖無法律根據，也絕不發生不正義的問題。然則，此項所謂自由，實際上，似乎是等於一句空話了。

2.不能以當初之契約放棄的 人類任何契約之締結，都是基於當事人本身的利益。對於建立國家的社會契約，我們也必須本乎此一原則而加以解釋。每個人都要保全他自己的生命，這是定而不移的；凡與此一目的相抵觸者，任何人都不能有所承諾。所以，自保的權利乃是不能以當初之契約予以放棄而轉讓的；凡於與此有關之事，屬民仍保有自由，下列幾種情形可以爲例：

①倘若主權者命令一個屬民，叫他自殺，他可以拒不服從；縱然此一屬民已經確定爲犯罪者，也是一樣的。

②又如主權者派人殺害一個屬民，他還是可以不服從命令，而予抵抗。

③屬民爲犯罪之事，受主權者的訊問時，除非已得赦免之保證，有拒絕供認之自由。

④在某些條件之下（註四〇），屬民可以拒絕服兵役，而不爲不義。

⑤屬民對於主權者的義務乃依於主權者能保護屬民之力。力之久暫，亦即義務之久暫；二者同其始終。屬民締結社會契約的唯一目的乃在得到保護；一旦主權者不復有保護屬民之力時，他們服從主權者的義務亦即終止。此種情形，每因外患或內亂而起。在遭遇外患時，無論主權者或屬民淪入敵人力量的支配之下，屬民對原主權者的義務均告解除，而即成爲戰勝的敵人之屬民。在內部發生戰亂的情況下，則問題較爲複雜。假如一個不義的反叛得勝時，屬民是否即可不復效忠於原來的主權者，而不爲不義呢？霍布斯的答復實質上是可以的。蓋在那種情形之下，原來的主權者對其屬民已無力保護，而自然狀態復現，個人自須爲尋求保護有所行動。一般說來，當屬民生命

的保全已入於戰勝者的掌握之中時，屬民就有權屈服於那個戰勝者的力量之下。此種理論可使霍氏本人的行動得到依據；他於查理二世出亡時，就曾屈服於克林威爾的統治之下。（註四一）

第六節　政府與法律

霍布斯關於政府與法律的議論都是從他的主權觀念推演出來的，茲分述之。

（一）政府

（甲）政體分類

霍氏認為政府的精華要在於有主權之存在，而政治生活與行動的基本特性是與主權者不可須臾離的，所以他對於政府與主權者的區別，簡直不大注意。在他看來，政體之不同僅在主權歸屬之有異，質言之，政體分類的唯一標準就在構成主權者的人數之不同。於是，他所作的政體分類乃有下列三種：

1. 君主政體　組成政治社會的羣衆把他們所有的權力都交與一個人，換句話說，主權在一個人者，那就是一個君主政體的國家。

2. 民主政體　國家的主權在一個集會（assembly），凡願參加的人都可參加者，那就是一個民主政體的國家。

3. 貴族政體　國家的主權在一個集會，而該會僅限於某一部分人可以參加者，那就是一個貴族政體的國家。

依霍布斯分類的標準，政體祇能有上述三種，此外其他的類別乃是不可想像的。通常雖然還有「專制政體」、「寡頭政體」等名詞，但是這些名詞實係由人的好惡情感强爲區分而來，殊乏確實根據，並非事實上眞有此類政體。所以霍氏說：

「在歷史或政策之書中，尙有其他政體之名，如專制政體與寡頭政體。但是那實非別種政體之名，不過對不喜歡的政體，巧立名目而已。因爲在君主政體之下不滿意者，就稱之爲專制政體；不喜歡貴族政體者，就稱之爲寡頭政體；同樣的，在民主政體之下感覺苦惱者，又以無政府（意卽沒有政府）稱之。但是我想無人相信沒有政府是任何一種新的政體。依同一理由，也不會有人相信，他們喜歡的時候，是一種政體；他們不喜歡或被統治者壓迫的時候，又是一種政體。」（註四二）

又因爲主權是不可分割的，所以霍氏也不承認所謂「混合政體」。所謂混合形式的國家，在霍氏的體系中，與在鮑丹的體系中同樣荒誕可笑。

（乙）最好的政體

政體僅可有三種，已如上述。在霍布斯看來，這三種國家，其權力範圍並無區別；其主權者的權力都是一樣絕對的，彼此並無二致。所以，假如要比較這三種政體的優劣，並不能依據權力的絕對程度，而要看何者比較容易達到目的。國家的唯一目的乃在維持和平與安全，而每種政體都是要把同樣絕對的權力，導向此一目的；然則，最適宜於把絕對權力導向這個目的者，就算是最好的政體。霍氏基於此種觀點，乃認爲君主政體最好；如將君主政體與其他兩種政體相比較，可以看出下列幾點好處：

1. 凡公利與私利相聯之關係最密切者，其公利必最易於促進。在君主國，君主的私利與公利合一，蓋「君主之財富、權柄、與尊榮唯有來自其屬民之財富、力量、與名譽。」(註四三) 而在民主政體或貴族政體之下，則並非如此。

2. 君主可以祕密聽取任何人的勸告；一個執政的會則僅能聽取其參加人員的勸告，而且必須是公開的。

3. 君主的決斷，除受人性的影響之外，不會自相矛盾。而在執政者為一個會時，則除人性之外，更受人數的影響；昨日的決議，倘今日贊成者出席少，而反對者出席多，卽又可推翻。所以，比較起來，君主政體最能維持政策的一致與穩定。

4. 君主不會由於嫉妬或利益的關係，而自己與自己意見不和。在一個執政的會，則可能有此情形，甚至會引起內亂。

5. 君主政體可能發生一種流弊，就是君主對嬖倖之人或有不公平的賞賜。但此種流弊，在其他兩種政體下，同樣有之。而且，君主一人所特別寵幸者，畢竟是少數；一羣人下面的嬖倖之人自然會更多。

6. 君主政體下，王位繼承如發生問題，自然是很嚴重的。但是在其他兩種政體下，繼承的問題同樣會發生，而且可能問題更多更大。(註四四)

(二) 法律

(甲) 國法的定義

霍布斯對於「法律」一詞的分析，在歷史上，可算是較前人進步的學說。前面已經說過，他認為

「正確言之，法律乃是有權命令他人者的命令。」從這個話可以看出霍氏對於法律一詞的基本觀念，就是法律一定是命令。他在另外的地方，又申明此義說：

「一般說來，法律不是建議（counsel），而是命令（command）。」（註四五）

緊接着，他再加以解釋道：

「也不是任何人對任何人的命令，乃是一個人向夙有服從義務者所發的命令。」（註四六）

看了這些話，我們更可以了解霍氏所謂「法律乃是有權命令他人者的命令」之確切意義。一般的法律既是有如上述的命令，國法（civil law）自然也是一種命令。不過，就國法來說，其發令者不是普通的人，而是主權者。依組成國家的契約，人們已將發布命令的終極之權付與主權者；然則，國法自卽在於主權者意志的說明或其他表示。主權者具有與衆不同的特殊身分，那就是代表國家的人格。於是，霍氏乃得國法之定義如次：

「國法乃是國家藉言詞、文字、或其他足以表示意志的符號，來命令每個屬民的規則，用以區別是非，也就是說，何者與規則相反，何者與規則相合。」（註四七）

霍氏由此一定義，又引申出幾點道理來，其中有兩點應該在這裏予以指出：

1. 主權者是唯一的立法者　從上面的定義看來，可知國法必由國家來制定。但是，國家並不是一個人，其所作爲必須經由其代表爲之，而其代表就是主權者。所以在任何國家之中，唯一的立法者就是主權者；不論在君主政體下主權者爲一人，或在民主政體與貴族政體下主權者爲一個集會，固皆然也。我們由此也可看出，霍氏這樣的理論不僅可以適用於君主國，在民主國或貴族國也同樣的可以適用。又依同一理由，法律之廢止亦唯有由主權者爲之。

2. 主權者不受國法的拘束　主權者既有隨意制定或廢止法律的自由，而並無自爲限制之可能，所以不論其爲一人或一個集會，都是居於國法之上，而不受其拘束的。

(乙) 自然法、神法、國際法

前面已經提到，在霍布斯的觀念中，自然法並不是法律。我們看了他對國法所下的定義之後，更可以看出自然法與國法有顯著的區別：國法是一種强制施行的命令，以命令性與强迫性爲其要素；自然法則實爲理性的指示，以法稱之者，不過是一種比喩性的說法而已。祇有在具體表現於主權者的命令之中時，自然法才會變成國家的正式法律。同樣的，習慣固然也有時可以變爲國法，但並非以其流行已久或合理，乃是主權者的意志要使它有拘束的效力，而表現於沉默之中。使習慣具有國家法律之效力者，實爲主權者的默許 (tacit consent)；倘與主權者的意志相違，則無論流行多久，或任何人的意見說它合理，都不能使它成爲國法。

於此，可能有人提出一種疑問，就是上帝的命令是否可以對抗主權者的意志呢？上帝的神命一定可以超越而取代任何人類的權威，這是霍布斯所承認而毫不置疑的。不過，問題在關於此種神命的知識是否可以完全脫離人類的判斷呢？假如大家在一起，而各個人所奉到的上帝意志之啓示又完全一樣，那麼上帝的意志自然是有決定性的。但如一個人或一部分人聲稱他們自己由上帝那裏得到什麼啓示，別人如何就可以相信其眞是上帝的命令，而不是那些人在自欺欺人呢？這個問題，殊難得到很滿意的答復。

所以，究竟上帝的命令如何，還是不免要經過人的判斷，然則也要有一種固定的準據。於是，霍氏對於神法，乃採取與對國法及自然法一貫的態度，也要以主權者的判斷爲準。請看他說：

「假如人人都自由的將其自己或其他私人之夢幻當作上帝的命令，則究竟上帝的命令是什麼，很難有兩人能彼此同意，但每人卻將因而蔑視國家的命令。」（註四八）

因此，

「凡於不違背道德律（那也就是說自然法）之事，一切屬民皆須服從國家法律所宣示的神法。」（註四九）

至於各主權者彼此之間的國際法（law of nations），霍布斯認爲那是與自然法相同的。各主權者彼此間的關係仍處於自然狀態之中，而自然法不過是些理性的指示，以使他們的行爲舉措能最適宜於確保每個主權者的欲望。所以霍氏說：

「國際法與自然法乃是一事。」（註五〇）

總之，在霍布斯的觀念中，就與屬民的關係而論，主權者的正式判斷就是神法、自然法、與國際法。然則無須多論矣。

（丙）法律的解釋

一切成文法與不成文法皆有待於解釋。關於法律的解釋，不免有許多困難問題，霍布斯也以極大的魄力，予以克服。

霍氏以斬釘截鐵的態度，認爲一切法律的解釋權都應在於主權者，以免法律的解釋與主權者的原意相違。他說：

「一切法律的解釋都有賴於具有權威的主權者；唯有主權者（屬民唯對他負有服從之義務）所指派之人才可以作解釋者。否則，由於解釋之人的技巧，法律乃可能具有與主權者原意相違的意義，而解釋之人乃藉此變成立法者了。」（註五一）

要對成文法有正確的了解，必探求其立法原意，而此意唯有主權者知之最深，所以其解釋之權也非在主權者不可。霍氏曾闡明此理說：

「成文法，不論其字數多少，如欲徹底加以了解，非對其立法的最終原因（final causes）有完全的了解不可，而關於那種最終原因的知識則在於立法者。」（註五二）

因此，註疏家對法律的註解並不能成爲法律的正式解釋；有將註疏家視爲解釋國法之權威者，霍氏殊不同意：

「成文法的意義有問題時，對法律有所註解的人並不是法律的解釋者。蓋註解每比原文更易引起爭辯，因而又需要其他的註解，於是這樣的註解將無有已時。」（註五三）

至於不成文的自然法，因人多蔽於情感，其意義乃變得最爲晦澀，而其需要有力的解釋亦最殷切。由主權者的權威所任命的法官，其判決可以說就是自然法的解釋；「該判決是具有權威的，並非由於那是他私人的判決，乃是由於他依據主權者的權威而下判決，其判決也就因之變成主權者的判決了。」（註五四）道德哲學家的言論卻不足成爲解釋自然法的權威；關於此點，霍氏也特別把他認爲不正確的觀念，予以澄清曰：

「國家之中，自然法的解釋不能依據於道德哲學的書籍。如無國家的權威，著作家的權威並不能使他們的意見成爲法律。」（註五五）

我們了解霍布斯的法律觀念之後，更可以看清楚，鮑丹對主權者所加之種種法的限制——神法、自然法、與根本大法，在霍氏的理論中，乃完全絕迹了。

第七節　國家的衰弱與解體

霍布斯對於國家的衰弱與解體，除由於外患所致者外，其起因於內部之紛亂者，分析甚爲詳密。他把所認定的原因一一列舉，讀之頗饒興味，這些原因，他稱之爲國家的「病症」（diseases），其犖犖大者有下列數端：

1. 不完全的體制（imperfect institution）　就是主權者本來權力不足，缺乏絕對的權力。此種不完全的體制，類乎人體之先天不足。比如人在得國之時，並不要求充分權力，而以僅得較少之權力爲已足，實則不足以應維持國家和平與防衛之需要；迨以公安之必要，非行使絕對權力不可之時，反似不義之舉，人民乃怨而叛之，卽其例也。

2. 煽動叛亂的理論（seditious doctrines）　霍氏把他認爲足貽大患於國家的謬論，舉出下列幾種：

①私人可作行爲善惡之裁判　在自然狀態之下，私人固可裁判善惡；但有了國家之後，隨之有了國法，除國法所未規定者外，一切行爲善惡之分別皆應以國法爲準，而代表國家的立法者才是裁

判官。此時，如再容許屬民私人的判斷，則必致彼此互相爭論，甚至議國家命令之是非，而陷國家於紛亂衰弱之境了。

②違反良心作事卽是罪惡　此種謬論乃依前說而來。個人之判斷旣可能有誤，個人之良心亦可能有誤。在尚無國法之時，行爲之是非固可以良心爲準；但在有了國家之後，國法乃是公共的良心(public conscience)，大家的行爲皆應以此爲準繩；以私人的良心爲準之說自不復適用。

③信仰及神聖得自超自然的靈感(supernatural inspiration)　果如是說，信仰及神聖根本與學問及理性無關，而人於其信仰更不必說明理由，則任何人於其行爲之規律，將唯以自己之靈感爲準，而不問國家法律之如何規定了。於是，凡自命爲得有靈感者，皆可爲善惡是非之裁判。這也是導致國家解體的原因。

④主權者亦應受國法之拘束　國法乃國家所制定，也就是主權者所制定，而主權者自己並不受其拘束，前已言之。若謂主權者亦應服從國法，那就等於說要服從他自己，然則根本無所謂拘束，而是自由的了。此說之謬誤，要在把法律置於主權者之上，以拘束之，也就等於製造一個新的主權者，以控制原有的主權者。然則，依同一理由，又要設一個第三的主權者，以拘束第二主權者；如此類推，可以無窮，終必導致國家之混亂與解體。此種謬論可謂與國家的性質相悖。

⑤私人對自己的東西有絕對的所有權　每個人對自己的東西確具一種所有權，而所有權可以排除他人的權利。但是要知道，其此種所有權乃來自主權者的權力；假如說每人的所有權都是絕對的，連主權者也在排除之列，則必致主權者無法達成其任務——防衛屬民，以免於外敵之爲患與彼此

之相侵。

⑥主權可以分割　這又是顯然直接與國家之本質相衝突的謬說，蓋「分割國家的權力者，必使之解體，因爲分割出來的諸權必彼此互相毀滅。」（註五六）

3. 摹仿鄰邦　人性好奇，常見異而思遷。故每見鄰邦有不同的政體時，輒思摹仿之，而將自己原有的政體加以改變；至隨之而來的可悲後果，則非所計也。

4. 效法希臘人與羅馬人　在君主國中，有一種最習見的容易引起反叛之事，就是閱讀古希臘、羅馬有關國政與史跡的書籍。理智未充的人，讀了此種書籍之後，常有些不正確的觀念發生，例如他們會相信民主國中人民享有自由，而君主國中人民盡爲奴隸。這類的錯誤觀念都會使君主國發生不安現象。所以，君主國中，如容許公開閱讀上述的書籍，爲害殊烈。

5. 神權與政權對峙　或謂人有三種靈魂，同樣的，有人以爲國家亦可有幾個靈魂，於是在政權之外，另立神權。因此，國家之中，兩權對立之現象乃顯：最高權與主權相對立，教律與國法相對立，靈魂之權與政府之權相對立。在這種情形之下，國自分裂，而民有二王；實無異在同一的屬民之上，建立兩個國家；其將招致內亂與覆亡，殆無疑問。

6. 政府的分權　以上所述，係另立一權與政府之權相對峙；卽僅就政府本身而論，亦有使之具有幾個靈魂者，質言之，就是使政府之權分屬於幾個不同的機構。在這種情形之下，國中乃不僅有一個主權者，而有幾個，然則政府將不成其爲政府，而國家亦不復爲一獨立之國，無異裂爲幾個獨立的「朋黨」（factions）了。

以上各項，都是國家最重大的「病症」，霍布斯認爲足以立致危亡者。此外還有些較爲次要的，但也不能不善加注意，霍氏又列舉如次：

7. 艱於籌款，以爲國用，尤其於戰事當前之際。

8. 因獨佔或包稅之故，使國家財富不正常的集中於一個或少數私人者太多。（註五七）

9. 有勢力的屬民深孚衆望，誘致衆人景從之，而不守國法。

10 城市過大，足以自擁重兵。

11 民間的社團太多，好像大國之內還有許多的小國。（註五八）

12 自命爲富有政治才智者有與主權者爭論之自由。

13 貪得無饜的擴張領土。

14 驕奢淫逸。

15 戰爭中，最後勝利歸於敵人，覆敗以亡。

霍布斯在討論這些原因的時候，並曾擧述其時英、法兩國的近事，以爲實例。

第八節　國家與教會

關於宗教與政治的關係，霍布斯的一般態度，從前述其所論神法與國法以及分析國家衰弱與解體的原因，已經大致可以看得清楚。不過，對當時大家爭論的這樣一個顯著問題，霍氏並不肯如此輕輕的交代過去，還要再加以透徹的研討。於是，巨靈一書中，乃幾乎有一半是討論此一問題的（註五九）；他闡明了一些神學的與教會的原則，以補充其道德的與政治的理論。這位哲學家對傳統的神學之衝擊，是很容易從他的書中看得出來的。他把精確而不帶感情的定義之方法應用於基督教的宗教神祕上去；他對於神與信仰及崇拜的觀念，乃由物體、運動、及人類欲望等理論中，推演出來。他並不否認有天示或宗教眞理那樣的東西，所以他說：

「上帝的教言中，有許多是超乎理性的，那也就是說，用自然理性旣不能予以證明，也不能予以駁倒。」（註六〇）

但是霍氏以爲此種神祕實在太難了解，不可得而言也；若以邏輯或自然科學的規律，妄加解釋，殊爲不當。因此，他又說：

「我們宗教上的神祕，猶如滋補的藥丸，囫圇吞之，確有效驗；但如加以咀嚼，卽將大部失效。」（註六一）

在當時虔信宗教的人看來，他心目中的上帝，幾乎就好像沒有上帝一樣，於是每以無神論者（atheist）視之。事實上，霍氏並不是一個無神論者，乃是一個自然神論者（deist）。

霍氏於主權論中，旣已極力推崇主權者的權力，此種基本觀念乃使教會除從屬於主權者的意志之外，別無他途。國家的主權者，在政治事務方面是最高的，在宗教事務方面也是最高的。霍氏認爲相信非物質的實體（non-material substance）是導源於亞里斯多德的一種嚴重錯誤，而教士們爲了他們自己的利益又加以廣事宣傳。此種錯誤乃是另一種嚴重錯誤的形而上的一面，另一種嚴重錯誤就是相信教會爲上帝之國（the kingdom of God），因而賦有與國家權力不同的權力。在霍氏看來，教會不過是一種社團，同任何其他社團一樣，必須有一個首領，而其首領就是主權者。霍氏依據自然理性及基督教聖經的教訓，對教會下了一個定義。照他的定義，教會乃是：

「在一個主權者的人格下結合起來的宣稱信仰基督教之一羣人，依主權者之命令而集合，不得主權者之權力則不應集合。」(註六二)

我們從這樣一個定義，可以看出下列兩點：

1. 教會必須依據主權者的意志；任何宗教信仰的團體，倘未得主權者的命令，祇是非法的集合，而並非教會。信仰固然不可加以强迫，但信仰之公開宣布則是一種公然的行動，因而也就入於法律範圍之內。就對外界所發生的結果而論，根本無信仰自由之可言。所有宗教上的儀式、宣誓、法典、信條、以及教會的管理等，假如具有任何權威的話，那乃是依據主權者的授權。宗教眞理既無客觀標準，然則任何宗教信仰或禮拜儀式之確立都必須出自主權者意志的行動。有人主張教士應具有獨立的特權，霍布斯卻頗不以爲然；他認定主權者才是最高的教士，而教士的名義下所有一切權威都是來自主權者的。(註六三)

2. 根本沒有普遍的教會 (universal church) 那樣的東西，因爲沒有無所不包的國家；唯有國家的教會才是有權利的。而國家教會舊日所有的尊嚴與權限，在霍布斯的理論中，亦遭受凌辱，因爲他斷然否認所謂「精神的政府」("spiritual government") 那種觀念。他說：

「『世俗的』(temporal) 與『精神的』政府不過是引入世界的兩個字，使人們把他們的合法主權者看成兩個，並且發生誤解。」(註六四)

在霍氏看來，人的今生中，除所謂「世俗的」政府外，根本沒有別的政府；任何其他觀念都祇有導致國家與所謂教會之間的磨擦與內戰。

總之，依霍布斯所論，宗教是完全處於政府與法律的控制之下的。

霍氏此種極端的理論，曾有煞費苦心的推理爲之支持，其中不僅包含着純政治方面的定義與演繹，並且爲使他的理論更能動聽起見，還有神學家所慣用的對基督教聖經之引證與解釋。巨靈一書中，對基督教聖經徵引之宏博，詮解之高妙，很可同神學家相比，甚或勝之。

關於霍布斯對國家與教會之關係的理論，還有一點要注意的，就是雖然他很堅强的主張主權者在宗教信仰事務上具有全權，但是在實際運用方面，他卻傾向於採取宗教上的寬容政策。他相信上帝之教終必獲勝，用不着乞靈於强制；所以，祇要公共秩序不會遭受擾亂，「最初基督教徒們的自主……或許是最好」（註六五）。至於霍氏何以覺得採取寬容政策較爲適當呢？他之所以作如是觀，由於採求眞正宗教之興趣者並不多，而多由於他想望研究自然科學的自由，期藉此得到若干進步。（註六六）霍氏於此又回復到他原來的目的上去了，那就是藉絕對的主權以保障和平，而和平則是最有效的理智活動所必不可少的。

霍布斯的著作使他成爲一個第一流的政治思想家。英國人中，提出一種政治哲學體系，而可以儕列於政治思想史上偉大體系之內者，實以霍氏爲第一人。霍氏對於君主專制的擁護，不過是他的政治理論中極小的部分——表面的部分；其全部政治理論具有恒久的價值，對於英國以及歐洲大陸的政治思想都發生極大的影響。不過，在霍氏的祖國——英國，當時的實際政治情況，對霍氏的學說並非有利；他的學說當時爲各方所不滿，其在本國的積極影響，直至十九世紀才充分表現出來。

霍氏之推崇國家的政治權力，無以復加，他的主權論中含有國家專制主義的觀念（註六七）。依霍氏的理論，就是自然法、國際法、甚至神法、也必須透過政治上主權者的意志，才可以對個人有拘束力；在政治學上，對國家主權的絕對性之重視，未有如是之極端者。霍氏之尊崇政治權力，較馬凱維里爲尤甚：馬氏在實際上，使政治與宗教及道德分開；霍氏則在哲學理論中，使政治高居於宗教及道德之上。任何社會都會面臨兩種危險：一爲無政府，一爲專制；霍氏之加重國家的政治權力，其主要理由就是說爲避免無政府狀態，祇有這條唯一的路可走。他沒有想到國家有時竟會壞到那樣的程度，以致人民寧願忍受一時的無政府，而不願這樣的國家繼續下去（註六八）。霍氏似乎知其一，不知其二，他祇看到無政府的危險，卻沒有想到有些危險狀態是與政府的無限權力而俱來的。

不過，對於霍氏的政治思想，有一種微妙的情形，我們要特別注意。他雖然極端的尊崇國家權力，但是從基本上說，他的理論卻是個人主義的，完全承認各個人天生的自由與平等。一羣自由平等的個人，要組織成一個具有無限權力的國家，唯一的途徑，就是個人與個人之間訂立契約（註六九）。霍氏的社會契約說，實以此爲出發點；所謂主權者的絕對權力，實係由其個人主義的觀念引申而來。至於各個人爲什麼要組成國家呢？則是基於一種冷靜的功效主義（註七〇）觀念，因爲不然的話，就要遭遇到可怕的無政府狀態。在此種觀念下，個人只把國家看成一個爲個人安全而服務的有利組織。霍氏是一個十足的個人主義者（individualist），同時也是一個十足的功效主義者（utilitarian）。個人主義的精神，在霍氏思想中，是完全近代化的因素；他的哲學之能成爲當時具有革命性的理論，以及日後他之能享大名，都與此有關。兩世紀之後，多數的思想家乃以爲人類行爲的顯著動機似係自利（self-interest），而開明的自利（enlightened self-interest）似可補救社會的罪惡，較任何形式的集體行動，尤爲適宜。至十九世紀時，功效主義者的哲學激進主義（philosophical radicalism）與奧斯汀（John Austin, 1790-1859）的主權論，把霍氏的觀念吸取而融化之，乃使霍氏思想得到一種新的發展，其積極的影響才有顯著的表現。以此之故，霍氏的思想對於自由主義也頗有助益。此種微妙發展，恐怕是霍氏本人始料所不及的。

（註一）後來，他自誇說他之不徵引古典作品，並不是由於對這些作品不熟悉，這話倒是並不爲過分的。

（註二）這些是他以後拿來嚇人的小玩意兒。

（註三）他對於一般的大學非常沒有好感，在他的著作中，時常加以批評，對於牛津大學尤爲不滿。

（註四）他曾與此子同遊意大利，於一六三六年訪晤蓋利略（Galileo）。

（註五）他與這些貴族學生一起生活的許多活動，並不妨害他讀書。走在街上時，他帶着書本，學生拜訪人時，他在接待室中看書。

（註六）這位國王不僅把霍氏的像掛在牆壁上，並且賜與他每年一百鎊的養老金——但是這筆錢，國王卻忘記支付了。

（註七）當他八十四歲時，爲消磨餘閑，他還用拉丁韻文，寫了一篇自傳；八十七歲時，又出版了荷馬的譯本。

（註八）在巨靈一書的第一編第四章中，霍氏說幾何學「是迄今上帝所賜與人類的唯一科學。」

（註九）霍氏比較相信思考的結果，而不重視讀書。他對於不能一步一步的推究眞理，而僅妄採前人結論的人，甚爲蔑視，說那簡直是「浪費精力，毫無所得，不過盲從而已。」（巨靈第一編第五章）他又說假如他也同別人一樣，在讀書上耗費許多功夫，他也會同他們一樣的無知。

（註一〇）霍氏早年雖然很欽佩培根，並且相與友善，但於培根的歸納法，則殊不注意。

（註一一）巨靈第一編第十一章。

（註一二）巨靈第一編第十三章。

（註一三）同上。

（註一四）同上。

（註一五）同上。

（註一六）同上。

（註一七）同上。

（註一八）同上。

（註一九）巨靈第一編第十四章。

（註二〇）同上。

（註二一）同上。

（註二二）同上。

（註二三）同上。

（註二四）同上。

（註二五）巨靈第一編第十五章。

（註二六）同上。

（註二七）"Do not that to another, which thou wouldest not have done to thy selfe."（巨靈第一編第十五章）

（註二八）巨靈第一編第十五章。

（註二九）同上。關於此義，霍氏另有更詳盡的發揮，參閱本章第六節（二）。

（註三〇）巨靈第二編第十七章。

（註三一）同上。

（註三二）巨靈第二編第十八章。

（註三三）巨靈第二編第十七章。

（註三四）同上。

（註三五）巨靈第一編第十四章。

（註三六）巨靈第二編第二十章。

（註三七）同上。

（註三八）巨靈第二編第十八章。

（註三九）參閱下面第六節（二）。

（註四〇）比如他可以找到一個替身，或他的膽量太小，僅有婦人之勇（feminine courage）。

（註四一）反對霍氏的人不免有所指摘，認爲他的此種哲學乃特別適宜於爲他自己的行動而辯護。

（註四二）巨靈第二編第十九章。

（註四三）同上。

（註四四）關於繼承的問題，霍氏立下了一般的原則，說：「繼承的安排不操於現任主權者之手時，其政體必不完善。」（巨靈第二編第十九章）所以，在他看來，選擧的或受限制的國王都不能算是眞正的君主；那種國家事實上乃是民主國或貴族國。

（註四五）巨靈第二編第二十六章。

（註四六）同上。又霍氏在另一部著作民事論（De cive）中也有類似的話，說就正確之意義言之，法律乃是「其人的命令……那個人的箴規中含有服從的理由（reason of obedience」。（第十四章）

（註四七）巨靈第二編第二十六章。

（註四八）同上。

（註四九）同上。

（註五〇）巨靈第二編第三十章。

（註五一）巨靈第二編第二十六章。
（註五二）同上。
（註五三）同上。
（註五四）同上。
（註五五）同上。
（註五六）巨靈第二編第二十九章。
（註五七）霍氏將此種病症，比之於人體的胸膜炎。
（註五八）霍氏將國中之社團，比之於人體內之蛔蟲。
（註五九）在這一方面，英國的思想，從一六五〇至十七世紀之末，變化得很快。四十年後，陸克（John Locke）著書時，對政治問題與宗教問題乃能作更多的實際畫分，遠過於霍布斯所想的。
（註六〇）巨靈第三編第三十二章。
（註六一）同上。
（註六二）巨靈第三編第三十九章。
（註六三）霍氏鄭重的指出主權者乃是其屬民的最高教士，而於宣道及主持聖禮具有全權。至於他把此種權力委之於一般的教士，則由於他忙於別事，而不暇及此，與他將司法之事委之於法官是一樣的。
（註六四）巨靈第三編第三十九章。
（註六五）巨靈第四編第四十七章。
（註六六）後來事實上所作到的進步確有如霍氏所預期者。
（註六七）霍氏之尊崇國家權力，較中古教士之尊崇教會權力爲尤甚。
（註六八）如一七八九年的法國與一九一七年的俄國，可爲例證。

（註六九）霍氏雖然推重君權，但是君權最初乃由人民之同意而來，然則君權也就失去其穩固的基礎了。

（註七〇）關於功效主義，將於下面第二十四、二十五兩章中予以講述。

第十九章　陸　克

在英國民主政治的發展史上，有一個重要關鍵，就是一六八八年的光榮革命。在所有的革命中，這次的革命是最爲溫和的，也是最爲成功的；而且從此以後，英國迄今都不須再有革命了。使這次革命得到理論根據的思想家就是陸克（John Locke, 1632–1704）。陸氏可以說是一六八八年光榮革命的使徒。

陸克於一六三二年八月二十九日生於英國索美塞得（Somersetshire）郡的榮頓（Wrington）村。他的父親是清教徒，作律師，於內戰期間曾佔在國會方面作戰。陸氏幼年所受的是其時最好的教育，於一六四六年至一六五二年之間，在韋斯敏斯德學校（Westminster school）讀書。一六五二年，他進入牛津大學的基督教會學院（Christ Church）攻讀。其時牛津的哲學還是經院學派的。陸克對經院哲學，殊乏興趣；他同霍布斯一樣，對於牛津的教育，並無好感。（註一）不過，他在此時，看到了笛卡爾的著作，而受笛氏的影響很深。一六五九年，他作了該學院的研究員（senior studentship），如此繼續保持與牛津的關係，一直到一六八四年才被查理二世（Charles II）解職。陸克的父親本來希望陸克從事於教會的工作，而陸克自己却未依父命，而於一六六六年起開始學習醫學。

在一六六六年的七月，陸克由於學醫的緣故，有一個偶然的機遇，這個機遇對他一生的事業有極重要的影響，那就是他初次會見了阿石勒勳爵（Lord Ashley）。此人也就是後來很有名的沙夫貝來伯爵（Earl of Shaftesbury），乃民黨（Whig Party）（註二）的創建人，在當時英國政治上是一位很重要的人物。陸克與他相識之後，彼此情意相投，關係異常密切，結了不解之緣。陸克不但成了他的家庭醫生，而且也是他的家庭教師，教他的孫子，同時又是他親信的顧問，替他作許多事情。由於在倫敦與此人住在一起的關係，陸克也得機會結識了當時的許多大人物—「許多最聰明的人物與最偉大的才子」。以後在政治上，陸克差不多總是同此人在一起的。(註三)於是，陸克乃成爲代表民黨思想的大哲學家。

陸克以工作過於繁重，致患肺病(註四)，乃於一六七五年前往法國，旅居四載。一六七九年返英，仍作沙夫貝來伯爵的顧問。後沙夫貝來因陰謀被逐，而於一六八三年死於荷蘭。陸克雖然並未參與沙氏的謀畫，但由於他與沙氏的關係密切，自然不免爲國王所懷疑，於是他也於那年離開英國，避居荷蘭，仍繼續其研究工作。

一六八九年，陸克回到英國，其重要著作隨之陸續出版。在一六九〇年之後迄其逝世的十四年中，陸克住在艾塞克斯(Essex)，過着半退休的生活，主要的從事於寫作以及由其著作所引起的駁辯。其間雖曾擔任公職，但不必經常按時辦公，也不必常住在倫敦。至一七〇四年十月二十八日，這位哲人乃於許多好友環繞之下，溘然長逝。

陸克有關政治的著作要有：

1. 論容忍函(Letter Concerning Toleration)　這是論國家與教會之關係的，於一六八九年出版。其後，因與人駁辯，陸克又曾發表第二封與第三封的論容忍函，前者出版於一六九〇年，後者出版於一六九二年。此外陸氏還曾着手寫其第四封的論容忍函，但未完成。

2. 政府論兩篇(Two Treatises of Government)　這兩篇論文以科學方法來證明一六八八年的革命

是合理的。其中第一篇大約是在一六八〇至一六八五年間寫的，第二篇大約是在亡命於荷蘭的最後一年寫的，而兩篇都在一六九〇年出版。第一篇論文是批評君權神授說的，完全以席德尼（Algernon Sydney, 1622-1683）（註五）的方法，來一步一步的反駁費爾默（Sir Robert Filmer, ?-1653）所著的君父論（Patriarcha）（註六）。這一篇較少永久的重要性。第二篇論文則遠過於席德尼，而對國家與政府的理論，作淵博且具有建設性的探討。其中隱含着對霍布斯思想的批評，但陸克却審愼的避免明白提到霍布斯及其所著巨靈一書的名字。

在政治思想史上，其政府論兩篇中的第二篇是特別重要的。

陸克雖然不贊成霍布斯的理論，可是他所論人類政治組織發生的步驟以及所用的名詞，則都與霍布斯並無二致。他也認爲人類在形成政治組織之前，有一段所謂「自然狀態」；在「自然狀態」中，有「自然法」以及每個人的「自然權利」；而人類建立政治組織的方法，也是「社會契約」。這些都是和霍布斯一樣的。但是，在同樣的步驟與名詞之下，陸克的理論却又與霍布斯大不相同。現在請看陸克的政治理論：

第一節　自然狀態與自然法

陸克推溯政治權力的起源，採取與霍布斯一樣的個人主義之觀點，也從自然狀態(state of nature)的觀念開始。霍氏認爲人性是天生自私自利的，於是斷定初民的自然狀態是野蠻的、互相殘殺的狀態，陸氏則不然，他認爲人類天生就有社會性：

「上帝造人，使他不適宜於孤獨的生活，深覺有進入社會生活的必要、便利、與傾向，而且使他藉理解力與言語，可以持續並享受這種社會生活。」（註七）

所以，依陸氏的見解，在人類最初的自然狀態中，雖然沒有政治的組織，卻有社會的關係。他把自然狀態描寫成和平樂善之境。在自然狀態中，各個人都是自由的、平等的、獨立的。

既然如此，那麼，自然狀態是不是毫無約束、放縱恣肆的狀態呢？是又不然。陸克以爲，雖然在自然狀態中，各個人都是自由、平等、而獨立的，可是自然狀態並不是無法的「放縱狀態」（state of licence）。在自然狀態中，人還是要受一種自然的約束，那就是自然法（law of nature）。自然法是由理性所決定的許多規律，可以作爲在自然情況之下人類行爲的指針。所以，遵照自然法，也就等於遵照理性。自然法與理性是一而二、二而一、沒有分別的；我們也簡直可以說自然法就是理性。這種自然法並不是由任何立法之人所規定的，乃是由神命（divine commands）而成。

關於上述之義，陸克這樣說：

「人天生都是自由的、平等的、獨立的（free, equal, and independent）。」（註八）

又說：

「要了解政治權力是正當的，並且推溯其本源，我們就必須想一想，一切的人自然處於什麼樣的生活狀態。那是一種完全自由的狀態（a state of perfect freedom），人都可以視其所宜，在自然法的範圍之內，隨意有所行動，以及處置其所有之物與人身，而無須得到任何他人的准許，也無須仰賴任何他人的意志。

「也是一種平等的狀態（A State of Equality），其中一切的權力與管轄都是相互的，任何一個人所有的不會多於他人，……………………

……………………

「但，這雖然是一種自由狀態（state of liberty），卻不是放縱狀態；………。自然狀態是有一種自然法來加以管理的，每一個人都要受自然法的約束。人必須就教於理性，而理性也就是那種自然法，其所教導全人類者則是：既然一切的人都是平等而獨立的（equal and independent），任何一個人不應傷害他人的生命、健康、自由、或所有之物。」（註九）

總之，陸克所講的自然狀態是充滿了和平與理性的世界。自然狀態與文明狀態的顯著不同處在對於自然法的解釋與執行，後者之中有一個共同的機構，而前者之中則無之。陸克的話，最接近於自然狀態的定義者，是這樣的：

「人們依照理性而共同生活，在大地之上，沒有一個共同的上司，立於彼此之間，有權爲他們裁判曲直，這正是自然狀態。」（註一〇）

如此的生活並不是野蠻生活，陸克倒似乎是在想像一個由許多有德行的無政府主義者所組織的社會。

這樣的自然狀態，自與戰爭狀態截然不同，而霍布斯竟把二者混爲一談，陸克深感遺憾，不禁慨乎言之，並且把自然狀態與戰爭狀態嚴加區別：

「在自然狀態與戰爭狀態之間，有顯著的差異，不幸乃有人（註一一）混爲一談。其實，自然狀態與戰爭狀態相距之遠，正如和平、善意、互助、保全的狀態與仇恨、惡意、暴烈、互毀的狀態之風馬牛不

相及。」（註一二）

第二節　自然權利

陸克又認爲在人類尚未有政治組織以前的自然狀態中，每一個人都有其自然權利（natural rights）。這種自然權利是每人與生俱來的，在自然法之下，不容任何他人加以侵害。自然權利實爲自然法之實質的要素，而對自然權利的覺察與尊重則是自然狀態的特點。

陸克所列舉出來的自然權利，都是在英國清教徒革命（Puritan Revolution）的時代大家所已經公認了的，那就是生命（life）、自由（liberty）、財產（estate）（註一三），同時他又把這三種權利合起來統名之曰「財產」（property）。（註一四）所以，陸克心目中的自然權利，如以一個名詞簡括言之，就是財產；若分言之，則可以說是生命、自由、與財產。茲將這三種基本權利，分別說明如次：

（一）生命

人類行爲最基本的動機乃是保全生命；依照自然法，凡足以合理的導向此種目的者，都是每一個人的特權。在這一點上，陸克與霍布斯並沒有兩樣。所以，在陸氏看來，第一個與生俱來的自然權利就是生命，這是不消說的。

（二）自由

對於自由的觀念，陸克則與霍布斯迴乎不同。陸氏對自然的自由所下的定義是除自然法外不受任何其他規律的約束：

「人的自然自由就是不受任何地上優越權力的支配，也不屈服於他人的意志或立法權之下，而管理他的唯一規律就是自然法。」（註一五）

在陸氏看來，自然法並非對人類自由的限制，乃是與人類自由並存而息息相關的。（註一六）

不過，陸克的自然法觀念，有些地方是不免奇特而令人駭異的。比如，他認爲一個人之所以作奴隸，乃是由於他違反了自然法，因而失去了自然法的保障；換句話說，依照自然法，在正當的戰爭中，被人擒獲的俘虜就是奴隸。他又說，依自然之理，每一個人對侵害其人身或財產者，都有權加以懲處，甚至予以處死，亦無不可。他對此種說法，並沒有加以限制；然則，假如有一個小偷偷了我一點小小的東西，被我捉到，依照自然法，我顯然就有權把他槍斃了。

（三）財產

人既生來就有保全其生命的權利，上帝自然也要給他們維持生命的東西，如飲食之類。上帝把世界交給人類公有，同時也賜予人類理性，來使用它，以利維生。大地以及大地之上的一切萬物，都是上帝給人類維持生存的東西。既然如此，私有財產又是怎樣來的呢？陸克以爲，雖然世界萬物乃人類所公有，本非任何人的私產，但這些東西是給人用的，某物在被任何特定之人所利用以前，必須成爲他自己所專有的。這要經過如何的方式呢？就是要靠個人的勞力。每個人的身體都是自己所有的，因之身體的勞力也是自己所有的，所以任何公有的東西，一旦「混入」任何個人的勞力之後，便立刻成爲他個人所特有的財產了。陸氏的理論是這樣的：

「大地以及一切下等動物雖爲一切人類所公有，不過每個人對他自己的『人身』(person) 是具有『所有權』的。除他自己之外，沒有人可以對此有任何權利。我們可以說，他的身體的『勞力』(labour) 和他的雙手的『工作』(work) 是正正當當屬於他自己的。那麼，無論什麼天然物品，祇要他把他的勞力混合進去，那就是加入了屬於他自己的東西，因此乃使此種天然物品成爲他的財產。此種物品，藉這個勞力，脫離了天然的公共狀態，而與某種東西相合，乃可排除他人的公共權利。因爲這個『勞力』無疑的是勞力者所私有，凡是加上他的勞力的東西，除了他自己本人之外，誰也沒有權利可言，………。」(註一七)

於是，陸克乃把財產也看成一種自然權利。其主要論據，蓋以爲一個人對天然物品施以勞力之後，他就把他自己的人格伸展至於該項物品之中；他在某種物品上用了自己內在的能力，他就使這種物品成爲他自己的一部分。總之，依陸氏的見解，財產權的依據在個人的勞力，私有財產乃是勞力的結果。此種財產觀念，發生了重大影響，影響及於日後正統派以及社會主義派的經濟理論。(註一八)

上述的自然權利，「並非成於一切平民的明示契約」(註一九)，乃是每個人生而有之的，甚至在自然狀態的原始社會之前，卽已有之。每個人將自然權利帶到社會中，是隨身攜帶的，如同體力之隨身一樣。這些權利並不是社會與政府所創造出來的；反之，社會與政府卻是主要的爲保障這些權利而存在。所以，社會與政府對於每個人的自然權利必須加以尊重，不容漠視；對這些權利的管理，祇能在使它們得到有效保障的範圍內爲之，換句話說，一個人的生命、自由、財產，唯在使他人的同等權利亦能得到有效保障時才可予以限制。

第三節　社會契約

(一) 建設政治社會的動機

在陸克所講的自然狀態之下，既然人人都是自由、平等、獨立的，人人都具有幾種自然權利，豈不是大家都很快活?為什麼又要脫離這種自然狀態，而建設政治社會呢?是不是自尋苦惱呢?關於這一個轉變，其動機所在，陸氏有如下的解釋：

「倘若人類在自然狀態中是如前述的那樣自由，對於自己的身體和財產都是絕對的支配者，一點不受別人的支配，他為什麼又要拋棄他的自由，丟開這種權利，而屈從其他權力的管轄與控制呢?這個問題很容易解答，就是在自然狀態中，雖然他有如此的權利，可是權利的享受殊不確定，且隨時有被人侵犯之虞。蓋大家都是同他一樣的各自為主，每人都與他平等，而大部分都不能遵守公道與正義，於是在此種狀態中，他對所有財產的享受乃極不安全，極不穩定。」(註二〇)

那麼，在那種情形之下，人類對財產的享受，何以不能安穩可靠呢?這實在是由於自然狀態中有許多缺欠：

1. 缺少制定的法律　用陸克自己的話來說，就是「缺少確立、明定、而周知的法律，由共同的同意，接受並認可為是非的標準及決定彼此間一切爭端的尺度。」(註二一) 人類雖然都有理性，都曉得自然法，可是由於個人利害的偏見或對該法缺乏研究，在個別事件上，未必承認其為法律，而有拘束之效力。

2. 缺少裁判官　就是「缺少一位衆所周知，公正無私的裁判官，具有依確立的法律以解決一切爭端的權威。」（註二二）既然沒有這樣一位裁判官，於是每個人都兼爲自然法的裁判官與執行人。由於一般人對自己的偏私，遇關涉自己的事，很可能執法過當；於他人之事，則又不免疏忽而漠不關心。

3. 缺少執行判決的强制力　就是「縱有公正判決，又缺少擁護支持判決，使得適當執行的權力。」（註二三）然則，違反自然法但有力反抗之人每可得逞，而此種反抗常使懲罰之者處於危險地位。

在有這三種缺欠的情形之下，各個人自己都有權執行自然法，難免厚於己而薄於人，其結果乃造成「混亂與無秩序」（confusion and disorder）（註二四）的現象。混亂與無秩序的現象便自然狀態中有許多的「不便」（inconveniences）（註二五），而這些「不便」是相當重大的；人生活在自然狀態之中，雖然很自由，但是充滿了恐懼與不斷的危險。

陸克對於自然狀態的觀念，從基本上說，原與霍布斯迥乎不同，陸氏根本反對霍氏所謂「人互爲戰」的看法。但是，說到最後，由於自然狀態中有許多「不便」，陸克也認爲自然狀態下的生活是不堪忍受的，其結果乃與霍氏所說的相差無幾。在這種無法忍受的情況之下，人乃不得不設法脫離自然狀態而建設政治社會。

(二) 建設政治社會的方法—社會契約

那麼，人類運用什麼方法來建設政治社會呢？在陸克看來，也是社會契約。關於陸克所講的社會契約，分下列幾點說明之：

（甲）何以必須成立契約？

我們首先要探究的問題，是人類最初建設政治社會，何以必須出以契約的方式。關於此一問題，陸克的觀點是因為各個人既然天生都是自由、平等、而獨立的、所以要使任何人屈從於別人的政治權力之下，其唯一的方式就祇有得到他本人的同意（consent），而各個人的同意須經由契約表示出來。請看陸氏這樣說：

「前已言之，一切的人生來都是自由、平等、而獨立的；然則，非得本人自己的同意，絕不能使任何人脫離此種生活狀況，而屈服於他人的政治權力之下。所以唯有彼此合意聯合組成一個社會，而謀彼此間舒適、安全、和平的生活，俾可得到財產的平安享受及防禦外人的較大保障。」（註二六）

他又說：

「然則，創始而實組成任何政治社會者不外任何數目之自由人的同意，……。也就是此種同意，而且唯有此種同意，才確曾或可能為世界上任何合法政府（lawful government）開其端倪。」（註二七）

（乙）社會契約的目的

人們同意締結社會契約，建設政治社會，其目的何在呢？陸克以為就在財產——也就是生命、自由、與財產——的保持與護衛，以防內在的以及外來的危險。這從前段所引述的話中，已經可以看出；另外，陸克還有更具體的話，表明此義：

「……他（指在自然狀態中的人）有理由想和已經結合好的或有志結合的別人在社會中聯合起來，以求互相保持他們的生命、自由、與財產，這些我名之以總括的名稱——財產。

「所以，人們結合成國家，而置其自身於政府之下，其重大而主要的目的就在他們的財產之保持；……。」（註二八）

（丙）社會契約的內容

這樣的社會契約，所包含的內容，有下列幾項要點：

1. 每個人放棄其自然權利，但是並非如霍布斯所言，把所有的自然權利一齊放棄，而僅放棄一種，那就是執行自然法與懲罰對自然法的違犯之權。

2. 個人所放棄的權利，非如霍布斯所言，交與一個人或一個集會，而是交與社會全體。由於各個人的此種行動，社會全體乃被賦與兩種功能：

①決定什麼是對自然法的違犯，

②懲罰對自然法的違犯。

這兩種功能構成社會全體的政治權力（political authority）。在陸克的心目中，社會全體所有的政治權力也就以上列兩種功能爲限，並沒有像霍布斯所想的絕對無限之主權。個人的自然權利，在政治社會中，對社會全體的合理權力，還是加以限制，與在自然狀態中，限制他人的合理權力，完全一樣的。

3. 社會的行動，應依照多數政治的原則，這也是社會契約的要點之一。所以，政治社會組成後，其中的多數人就有權行動，而其餘的人必須服從。關於此點，陸克說：

「當若干的人已經那樣同意造成一個社會或政府的時候，他們就由此團結成一個政治團體，其中大多數人有權行動，而其餘的人都要服從。」（註二九）

陸克認爲這是絕對必要的。因爲由各個人同意所建設的政治社會是一個團體，應該循着一個路線而行動，這一個路線就是社會中較大的力量——多數的同意——所指示的路線；假若沒有服從多數的規定，則團體的行動將是不可能的。所以，大家同意締結社會契約之後，每個人就都要受多數決定的拘束。

經由這樣的社會契約所建立的國家，對於自然法所包含的權利有所判斷，而予以執行的時候，有權使用個人的力量，這是經過個人授權的；質言之，就是每個人都自己拘束了自己，對於自己所建設的政治權力的決定，一定要貢獻自己的力量，以實施之。

人類用社會契約以建設政治社會，陸克不但認爲從邏輯推論起來，理所當然，而且相信這也是歷史的事實。

第四節 政府權力的畫分與限制

前面已經講過，人組織政治社會，有其確定的目的；至於，運用什麼方法，以達到此種目的，那就是政府權力之所在。組織政治社會的目的是十分確定的；而達到這些目的的方法也是一樣的確定。生命、自由、財產得到確實保障，乃是組織政治社會的目的。那麼、生命、自由、財產，如何才可以得到確實的保障呢？這就需要準備下列三事：

1. 對於與這些權利有密切關係的自然法，應有一種標準的解釋。
2. 把這種解釋適用於組成政治社會的各個人，應有一個公正的權力。
3. 爲執行上述公正權力的裁判以及抗拒外來的侵犯，要使用社會的力量。

於是，陸克乃認爲政府的權力應有下列三種：

1. 立法權 (Legislative Power)　人之所以要脫離自然狀態，就是因爲在自然狀態中，生命、自由、財產沒有確實的保障。假如在政治社會中，以武斷而不確定的命令來解釋自然法，則這些權利沒有確實保障的情形，將與在自然狀態中無異。因此，對於自然法的解釋，一定要有確定而通行的規定，毫無軒輊的施用於各個人，然後才可以達到上述的目的。所以，立法權就是最基本的政府權力。
2. 執行權 (Executive Power)　就是執行已經制定之法律的權力，必要時可以施行刑罰。這也是政府必不可少之權。
3. 外交權 (Federative Power)　這個名詞是陸克隨便定的，就是處理對外事務之權。此種權力所涉及的事大概包括宣戰、媾和、條約、聯盟、以及與無國家組織之人的交往等。

陸氏還有一種分權的理論。他認爲執行權與外交權雖然性質顯有不同，但在事實上常常是合在一個機構之內，而且這也是比較好的辦法，因為此二者都要仰賴社會的武力為其後盾，而武力的指揮則宜於集中，分散會引起不良後果。至於立法權與執行權則應分立，一定要分屬於不同的機構。關於立法權與執行權的分立，陸克舉出兩點理由：

1. 執行權的性質是要經常負責的，祇要政府存在一日，就不可一日間斷；而立法權的行使，則祇是在制定法律的時候，立法機構可能在極短的時間之內，作完所有的工作。

2. 假如使握有立法權的人同時握有執行法律之權，則他們一定會不遵守自己所制定的法律，而且會使法律的制定與執行都適合於他們的私利，因之享有與衆不同的特殊利益，而與社會及政府的目的相衝突。（註三〇）所以，使立法之人兼掌執行之權，是很危險而不明智的。這是一點更重要的理由。

基於上述兩點理由，陸克認為立法權與執行權必須分屬於不同之人的手中。不過，這裏我們要注意的是，陸氏的分權理論祇涉及於決定立法與執行之關係的大原則，至於日後流行的三權鼎立以及互相制衡的說法，則在陸氏的理論中尚未見之。

陸克對於政府權力的解釋與霍布斯有根本的不同，就是認為政府的權力不是絕對的，而是有限制的。前已言之，各個人為了使生命、自由、財產得到確實保障，甘願放棄其一部份的自然權利，組成政治社會，而社會全體的政治權力也就全由各個人的此種承諾而來。這不是屈服，而是一種契約的行為。所以，政府的權力應僅僅局限於這個必要的最小範圍，不可逾越。政治權力可以說都祇是為了公益（public good）；由契約而成的政府，其權力不可超出公益的範圍之外。政府的三種權力中，立法權是最高的，執行權與外交權則是從屬於立法權的。然則，執行權與外交權是有限制的，自不待論。就是那最高的立法權也不過是受人民的委託，所以也並不是絕對的，還是要以上述的範圍爲限。請看陸氏這樣說：

「那麼，我以爲政治權力乃是一種權利，可以爲節制與保持財產而制定法律，帶有死刑或較輕的懲罰，並且爲執行這些法律，以及捍衛國家，防禦外力侵害，可以使用社會的力量。而所有這一切，都祇是爲了公益。」（註三一）

「雖然當大家初入社會的時候，把在自然狀態中所有的平等、自由、以及執行的權力，交給了社會，以期望社會的立法者能按照社會利益之所需要而行支配，但是每一個人都祇想着那樣作時，對於保持自己的生命、自由、與財產，可以更好一些（因爲沒有一個有理性的動物願意把自己的狀況變得更壞的）。所以，社會的權力或社會所指定的立法權，絕不能超出於公共利益的範圍之外。」（註三二）

具體的說，立法權一定要受下列四種限制（註三三）：

1. 遵循自然法。
2. 以確定而通行的法律爲治，不得臨時擅出武斷的命令。
3. 非得人民本身同意，不得擅取其財產。
4. 不得以立法權轉讓他人。

第五節　革命權利論

前面兩章所講的鮑丹與霍布斯都是要努力找出一個至高無上的政府權威；他們的目標都在一個確定之人的主權者，質言之，就是在一個政治社會中，形成政府機構一部分的一個人或一團人，其所表明的意志就是法律，可以拘束該社會的每一組成分子。又因爲主權者是一個人時，較之一團的個人作主權者的情形下，主權者的意志更明確而易辨，所以他們贊成君主國。陸克除對法律的至高性爲政府的要素一點，與他們的見解略同外，卻不承認任何個人具有不容置疑的立法權威，換句話說，他不同意像霍布斯所發揮的那樣主權觀念。前人煞費苦心所闡明的主權理論，陸氏殊少注意，這從一種事實可以看出來，就是在陸克有系統的著作中，根本就沒有用「主權」這一個名詞。任何人的手中，掌握無限權力，此種觀念在陸氏的政治理論中是找不到的。

陸克雖然沒有用「主權」這個名詞，可是事實上，他對國家的最高權力（supreme power）也有所指。事實上，他是把任何政治體的最高權歸之於由社會契約所產生的集合體。「社會的本質與一體性（the essence and union of society）在於具有一個意志（one will）」（註三四），而這一個意志乃是「社會的公共意志」（"the public will of the society"）。（註三五）組成社會的份子所要服從者就是這公共意志，而且也祇須服從此一意志。（註三六）然則，此一意志集於何處，那就是最高權力之所在。於是，陸克乃認爲最高的權力永在於社會（the community）（註三七）或人民（the people）。

上述的公共意志，由政府機構中的立法部門表現出來。因爲立法部門經社會的委託可以表現此一公共意志，所以陸克也有時說立法權是「最高」的。但這不過是就政府的各種權力比較而言，立法權爲最高；這裏所謂「最高」，其意義殊不完滿。在所謂「最高」的立法權之背後，還有一個更高、更終極的權力，那就是社會或人民的權力。立法的權力僅屬委託（trust）性質，用以達到組織政治社會的目的；一旦立法權不能達成委託的目的時，人民的最高權就可採取行動，予以撤免或變更。請看陸克這樣說：

「雖然……祇能有一個最高的權力，那就是立法權，而其他的權都必須從屬於它，但立法權祇是爲達到一定目的而被人委託的權力，還有一種最高的權力仍然留在人民手中，他們發現立法部的行爲違反委託的目的時，即可予以撤免或變更，因爲爲達到一種目的而委託的一切權力都受該項目的的限制；無論何時，倘該項目的顯然被忽略或違背，則其委託亦必失去，而權力復歸於委託者之手，他們可以重新置之於對安全最有利之處。」（註三八）

所以，他認爲：

「無論何時，任何人，甚至立法者，假如愚蠢或邪惡至於策進對抗人民之自由與財產的計畫，則社會永遠保留着自救於此種企圖與計畫的最高權力。」（註三九）

不過，依陸克的想法，上述社會的或人民的最高權力，平常總是在休眠狀態之中，而並不顯露；一定要等到政府解體的時候，此種權力才活動起來。關於政府的解體，陸克認爲或有一種不正確的觀念，就是以此與社會的解體混爲一談；此種混淆觀念必須予以澄淸。在他看來，政治社會乃由每人與他人相約而產生，其解體通常乃由於外力之侵凌將它征服，這幾乎是政治社會解體的唯一途徑。征服者每將被征服的社會徹底破壞無遺，這自然造成社會的解體；社會一旦解體，原有的政府亦必隨之解體，無復繼續存在之餘地。但是除了此種情形之外，政府解體並無傷於社會；換句話說，就是可能政府解體，而社會仍舊保持完好。所以，在陸克的理論中，社會與政府乃截然兩事，後者爲前者的福利而存在；危及社會利益的政府必須予以更易，那是很正當的。

那麼，究竟什麼情形才算是政府之解體呢？關於這個問題，陸克認爲在下列兩種情形之下，政府解體：

1. 立法權的所在發生變更　社會組成之初，曾將立法權委託於人；一旦立法權不復在於此等人，而轉入他人之手時，那就是立法權的所在發生變更了。

2. 立法或行政部門違背人民的委託。

緊接着這一點，又有一個問題，就是上列使政府解體的兩種情形是否存在，應該由誰來決定。陸克的囘答就是「人民」，此外沒有更確定的答案。至於人民判斷此種問題，應經由何種程序，陸克並未明言。不過，他似乎覺得，人民實際採取決定性的步驟，非經多數的同意不可。

上述陸克的理論是認爲社會的權力可以罷黜掌握政府權力之人，其實就是承認人民的所謂「抵抗權」("right of resistance")，不過換了一種說法而已。陸氏把此種抵抗權說成「訴之於天」("appeal to Heaven")，質言之，也就是承認人民有革命的權利。他並且主張如遭遇不正當的强力，儘可用强力對付之。(註四〇) 他不僅以爲人民的整體有「訴之於天」的權利，甚至於以爲任何單獨的個人亦有此權。他曾經說過個人加入社會契約之後，就成爲政治社會的一分子，然則必須服從多數。前後的理論未免不甚調和。「訴之於天」的權利如此，有些人不免有所顧慮，深恐人民會隨時起革命，以致社會常陷於混亂之中，而政府的基礎長久不能穩固。但是陸克卻覺得，從實際的觀點來看，承認「訴之於天」的權利，並不會就造成無政府狀態，因爲人民之起而革命並不如有些人所想像的那樣容易。在他看來，人民對於改變現狀是異常持重的，絕不會輕易冒然嘗試。縱然政府犯了很大的錯誤，人民還是會勉强忍受，無怨言，亦不反抗。唯有在政府的暴虐不義達於極點，使人民忍無可忍，而大多數人深惡痛絕，認為必須予以改善的時候，才眞眞會有「訴之於天」的行動。

陸克的天才之主要表現不在深邃的學識與精密的邏輯，而在其無與倫匹的常識（common sense）。藉此種無比的常識，他把由過去經驗傳至當時的哲學、政治、道德、與教育上的主要信念，兼收而並蓄之，且予以簡單明瞭之敍述，使深入於人心；於是他把這些觀念，傳之於十八世紀，而成為後來英國以及歐陸政治哲學的胚素。他的政治思想既然是如此集合而成，所以也總是很平易近人的，其中極少很新奇的創闢之見。陸克是很明智的，他總要使他的理論易於了解；為免於使人迷惘難解起見，他寧願犧牲邏輯。本來，依照常理，由健全的原則而為確實的推理，自不會導致謬誤。不過，有時原則之極近於眞而值得理論上之尊崇者，卻可能導致吾人感覺荒謬的實際後果；質言之，理論上的原則，如將其實際後果訴之於無可抗拒的常識，就可能顯得未必十分正確。因此，在哲學中，乃有常識判斷之餘地。陸克討論問題，當其邏輯發展將達頂點時，他總是暫行中止，以免趨於極端。比如，他所宣示的若干一般原則，是可能會導致奇怪後果的，但是他總不肯推論至於此極。這在邏輯家看來，實在大不應該；但在講求實際之人看來，則是判斷健全之明證。溫和與避免極端乃是陸克哲學中的顯著特性，在政治思想方面如是，在其他方面亦復如是。

陸克另有一種特性，由他傳之於整個自由運動（liberal movement）的，那就是沒有教條主義（dogmatism）。他認為眞理是難於確定的，而有理性之人於其所持的意見，宜留有某種程度的懷疑。

有些人，如霍布斯輩，認爲人類的理智與判斷足以解決人類各種情況所引起的一切問題，於是他們自信可以把握事物的整套計畫。陸克卻絕無如此的魄力。他避免全由一整套體系所分出來的大計畫，而寧願就事論事，對每一問題分別加以考慮。他的思想體系是零件的，乃由對許多問題作分別探討而得來，其政治觀點自然也趨向於同一性質。在政治方面，同在哲學上一樣，陸克的態度都是嘗試的與實驗的，而絕非獨斷的，願將每一問題留待自由討論來決定。在一般哲學上，他心目中所追求的最高目標並非絕對確定的眞理，而是或然的眞理；相似的，在政治哲學上，其目標並不在一種完美的體系，而在一種實際可行的體系，這也正是一六八八年革命所要追求的目標。陸克思想上的此種氣質與宗教上的容忍、議會民主政治的成功、放任主義 (laissez-faire) 、以及整套的自由格言等等均顯有關聯。他本人以及信從他的人都相信改革，但是他們所相信的改革卻是逐漸的，而不是急劇的。陸克所宣揚的理想是自由的而非暴烈的改革；就形成此種力量來說，在所有著述家中，陸氏或堪稱前趨。

在陸克的哲學中，始終至高無上的乃是理性（註四一）；他提倡一種理性主義的人生觀。就陸克與整個十七世紀的關係來說，在那些促進理性主義人生觀的許多思想家中，他實居於崇高的地位。他們都宣稱世間的一切制度都是爲人而設的，並不是人爲它們而生的；對準備未來生活的信仰不論如何重要，人總要在現實生活中追求和平與安樂，而其保證則端賴在一切問題上施用理性。

陸克在政治思想上最卓越的貢獻乃是自然權利的理論。所謂自然權利固然已是一個熟悉的名詞，並非陸克所首創，可是他所發揮的理論卻有與衆不同的獨到之處。其特殊之點要在其所加於此種觀念的確定性。他人言自然權利者多講得抽象而欠實在，陸克所講的自然權利則是實在之人的具體特權。依陸氏所論，生命、自由、與財產乃是每一個人不可轉讓的權利，此點在其全部政治哲學體系中實居於最基本的地位。這些權利是每個人與生俱來的，而不是政府所給予的，所以政府不能予以剝奪；反之，政府之存在，其唯一目的卽在對這些權利予以確實的保障。陸克所講的自然權利簡直對於一個政治社會的存在乃是不可少的；此種觀念與其對政治體制的闡釋，關係之深密，於此可見。

陸克的政治思想有一種複雜情形，我們要特別加以注意。從表面上看來，其理論似頗簡單明瞭，因此他的政治哲學也是很通俗的。但如深入的詳加分析，則不難發現其背後所隱含的複雜性，使我們無法以簡單而直截了當的方式予以闡明。這大概是由於陸氏企圖把過去以及當時許多不同的理論兼收而並蓄之，可是他又未將所收集起來的繁複內容予以系統化的綜合整理。質言之，其理論的邏輯結構殊不足以涵蓋那樣龐雜的許多東西。所以，如從嚴格的邏輯眼光看來，我們在陸克的政治理論中，很難尋出「一以貫之」的系統。問題的關鍵在他沒有把理論中的許多觀念，何者是基本的，何者是引申出來的，嚴格的分別清楚。陸克的政治理論中，事實上至少有四個重要的層次：

1. 在整個體系中，我們首先看到的是個人及其自然權利，尤其特別重要的是財產權。

2. 其次，個人也是社會的一員。　雖然陸克描寫政治社會爲經由個人同意的契約所產生，可是他又總把社會視作一個確定的單元，具有它的「公共意志」。依他的理論，可以說社會乃是個人權利的受託者 (trustee)。

3. 社會之外，又有政府。政府乃是社會的受託者，與社會之爲個人權利之受託者略相類似。

4. 最後，在政府之內，立法機構比行政機構更具有權威，更爲重要。

就上列四項看來，可知在生命、自由、財產的保障上，立法控制行政，而社會控制政府。比較言之，則個人及其權利應視爲最重要的部分，這是陸克全部政治理論的基礎，其維護個人自由與反抗政治壓迫的根本精神亦要由於此。至其餘的三項，則是由這最基本的第一項依次引申而來。但陸克却未如此嚴明區分，而幾乎是把這四種都視爲具有絕對性的。各種體制的實際權力如何從個人平等而不可轉移的權利導引而來，陸氏並未明確道出，乃使其表面似頗簡明的政治思想不免隱含着一種複雜性。這裏，我們尤其要注意的是，陸克把下面兩種極端相反的觀點，硬合併在一起：

1. 一種經由胡克爾 (Richard Hooker, 1553-1600) 以傳至於陸克的傳統觀念是假定社會爲一個組合的實體。政府是必不可少的，但其存在則是爲了社會的福利。所以政府要對它所統治的社會或人民負責。此種觀點是從功能方面來立論，蓋以爲個人與各種制度都在從事於一種具有社會價值的工作，同受治於政府，而政府也是爲了全體之利益的。

2. 另一種觀點可以霍布斯爲代表。照霍氏的分析，所謂社會也者不過是一種虛構，其實質乃是組成社會那些人的合作；除其組成分子的合作之外，根本就沒有社會的存在。這樣的合作都是基於各個組成分子個人的利益，而其所以能形成一個社會，唯一的理由就是某個人能行使主權。此種觀點乃是從個人的自我滿足來立論，認爲社會係由爲自私動機所驅使的人所組成，他們企求法律與政府保障安全，以對抗其一樣自私的同儕，庶可在保持和平的前提下，獲得最大量的私益。

這兩種觀點在邏輯上是極端相反的，而陸克著書時的環境使他有兼而採之的必要。於是，在他的全部政治理論中，有的地方，個人及其權利形成終極的原則；在另外的地方，社會本身又形成終極的原則。至於何以二者都能具有絕對性，陸克卻沒有充分的說明。不過，上述不一貫的複雜情形並不一定足爲陸克哲學之病，一直到現在，還沒有一個人發明一種哲學，旣令人可信，同時又能一貫。陸克以令人可信爲目標，於是犧牲了一貫，而作到了令人可信。不一貫的哲學固不可能全眞，但一貫的哲學卻也很可能全屬虛妄。因此，我們沒有理由來假定，像陸克這樣多少顯然有誤的哲學，其所含的眞理，一定會比一以貫之的體系所含者爲少。

現在再看陸克的影響。他雖然很少有新奇的創見，可是他在政治哲學上的影響實在極大，而且極爲深遠；我們應該把他視爲哲學的自由主義之創建人。在近代哲學家中，陸氏雖然絕非最深刻的，但的確可以算得上是最有勢力的。就此點而論，陸氏也與多數以思想而成就大名者無異。通常，一個最先想到一種新觀念的人，因爲太走在時代的前面，而一般人趕不上他，每以愚蠢目之，乃常沒沒無聞，不久卽爲人所淡忘。迨世界漸漸變得可以接受此種觀念的時候，如有人適於此時把它發表出來，必爲聲譽之所歸，那就很幸運了。（註四二）這種情形，幾乎可以說是通例。陸氏的政治思想中，絕少未經前人道過的奇異之論，但他卻能成就大名，影響悠久，蓋亦類此也。

在所有的哲學家中，陸克可算是最幸運的。他完成哲學思想大著之時，正値政治意見與他相同的一些人掌握其本國政府的權力。於是，他所持的觀點，不論在理論上以及在實踐上，都爲其時最有力的、影響最大的哲學家與政治上的人物所信奉，而且在其後許久的歲月中都是如此。大約一直到十九世紀之末，英國憲法都是以陸氏的主張爲依據。

不過，陸克的政治思想，在他本國所立卽發生的影響，可能要由其表面上的簡單明瞭而起，並不算是頂重要的。其更重要的影響乃在對美國與法國的政治思想上，至十八世紀末葉美國獨立革命與法國大革命發生而登峯造極。於是，陸克依據個人不可轉讓的基本權利而維護抵抗權的觀念，乃發生了顯著的實際效果。這些觀念，固然由來已久，美法兩國有之，自不能歸功於陸克一人，但是陸克之名總是爲人所熟知的；就對政治哲學稍加注意者來說，他的大名，幾乎無人不知，無人不曉。觀夫美國的獨立宣言及法國大革命的人權宣言（Declaration of the Rights of Man and of the Citizen），不但含有陸氏的許多觀念，而且有些話簡直就好像他著作中的原文，可以概見。

陸克對於十八世紀的法國發生極大的影響，主要的有賴於福祿泰爾（Francois Marie Arouet de Voltaire, 1694–1778）。福氏青年時曾有若干時間住在英國，作哲學函札（Lettres Philosophiques），以介紹英國思想於其國人。（註四三）孟德斯鳩受陸氏分權理論的影響，加以修改而發展成爲頗負盛名的三權分立說。後來，陸氏的思想在法國發展以至於推及其邏輯的極限，乃造成推翻現行體制的結果，而於國家大事關係綦鉅。一八七一年的法國憲法也是以陸克之主張爲依據的。在大革命之前最後一段時期中，陸克在法國的影響又得休謨（David Hume, 1711–1776）爲之增强；有一段時間，休謨住在法國，與許多領袖學者頗爲熟稔。

在美國，起草憲法之人也是大部以陸克的思想爲依據。陸克的政治主張，益以孟德斯鳩之所推演，乃編入於美國憲法之中；而每遇總統與國會發生爭執時，仍可見其實地活動之迹焉。

陸克在倫理上的主張是先邊沁而發的。他同邊沁一樣，認爲任何人的行爲必永以對其自己的幸福或快樂之欲求爲唯一動機；質言之，人類行爲的唯一動機乃在趨樂避苦。後來，陸克思想中的此種部分多所發展，而其政治哲學的邏輯基礎，自然法的理論，遂失去其原來的重要地位。於是，陸氏政治哲學的內在結構爲之解體，但其大部分的實際旨趣與很多的內在精神則流入於功效主義。在功效主義中，繼續保持着同樣的個人權利之理想化，同樣的相信自由主義爲補救政治罪惡的萬靈藥，同樣的對財產權之同情，以及同樣的相信公共利益必須就私人福利來設想。

（註一）當時的教育，使他「爲晦澀的名詞與無謂的問題所困擾」。

（註二）民黨是後來的自由黨（Liberal Party）之前身。

（註三）陸克同沙夫貝來伯爵一家的關係與霍布斯同哈維克勳爵一家的關係是差不多的。

（註四）陸克的父親就是死於肺病的。

（註五）席德尼於一六八三年以叛逆罪被處死。其所著政府論叢（Discourses Concerning Government）一書卽曾以費爾默的君父論爲對象，而逐步予以駁斥。此書作於一六八〇到一六八三年之間，但直到一六九八年才出版。

（註六）此書一名「國王的自然權」（The Natural Power of Kings）。

（註七）政府論第二篇第七章第七十七節。

（註八）同上第八章第九十五節。

（註九）同上第二章第四—六節。

（註一〇）同上第三章第十九節。

（註一一）此處顯然是指霍布斯之流而言，不過沒有道其姓名。

（註一二）政府論第二篇第三章第十九節。

（註一三）他有時擴大其範圍，把健康（health）也包括在內。如政府論第二篇第二章第六節中有言曰：「任何一個人不應傷害他人的生命、健康、自由、或所有之物」。在論容忍函中，也有把身體的健康與生命、自由、財產相提並論之處。

（註一四）關於此點，陸克在政府論第二篇第七章第八十七節中這樣說：

「人………天生有一種權力………來保持他的財產——那就是他的生命、自由、與財產………。」（"Man………hath by nature a power………to preserve his property——that is, his life, liberty and estate………"）

又在同書第九章第一百二十三節中，也有這樣的話：

「………他們的生命、自由、與財產、這些我名之以總括的名稱——財產。」（"………their lives, liberties and estates, which I call by the general name——property."）

（註一五）政府論第二篇第四章第二十一節。

（註一六）陸克把自然的自由界定爲除自然法外不受任何其他規律的約束；而對人在政治社會中的自由，則說：

「人類在社會中的自由，就是祇在共和國中由同意建立的立法權之下，而不在其他立法權之下；除受那個立法部依照委託所制定的法律之支配外，不爲任何意志所支配，也不爲任何法律所限制。」

（政府論第二篇第四章第二十一節）

可見，在陸氏看來，人類並沒有絕對不受任何限制的自由。人類的自由，在自然狀態中，要受自然法的約束；在政治社會中，則要爲自己同意建立的立法部制定的法律所支配。

（註一七）政府論第二篇第五章第二十六節。

（註一八）陸克認爲使各種東西的價值有所不同者乃是勞力；十分之九的價值是由勞力而來。（至關於另外的十分之一如何，他卻隻字未提。）勞力價值說（Labour Theory of Value）——就是產品的價值決於所用的勞力之理論——有人歸之於馬克斯（Karl Marx），有人歸之於李嘉圖（Ricardo），其實在陸克的理論中已經可以看到。陸氏之所以有此種想法，則是受了一系前人的啓示，一直可以上追及於中古經院學派的聖多瑪阿奎那・湯尼（R. H. Tawney）在宗教與資本主義之興起（Religion and the Rise of Capitalism）一書中，於綜述經院學派的理論之後，曾經這樣說過：

「其論據的要義是說製造貨物的工匠或運輸貨物的商人都可以正當的要求報酬，因爲這兩種人都勞力於職業之中，而於公共需要有所貢獻。罪無可逭者却是投機家與中間人，這些人藉剝削公衆需要而攫奪私利。阿奎那理論的眞正後裔乃是勞力價值說。」

(註一九)政府論第二篇第五章第二十四節。
(註二〇)同上第九章第一百二十三節。
(註二一)同上第九章第一百二十四節。
(註二二)同上第九章第一百二十五節。
(註二三)同上第九章第一百二十六節。
(註二四)同上第二章第十三節。
(註二五)同上第二章第十三節及第九章第一百二十七節。
(註二六)同上第八章第九十五節。
(註二七)同上第八章第九十九節。
(註二八)同上第九章第一百二十三及第一百二十四節。
(註二九)同上第八章第九十五節。
(註三〇)陸克在政府論第二篇第十二章第一四三節中這樣說：

「人性都是傾向於要掌握權力的。假如使具有制定法律之權的人同時握有執行法律之權，那對於人性的缺點，實在是太大的誘惑。那樣的話，他們將會使他們自己免於服從自己所制定的法律，並且使法律的制定與執行都適合於他們自己的私利，因而具有和社會其餘的人不同的特殊利益，與社會及政府的目的相衝突。」

(註三一)政府論第二篇第一章第三節。
(註三二)政府論第二篇第九章第一三一節。
(註三三)見政府論第二篇第十一章「立法權之範圍」(第一三四節至第一四二節)，原文有重複之處。

（註三四）政府論第二篇第十九章第二一二節。

（註三五）政府論第二篇第十三章第一五一節。

（註三六）由此可見，後來盧騷極有名的「共通意志」觀念，陸克實已開其先河。參閱本書第二十一章第四節。

（註三七）陸克也有時稱之爲"civil society"。

（註三八）政府論第二篇第十三章第一四九節。

（註三九）同上。

（註四〇）政府論第十三章第一五五節中有言曰：

「在一切情況與條件之下，對無權之强力的眞正矯治之方乃是以强力抗之。」

又第十八章第二〇四節中也有這樣的話：

「强力祇是用以對抗不公道與不合法的强力。」

（註四一）陸克是一個深信宗教之人，於基督教之信仰極爲虔誠，自然會以天示爲知識之源泉。雖然如此，他卻於天示的周圍，環繞之以理性的防衛。所以，有一次他說天示的證明就是最高的確定，而在另一個地方他又說天示一定要以理性來判斷。然則，歸根究底，至高無上的還是理性。

（註四二）例如，達爾文（Charles Robert Darwin 1809——1882）就是如此的，而可憐的孟博多勛爵（Lord James Burnett Monboddo, 1714——1799）則不免爲人嘲笑了。又如當我國對日抗戰時期，張起鈞先生曾有「舉辦物價指數存款」一文（原文刊於民國三十三年二月十三日重慶大公報），主張用物價指數辦法處理貨幣問題，當時並無人注意；及勝利後，蔣碩傑先生建議用物價指數辦法整理法幣，竟成爲風行一時之名論，而於張文世人反鮮有知者。

（註四三）陸克的哲學在法國之奏凱，據羅素的說法，還有一種極不合邏輯的道理，就是與牛頓（Newton）的聲望關係綦鉅。緣笛卡爾當日在哲學上的權威，因其在數學與自然哲學方面的著作而增高；但就對太陽系的解釋來講，其漩渦說（doctrine of vortices）確不及牛頓的萬有引力定律（law of gravitation）。牛頓的宇宙開闢論（Newtonian cosmogony）之制勝使人們減少了對笛卡爾的尊重，而增加了對英國的尊重。這兩種原因遂使人傾向於陸克。在十八世紀的法國，才智之士正反抗陳腐無生氣的專制政治，而視英國爲自由之家，於是由於陸克的政治理論，乃對其哲學特別愛好。

第二十章　孟德斯鳩

在陸克之後，政治思想上，獨具特性，系統分明，而影響深遠的大家，要算法國的孟德斯鳩（Baron de Montesquieu, 1689–1755）。法國在路易十四（Louis XIV 1638–1715）死後，對於君主政體的高壓政策，發生一種反動，懷疑主義與合理的自由之精神於是出現。在這一時期的法國政治學上，首先成就有系統的著作者，就是孟氏。

孟德斯鳩生在包爾德（Bordeaux）附近的一個貴族家庭，曾受極好的教育，學習法律（註一）。他七歲喪母，其父也在一七一三年逝世。一年之後（1714），他作了包爾德市議會的議員。他的叔父就是包爾德市議會的議長，僅有一子，而不幸夭折，所以在一七一六年逝世的時候，就把議長的重要職位和他的全部財產都傳給孟氏，由孟氏繼承；就連"Montesquieu"這個尊貴的頭銜，也是孟氏由他叔父那裏承襲來的。孟氏在任職市議會的十二年當中，對於哲學、政治學、文藝等，一直在不斷的研究。一七二一年，他發表了波斯人的書信（Persian Letters, Lettres Persanes）（註二），託波斯人的言語，對當時法國社會、政治、宗教、文學上的狀況，加以無情的諷刺，頗受歡迎，他的文名因此大噪。

一七二六年，他放棄了議長的職位，專事學術研究，並且去到巴黎；旋於一七二八年，獲准爲法蘭西中央學士院（French Academy, Académie Française）的院士。然後，他爲考察各國的實際情形，決定前往歐洲各國遊歷。在遍遊大陸各國之後，他又到了英國，居住約有兩年，與彼邦政治上重要人物頗有接觸，而對於英國的自由思想與政府制度頗爲傾慕，這對於他一生的思想實有很大的影響。

他回國之後，再居故鄉。一七三四年，他又發表了羅馬興亡史論（Greatness and Decline of the Romans, Considérations sur les causes de la grandeur des Romains et de leur décadence,）（註三）。至於他費盡半生心力而完成的偉大不朽著作法意（The Spirit of the Laws, De l'Esprit des Lois,）一書（註四），則於一七四八年問世。

孟德斯鳩議論政治問題，比較注重於政治上實際的、具體的情況，而不甚注意抽象的政治理想。他的治學方法不是唯理主義的（rationalistic）或理想的（idealistic），而是經驗的（empirical）。質言之，他的立論，都不是從一種純理的抽象假設演繹出來的，乃是由對過去和當前種種具體事實的考察，而歸納出來的。他所採用的方法，不外歷史的方法與觀察的方法。他有時也有理想，可是他的理想沒有不是從歷史與觀察上得來的。他要從實際社會生活中求得原理，而不是高懸一個理想，用來創造一種社會生活。他的方法是亞里斯多德的方法，而不是柏拉圖的方法，是鮑丹的方法，而不是霍布斯或陸克的方法。所以，就方法而論，孟氏乃是屬於歷史學派的。

過去與當前的具體事實，對孟氏影響最深的，有兩方面：一爲羅馬的歷史，一爲其時英國的憲法。此乃孟氏思想的兩個主要來源。他的政治哲學的目的與全般系統，大概都是由這兩種因素而決定的；自由觀念，乃其政治哲學的中心，也是導源於這兩種因素。他不但能對於過去與當前生活上的具體事實，悉心研究考察，並且他的研究考察能夠針對當前的問題而尋求解決的途徑。孟氏的特別卓越處在能從對各時代各種國家之實際制度的普遍觀察研究中，建立起法律與政治的比較理論，而能適應各種政體的政治需要。

第一節　法律論

(一) 法律的定義

孟德斯鳩在其法意一書中，開宗明義，首先就爲法律下了一個定義；他增廣了法律的概念，認爲法律包括一般的因果關係。他說：

「法律，就最廣的意義言之，乃是從事物的本性所起的必然關係。」("Laws, in their most general signification, are the necessary relations arising from the nature of things.")（註五）

這樣的法律定義是前所未有的。從柏拉圖一直到陸克，法律曾經有許多不同的定義。不過，這些不同的定義，總不外乎在兩種說法的爭論之中：有的說法律是理性的指示；有的說法律是最高者的命令。可是從來沒有人敢說法律僅是一套的「關係」。孟氏却把法律看成從事物本性中所起的「必然關係」，這是很大膽的說法。依孟氏之意，任何事物的存在，一定有其因果關係，而在此種因果關係之中，就含有事物存在的法則。如此說來，一切事物都各有其法：神有神法，物質世界有物質世界的法，禽獸有禽獸的法，而人類有人類的法。人類的智慧固然可以創造法律，但是我們不能不承認，在人類創造的法律之外，另有許多原則，對人類的各種制度以及立法本身不斷發生決定性的影響。在人類制定的法律之前，已經有「正義的關係」(relations of justice, rapports d'équité) 之存在，制定法乃依此種「正義的關係」而立。法律的定義，如不將此義包含在內，殊欠適當。因此，孟氏乃給法律下了一個具有概括性的定義如上。

孟氏的法律定義不論是不是最完滿的說法，其所要表達的觀念總是很重要的。如此的界說，至少可以把個人任憑私意與武斷的因素，祛除於法律觀念之外。

（二）自然法

上述法律的定義，可以適用於一切事物，而不論其有無生命，自不待言。就特具智力的人類言之，則孟氏以爲關係其生存者，首推自然法（laws of nature, lois de la nature），不過，孟氏對自然人的描述，與霍布斯及陸克二氏都不相同；孟氏所講自然法的內容，也與前人有異。在孟氏的心目中，自然法乃是由人之所以爲人的本性而來一些原則。他認爲最初的人類乃是怯懦的動物，常驚惶失措的逃避實有的以及想像的危險，其怖畏疑慮之情幾至「一樹之搖，爲之戰栗，一影之見，乃必狂奔」（註六）。自然法不過是一種非理性的衝動，自然人依循之以避種種危險，尋求維持生命的食物，蕃殖同類，最後並與他人發生社交關係。

孟氏認爲這樣的自然法包含下列幾項原則：

1. 和平　在自然狀態中，每個人都自覺孱弱，以爲己不及人，絕無平等之思，而常有自卑之感。在此種情形下，各個人之間，自不會互相攻擊，人與人之間，彼此攻防之事，是有了社會之後才會有的，初民並不作此想。霍布斯所謂自然狀態就是戰爭狀態，在孟氏看來，乃以已有社會的情形，推論初民的處境，實爲無根之說。所以，孟氏認爲，和平乃是自然法的第一原則。

2.尋求食物　在自以爲孱弱的感覺之外，人類次一感覺就是生活上的需要，於是乃謀所以自養之道。自然法的次一原則就是尋求食物。

3.互相親愛　初民既怯懦而多恐怖，在恐怖之中，一接近同類，就會有快樂之感，而男女異性之相吸引更足以增進此種快樂。於是，人類乃自然的有一種互相親愛之情，可以使人類彼此結合。此種互相親愛形成自然法的第三原則。

4.社會生活的欲望　人類的情況，有與禽獸相同者，也有異於禽獸者。如耳目視聽的感覺，飲食男女的嗜欲，都是同禽獸一樣的；但是禽獸不能有智識，而人類有智識，則是禽獸不如人處。智識是促進人類結合的另一因素；智識的作用，可以使人類發生互相結合的動機，因而有在一個社會中共同生活的欲望。所以，社會生活的欲望就是自然法的第四個原則。

(三)　制定法

迨人類智識增加，而社會組織形成，情勢乃與自然狀態大不相同。此時，人皆喪失其自覺孱弱之感，而尋求超乎他人的權力，於是開始戰爭狀態：「國與國自負其強固，而邦國之戰興；人與人自恃其權勢，而私鬭之爭亟」。(註七)此種新的情勢乃是制定法 (Positive laws, lois positives) 發生之源。制定法由三種關係而來，可以分爲下列三類：

1.國際法 (law of nations, droit des gens)　發生於各民族彼此間的關係，特別是由他們之間常有的戰爭狀態而起的關係。此種國際法的基本原則，是各民族在和平時應盡其所能謀求最大福祉，而在戰爭時應將戰禍縮小至最低限度，以期不致損害他們的眞正利益。

2. 政治法 (political law, droit politique) 發生於一個社會中治者與被治者的關係。

3. 民法 (civil law, droit civil) 發生於各個人民之間的相互關係。

以上三種制定法中，國際法可以通行於一切社會；政治法與民法則各國不同。後二者實爲人類理性對某一社會的特殊情況之適用，所以與其地的各種環境都有密切關係。此點容於下面第二節及第四節中詳述之。

第二節　政體論

對於孟德斯鳩的政體論，我們先要知道孟氏有一個基本的觀念，認爲政府有其「性質」(nature, la nature)。有其「原理」(principle, le principe)。他並且把二者嚴爲區分：所謂政府的性質是指政府的構造而言；所謂政府的原理則是指促使政府行動的人類情感而言。孟氏這樣說：「在政府的性質與原理之間，有這樣的區別：前者是其所以組成的，後者則是所以使其行動的。一個是其特別的構造，另一個則是使其行動的人類情感。」(註八)

所以，在這一節中，我們先講政體的性質，次言政體的原理，然後再論政體的變遷。

(一)　政體的性質

(甲)　政體依性質而分類

孟氏所作的政體分類，是以政府的性質爲基礎，換言之，也就是以政府的構造爲基礎。依據此種基礎，他把政體分爲下列幾種：

1. 共和政體 (Republic, République) 就是最高權力在全體人民或一部分人民的政體。所以，共和政體又分爲兩種：

①民主政體 (Democracy, Démocratie) 最高權力在全體人民之手者。

②貴族政體 (Aristocracy, Aristocratie) 最高權力在一部分人民之手者。

2. 君主政體 (Monarchy, Monarchie) 就是一個君主依確定的法律而統治的政體。

3. 專制政體 (Despotism, Despotisme) 就是一個人以己意獨裁而不受任何限制的政體。

於是，孟氏所區分的政體類別，可以說有三種，也可以說有四種。(註九)

孟氏所作這樣的政體分類，既少邏輯可循，又沒有什麼新穎。他沒有採取一種標準，作分類的基礎；他區分各種政體的基礎，一部分建立在掌握最高權力者的人數之上，一部分又建立在運用最高權力的方式之上。他所說的各種政體之名稱以及特質，幾乎都是前人已經講過的老套。

(乙) 政體的性質與憲法

孟德斯鳩認爲一國政體的性質與構成其憲法的基本法頗有密切關係；政體的性質就可以決定憲法的性質。茲就各種政體，分別言之：

1. 共和政體 其基本法必須規定下列數事：

①選舉權與選舉。

②議會以及其他政府機關的形式與行動。

③官吏的人數與權力。

至關於其細節，孟氏的觀念是承襲亞里斯多德的，而其所徵引的例證也多半是採自希臘與羅馬的歷史。比如，他以爲民主政體宜用抽籤方法產生官吏，貴族政體則宜用投票方法產生官吏；立法權在民主政體應置於全體人民之手，在貴族政體則應爲選出來的議會或元老院所掌握；民衆頗善於選擇執行民意的官吏，却無自己執行其意志之才。（註一〇）對投票究應公開抑應秘密的問題，孟氏認爲在民主政體之下，應該採用公開投票的方式。「何以言之？蓋愚賤居其多數，而賢者恆在上流。使其明揚（公開投票），則上流常有左右多數之勢力，而大人長者之凝重有以鎮其飛揚妄躁，而納之於儀軌也。」（註一一）至於貴族政體或民主政體下的貴族元老院，則必須採取秘密投票的辦法，以防止陰謀。

2.君主政體　就其性質來說，最重要的根本法要能保障特權階級，尤其貴族的優越。在君主國中，君主與貴族實相依爲命，故有「無國君，無貴族；無貴族，無國君」（註一二）之諺。其次，還要有保障法律的機構。孟氏認爲保障法律的任務既不能付託於貴族，也不能付託於皇家議會，一定要交與獨立的司法團體。

3.專制政體　孟德斯鳩所想的專制政體是東方式的—專制帝王把政府的事交與一個親信之人去負責，這一個人是在「一人之下，萬人之上」的。所以，他認爲此種政體的特點就在要有一個唯一總攬國政的「維齊」（Vizir）；議會或內閣的制度是與專制君主不相容的。就專制政體的性質來說，其基

本法乃是建立維齊制度。（註一三）

（二）政體的原理

（甲）各種政體特有的原理

在孟德斯鳩看來，政體原理的差別較性質的差別，更具重要意義。上述各種政體，各有其特殊的原理如次：

1. 民主政體　其原理爲道德（Virtue, Vertu）。不過，這並不是倫理的或宗教的道德，而是嚴格意義的政治道德——「愛國家，愛平等」的道德。

2. 貴族政體　其原理也是道德，不過在貴族政體中，道德的原理以特別的一種形態表現出來，孟氏名之曰禮讓（moderation, modération）。孟氏之意蓋以爲，貴族政體中的統治階級應該隨時顧及較低級的人民以及貴族自己彼此間的關係，而以此自行約束，這就是一種禮讓的精神。但此種禮讓是以道德爲基礎的，而非出自缺乏精力的懶惰與怯懦。

3. 君主政體　名位爵祿，各有等差，這是君主政體的要素；所以，君主政體的基本原理乃是榮寵（honour, honneur）。在君主國中，榮寵對人民是一種重大鼓勵；人心希冀名位爵祿的榮寵，乃各自奮發有爲。君主政體雖然就其性質來說，沒有平等的精神，但因有榮寵之故，也可以使人民表現其精力，與共和政體無異。榮寵同樣可以鼓舞人民成巍巍之功，建赫赫之業。並且，使君主政體不致變爲專制政體的實際保障，也有賴於榮寵的原理。

4.專制政體　專制政體中，一個人任意獨斷，而不受法律限制，然則祇用威嚇卽可，自無需乎道德或榮寵。所以，專制政體的原理乃是恐怖 (fear, crainte)。

（乙）政體的原理與教育及立法

孟德斯鳩認爲，國家的教育與立法必須與其政體特有的原理相適合。就教育來說，在各種政體之下，其基本精神應各有不同：在君主政體之下，要教人民知道求榮；在共和政體之下，要教人民知道尙德；在專制政體之下，則要教人民知道畏威。至於一切立法與各種政體原理的關係，分述如次：

1.民主政體　法律應以促進平等的愛好與儉約的實踐爲目標。孟氏於此，對於以財富的平均分配爲法律目標的古代理論，並加以贊許。

2.貴族政體　其立法應注意防止對統治階級的尊榮與特權之過度强調，而時時着眼於財富與權力的節制。所以，一面貴族應禁止從事於商業，因爲商業發展所引起的平等、儉約、與工業等較適宜於民主政體；另一方面，凡對統治家族的尊貴加以誇大或使其垂之久遠的規定，法律都應該避免，因爲這樣的規定，實爲君主政體的特質。

3.君主政體　君主政體的原理旣在榮寵，法律自須適合榮寵的精神。榮寵與貴族又是緊密而不可分的：可以說有貴族而後有榮寵，也可以說有榮寵而後有貴族。(註一四) 所以，在君主政體中，對貴族的尊榮與特權加以保障與提高實爲法律最基本的目標，立法必須着眼於此。唯有如此，才可以保持榮寵的精神；也唯有如此，才不致使君主政體墜爲專制。

4.專制政體　專制政體既以威嚇爲能事，自無須多立法制，祇以簡單呆板的二三觀念，使人民深印腦際，不敢或違，就可以了。請看孟氏這樣說：

「專制之精神，可一言而盡也，曰使民戰栗而已。夫使其民而怯懦，而愚頑，而志氣銷萎矣，則其所以治之者，又奚取多立法律爲。」

「其立事之宗旨無多，本於二三義而已，且由此亦毋庸有所增益也。如調駒然，不易御，不改趨，步武進退常如是，使馬之所印於其腦者，盡此二三動法而止，不求多也。」（註一五）

孟氏所論立法與政體原理的關係，其關於共和政體與專制政體者，很少超過希臘、羅馬學者的老生常譚；惟於法制與榮寵的原理之關係一點，其見解卻頗爲卓越而新穎。

（三）政體的變遷

亞里斯多德頗注意於如何防止革命，鮑丹則謂國家的變革是必然而不可避免的；這兩種觀念，在孟德斯鳩的政治思想中，都找不到。孟氏認爲國家某種政體的存在，必有其維繫的因素。在維繫的因素不變時，政體自不會發生變遷；倘此種因素有所變更，則政體必將隨之改易，雖欲使它不變，也不可能。所以，在他看來，人對於政體的變遷，不必加以贊許或非難，而祇須加以解釋與說明。現在，請看他如何解釋政體的變遷。

（甲）政體何以變遷？

維繫政體存在的因素乃是政體的原理，也就是一個社會所特有的精神。政體是否會發生變遷，就要看此種原理是否能夠保持不改。一旦此種原理有所改變的時候，政體也必隨之而變。孟氏之解釋政體的變遷，以此義爲最基本，所以他說：

「每一政府的腐化常常是由其原理的腐化開端。」（註一六）

前巳言之，孟氏深信法律制度必須適合政體的原理，因此其間具有緊密而不可分的關係。祇要原理沒有變動，一切法律制度總是好好的；可是一旦此種原理，也就是社會的精神，有所改變的時候，則原有的法律制度旣與新的原理不能相容，必致根基動搖，變易隨之。明乎此，對於孟氏所謂政府在其原理改變之後，勢必發生變遷，而無可避免，當更可了然。

（乙）政體變遷的定例

至關於政體變遷的情形如何，孟氏祇說明某種政體腐化之後，一定會變成某種政體，而沒有講政體循環。茲述孟氏所講政體變遷的定例如次：

1. 民主政體　在眞正平等的精神消亡時，民主政體就會發生變遷。眞正平等精神的消亡，有兩種情形：

①平等的精神完全喪失　在此種情形下，民主政體將變成貴族政體或君主政體。

②平等的精神太過　在此種情形下，民主政體將變成專制政體。

關於此點，孟氏之言曰：

「是故民主之局，常有兩極之可虞，究之皆平等之失中耳。其一日不及，不及則貴族，則君主；

其一曰過，過則專制，其所以然者，國力散而民賊滋，故易爲寇敵之所乘也。」（註一七）

2. 貴族政體　當貴族不珍重他們的政治權力，擅行專斷，而不遵法律，並且把他們自己變成世襲時，則禮讓的精神消失，貴族政體勢必變成寡頭政體。

3. 君主政體　君主政體的腐化，乃由於君主不顧榮寵的精神，將大權集於一身，使貴族不復能保持其尊榮與特權。到了「一國之政，總於京師，京師之官總於宮廷，宮廷之事總於一身」（註一八）的時候，君主政體就變成專制政體了。所以孟氏說：

「民主之傾也，以衆庶奪議官長吏與司理者之柄也；君主之敝也，以王者侵地方自治城邑應有之權也。前之敝也，敝於宜萃者，而爲渙，篡於下也；後之敝也，敝於宜分者，而爲專，刼於上也。」（註一九）

又說：

「總之，其治制（指君主政體）之毀也，以君主不知其權之所由重，不識其位之所由安，與臣民尊君親上之情之何由而至也。不悟群扶之君主之所以安，反之，卽專制之君主之所由危也。」（註二〇）

4. 專制政體　專制政體的本身就含有腐化的因素；除非有天時、地利、宗教、人才等偶然的情形，以勉强暫救其本來的缺點外，專制政體沒有不傾覆的。所以，在孟氏看來，專制政體本非長治久安之計，其腐化乃是常態，不腐化卻是偶然的例外。請看他這樣說：

「專制之精神非可久之物也，故敝者其常，不敝者其偶。他制之敝也，事或出於所不期，立制精神，爲所破壞。獨專制不然，其破壞也，生於自力。向之所未至於破壞者，有不期之物，從而救之；使其救者亡，則其治之眞果見矣。大抵專制之治之不傾也，或以天時，或以地利，或以宗教，或由人才，使秩序尙存，而人民受治。雖然，是皆勉强之功，而未變其性質也，其酷烈之氣終存，民之馴服而可馭者，特暫而已，不可長也。」（註二一）

（丙）國境變遷的影響

孟德斯鳩又有一種意見，認爲國境的大小對於政府的原理可以發生直接而具有決定性的影響，因而也就可以影響及於政府形體的變遷。他斷言各種政體各有其適宜的國境：共和政體的國境宜小，君主政體的國境宜大小適中，專制政體的國境宜大。倘若一國領域由大變小，或由小變大的時候，其政府的原理必隨之變更，那麼，其政體也就要跟着發生變遷了。

關於國境大小與政體的關係之理論，孟氏與馬凱維里正正相反。馬氏認爲無論君主國或共和國都一定要擴張其領土；領土的擴張，對於維持國家的生存是很必要的。而依孟氏之論，則領土的無限擴張祇適合於專制政體的原理，共和國甚至君主國則都不能隨意擴張其領土，不然將無法生存。

第三節　自由論與三權分立說

在政治學的歷史上，孟德斯鳩占了一個相當重要地位，衡其理論的重要性，當以自由論爲第一。而其負有盛名的三權分立說，又是與其自由論緊密相聯的。下面，我們就講述孟氏的自由論與三權分立說。

（一） 兩種自由

孟氏對於自由的性質，特別重視。他以為自由一詞，意義甚為含混，許多人有各種不同的解釋，所以他說：

「今夫一名之立，歧義叢生，而人心觀念從而為異者，殆莫若自繇（自由）之一言。」（註二二）在縷述過去及當時各種不同的自由觀念之後，他進而推究自由的確切意義。在他看來，就最廣的意義言之，所謂自由就是一個人相信他可以依照他自己的意志而行動。如此含義的自由包括兩種：

1. 政治自由 (political liberty, liberté politique)。
2. 個人自由 (civil liberty, liberté du citoyen)。

茲將這兩種自由，分別釋論如次：

（二） 政治自由與三權分立

（甲） 政治自由的意義

政治自由並不是一個人可以絕對的為所欲為的意思，乃是在於一個人有權作他自己應當要作的事，而不被人强迫着作不應當要作的事。或者，為使這個觀念符合上述自由的廣泛定義起見，也可以說，政治自由在於一個人可以作他自己應當要作的事，而有一種安全之感。此種安全，唯有在以法律為基礎的政府之下，才可以有之，所以政治自由也就在於一個人可以作法律所容許之任何事情的安全之感。關於此義，孟氏說：

「政治自由並不是一種毫無限制的自由。在政府之下，也就是在法治的社會中，自由僅在於我們有權作自己應當要作的事，而不被迫作自己不應當要作的事。……自由就是可以作法律所容許的任何事情之權利；假如一個公民可以作法律所禁止的事，那麼他就沒有自由了，因爲所有其他的公民都有同樣的權利。」（註二三）

又說：

「政治自由在於安全，……。」（註二四）

簡單言之，孟氏所謂政治自由就是在法律所容許的範圍內可以如願以行事的權利。

（乙）政治自由如何保障？

在上述兩種自由中，孟德斯鳩特別重視政治自由。此種政治自由如何才可以得到保障呢？這是孟氏所要悉心探究的中心問題。政治自由的要素在免於個人恣肆與濫用權力的安全；要得到此種安全，就必須實行法治，而不能聽任人治。不過，於此我們要注意人性有一種根本弱點，就是

「不斷的經驗告訴我們，任何人掌握了權力的時候，都易於濫用權力，乃盡其權威之所能至者而爲之。」（註二五）

因此，要保障政治自由，最要緊的就是制止權力的濫用。

「民主與貴族的國家未必在其性質上就是自由的。政治自由唯有在溫和政府（moderate governments,

gouvernements modérés) 中才可以看到。但是，就在溫和政府中，也未必經常的可以看到政治自由；唯當權力不致濫用時，才會有之。」（註二六）

那麼，政府權力的濫用，又應該如何予以防止呢？關於這個問題，孟氏認爲就是要使政府的各種權力分立，而且互相制衡，庶幾任何一種權力都沒有被濫用的可能。他說：

「從事物的本性言之，爲防止權力的濫用，必須使權力牽制權力。」（註二七）

唯有如此，才可以作到「凡法所不責者，莫之强也，凡法所不禁者，莫之奪也」（註二八）；也唯有如此，政治自由所需要的安全感才可以得到。「人民的政治自由乃是由每人自信安全無憂而起的心意寧靜。要想得到這種自由，則政府的組織必須使人與人之間不必互相懼怕。」（註二九）總之，依孟氏之意，政府權力的分立與互相制衡實爲保障政治自由的必要條件。

孟氏此種觀念與主權的觀念，殊不相容。他認爲，無限制的權力不論握在君主、貴族、或人民之手，都是很危險的；主權一詞所含無限權力之義，實與自由政府的觀念相悖。所以，孟氏對於主權觀念，並無興趣，旣沒有加以討論，也沒有下一個定義，不過偶然的提到而已。

權力分立與互相制衡的觀念，在政治思想史上，本是一個很古老的觀念，惟不甚明確。孟德斯鳩把古已有之的理論加以修正，乃使權力分立成爲憲法各部分之間法定互相制衡的制度。他認爲「世界上有一個國家，其憲法以政治自由爲直接目的」（註三〇），自然此種憲法也就最宜於保障政治自由，那就是英國憲法，其中政府權力分立與互相制衡的制度表現得最爲完善。他對英國憲法稱頌備至。於是，在法意一書特別著名的第十一卷中，孟氏乃以他對英國憲法的了解爲基礎（註三一），闡論依照分權原則的憲法構造，而形成其三權分立說。不過，嚴格的說，孟氏此種理論還是不夠十分明晰。法意第十一卷中所講的，有許多問題與分權無關，而於分權理論的最緊要之處，則反沒有充分研討。現在我們就可以講到孟氏三權分立的理論了。

（丙）政府的分權

（子）政府的三種權力

孟德斯鳩的分權論，最初乃直接受陸克的影響而來，不過對陸克的分權論又加以修改與補充增益。陸克把政府的權力分爲三種，孟德斯鳩也把政府的權力分爲三種，而且孟氏開始所提出來的三種政府權力，與陸克所分的立法、執行、與外交三權，正復相同。但是孟氏在緊接着的次一段文中，隨即把陸克所說的外交權稱爲行政權，而把陸克所說的執行權稱爲司法權，乃又與陸克有異。請看孟氏這樣說：

「每一政府中都有三種權力：立法權；有關國際法事項的行政權；有關民法事項的行政權。

「君主或執政官用第一種權力，來制定臨時或永久的法律，修正或廢止已制定的法律。用第二種權力，來宣戰媾和，派遣或接受大使，維持公安，防禦侵略。用第三種權力，來處罰犯罪，或裁判個人之間的爭訟。我們把最後一種稱爲司法權，而把另外一種單稱爲國家的行政權。」（註三二）

於是，孟氏所區分的政府三種權力如次：

1. 立法權 (Legislative Power, Puissance législative)
2. 行政權 (Executive Power, Puissance exécutrice)

3.司法權 (Judicial Power, Puissance de juger)

這就是後來一般通行的政府權力的分類，經孟德斯鳩提出，始在政治哲學中首次出現。

這裏，我們要注意一點，就是孟氏如此列舉政府的權力，似有重大疏漏，沒有把執行國際法與民法以外的立法包括進去。如嚴格依照孟氏所定的界說，上列三種政府權力中，任何一種權力都與此無關。質言之，立法的執行有關一般對內行政的部分，除維持公安一項而外，都並未包括在孟氏的分類之內；有許多政府的重要職務，如徵稅、築路、造幣等，在他所舉的三種權力中，任何一種都不能包括。不過，孟氏對於此種疏漏，似乎並沒有十分注意到；在另外幾段文字中，他又說行政權包括一切立法的執行，不論關於任何事項。這樣的行政權，其意義與孟氏最初所謂「有關國際事項」的界說，並不相符；然則，除立法與司法以外，所有政府的作爲都當屬於行政權的範圍之內。在法意一書中其他各處，講到行政權時，他總是就此種意義來用這個名詞，而並沒有依照最初所下極爲窄狹的定義。這又是應該予以辨明的。

(丑) 政府權力的分立

在分析政府的權力之後，孟氏進而主張政府的三種權力必須分屬於三種不同的機關；唯有這樣的憲法，才能夠保障公民的政治自由。任何兩種以上的權力，假如集中於一個機關，都會妨害政治自由，都是很危險的：

「當立法權與行政權合而歸之於一個人或一團的官長時，那就沒有自由了，蓋憂懼不安將因而發生，恐怕君主或元老院會制定專制的法律，並以專制的方式予以執行。

「再，倘若司法權與立法權行政權不分，也無復自由之可言。司法權如與立法權合併，則裁判官同時就是立法者，人民的生命與自由行將受到專制武斷的支配。司法權如與行政權合併，則裁判官將濫其淫威，而不公正了。

「至若這三種權力，即制定法律之權，執行公衆決議之權，與審判個人間爭訟之權，統由同一個人或同一團體來行使，無論其爲貴族或平民，則一切事都完結了。」（註三三）

至於這三種權力究應分別歸屬於何處呢？孟氏認爲應該是如此的：

1. 立法權　立法權足以表現「國家的共通意志」(the general will of the state, la volonté générale de l' état)（註三四），應屬於全體人民 (the whole body of the people, le peuple en corps)。但是鑒於全體人民實際從事於立法工作，勢不可能，或很不便，孟氏乃主張代表制，由人民所選出的代表來代辦立法工作。關於此義，孟氏說：

「夫自繇之民者，猶曰自治之民也。是以充類至義言之，其立法議制之權，宜爲通國庶民之所同有者。雖然，使其國而大，則其勢有不能；使其國而小，亦行之而有無窮之不便。於是推選代表之制與焉。夫代表者，民乃使之代爲其所不能自爲者耳。」（註三五）

又國家之中，常有些門第、財富、榮譽等特別高貴的人，他們自不願與一般人民完全等量齊觀。這種人之參與立法權，最好與常人不同，而具有特殊地位，俾可與其原有的優越成比例。於是，孟氏乃又認爲立法權應交與「貴族團」與「代表人民的一團」兩部分，這兩部分分別開會討論：

「所以，立法權應委於貴族團與代表人民的一團，他們分別開會討論，也各自有其見解與利益。」

（註三六）

孟氏對貴族之重視，也由此顯露出來。

2. 行政權　「行政權應由君主一人掌握，因爲政府的這一部門必求速效，由一人治理自比由多人治理較爲妥適。」（註三七）

3. 司法權　司法權直接涉及個人，在人民看來是很可怕的，所以不應付於常設的機關，而應由人民所選出的人來行使；這些人所組成的裁判所，並非經常性的，其存在的時日，視實際需要而定。請看孟氏說：

「刑權（司法權）所不宜畀之心涅特 (Senate, Sénat) 者，以其爲長立不改之曹也。法官宜選之於平民中，如雅典故事。其爲選也，莫有定時，儀式去取有定制，而蒞事之時日長短，視事勢之不得已而爲之。

「刑柄（司法權）者，人之所畏也。惟以此行之，而後於民等民業，無所專屬，而可畏者亡。向也，民人心目間，常有一法官者存；自前術行，民知有法典之尊而已，不知有法官也。」（註三八）

可怕的司法權，經如此安排，乃成爲人眼所不見的了。

（寅）　政府權力的制衡

僅僅權力分立，不能完全達到孟德斯鳩的目的，此外還必須使這三種權力彼此互相制衡，這是陸克的分權論中所沒有的。孟氏在說明政府三權互相制衡的一般原理時，每以英國憲法發展過程中的許多情形作爲例證。

三權之中，司法權一項，依上述孟氏的主張，「於民等民業，無所專屬」，也沒有常設的機關；於是，在他看來，司法權乃變成人所不能見的了。既然如此，在政府權力互相制衡的關係上，司法權可以說是「無」（nothing），並沒有什麼關係。請看孟氏這樣說：

「在上述三權之中，司法權，自其一方言之，可以說是無。然則所餘者祇有兩權了。」（註三九）所以，孟氏之論政府權力的互相制衡，就主要的集中於立法與行政兩權的關係。

首先，孟氏主張立法部應由「貴族團」與「代表人民的一團」兩部門組成，使立法部的內部先行分立。這兩部門各有其利益，各有其意見，分別集會討論；他們是互相牽制的：「他們（貴族）自成團體，有權抑制人民的囂張，猶之人民有權反對他們的壓制。」（註四〇）

上述立法權的兩部門都要受行政權的牽制。因爲「假如行政權對於立法團體的侵權，沒有予以限制的權利，則後者將變成專制，蓋它既可僭奪無限之權，就會破壞所有其他的權力了。」（註四一）所以，「行政權對於立法，應該有一部分的權利，就是否決權。」（註四二）行政方面僅有否決之權，而無權參加討論或提案，蓋既可否決一切不合意的決議案，也就無須有提案或與議之權了：

「行政權對於立法，除具有否決的特權之外，既無其他權利，它自不能參與討論。甚至它也沒有提案的必要，因爲它既可反對一切的決議案，對不合其意志的提議所作決定，它也就都可予以否決了。」（註四三）

此外，立法團體不能自行集會或閉會，其開會或閉會的時間應由行政方面酌情定之。

反過來看，立法權對行政權也有一種權利，就是行政方面對它所制定的法律，執行的實際情形如何，它可予以監督。請看孟氏說：

「使國爲自繇之國，則議法權（立法權）雖不可以牽掣行政權，而察所立法度行政者之有出入依違與否，又議法者（立法權）應有之權責也。」（註四四）

總之，關於政府權力的互相制衡，我們可以把孟德斯鳩的意見，用他自己的話，作一個簡要的總結如次：

「我們所討論的政府基本組織就是：立法團體由兩部門組成，他們各以否決的特權互相牽制。這兩部門同受行政權的限制，也就如同行政權要受立法權的限制一樣。」（註四五）

於此，人們很可能發生一種疑慮，就是政府的權力如此互相制衡，是不是會造成僵局，而不能行動了呢？關於這個問題，孟氏的回答是不會的，他說：

「因爲在人類事物的進行中，有一種必然的運動性（necessary movement, Mouvement nécessaire）。它們（指三種權力）將被迫而行動，並且還是協同一致的。」（註四六）

孟氏既然如此重視政府權力的互相制衡，所以他對立法行政兩部門打成一片的制度，深致反對：

「假如沒有君主，而把行政權交給由立法團體中所選出的一些人執掌，則自由行將消滅，因爲這些人將同時掌握立法與行政兩權，而這兩種權力就合併起來了。」（註四七）

孟德斯鳩之三權分立說的大要，略如上述。三權分立與互相制衡的制度對於自由的保障，雖然這樣重要，但是孟氏認爲保障自由的問題並非就此完全解決。假如有關懲治犯罪的法律不能依據健全的原則，卽使憲法完全符合上述的體制，從另一觀點來看，公民還是會缺乏安全之感，而不能得到充分的自由。所以，他在法意第十二卷中，又提出改革刑法與訴訟程序的意見，這也是孟氏的名論之一，對歐洲頗有影響。

孟氏的三權分立說，無疑的確曾發生了很大的影響，而且在美國聯邦憲法、各州憲法、與各州的許多權利表，以及法國的人權宣言中，都可以具體的看到。比如，一七七六年弗吉尼亞（Virginia）州的權利宣言（Declaration of Rights）第五條、一七八〇年馬薩諸塞（Massachusetts）州憲法的引言及第三十條、與法國的人權宣言第十六條，都是顯著的例子。影響如此重大的理論，據孟氏自己說，乃是由研究英國的憲法而發現。但是，孟氏並沒有眞眞的了解英國憲法。英國一六八八年的革命已經奠定了議會至高無上的地位。在孟氏訪問英國的時候，行政部門的地位雖然尚未明顯確定，但是任何以客觀觀察爲依據的人都不會以權力分立爲英國憲法的特點。所以，孟氏的觀察實屬大大的錯誤。實際上，他除受陸克等人的影響而外，不過接受了當時英國人流行的迷信（註四八），因而得到不正確的觀察。基於如此誤解而發揮出來的理論，竟發生了極大的影響，有如上述，眞令人不可思議！尤有進者，不僅孟德斯鳩誤解了英國憲法，到法意一書馳名而三權分立說風行的時候，就連英國人自己也不免爲此說所蒙蔽，更覺得權力分立與互相制衡確爲其本國憲法的要素。似此情形，說起來，簡直有點笑話！

（三）個人自由與奴隸制度

在孟德斯鳩的自由論中，個人自由與政治自由是有分別的。政治自由的意義已如前述，至於究竟什麼是個人自由，孟氏並沒有下一個確切的定義。不過，關於這兩種自由的分別，我們大體上可以有這樣的了解：政治自由是從個人對國家的關係而來；個人自由則發生於個人與個人之間的關係。前者的反面是專制政體；後者的反面則是奴隸制度。質言之，個人自由對奴隸制度的關係，與政治自由對專制政體的關係是一樣的。

孟氏對個人自由雖然並無確切定義，而於個人自由的反面，奴隸制度，則在法意第十五卷中，曾作有系統的討論。他堅決的認定奴隸制度，從其本質來說，就是壞的。此種制度對於奴隸，當然不好，因爲會妨害他們的自我發展；同時，對於主人也是有害的，因爲會使作主人者養成粗暴、放恣、而殘酷的惡習。所以他說：

「故天下之奴婢無善制。不獨害於奴婢也，於其主人尤無益。其害於奴婢何？待之不以人理，彼將不以人理自爲，故無一事焉，而用其天良也。其尤無益於主人何？以其於奴婢惟所欲爲，故常喪其人德於不自知，嚴酷卞躁，放恣頑嚚，皆以有奴階之厲矣。」（註四九）

過去，有人把奴隸制度解釋爲合理的制度，其所持各種理由，在孟氏看來，沒有一個是站得住的。他舉出從來維護奴隸制度的三種理由，並一一加以駁斥如次：

1. 戰俘爲奴　此說謂被征服的人，不被殺時，可以成爲戰勝者的奴隸，這是國際法所允許的。此種理由不能成立，因爲根本上戰勝者對被征服者就沒有殺害其生命的權利。

2. 自鬻爲奴　此說謂一個自由人可以自己賣身，而淪爲奴隸。可是任何買賣必定含有價值的交換；賣身者既把所有一切歸於主人，則後者等於毫無所出，獲得一切，而前者乃等於毫無所得，如此的情況豈可以買賣視之？所以，這樣的說法也是說不通的。

3.天生奴隸　除上述兩種理由之外，另有第三種說法，就是說一個人可能天生就是奴隸。依這樣的說法，奴隸制度乃是一種自然的制度，亞里斯多德就曾持此種理論。但是，一切人生而自由平等，乃是自然理性的大原則，任何事實都不能加以改變；若謂人可以天生而爲奴隸，那是違反此一大原則，絕不可通。「因爲一切人生而平等，奴隸制度必須被視爲非自然的。」(註五〇)

孟氏在提出反對奴隸制度的理論時，富有熱情，顯示激烈而不妥協的態度，與討論政治自由時所保持的冷靜科學精神相對照，迥乎不同。

第四節　法制與環境的關係

除上述各端之外，我們應該對孟德斯鳩的另一名論，特別加以說明，就是他認爲一國的法制必須適合其環境。他說：

「……每一國家的政治法與民法祗是人類理性施用於特殊情況之下。

「它們是爲人民而作的，應當與人民相適應。因此，一個國家的法律而能適合於另一國家者，乃屬極罕有之事。」(註五一)

所以，

「它們應當與每一政體的性質及原理相關聯，無論就形成政體的政治法來說，或就支持政體的民法來說，都應當如此。

「它們應當與每一國家的氣候相關聯，與其土壤的性質相關聯，與其地勢及幅員的廣狹相關聯，與其人民的主要職業相關聯，看他們是從事於農業、漁獵、或畜牧。它們應當與憲法所容許的自由程度相關聯，與居民的宗教相關聯，與他們的自然傾向、貧富、人口多寡、商業、禮俗等相關聯。最後，它們彼此之間還有關係，又它們的來源，立法者的用意，以及當時的社會組織與秩序也和它們有關聯。對於政治法與民法，應該把上述種種的情形都要考慮到。」（註五二）所有這許多關係合起來，就構成孟氏所謂「法意」——「法律的精神」（the spirit of laws, l'esprit des lois）。除法制與政體的性質及原理之關係，前已於第二節中說明外，茲就法制與自然環境的關係，以及法制與社會、經濟、宗教等情況的關係，分別論述如次：

（一）法制與自然環境

關於自然環境對法制的影響，鮑丹已有所論，孟德斯鳩也很重視此種關係。從第十六世紀到第十八世紀，物質世界的知識已經大有進步，所以孟氏的理論比鮑氏所論，顯然的更較爲具有科學價值。在這一方面，鮑丹祇講到經度、緯度的不同，而孟德斯鳩則特別注意由氣候寒、熱、燥、濕與夫土壤肥、瘠所生的差異，茲分述之：

（甲）氣候

孟氏認爲氣候的寒、熱、燥、濕，對於人身的各種官能，頗有關係，因而也就影響到人的才智與情感。氣候對人性的影響如此，而法制又應依人性而不同，所以氣候對於法制實有密切關係。

由於氣候的影響，寒帶的人與熱帶的人有一種根本的不同，就是前者多富於精力而習於勤勞，後者則多怠惰，蓋：

「萬物遇寒則縮，遇暖則伸，是故氣寒則民之腠理蹙，而肋糸（糸音密，至細之絲也，與系異。）之韌性亦增。既蹙且韌，故血之周流亦易以速也。然則所以使之遒緊堅彊者，卽此使縮之寒而已。氣暖者反是，陽精發越，支糸弛縱，是故肋緩體柔，而精力減。」（註五三）

也就由於這個道理，所以寒國之民多勁悍，而熱帶之民則多疑畏：

「熱帶之民如老夫，其於行也，常長慮而卻顧；寒帶如少年，其入世也，每喜事而有爲。」（註五四）

孟氏由此又推斷：較寒的氣候宜於自由；而奴隸制度則往往發生於較熱的氣候之下。

（乙）土壤

土壤的性質與地形有關：肥沃之土多在平原，而山間則多磽薄之地。瘠土之民，謀生不易，其性較爲堅苦耐勞而勇敢；沃土之民，每生依賴之心，性與前者相反。益以天然的形勢，山地有所屏障，防禦抵抗遠較平原爲易，乃使平原沃土的人，極易被人征服，而一經征服之後，自由精神不可復得；高山瘠土的人，則每能以捍衛之勞，保障自由。（註五五）請看孟氏說：

「地下澤者，大抵膏腴，其民固由是而多賴，然亦以是之故，不能與彊權爲爭。身家之顧慮既深，其勢自易於馴伏，而一經馴伏之後，自繇之意，强立之風，末由見矣。而居高原山國者不然，其所享有者誠微，然爲其力之所易保，俗質而政平，其游於自繇日久，所出百死一生，以捍衛其祖國者，政爲此耳。舍是而外，不足惜也。」（註五六）

所以，

「高山磽薄之國，自由的流行，反較富厚之鄉爲多。」（註五七）

孟氏由此又推斷：

「君主政體常見於富饒之國，而共和政體則以成於瘠土者爲多。」（註五八）

（二）法制與社會、經濟、宗教等情況

法意一書，有很多地方討論到法制與種種情況的關係，而這些情況不是屬於政治性的，卻是社會的、經濟的、以及宗教的，玆分述之：

（甲）社會

在這一方面，孟德斯鳩認爲每一個社會的人民，從整體來看，都具有其自己特有的精神；此種精神，孟氏名之曰「一般精神」(general spirit, esprit général)。立法必須適合此種一般精神；不能與一般精神相適合的立法是沒有價值的。在一般精神中，禮俗（manners and customs, mœurs et manières）佔了很大的成分，所以立法者的工作又要順乎社會中流行的禮俗，而不能與之相背。社會中的禮俗深入人心，要想移風易俗，也要以禮俗來變更禮俗，而不是可以用法律來驟然改變的。請看孟氏說：

「要想改變這些禮俗，不應當用法律來改變；……最好是用介紹其他禮俗的方式來移易原有的禮俗。」（註五九）

（乙）經濟

關於經濟情況與法制的關係，孟氏也曾講得很詳盡。他對人口問題、救貧問題、以及貨幣、商業等，都曾以科學精神，充分研討。其中尤以對商業的理論，特別值得重視。於此，他雖然也不免略受古代哲學理論的影響，却能表現出他自己的卓見。茲特將其對商業的觀點，提出下列幾項：

1. 他相信通商可以致太平：

「商通而天下太平，勢必至理固然也。甲乙二國通商，則其利相倚：甲以購貨而利，乙以售之而亦利。蓋惟兩利而俱存，故常互倚而不爭。」（註六〇）

2. 他認爲君主國與共和國對外通商的基礎不同：在君主國，其基礎建立於上層階級的奢侈之上，需求海外新奇貨品，以滿足他們驕奢娛樂、厭舊喜新的嗜好；而在共和國，則商業發展的動機，祇在使從事商業的人獲致財富。孟氏依據此種原則，使商業與政體發生關係，於是得到如下的結論：

①銀行與大公司不宜於君主國　因爲君主政體的性質，要使君主在財富方面遠過其所有的屬民，而這些都是商業高度發展的工具，可以增益一般人民過分的財富，與君主政體的性質相違反。

②獨占的大商業公司不容於共和國　因爲同樣的目的，憑個人的努力與競爭，也可以達到。

3. 他進一步解釋商業與君主政體理論的關係，乃又主張禁止貴族經商，因爲貴族從事商業實違反階級特權所依據的原則。不過，他並不反對因經商而成爲貴族，他承認商業上的成功可以作爲進入貴族階級的資格；但一個人一旦成爲貴族之後，就要脫離商業生活。

（丙） 宗教

孟德斯鳩信仰基督教，討論宗教與法律的關係時，自然是以對基督教的尊重爲基礎，但同時也頗能表現科學精神，甚至於還帶有一點馬凱維里的精神。關於孟氏在這一方面的議論，玆擧述其較爲重要之點如次：

1. 他認爲宗教與政體有這樣的關係：

①回教適宜於專制政體。

②基督教適宜於有限政體　若再就天主教與新教兩個支派來說，則前者適宜君主政體，後者適宜於共和政體。

2. 政治法及民法與當時流行的宗教之規律也有密切關係：宗教的限制輕微時，民法的懲罰就必須較爲嚴厲；政治法的規定如有不足，就必須有賴於宗教的規律予以彌補。

3. 孟氏又維護宗教上的容忍，並且認爲有關宗教信仰的事不能以法律來强制。在他看來，宗教問題是立於政府强制力量的範圍之外的，較禮俗爲尤甚。

孟德斯鳩關切於當時的政治，深致不滿，總想能有以改善。同時，如上所述，他又注重法制與自然環境及各種民情的關係，認爲一種制度旣已形成之後，必與其國情之各方面息息相關，如加改革，一定牽涉到許多方面，必須愼重將事，絕不能根據哲學家的抽象理論而遽爲之，因此他又不免具有一種保守的精神。（註六一）於是，對當時的政治來說，孟氏的思想乃是一種不一定要根本推翻，而祇要溫和改良現狀的進步思想。

十八世紀的孟德斯鳩很像十六世紀初的馬凱維里，其思想在當時是特具風格的。他兩個人的思想，與當時思想上的一般空氣，都好像是隔絕而不相關聯。綜觀孟氏的政治思想，其與他人不同的特色，主要的表現於下列三方面：

1. 思想的範圍　孟氏的思想，範圍異常宏博，其包羅之廣，可以說在他以前，無人可與倫匹。其法意一書，所討論的問題，至爲廣泛，舉凡政治、憲法、法律、教育、政治自由、個人自由、賦稅、氣候、土壤、禮俗、商業、貨幣、人口、宗教等問題，下至宮室、服飾、妻妾、奴婢等制度，都有相當的討論。這部著作的內容，簡直可以說把一切社會科學都包括在內了，這是前無古人的。

2. 治學的方法　前已言之，孟氏的治學方法是採用歷史的方法與觀察的方法，這是與馬凱維里和鮑丹一樣的。孟氏採用此種方法，雖與前人相同，但他能擴大其範圍，則大有超越前人之處。馬凱維里與鮑丹之採用此種方法，其取材祇以文明進化的國家爲限。而孟氏則以遠在新大陸發現之後，其注意力乃兼及於文明未進化的民族與夫遼遠的地方。他把中國、日本的禮俗制度以及非洲人、韃靼人、美洲土人的生活狀況，都收在他參考的範圍之內。歷史方法與觀察方法範圍之擴大，在政治與社會科學上是異常重要的，而這就不能不歸功於孟德斯鳩。雖然孟氏取材未盡眞實，判斷未盡正確，而其增廣歷史與觀察方法之範圍，則確乎超越前人。

3. 自由的理論　孟氏的自由論，也與前人不同。前人論自由者，差不多都是把自由的基礎放在所謂「

自然權利」之上，認爲這種權利是屬於個人的範圍，先政府而有的，政府不得予以侵犯，所以唯有在限制政府自由行動時，自由才可以存在。此種理論，以陸克爲最顯著。孟氏書中，則幾乎根本不論自然權利。他把自由分爲政治自由與個人自由兩種，而他特別重視政治自由。照他的理論，政治自由的保障，其關鍵不在限制政府的自由行動，而在使政府的行動依循合理的方式。質言之，他所特別注意的，不是個人的權利，而是政府權力的分配。他認爲唯有生在分權的政府之下，才能得到自由。孟氏在政治思想史上著名的貢獻，三權分立說，是與他的自由論聯在一起的。在孟氏的自由觀念中，其要義不是人類的權利，而是政府的分權。孟氏這樣的自由論，也是其政治思想中一個特異之點。

（註一）他家世代以此爲業。

（註二）或譯爲「波斯函札」或「波斯信札」。

（註三）或譯爲「羅馬盛衰原因論」或「羅馬人盛衰之原因」。

（註四）或譯爲「法律的精神」。

（註五）"Les lois, dans la signification la plus étendue, sont les rapports nécessaires gui dérivent de la nature des chos es…"
（法意第一卷第一章）

（註六）法意第一卷第二章，用嚴復譯文。

（註七）法意第一卷第三章，用嚴復譯文。

（註八）法意第三卷第一章。

（註九）關於各種政體的區別，孟氏說：

「共和政體是最高權力在全體人民或一部分人民的政體；君主政體是一個人依確定的法律而統治的政體；專制政體是一個人統治，而一切出於其獨行之己意的政體。」（法意第二卷第一章）

又說：

「在共和國中，全體人民握有最高權力時，是爲民主政體。至若最高權力僅在一部分人民之手時，那就是貴族政體。」（法意第二卷第二章）

（註一〇）關於此點，孟氏在法意第二卷第二章中這樣說：

「夫一國之民，固多庸衆，然使之擧人而畀之以權，其智尙足任也。蓋其所擇者，皆已所諳悉，而耳目聞見不可熒也。譬有人焉，身經累戰，而爲常勝之家，此宜將帥者也；又有人焉，廉公愼勤，爲有衆所稱道，此宜尉正者也；乃至身家之富有，居室之閎麗，尤易見也，司空將作，眞其選矣。夫使覩人必資於事實，彼國民地位平等，處闤闠市府之間，觀聽所周，固有過於高拱深宮，出蹕入警者。獨際事情詭變，一髮千鈞之頃，務當機立斷，晏然因應，乃有以措一國之勢於至安，則國民之才，誠有不逮，抑亦勢有不可者矣。」（用嚴復譯文）

（註一一）法意第二卷第二章，用嚴復譯文。

（註一二）"No monarch, no nobility; no nobility, no monarch."（法意第二卷第四章）

（註一三）關於專制政體的維齊制度，孟氏之言曰：

「夫專制者，以一人而具無限之權力，惟所欲爲莫與忤者也。雖然，如是之君其主權多旁落。蓋其人以藐藐之躬，建於億兆之上，覺一切由我，我以外所謂民者，乃同無物，則敖惰恣睢愚昧諸敗德，常不期而自叢。況旣愚且惰矣，又益之以放恣之情，則其不樂以國事自敦，又必然之數也。將責政事於一切之具官，其勢又分而無所統，且人懷媚主之心，莫不欲爲一人之下，萬人之上者，如此則機詐紛然起矣。機詐紛起，則人主欲無親持其銜轡又不能，凡此皆非能享有國之逸樂者也。欲享有國之逸樂，計莫若委一切之柄於所愛信之一臣，而聽其權力之埒己。此所以亞洲之國，君王而外，莫不有其維齊（Vizir）。然則建立維齊者，專制國綱紀之法度也。（法意第二卷第五章，用嚴復譯文。）

（註一四）「夫榮寵之於貴族，謂之所生之兒子可也，有貴族而後有榮寵也；謂之所由生之父母亦可也，有榮寵而後有貴族也。」（法意第五卷第九章，用嚴復譯文。）

（註一五）法意第五卷第十四章，用嚴復譯文。

（註一六）法意第八卷第一章。

（註一七）法意第八卷第二章，用嚴復譯文。

（註一八）法意第八卷第六章，用嚴復譯文。

（註一九）同上

（註二〇）同上

（註二一）法意第八卷第十章，用嚴復譯文。

（註二二）法意第十一卷第二章，用嚴復譯文。

（註二三）法意第十一卷第三章。

（註二四）法意第十二卷第二章。

（註二五）法意第十一卷第四章。

（註二六）同上

（註二七）同上

（註二八）同上，用嚴復譯文。

（註二九）法意第十一卷第六章。

（註三〇）法意第十一卷第五章。

（註三一）此卷中有一章（第六章），就是以「英國的憲法」爲標題。

（註三二）法意第十一卷第六章。

（註三三）同上。

（註三四）所謂「共通意志」（general will, volonté générale），在盧騷的政治思想中，乃是一個極重要的觀念。許多中外學者甚至於認爲，連「共通意志」這個名詞都是盧騷所發明創造的。但據著者的發現，此詞實早已迭見於孟德斯鳩的法意一書中（嚴復的譯本將此詞譯爲「公志」），如該書第十一卷第六章有云：

「至其他兩權（按指立法權與行政權）則可付之於長官或永久的團體，蓋其行使不及於私人的屬民；一個（按指立法權）不過是國家的共通意志，而另一個（按指行政權）乃是那共通意志的執行。」

足見一般認定「共通意志」一詞是盧騷所發明，實爲一種誤解。關於此點，參閱本書第二十一章（註四六）。

（註三五）同上，用嚴復譯文。

（註三六）法意第十一卷第六章。

（註三七）同上

（註三八）同上，用嚴復譯文。

（註三九）法意第十一卷第六章。

（註四〇）同上。

（註四一）同上。

（註四二）同上。

（註四三）同上。

（註四四）同上，用嚴復譯文。

（註四五）法意第十一卷第六章。

（註四六）同上。

（註四七）同上。

（註四八）比如孟德斯鳩的朋友包陵布魯克（Bolingbroke）就有這樣的說法：

「由於君主的，貴族的，與民主的權力結合於一個制度之下，並且由於此三者的互相制衡，我們政府的自由憲法乃得保持歷久不渝。」

孟氏的觀點，也許是從這位朋友學來的。

（註四九）法意第十五卷第一章，用嚴復譯文。

（註五〇）法意第十五卷第七章。

（註五一）法意第一卷第三章。

（註五二）同上。

（註五三）法意第十四卷第二章，用嚴復譯文。

（註五四）同上。

（註五五）依據類似的理由，孟德斯鳩相信海島人民比大陸人民較爲傾向於自由政府。

（註五六）法意第十八卷第二章，用嚴復譯文。

（註五七）法意第十八卷第二章。

（註五八）法意第十八卷第一章。

（註五九）法意第十九卷第十四章。

（註六〇）法意第二十卷第二章，用嚴復譯文。

（註六一）孟德斯鳩的保守色彩，從羅馬興亡史論（第十七章）中一段話可以看出來：

「當一國的政府已經建立成某種形式，並且政治已經形成了一種固定的情況之後，爲謹愼起見，最好不要變動它，因爲這種政體之所以存在的理由常常是很複雜而不可知的，它們既然讓這種政體存在，也能繼續維持這種政體。假若你要改革一種制度的時候，你祇能改變那些依照理論已經觀察清楚了的錯誤；至於其他的錯誤，祇有在實行的經驗中才能發現出來。」

第二十一章　盧騷

現在我們要講到一位在近代發生驚人影響的，衆所熟知的大思想家，就是法國的盧騷（Jean Jacques Rousseau, 1712-1778）。盧騷於一七一二年六月二十八日，生於日內瓦（Geneva），其祖先自十六世紀中來該處避難，即已卜居該處。盧騷自出世以後，遭遇就非常不幸，其母死於生產，在生他之後幾天就逝世了。其父伊撒克（Isaac）是一個窮人，以製錶和教跳舞爲業；當盧騷才十歲的時候，其父與人爭訟，事敗，被判短期徒刑，因而拋棄了盧騷，離開日內瓦，逃往里昂（Lyons）躲避，盧騷乃不得不寄寓於親戚家中。盧騷幼年所受的教育是正統的加爾文宗教育。十二歲時，盧騷就離開學校，其後曾作過多種行業的學徒，但都非其所好，使他頗感懊惱。十六歲時，他終於脫逃，離開日內瓦，遊蕩於各地，度其流浪生涯。

盧騷逃到薩伏衣（Savoy）之後，囊中金盡，百計俱窮，於是去找一位天主教僧侶，表示想改教之意，遂得接濟，並在杜罕（Turin）正式改教。在改教儀式擧行之後，盧騷口袋裏又祇剩下二十法郎，乃作了衛塞里夫人（Madame de Vercelli）的小廝，而三個月之後，這位女主人就去世了。

此後，盧騷與瓦杭夫人（Madame de Warens）締交。瓦杭夫人容姿艷美，享有薩伏衣王爲酬庸其在宗教上的勞績所賜的年金，她也同盧騷一樣，是由新教改奉舊教的。她成了盧騷的情婦（註一）；約有九年至十年之久，盧騷大部分的時間都消磨在她的家裏，其間也曾作私人書記並充當樂師。

一七四三年，盧騷得一位貴婦人之助，作了法國駐威尼斯（Venice）大使蒙戴驥（Montaigu）的秘書。這位大使是一個酒徒，他把工作交給盧騷去作，而不付薪金；盧騷把工作作得好好的，難免爲薪金而與大使爭吵，其曲自不在盧騷。盧騷曾爲此事跑到巴黎去理論，人人都承認他有理，但拖延甚久，未獲一文。雖然最後他終於索到了積欠的薪金，但時日之延宕，使他非常煩惱；後來他反對法國當時的政體，與此事不無關係。

大約就在這個時候（一七四五年），盧騷與一個名叫來華塞（Thérêse le Vasseur）的女子交好。她原是盧騷在巴黎所住旅館中的女僕，貌醜而無知（註二），其母更是鄙吝而貪婪。盧騷在其餘生中，即與此女同居（註三），共歷三十多年的光景，她們母女二人都利用盧騷及其友朋，作爲衣食來源，所生子女五人，則都送到孤兒院去。盧騷的性格放蕩不羈，甚至不能自制，而情感易於激動，和一般有修養的人士很難相與；此等人士，慕其天才而愛其理論，力求與他建立並維持友好關係者，由於他的不正常性格，鮮不終致失敗。可是盧騷獨與此女相處甚得，而同居的時間有一個世紀的三分之一（註四），這是很特殊的。究竟她有什麼足以吸引盧騷的條件，令人百思莫解，也許盧騷就是喜歡單純的人。由此也可見盧騷的民主情感大概是出自至誠的。

盧騷第一次成名是在一七五〇年。一七四九年，地榮學院（The Academy of Dijon）懸賞徵文，題爲：藝術與科學曾否造福於人類？盧騷作了一篇反面的文章應徵，於一七五〇年七月榮獲首獎。他並於是年底把這篇「論科學藝術之進步」（Discourse on the Progress of the Arts and Sciences, Discours sur les sciences et les arts）的論文出版，於是一鳴驚人，震動巴黎，而聲譽遍於法國了。

四年之後，盧騷又把第一篇論文的意思，再加發揮，寫成第二篇論文，名為「論人間不平等之由起與基礎」(Discourse on the Origin and Basis of Inequality among Men, Discours sur l'origine de l'inégalité parmi les hommes)（註五），於一七五五年出版。這第二篇論文，雖然並沒有得到地榮學院的獎金，而其思想與理論則遠超乎第一篇之上，所以比第一篇更為重要。這篇論文出版之後，盧騷的聲名更傳播於全歐。

在一七四四到一七五六年這十二年中，盧騷在巴黎，與百科全書派的人頗有往還。就在他發表第二篇論文的同年（一七五五年），他又受狄德羅（Diderot, 1713-1784）的委託，在狄氏所主編的百科全書第五卷上，發表了一篇論文，名為「政治經濟論」(Discourse on Political Economy, Discours sur l'économie politique)。

此後，他的思想特別着重於政治與社會問題。至一七六二年，他乃出版了兩部登峯造極的著作：

1. 社約論 (The Social Contract, or Principles of Political Right; Du contral social, ou principes du droit politique)（註六）
2. 愛彌爾 (Émile, ou De l'Education)（註七）這是一篇關於教育的長篇論文，而出之以小說的形式。

這兩部書雖然對盧騷的聲名大有增益，但同時也給他招惹出麻煩來。兩書的內容都不容於其時的當局，當局乃下令逮捕盧騷。他被迫離開法國，幸蒙富烈德力大王 (Frederick the Great) 憐而眷顧，避難於其治下的摩的埃 (Motiers)。一七六四年，盧騷寫成山中通訊 (Letters from the Mount, Lettres écrites de la montagne)，為自己辯白。是年九月，他曾為高錫加 (Corsica) 草擬憲法，但是他並未完成此項工作，僅作了一個粗粗的初稿，後於一八六一年出版，名爲「高錫加憲法芻議」（Constitutional Project for Corsica, Projet de constitution pour la Corse）。一七六四年之末，他並決定寫他自己的傳記，後來寫成一部文學名著「懺悔錄」（The Confessions, Les Confessions）（註八）。盧騷在摩的埃住了三年，又爲當地的人所不容（註九），終於一七六五年九月，在其所住房屋被擲以石子之後，他決定離開該處，逃往聖彼愛河島（Île Saint Pierre）。但因該島也不許他停留，乃又藉休謨（David Hume, 1711-1776）之助，逃往英國，於一七六六年一月抵達。

在英國，起初一切都好；因爲他已有很大的社會成就，喬治三世（George Ⅲ）並給予年金。休謨是一位始終不渝的忠實朋友，待盧騷極厚。他說過，他深愛盧騷，可於彼此相互友善與尊重中，終身與他相處。但在此時，盧騷自然的有一種迫害狂的病態，終於使他神志不清；他竟懷疑休謨主使陰謀，企圖致他於死。（註一〇）一七六七年五月，盧騷於恐慌中逃回法國。

盧騷晚年在巴黎，異常窮困。一七七一年他曾應邀爲波蘭人設計政治制度，草擬「波蘭政制芻議」（Considerations on the Government of Poland, Considérations sur le gouvernement de la Pologne），後於一七八二年出版。一七七八年七月二日，盧騷突然長逝，其死因不明，而有人懷疑他是自殺的。

綜觀這位近代罕與倫匹的大思想家之一生，並無固定職業之可言，遭逢不幸，顛沛流離，處處不如意，處處受打擊，其坎坷不平，實甚少見；而其極不正常的性格，則與其光怪陸離的生活，相映成趣。至其一生行徑，根本不拘於通常的道德（註一一），更足令人咋舌。

第一節　盧騷政治思想上的中心問題

我們研究盧騷的政治思想，首先應該注意他的政治思想中，有一個懸待解決的中心問題。盧氏的全部政治思想，可以說都為解決這一個中心問題而有所闡發。那麼，這個中心問題究竟是什麼呢？從社約論一開始的地方就可以看出來。盧氏在社約論中，首先開宗明義就提出這個問題說：

「人本來天生是自由的，而今則到處皆在桎梏之中。（註一二）凡自信為他人之主人者，其為奴也，實更甚於他人。此種變遷究竟是怎麼來的，我不得而知。如何可使它合理呢？我以為我能對這個問題提供一個答案。」（註一三）

上面這一段話中所提出的問題，正是盧騷所要解決的一個中心問題。盧騷對於人類天生的自由很重視（註一四），他說：

「任何人對於他的同類都沒有天然的權威」（註一五）

又說：

「一個人放棄了自由，無異乎放棄了作人的資格，也就放棄了作人的權利，甚至義務。」（註一六）

自由是如此值得珍重的，而人在文明社會中卻要服從政府與法律，受制於國家的政治權威。在盧氏看來，國家與政府的產生，雖屬不幸，卻是不可避免的。自由與權威（liberty and authority）本來是互相對立的名詞，那麼，人在國家之中，服從政府與法律，豈非妨害了本來的自由？權威與自由如何才可以得到調和呢？假如政治權威與自由不能得到調和，則國家與政府的存在，將沒有合理的依據。所以，要使國家與政府的存在得到合理的解釋，就要能說明政治權威與自由並不相衝突。這正是許多政治思想家費盡心血所要解決的問題，也就是盧騷提出來要予以解決的一個中心問題。

那麼，解決此一問題的途徑，就是要找到一種形式的社會，其中的人一面服從政府與法律，一面又可保持完全無缺的自由。盧騷的着眼點正在於此，他說：

「現在就是要尋求一種形式的結合，結合的結果可以運用全體的力量以保護每個分子的生命與財產，而當每個分子與全體相聯合的時候，仍祇服從他自己的意志，並且繼續保持自由如故。」（註一七）

下面，我們就要注意看，盧騷如何一步一步的爲這個問題找到答案。

第二節　自然狀態

盧騷的政治理論，正和其時多數的政治理論家一樣，也是從所謂「自然狀態」講起。至於自然狀態究竟是個什麼樣子，盧氏有些不盡相同的說法；在他的思想中，這個名詞所代表的確切意義是不甚清楚，不甚一致的。大體說來，自然的人是孤居獨處的野蠻人，過着與其他動物無甚差異的無憂無慮的生活。他們沒有固定的住所，沒有清晰的語言，一切行爲皆不過出自本能，其需求與欲望極爲簡單，皆可由本能予以滿足，此外別無欲求。他們於飲食之外，不過貪眠好息而已。每人對於他人並無任何需要；每人對待其同類，也就和對待其他動物一樣的，漠不關心。於是，人與人之間，除與傳種有關的偶然接觸之外，簡直並無來往，當然談不到永久的關係。所以，在自然狀態中，人都是獨立的、自給的、滿足的；同時，自然狀態也是平等的狀態，因爲人與人之間，不會有高下的差別。

以上的簡述，大體上，就是盧騷在不平等論中所講自然狀態的情形。（註一八）這樣的自然狀態，既與霍布斯所講的不同，也與陸克所講的有別。霍氏說自然狀態是戰亂的狀態，好像認爲自然的人是不道德的；陸氏說自然狀態是和平合理的狀態，好像認爲自然的人是有道德的。前者是以今日文明社會的罪惡加之於自然的人；後者則是以今日文明社會的道德加之於自然的人。盧騷卻以爲，在自然狀態中，初民智識未開，根本談不上有道德或是不道德，可以說自然的人是非道德的。（註一九）在他看來，以道德或不道德來形容無知無識的原人生活，都不免於畫蛇添足之譏。

又霍布斯與陸克等都認爲人在自然狀態中具有天賦的理性，此種理性可以使人產生政治組織。在此點上，盧騷也和他們都不同。盧氏認爲理性是在文明社會中才有的，至於在自然狀態中，則根本沒有理性的支配。眞正自然的人，質言之也就是野蠻人，其行爲並非依據理性，乃是基於先理性而有的情感。人類最初的情感有兩種：

1. 自利 (self-interest)

2. 憐憫 (pity)

在自然狀態中，人類「簡單、一律、而孤獨的」生活就是以上列兩個原則爲依據。

不過，我們要注意，盧騷所描寫的自然狀態，多少的是出於抽象的假想，而不一定是具體事實。關於此點，盧氏曾經特別聲明說：

「這種狀態現在不復存在，或許從來沒有存在過，將來也或許不會存在。但是我們要有這樣的觀念，藉以正確的判斷我們現在的狀態。」（註二〇）

但是，盧氏的文筆太生動了，他把人類的自然狀態描寫得淋漓盡致；一個讀者，假如沒有注意到上面聲明的話，大概不會相信盧氏所說的自然狀態祇是一種想像。

第三節　社會契約

關於上面第一節所述盧騷心目中的中心問題，看來似乎很難解釋，而盧騷自信能夠予以解決，提供一個答案，於是以此爲己任，建立了一套國家的理論。他以爲，人加之於人的權威，祇有在一種情形下，才可以解釋爲合理，那就是出於本人的同意，此外別無任何合理的基礎。彼此同意的約定，可以建立權威，同時保持自由者，其方式也祇有一種，那就是使一大羣的個人變爲一個集合體—社會—的契約。所以，他所設計的解決上述中心問題之途徑，就是社會契約。茲述其社會契約的由來、內容、及其結果如次：

（一）社會契約的由來

自然狀態，已如前述。那麼，人類又如何從自然狀態轉入政治社會呢？政治社會是如何發生的呢？關於這個問題，盧騷所言，不如霍布斯與陸克二人說得明晰，撮其大意，是這樣的：

人類數目逐漸增多之後，散布各處，因各地的土壤、氣候、季節等各有不同，以致人類的生活方式也就彼此殊異。比如，在海邊或河邊的人，要捕魚爲生，因而發明了鉤叉繩索；在森林中的人，要打獵爲生，就發明了弓箭。有些幸運的人發現了火，而予以利用；石器與鐵器的製造，也逐漸相繼出現。經濟的進步，於是迅速展開。這時候，人類已能搭蓋簡陋的茅舍，作爲住屋，以代替原來的穴居生活。有了定居之後，家庭的組織以及微薄的財產制度與觀念乃漸形成。人類從此有了原始的社會組織。個人與個人之間，以及家庭與家庭之間，接觸交際漸趨頻繁，原來孤居獨處的生活遂被打破；競爭與好惡之心，因此而生，乃使最初自然的平等狀態不能維持，自然的不平等漸趨顯現。（註二一）此種原始社會，是人類由自然狀態轉入政治社會的過渡階段。

後生產技術進步，農業技術與冶金術均經發明，於是人類生活又發生重大變化。在運用此等技術時，人們需要彼此互相幫忙，而在互助之中，各人天賦才力的不同會顯著的表現出來。此種變化，是一個重大關鍵。「祇要他們各自致力於其一己能作的事，而無需他人的助力，則他們可以在自然稟賦的範圍內，過着自由、健康、誠實、而快樂的生活，且繼續享受其各自獨立而互相交際的愉快。但是一旦一個人必須得到他人的幫助，一旦人們察覺一人而得兩人的給養較爲有利，則立見平等消亡，私產興起，……。」（註二二）蓋各人天生的才力不同，在彼此互助的時候，一定會發生一種結果，就是强者、智者作工較多，所得也較厚，而弱者、愚者則反是。於是乃有貧富的區別，而貧富的不平等乃是其他各種不平等的淵藪。私有財產的興起實在是莫大的不幸，而土地的私有更爲不幸之尤。「頭一個人，既經把一塊地圈起來，想一想之後就說：『這是我的』，又看見衆人單純得很，居然相信他的話，這個人就是文明社會眞正的創建人。」（註二三）爭戰、殺害、困厄、恐怖之事乃隨之而來，層出不窮，連綿無已；窮人與富人的仇恨衝突，達於無可消解的程度。自然狀態中根本無人知曉的許多罪惡，這時候簡直普遍起來了。爲逃避這些罪惡，或至少能忍受這些罪惡，人類乃非改變其生活方式不可。照盧騷所講的情形，實有岌岌不可終日之勢：

「我想人類歷史達到了如此的地步：危害他們在自然狀態中生存的一切障礙已勝過每個人用以圖存於此種狀態中的力量。所以，原來的自然狀態不復能繼續存在；人類如不改變其生活方式，勢將同歸於盡。」（註二四）

於是，人類遂有建設政治社會的必要。那麼，政治社會的組織，要依循什麼方式呢？那就是社會契約。社會契約的由來，略如上述。

（二） 社會契約的內容

這樣的社會契約，究竟有若干條文？盧騷並未具體說明。我們從社約論中，可以看出契約的內容包括下列兩項要點：

1. 每個人將其本身及其一切權利與權力交與社會全體　社會契約成立的時候，每個參加的人都要把他本身連同他所有的權利與權力，一齊交給社會全體，而置於「共通意志」（註二五）的最高指導之下。請看盧騷說：

「契約的諸項條文，若經正確了解，可以簡括爲一句話，就是：『每個參加契約的分子把他自己連同他所有的一切權利，完全讓與社會全體。』」（註二六）

他又說：

「假如我們把社會契約中無關緊要的話棄置不談，我們就可以簡述其條件如下：吾人各將自己本

身連同所有一切權力，共同置於共通意志的最高指導之下，同時我們接受每個分子成為全體中不可分的一部分。」（註二七）

可見社會契約的精華在此。關於這樣的讓與，有兩種情形，我們還要特別注意：

①毫無保留　此種放棄與讓與是絕對的，每個人都是完全放棄，毫無保留。

②條件一律　因為每個人都毫無保留的把他自己連同所有權利及權力，完全讓與社會全體，絕沒有任何例外，所以大家的條件又是完全相同的。這樣，彼此間的平等，可以維持不墜。

關於這兩點，盧騷有下面兩段解釋：

「因為每個人都是絕對的放棄自己，毫無保留，所以大家的條件都是一樣的。既然大家的條件完全相同，誰都不會有妨害他人之心了。」（註二八）

「此種讓與既然是無保留的，個人之間的聯合自屬完全無缺，任何一個分子都不能提出特別要求。因為假如個人保留若干權利，就不會有共同的權威來裁判公私間的事，各個人既每自為裁判者，也就要請求作大家的裁判者；然則自然狀態仍將繼續，而聯合一定變成專制或無用了。」（註二九）

2. 服從多數　服從多數的規定，也是社會契約的一項重要內容。社會契約的本身，必須經過全體一致同意；由社會契約組成政治社會之後，一切政治運用，則將取決於多數，少數必須服從。關於此點，盧騷說：

「祇有一種法律，從它的本質上，要求全體一致的同意，那就是社會契約。政治的聯合是最出於

情願的行爲。每一個人都是生而自由，生而爲自己的主人；非經他本人同意，任何人不得以任何藉口，使他成爲奴隸。」（註三〇）

他又說：

「除這一個原約以外，關於一切其他的事體，多數的表決常可以拘束所有其他的人；這正是契約本身的結果。」（註三一）

這裏，我們要特別注意的是，取決於多數的辦法乃以「原約」(original compact, contrat primitif)（註三二）的規定爲根據，而原約是經每一個人都同意過的；如此，少數服從多數，才有合理的基礎。不然，一百個人中，九十個人沒有强迫十個人之權，十個人也沒有定須服從九十個人的義務；假如一定叫十個人必須服從九十個人的決定，那將是毫無依據的事。盧騷這樣解釋說：

「假定當初沒有原約，……少數人何以有服從多數人的義務呢？一百個願有領袖的人，何以有權替十個不願有領袖的人來選舉呢？取決於多數的選舉制度，也祇能由契約建立起來，而衆人對於此項契約，至少曾經一次全體一致的同意。」（註三三）

以最初成立社會契約時的同意，作以後少數服從多數的根據，這是盧騷社約論中一個重要之點。

(三) 社會契約的結果

這樣的社會契約，其積極的結果，要有兩端：

1. 國家的產生　如上所述，社會契約成立時，個人就與社會融合爲一體，社會爲全體，而個人爲與全體不可分的部分，於是國家產生。照盧騷的說法，就是：「聯合之舉，產生一個道德集合體(moral and collective body, corps moral et collectif)，由恰與集合者同數的分子組合而成，以代替與約者的個別人格。這個道德集合體，就由此一聯合之舉，得其和一(unity, unité)，得其共同之我(common self, moi commun)，得其生命，得其意志。」(註三四)所謂道德集合體，卽指政治社會而言，乃由多數個人，經人人同意，聯合而成，所以盧騷又把它叫作「公人」(public person, personne publique)。這個「公人」，「以前稱爲『城市』(City, Cité)，現在稱爲『共和國』(Republic, République)，或『政治體』(Body Politic, Corps Politique)。又當其靜時，稱爲『國家』(State, Etat)；當其動時，稱爲『主權者』(Sovereign people, Souverain)；與其他類似團體相對時，則稱爲一『强』(列强之一Power, Puissance)。參加契約的人，總稱爲『人民』(People, Peuple)；就其參與主權而言之，稱爲『公民』(Citizens, Citoyens)；就其服從國家的法律而言之，稱爲『屬民』(Subjects, Sujets)。」(註三五)

簡單言之，盧騷所謂由社會契約所產生的「道德集合體」，就是國家。

當締結社會契約之初，如有人反對，其反對意見並不能破壞契約，不過反對的人自立於公民之外而已。迨國家已經建立之後，就是有長久性的；凡居留在境內的人，都等於默認同意契約。關於此點，盧騷特別這樣說明：

「國家建立之後，同意卽包含於居留的行爲之中。住在一塊土地之內，就須服從其主權。」(註三六)

2. 保障的加强　如上所言，每個人把自己連同所有權利與權力交與社會全體，締結社會契約，而建立國家；這樣的進入政治社會，豈不是犧牲重大嗎？不然，不然。照盧騷所講，每個人參加社會契約，不但毫無損失，而且所獲甚豐。這是什麼道理呢？

我們首先看一看，每個人於締約時，究竟有無損失？驟然看起來，好像犧牲重大。但是要知道，依盧騷所言，每個人罄其所有，都交出來，交與社會全體，各個人的條件是一律相同的；而每個人又都是社會全體的一分子。那麼，一個人所放棄者，爲其他各人所接受；反之，其他各人所放棄者，這個人也是接受的一分子。一個人自己所失掉的，可以藉從別人那裏所接受來的，得到補償，正所謂「失之東隅，收之桑榆」。比如，某甲所放棄者，固然爲某乙、某丙、某丁……等人所接受；但是，反過來看，某乙、某丙、某丁……等人所放棄者，某甲也是接受人之一。其結果，所謂每個人獻身於全體，實際上也等於並未獻身於任何人。在此種情形之下，可以說任何一個人都毫無損失，不會吃虧。

不僅此也，每個人除在消極的方面沒有損失外，而且同時在積極的方面又有重大收穫，那就是加强了保障的力量。原來，每個人祇能靠自己一個人的力量，來保障自己，這是不確定的，沒有把握的，隨時都在危險之中；締結社會契約，建立起國家之後，就有政治社會中一切人的力量來保障他，這種保障力量比原來單薄的力量大了不知多少倍，這才是靠得住的保障。所以，每個人非但沒有損失，而且情況比原來好了很多。

關於上述之義，盧騷這樣說：

「約而言之，每個人獻身於全體，實在等於並沒有獻身於任何人。他可以從每一個參加契約者的身上，獲取他所放棄的同樣權利。所以，各人之所得，適償所失；而且對於所留下來的(註三七)，可以有更大的力量來保障。」(註三八)

他又說：

「若謂個人因參加社會契約，而有所損失，那是完全錯誤。實際上，由於參加社會契約的結果，他的情況乃比從前有所改善。他並未放棄任何東西，卻作了一筆有利的交易：以不定與無常的生活，換取安全保障；以自然的獨立，換取眞正的自由；以加害於他人的權力，換取自己的安全；以他人可以勝過的力量，換取以社會團結爲後盾而不容侵越的權利。他貢獻於國家的生命，正好經常受到國家的保護，……。」(註三九)

總之，由社會契約，個人表面所失者祇是天然自由 (natural liberty, liberté naturelle)，而實際所得者則爲公民自由 (civil liberty, liberté civil)。前者僅恃個人之力，後者則以國家之力爲干城；公民自由才是可靠的眞正自由。所以，社會契約對於每個人都是有益無損、十分合算的。每個人參加締結社會契約，轉入政治社會，都好像是作了一筆「有利的交易」(profitable bargain, échange avantageux)。(註四〇) 盧騷並且甚至於認爲人的道德與理性，都是到政治社會中才會有的。他說：

「從自然狀態進於文明狀態的過程，使人類發生顯著的改變。此種過程，使正義成爲人類行爲的標準，而代替了原來的本能，並且以一種向所沒有的道德性，加之於人類行爲之上。唯有在義務的觀念代替了肉體的衝動，權利的觀念代替了私慾的時候，一向祇顧自已的人，才會曉得他被迫必須遵守其他的原則，並且此刻不能再僅僅順乎願望而行動，必須想一想是否合於理性。他雖然犧牲了許多由自然中取得的利益，但是所獲得的報償亦殊豐厚。」（註四一）於是他覺得，政治社會實可以「化愚蠢之動物爲靈慧之人」。（註四二）

第四節　主權與共通意志

盧騷心目中所特別注重者，是要爲國家的主權建立一個堅固不拔的基礎；以上所述關於自然狀態、社會契約的議論，可以說都是爲解決這一步的問題舖路。觀夫社約論一書的附名是「政治權的原理」，可見其重點所在。因此，我們對盧騷關於國家主權的理論，更要加意探討。

主權乃是政治學上一個極重要的觀念。不過在盧騷以前，對主權觀念加以闡釋與發揮者，差不多都是用以維護君主專制政治，如鮑丹與霍布斯是。至於標榜自由者，如陸克與孟德斯鳩，則把國家主權的觀念視爲自由的死敵，認爲在理論上並無必要，而在實際上頗有危險，於是避而不談。盧騷卻作了一次大膽的嘗試，設法把專制與自由的理論調和起來：他對主權的意義，解釋得與霍布斯一樣的豐滿而精確；但對主權的歸屬與運用，則要滿足陸克的情感。在主權的理論中，盧騷把一些看起來很不調和的因素，結合在一起；其勇氣與魄力，實足令人驚異。現在請看他關於主權的理論：

（一）主權的所在

盧騷的主權理論，還是以社會契約爲基礎。社會契約乃由各個人的自由行動而締結；契約成立時，各個人放棄其一切權利與權力，交與社會，於是產生政治體。如此創造出來的政治體，其最高的權力應該在那裏呢？盧騷認爲應該就在政治體的本身，唯有整個政治體(the body politic as a whole)(註四三)才是最高權力——主權——的掌握者；無論從任何推理或事實來講，都不可能說主權應另有其他歸屬。我們再看，政治體的組成分子又是誰呢？當然就是全體人民。那麼，說主權在於整個政治體，也就無異說主權在於人民的全體。所以，關於主權的歸屬問題，盧騷的基本觀念是主權在民，人民全體是國家的主權者。主權在民的觀念，固然並非始自盧騷，但是此種觀念之深入人心，蔚成極大勢力，則盧騷鼓吹之力特多。

依上述之義，全體人民就是國家的主權者，自甚顯然。反觀服從主權者的人，又是誰呢？當然也是全體人民。於是，依盧騷所言，國家中的一個人民，必定同時旣是掌握國家主權的一分子(註四四)，又是服從主權者的一個人。然則，國家中任何一個人，與別人之間，乃發生兩重關係：

1. 他自己是主權者的一小部分，別人都是服從主權者的「屬民」；
2. 他自己是服從主權者的「屬民」，別人都是主權者。

就個人之服從主權者來說，那是完全絕對的；至就個人之掌握主權來說，則他僅享有一小部分的主權。譬如說，一個國家總共有一萬人，那麼，主權者對一個人的比例是一萬比一，而一個人對主權者的比例則是一比一萬。一個人對於主權者的服從，是絕對的；至於他所享有的主權，則祇是萬分之一耳。(註四五)如此說來，個人豈不是徒有主權者之名，而實際上要受多數的壓制，並不能有主權者之實？個人參加締結社會契約後，豈不是吃了虧？此種疑問，誠然容易發生；在實際政治上，這也可能是極大的難題。但在盧騷的理論中，則並無困難，因爲照他所說主權的性質祇能爲善，不能爲惡，永遠不會有錯誤的。此義，看下文卽可了然。

（二）主權的表現——共通意志

知道主權的歸屬之後，我們可以進一步探究，依盧騷所論，主權是如何表現出來的。於此，我們就要講到他的「共通意志」(general will, volonté générale) 觀念（註四六）。他認爲國家的主權乃由共通意志表現出來，共通意志是主權的唯一表現。所以他說：

「主權不外就是共通意志的運用 (the exercise of the general will, l'exercice de la volonté générale)。」（註四七）

盧騷的意志論是其全部政治理論的中心，深刻而頗饒興味；並且他的意志論與他的主權論，又可以說是一而二、二而一的。我們要徹底了解盧騷所說的共通意志，才可以認淸其主權論的精義。下面，我們就對他所說的共通意志，詳加分析探討。

（甲）何謂共通意志

盧騷所謂「共通意志」，與全體公民的意志並不一樣，乃是一個極爲重要的觀念，但同時也是一個極爲抽象而容易使人迷惑的觀念。爲對此一名詞先有一個淸晰的槪念，我們又要追溯到最初的社會契約。從前面所引述盧騷在社約論中的話看來，我們知道社會契約的結果，產生一個道德集合體，也就是政治體。這整個的政治體有一種集體之善，與其組成分子的私人利益有所不同。就某種意義來說，政治體的本身有它自己的生命，有它自己的意志，也有它自己的命運。所以盧騷又說由社會契約所產生的政治體是具有生命與意志的。他在政治經濟論那篇論文裏，把政治體與有機體相比擬，也有認爲政治體具有其本身的生命與意志之意。我們可以說，依盧騷之意，政治體本身自己的意志就是所謂共通意志。

從盧騷的另一段話中，我們更可以看出共通意志的含義，以及其與主權密切而不可分的關係。他說：「假若國家或城邦祇是一種道德人（moral person; personne morale），它的生命在其組成分子的結合之中，而它所最爲關注的事乃是維持它本身的存在，它就必須具有一種普遍而有强制性的權力，以指揮處置其每一部分，使最有利於全體。好像自然賦予每人以指揮其四肢的絕對權力一樣，社會契約賦予政治體以指揮其組成分子的絕對權力。就是這個權力，在共通意志的指導之下，名爲主權。」（註四八）明乎此，我們當益能了解，爲什麼當初締結社會契約時，其條件是：「吾人各將自己本身連同所有一切權力，共同置於共通意志的最高指導之下」。同時，對於盧騷所謂主權就是共通意志的運用，也就可以知其深意了。

（乙）共通意志構成的條件

這樣的共通意志，有其特殊的含義。所以，共通意志的構成，也有其一定的條件如次：

1. 出自全體國民　全體國民意志的總和雖然並非共通意志，但在形成共通意志的時候，卻必須由全體國民參加。質言之，共通意志的構成，非出自國民的全體不可。

2. 以全體爲對象　由全體國民所形成的共通意志，又必須以全體國民爲對象；共通意志的運用，不但要出自國民的全體，而且必須是爲了國民全體的事。構成共通意志者是全體國民，而對象也是全體國民，這兩個「全體」實際上是一個，並無分別，不過從兩面看，可以得到不同的概念而已。如此說來，共通意志的構成，是具有一般性的；共通意志的對象，也是同樣具有一般性的。所以，共通意志絕對不能有個別的對象；以個別的人或事爲對象者，絕非共通意志。（註四九）請看盧騷這樣說：

「眞正的共通意志，其要素與對象必須都是具有一般性的；它必須是來自全體，並且施用於全體；而當它被導向某種特定的對象時，它就要喪失其本來的公正性。」（註五〇）

他又說：

「共通意志一旦有個別的對象時，就變質了。當意志是共通意志的時候，就不能對某個人或某一個別的事實，有所判斷。比如，雅典人民在任命或撤免其首領時，……嚴格說，他們就根本不復有任何共通意志了。」（註五一）

3. 以共同利益爲目的　此外，還有一個更重要的條件，就是共通意志必須以共同利益爲目的。僅僅具備上列兩項條件，由全體國民參加，並且以全體國民爲對象，還不一定就能構成共通意志。共通意志一定總是趨向於共同利益；凡以私利爲目的者，絕非共通意志。

既然如此，共通意志也就不會錯誤，總是對的。所以盧騷說：

「共通意志常是對的，並且總是趨向於公共利益。」（註五二）

(丙)「共通意志」與「全民意志」的區別

前已一再言之，盧騷所說的共通意志並非就是「全民意志」(will of all, volonté de tous)。在一般人的觀念中，這兩種意志，很難分辨清楚；爲避免混淆起見，盧騷特別嚴格的予以區別，而這種區別是異常微妙的，須加詳察，始可辨明。區別的標準，簡括言之，共通意志祇以共同利益爲慮，而全民意志則顧及私人利益；申言之，照盧騷自己的話，是這樣的：

「在全民意志與共通意志之間，常有很大的差異；後者僅以共同利益爲慮，前者則顧及私人利益，不過是許多個別意志的總和；但是若從這些意志中，把互相抵銷的正負多少剔去，則所餘的差別之總和(the sum of the differences)就是共通意志。」(註五三)

那麼，在全體的集會中，共通意志如何表示出來呢？盧騷又說：

「如果具有充分識見的人民進行討論時，各公民之間不能彼此互相通知，則小差別之大總和(the grand total of the small differences)將表出共通意志，而其決定總是好的。」(註五四)

對於這樣的微妙區別，盧騷自己解釋的話不免晦澀；詳察其意，似乎是如此的：意志的基礎，在於利益；每個人的政治意見，都爲自利心所支配。自利心包含着兩部分：

1. 個人所特有的，

2. 社會一切組成分子所共同具有的。

前者，因爲是各個人所獨具的，一定會彼此互相衝突；後者則可代表大家的共同利益。這共同利益，乃是政治社會的要素；各個人的利益，如絕無一致之點，則國家根本不可能存在。倘若公民之間，沒有機會打交道而互相幫忙，則其個別利益，既各有不同，將會互相抵銷，於是留下一個總結，這個總結就可以代表他們的共同利益。而所謂共通意志也就是這個總結。共通意志，因爲可以代表各個公民間共同的自利，所以也一定可以代表整個政治社會的自利所可能得到的最大集體滿足。盧騷說共通意志常是對的，就是這個道理。

爲使我們的觀念更加清楚起見，我們還可以依盧騷之意，把共通意志與全民意志的區別，勉强用算式表示出來。比如，共有某甲、某乙、某丙、某丁等四個人，每個人的意志如次：

1. 某甲的意志＝A＋B＋C
2. 某乙的意志＝A＋D＋E
3. 某丙的意志＝A＋F＋G
4. 某丁的意志＝A＋H＋I

其中，B、C、D、E、F、G、H、I等是每個人所特別具有，A則是他們四個人所共同具有的。B、C、D、……等由於彼此衝突，乃互相抵銷，結果所留下來的就是一個A。所以，就他們四個人來說：

全民意志＝A＋B＋C＋D＋E＋F＋G＋H＋I

共通意志＝A（註五五）

我們對於盧騷所說的共通意志有所了解之後，還有一點要特別提到的，就是他認爲，爲了使共通意志容易表達出來，國家之中應該沒有部分的社會（partial society, société partielle）。盧騷既然把共通意志說得如此崇高、如此玄妙，自然希望它能夠眞實的表達出來。而在他看來，實際上對共通意志的表達干擾最甚者，就是國家之中有許多從屬團體的存在。這些團體出現之後，在個人利益與共同利益之間，又平添一種新的團體利益。每個團體都有它自己的意志，對團體的組成分子來說，是共通意志；但對國家來說，則是部分的意志。此種情形，很容易迷惑了一般人民，使他們錯把團體的意志當成了整個政治社會的共通意志，這是異常危險的。請看盧騷這樣說：

「一旦有黨派與部分的團體形成，以犧牲全體，則每個團體的意志，對各自的組成分子來說，是共通意志，但對國家來說，則不過是部分的意志。情勢至此，可以說表決之數將不復同於人的數目，而將同於團體的數目。差別的數目減少，而其結果將較欠普遍性。最後，一旦有一個團體日益擴大，以至壓倒其餘一切團體時，則所得結果將非小差別的總和，而是一個單一的差別。那麼，共通意志將淹沒不彰，而得勢的意見，其正當性將與個人的意見無異。」（註五六）

於是，盧騷得到一個重要結論：

「若求共通意志能夠眞實的表達出來，要緊的是，國家之中應該沒有部分的社會，而每個公民僅各表示其自己的意見。」（註五七）

不過，盧騷似乎也知道禁止一切結社是很困難的事，所以再思之後，他又說：

「假如必須要有從屬團體的話，則多多益善，並須力量均衡。」（註五八）

如此，它們就可以彼此互相中和了。

（三） 主權的特性

盧騷所說的主權，具有下列幾種特性：

1. 至高無上　社會契約締結之初，各個人已將其所有權利與權力都交與社會全體；如此產生的政治體，其權力當然是絕對的。所以，盧騷說社會契約賦予政治體以指揮其組成分子的絕對權力。而這個權力，在共通意志的指導之下，就是主權。如此說來，主權的第一個特性乃是至高無上。任何法律，甚至於社會契約本身，都不能對主權者（也就是人民的全體）加以限制。請看盧氏之言曰：「主權者若以不能違犯的一項法律自相束縛，則是反乎政治體的本質。……然則，沒有而且不可能有任何根本法律，可以束縛人民的全體，甚至社會契約的本身也不能夠。」（註五九）

2. 不能轉讓　前已言之，主權不外就是共通意志的運用。權力雖可轉讓，意志卻是絕對不能轉讓的。所以，主權永在人民的全體，而不能轉讓。主權者乃是一種「集體的存在」（collective being, être collectif），不能由他人來代表。個人的意志，雖然可與共通意志偶相符合，但是不可能永久如此。「主權者固然可以說：『我此刻所要的同某人所要的或他說想要的一樣』，但是它不能說：『某人明天所要的也就是我所要的』。」（註六〇）盧騷以此種理由，推翻人民可以把主權轉讓於君主之說。

3. 不可分割　依據與上項同樣的理由，主權又是整一而不可分割的。政府各部門的職掌雖可有種種不同，但是無論如何，對主權的整一性都沒有影響。惟有人民的全體爲人民全體之事而運用共通意志，那才是主權的表現，所以主權總是具有整一性的。看到政府有各種不同的職掌，而認爲主權可以分割者，都是不知主權的眞義，實屬錯誤。盧騷認爲主權之不可分割，其道理與人體之不可分割是一樣的：人體分解之後，就不成一個人；主權，如强加割裂，也將不成其爲主權了。他把主權可分之論比成一種政治幻術：

「作此種分化之人，把主權弄成一種離奇的怪物，好像一個人有幾個身子：這個有兩隻眼睛，那個有兩條臂膀，另外一個有兩隻脚，每個身子祇具備一種器官，沒有一個完整的。據說日本的魔術家可以當衆割裂一個小孩子的肢體，拋到空中，再落到地上時，還是一個完好的小孩子。我們的政治幻術，也好像就是這樣。」（註六一）

4. 不會錯誤　主權另外還有一種特性，就是永遠不會錯誤。此點，就上述主權的含義來講，可以說是理之當然。前已言之，共通意志一定常是趨向於公共利益的，因此也就總是對的，不會錯誤。而主權不外就是共通意志的運用，那麼，自然主權也是不會錯誤的了。主權既然永無錯誤，盧騷乃進而認爲主權者的權力絕對不會有害於其屬民。所以，屬民對於主權者的服從，雖須有適當的方法予以確保，而主權者的權力對於屬民，則根本無需保證。請看盧騷這樣說：

「主權者，旣是由許多個人所組成，自然沒有，而且也不可能有任何利益與這些個人的利益相反。因此，主權者的權力對於其屬民，無須予以保證，蓋全體實不可能加害於其組成分子，而且我們行將看到，也不會加害於任何個人。……

「但屬民對於主權者的關係則不然。除非有確保屬民忠誠的辦法，則雖有共同利益，也不足

以保證其必能遵守對於主權者的義務。」（註六二）

（四）主權的限制

依上述之義說來，似乎在形式上，主權應不受任何限制，蓋主權旣屬至高無上，而且永無錯誤，自不能加以限制，也沒有加以限制的必要。但是盧騷卻又認爲，在實質上，主權還是有限制的。個人意志與共通意志的關係，至少要保證正義與公道的統治，以及所有公民在法律之前的平等。所以，最低限度，主權應受下列兩項限制：

1. 主權者不得以於社會無用的桎梏，强加於屬民之身。關於此點，盧騷說：

「當主權者有所要求時，一個公民應盡其所能，貢獻於國家；但主權者這一方面，則不得以於社會無用的桎梏，强加於屬民之身，並且它簡直不能有此意圖。」（註六三）

2. 主權者不得以多於他人的負擔，加於任何屬民；法律之前，人人平等。關於此點，盧騷說：

「我們由此可知，主權雖然是絕對神聖而不可侵犯的，卻不致、也不能超越公共協約的範圍。每個人對協約所留給他的財產與自由，可以隨意處置。所以，主權者沒有權利，以多於他人的負擔，加於一個屬民。」（註六四）

盧騷對主權所加的此種限制，與前述理論，不無矛盾。當初締結社會契約時，各個人究竟是拋棄了一切的權利與權力，還是有所保留，盧氏的說法似乎搖擺不定。對於如此不調和的情形，盧氏强爲解釋說：

「我承認每個人經由社會契約，放棄其權力、財產、與自由，不過那僅是總量的一部分，其使用對社會有重要關係者。」（註六五）

但是，盧氏接着又趕緊把話拉回來，說：

「但是我們也必須承認，祇有主權者才是決定此種重要性的唯一裁判者。」（註六六）

換句話說，那些是對社會有用的，那些是對社會無用的，還是祇有聽從主權者的裁判。然則所謂主權的限制，對主權者的障礙，似乎又是微乎其微了。

第五節　法　律

(一)　共通意志與法律

從上節所述，可知國家的主權是由共通意志表現出來。不過，所謂共通意志還是抽象的，這種抽象的共通意志又如何表現出來呢？於此，盧騷又認為抽象的共通意志一經具體化就成爲法律，法律就是共通意志的表現。他說：

「意志有的是共通意志，有的不是；有的是全體人民的意志，有的則是部分人民的意志。在前一種場合，意志的表現是一種主權者的行爲，並且創制法律；……」（註六七）

又說：

「當全體人民爲全體人民的事，發出命令，……此種行爲就是我所稱的法律。」（註六八）

那麽，依照盧騷的理論，共通意志是主權的表現，而法律又是共通意志的表現，足見他所謂主權實際上也就是立法權。在他的心目中，主權、共通意志、與法律三者實在是緊密連接，而不可須臾相離的。主權既在於人民的全體，立法權當然也在於人民的全體。共通意志既不能轉讓，同樣的也不能代表。法律的制定必由全體人民爲之，不能由代表來作。（註六九）所以盧騷說：

「立法權屬於人民，而且祇能屬於人民。」（註七〇）

由此也可以看出，盧騷心目中的民主是古希臘所行的直接民主；他頌揚民主時，常含有頌揚城邦之意。（註七一）

然則法律乃淵源於共通意志。共通意志是具有一般性的，法律也是具有一般性的；一般性是法律的要素。質言之，法律乃以全體人民之事爲對象：就對人來說，把所有的人民看成一個整體，而不能祇對某一個人；就對事來說，則是抽象的看，而不能祇對某一件具體的事。所以，

「法律可以規定特權，但是不能指名把特權給予任何一個人；法律可以分公民爲若干階級，甚至規定各級的資格，但是不能指定某些人歸入某階級；法律可以建立君主政府與世襲制度，但是不能選立君主，或指定王族。」（註七二）

盧騷認爲國家一定要以這樣的法律爲治，才算是合法的國家；而凡是合法的國家，不論其政府的形式如何，都可以叫做一個「共和國」。

現在我們可以進而探討一下，依盧騷的理論，人在國家中服從法律，對本來的自由究竟是否有所妨害？法律的制定，是由全體人民來作的，並且法律就是共通意志的表現。然則，每一個人服從法律，實

在就是服從共通意志；而依前述共通意志之含義言之，服從共通意志實與服從其自己的意志無異。所以，盧騷說國家中的屬民「不是服從任何個人，而是服從他們自己的意志。」（註七三）人能夠依照自己的意志而行動，就是完全自由的；人在國家中服從法律，既然與服從自己的意志無異，豈不是對本來的自由毫無妨害嗎？於是，關於法律觀念，盧騷得到這樣一個總結：

「我們可以不必再問立法之權屬於誰，因爲法律是出於共通意志的行爲；也不必再問君主是否在法律之上，因爲他也是國家的一分子；也不必再問法律是否可能不公道，因爲沒有一個人對自己不公道；也不必再問一個人如何可以同時服從法律，又保持自由，因爲法律祇是我們自己意志的記載。」（註七四）

說到此處，我們可以看出，盧騷對他心目中懸而待決的中心問題，差不多已經找到一個答案了。他所懸的問題是人本天生自由的，何以到處皆在桎梏之中，而他所要提供的答案，就是要找到一種社會，其中每個人仍祇服從自己的意志，並且繼續保持自由如故。現在，照盧騷所說，人在國家中服從法律，正是仍祇服從自己的意志，並且繼續保持自由如故，這豈不是對所懸問題的答案嗎？以上所述關於社會契約、主權、共通意志、法律等等的說法，可以說都是爲尋求這重大難題的答案，費盡心思；而其畫龍點睛之處，乃在於此。然則，盧騷可以躊躇滿志了！

每個人民對於法律，必須服從；服從法律，即是服從共通意志，而自由正在其中。那麼，假如有人不服從法律，將如之何呢？盧騷認爲遇有此種情形，應該强迫他服從，其言曰：

「爲使社會契約不致成爲空文，其中寓有一項唯一可使其餘條款發生效力的規定，那就是凡拒絕服從共通意志者，必將受全體的强制而服從。這個意思是說，他將被迫而自由。」（註七五）

「被迫而自由」("forced to be free") 一語，聽起來眞夠令人大吃一驚！這是盧騷大膽而奇異之論，其流弊所及，危險堪虞。

(二) 立法家

上述盧騷的理論，可謂新穎而動聽。但談到實際立法工作時，他的見解卻頗陳腐而令人失望。本來，他是把立法重任放在人民身上，認爲法律的制定必須由全體人民自己來作，不能假手於人。而且爲求共通意志的眞實表達，應由每個人各自表示其意見，不受其他影響。此時，他又把一般人民看成「盲目的羣衆」(blind multitude, multitude aveugle)。他深恐這些盲目的羣衆程度不夠，雖欲謀求福利，但不知福利何在，雖欲表達共通意志，但不知共通意志究竟是什麼，因而不能擔負立法的艱巨工作，非有高明的人加以指導不可。於是，他乃要把立法工作借重於所謂「立法家」(legislator, législateur)。關於立法家之何以必要，盧氏言之甚詳：

「正確的說，法律不過是人民團結的條件。人民既服從法律，也應該是法律的制定者：社會的條件祇應由組成社會者自定。但是法律如何制定呢？是否將由人民一時的靈感而一致規定？政治體有沒有一個表示其意志的機關？誰能深謀遠慮，預爲擬訂法律，而刋布之？必要之時，又將如何公布？一般盲目的羣衆，常因鮮知福利何在，也就不知道自己所願望的是什麼，他們如何能擔負一套立法工作的艱巨事業呢？人民本身，常以福利爲念，但是沒有辦法看到福利何在。共通意志固然總是對的，但是引導共通意志的判斷卻非永久開明。我們必須使共通意志看到事物的本來面目或其當然的現象；必須示以其所尋求的正當途徑，而免於個人意志的引誘；必須教以明察時間與空間；又必須使其權衡易見的近利之引誘與隱蔽的遠禍之危險。個人看到福利，而予以摒棄；公衆期望福利，而看不到福利何在。二者都同樣的需要指導。前者必須强使其意志合於理性；後者必須教以知其所欲得者爲何物。然後，公衆的開明可導致社會中知識與意志的合一：各部分切實互相合作，而全體也得到最高的力量。立法家的必要，實由於此。」（註七六）

於是，盧騷企圖調和自由與權威的勇敢抱負，結果乃變成對古希臘立法家的崇慕，未免虎頭蛇尾。而前言後語，恍若兩人。

盧騷自己似乎也覺察到如此不調和的情形，所以特別聲明立法家並沒有立法權，立法家所起草者一定要經人民採決，才能正式成爲法律。請看他說：

「編纂法律的人沒有，或者說不應有立法權，而人民則雖出於意願，也不能自脫於此種不可轉讓的權利。因爲依照根本契約，祇有共通意志才可以拘束個人；而個別意志未必與共通意志相合，除非經過人民的自由表決。此義，我已經說過，但是值得再加申述。」（註七七）

第六節 政府

（一） 政府的性質

現在我們說一說盧騷對政府的看法。他認爲政府是立於主權者與屬民之間的。（註七八） 主權者與屬民之間，需要一種媒介，而政府正是這個媒介體，其任務在接受主權者的命令，而以之傳遞於屬民。主權者是制定法律的，屬民是服從法律的，而政府則介於主權者與屬民之間，負責執行主權者所制定的法律。盧騷心目中的政府，意卽行政權。立法權屬於全體人民；行政權則屬於政府。關於政府的性質，盧騷這樣說：

「那麼，政府是什麼呢？就是立於屬民與主權者之間的一個媒介體，以溝通他們的相互關係，其任務爲執行法律，……。」（註七九）

他又說：

「政府接受主權者的命令，而以之傳遞於人民。」（註八〇）

盧騷把國家與政府，區別得很清楚，而且始終一致。在他看來，國家與政府的區別如次：

1. 「國家」一詞是指整個的政治體，由最高的共通意志表現出來；「政府」一詞則是指由政治體指定來施用共通意志的個人或一羣的個人。

2. 「國家」是由社會契約產生的；「政府」則非由社會契約所產生，乃由主權的人民之擧措而造成。政府的任務並非立法，而是執行法律；被委以此種行政權的個人，實爲主權者的代理人。這些行政官，不論其名義如何，其任務以及與主權者的關係都是一樣的。他們的權力，旣是由主權者的委託而來，所以主權者也可以隨意予以限制、變更或全部撤回。

(二) 政體

(甲) 政體的類別

盧騷認爲主權永在人民全體，然則國體應祇有一種，就是民主國體。至關於政體，他是依照組成政府的人數之不同，而把政體分爲下列各類：

1. 民主政體　主權者把政府的權力委之於全體人民或大多數的人民者，屬於這一類。他所想的民主是直接民主，所以必須有許多先決條件，如小國寡民、事務簡單等是。

2. 貴族政體　主權者把政府的權力委之於少數人者，屬於這一類。此類政體，又可以再區分爲三種：

①自然的 (natural, naturelle)

②選擧的 (elective, élective) (註八一)

③世襲的 (hereditary, héréditaire)

3. 君主政體　主權者把政府的權力集中於一個人之手者，屬於這一類。

4. 混合政體　把上列三種基本政體的形態混合起來，可以成爲混合政體。

(乙) 政體的優劣

關於各種政體優劣的比較，盧騷認爲沒有一個絕對的標準，要看國情而定：國情不同，最適宜的政體也有異；對某種特別的國情，有某種特別適宜的政體。某種政體對某一國家是否適宜，要看其自然環境以及經濟、社會等各種情況如何。所以他說：

「關於最好的政體，隨時都有很多的議論，但是他們卻沒有想到每一種政體在某種情況中可能是最好的，而在他種情況中則可能是最壞的。」（註八二）

又說：

「因爲無數的事故可能改變人民的關係，所以不但在同一時代中，不同的人民各有其不同的適宜政府，就是同一種人民，在不同的時代中，其適宜的政府也會不同。」（註八三）

盧騷在這一方面的態度，顯然的是追隨孟德斯鳩。

政體的優劣雖然沒有絕對的標準，但是關於一國政府治績的好壞，盧騷卻認爲有一個簡單而具有決定性的標幟，可供測驗，那就是人口調查：人口增加者是好政府；反之，人口減少者則是壞政府。對如此簡單明瞭的標準，他有如下的說明：

「政治組織的目的是什麼？不外國民的生存與繁榮。保持國民的生存與繁榮，最確實的標幟又是什麼？那就是他們的數目與人口。然則不必他求莫衷一是的標準。如其他條件相同，在一個政府之下，不假外援，也不藉歸化或殖民，而其公民數目增加者，這個政府一定是好政府無疑；反之，其人民減少衰退者，則定是壞政府。統計學家，這是你們的事：計算，度量，比較。」（註八四）

（三）篡奪的預防與主權的保持

政府常有一種不好的傾向，就是不斷的擴張其權力，冀圖以行政官的團體意志代替共通意志，因而侵佔到主權的範圍，發生篡奪情事。對於此種趨勢，盧騷認爲，爲預防政府篡奪，保持主權在民，也就是維護社會契約，握有主權的人民應該有定期集會（periodical assemblies）。茲將他所設計的定期集會，說明如次：

1.此種定期集會，應由人民自動爲之，其召集與行動完全不要依靠政府；一到規定日期，人民就自行集會。請看盧騷說：

「除遇特殊事故時，召集臨時大會外，還必須有一種不能取消或延宕的定期集會；到規定日期時，人民可依據法律自行集會，而無需任何正式召集的手續。」（註八五）

2.在此種定期集會中，有下列兩項重大問題，必須提出，分別付表決：

①「主權者是否願維持現有政體？」（註八六）

②「人民是否願將行政之權留於現任官吏之手？」（註八七）

3.在主權的人民如此集會的時候，政府的職權要暫行停止。

在盧騷看來，果能如此行之，則政府篡奪主權的情事可以減少到最低限度。

第七節　國民宗教

最後，盧騷還有一種畫蛇添足的意見，就是他要推行一種國民宗教（civil religion, religion civile）。他認爲國家之中，應該有一種純粹的「國民信仰誓約」，其條文由主權者予以規定，「不是眞眞作爲宗教信條，而是視爲作良好公民或忠實屬民所不可或缺的一種社會情感。」（註八八）此種國民宗教的信條應該少而簡單，並且非常明確，無需解釋或註疏，其內容包括相信上帝，善人得樂而惡人受罰的來世生活，社會契約與法律的神聖，以及對「不容忍」的不寬容等。

主權者雖然不能强迫人必須相信這些信條，但是可以把不信奉的人逐出國境，「放逐的理由不是因其不虔敬，而是因其缺乏社會意識，不能由衷的愛護法律與正義，不能於必要時爲義務而犧牲生命。」（註八九）然則，每個國民爲了逃避逐出國境的懲罰，也就祇有俯首帖耳的信奉了。尤有甚者：「假如任何人在公開承認這些信條之後，而行爲悖逆，好像不相信的樣子，則應受死刑的處罰，因爲他已經犯了最大的罪，就是在法律之前說謊」。（註九〇）

照盧騷所講，這樣嚴峻的國民宗教，卻是在容忍的原則下推行的：「現在既沒有而且不能再有獨存的國教，則凡能容忍其他宗教的宗教，祇要其教義不致違背公民義務，我們都應當予以容忍。但是如有敢倡言『教會之外不能得救』的人，則應該驅之於國境之外……。」（註九一）不過，這裏所謂「容忍」，似乎等於說與「國民信仰誓約」符合不背的宗教才可以容忍；然則，如此的容忍，恐怕是有名無實了。

盧騷對宗教的態度，乃竟與霍布斯差不多，寧不令人驚異！

盧騷政治思想的內容，略如上述；其中有許多自相矛盾，難於解釋之處，除隨時特予指出者外，其餘的也不難窺見。雖然不免這些缺憾，盧騷在政治思想上不平凡的成就與貢獻，則仍令人歎服。他所提出而謀求解決的問題，是政治理論上最基本的問題，千百年來學者費盡心力，以求解答，而百思難得一解。盧氏本不羈之才，對此一問題，竭其思慮，迂迴曲折的作了一篇大文章，總算求得一個他自己言之成理的答案，縱不盡令人滿意，其魄力已足驚人。

至就實際影響來說，盧騷的政治思想對於當時以及後世，確有異常深遠的影響。他的思想造成一種社會勢力，具有無限的重要性，不管我們贊成他的意見，或是反對他的意見，對其此種重要性總是要承認的。（註九二）盧氏逝世之後，其種種理想與精神，有些都反映於政府改革之中；而其人類平等、主權在民、以及復歸自然等說，尤爲衆所歡迎。在近代民權發展的歷史上，最大的兩件事是美國獨立革命與法國大革命。社約論一書出版於一七六二年，美國革命發生於其後十多年，法國革命發生於其後二十多年，這兩次革命都與盧騷的思想有關連。盧氏思想對近代民主精神，關係之重要，也由此可見一斑。美國革命，由於民族與文字等關係，固然受英國陸克的影響較多，但一七七六年獨立宣言的精神，也有與盧騷相通之處。又盧騷所謂「法律」，實際上，就是我們通常所稱的基本法或「憲法」；他的立法理論，也就是後來政治學中流行的觀念，認爲憲法是由主權的人民所制定，而政府的行動必須與此最高法相合。美國脫離英國而獨立後，其各州的政治組織，正好符合盧氏社約論中所講主權與法律的理論。各州的成文憲法乃是人民意志的表現，其中規定政府的組織與行動，這正是盧騷心目中嚴格意義的「法律」。憲法僅對政治上的基本問題有所規定，從其淵源以及最高權威來看，均與政府的命令迥乎不同。於是，在此種憲法上，盧騷政治理論中人民主權及其與政府的關係，乃得具體實現。此種契合的關係，固然也許是出於偶然的巧合（註九三），而盧騷本人是否同意也在不可知之數，可是其影響所及，又與法國大革命有關係。法國人受了盧騷鼓吹自由、平等、及人民主權等說的影響，在他死後的十年中，對於美國獨立後各州的制度發生極大興趣，而密切注意，因此上述契合盧騷理論的制度乃又對於法國大革命進展的理論與實際，發生了深遠的影響。盧騷政治思想中的許多原則，都表現在人權宣言 (Declaration of the Rights of Man and of the Citizen) 上，並且應用於法國革命的種種政治試驗之中。尤其顯著的是人權宣言第一條與第六條，幾乎就好像重述盧騷的話。第一條說：「人類生而在權利上自由平等，現在仍繼續爲自由平等的」。第六條說：「法律是共通意志的表現」。拿破崙 (Napoléon) 對於盧騷，曾有一句名言說：「沒有他，法國革命就不會發生」。這固然或許是過甚之詞，不過盧騷與法國革命關係之深，由此也可見一斑。

又盧騷主張人民應有定期集會，以票決政體是否繼續維持，行政官吏是否更易的問題。後來在十九世紀的民主政治中，有兩種出名的體制：一爲定期票決修改憲法的問題，一爲定期票選官吏；此種體制，實由盧騷開其先河。美國方面，翟斐孫 (Thomas Jefferson, 1743—1826) 採取了每代有權重行檢查其憲法的觀念；而在一定時期舉行憲法會議，又爲幾個州所取法。這些也都是與盧騷的政治思想有關的。

盧騷的思想，對德國方面，也發生了很大的影響。德國唯心論派康德、黑格爾等以意志爲本的政治哲學，實來自盧騷。康德認爲盧騷是第一個發現人類關係的定律之人；他把盧騷在政治思想上的地位，與牛頓 (Newton) 相比，足見其推崇之甚。

不過，盧騷的思想，在實際影響上，有一種誤入歧途的發展，就是可能被人利用，而成爲獨裁政治的口實。此種發展，不免爲人所詬病，有加以研討的必要。平心而論，盧騷的本意大概是民主的，而且是極端民主的；此種基本精神，不容予以誣衊。但是，他的政治思想，不論在理論上，或在實踐上，卻都的確有誤入歧途的可能，此種危險也不必勉强爲之掩飾。導致歪曲發展的因素，可能有兩端：第一，盧騷自己，經過抽象的推理，有時竟不免把自己的思想導向相反的極端。第二，盧氏有些觀念，不免過於抽象而不確定，很容易被人曲解，乃導向與盧氏原意背道而馳的發展，最顯著的例子就是「共通意志」的觀念。

盧騷的本心是極端民主的，因此他甚至否認代議政治的價值；他講到民主時，所想的總是每個公民直接參與政治的直接民主。在他的心目中，直接民主才是唯一自由的政府。此種民主政治，要人民常常不斷的爲處理公事而集合在一起，這卻是很難作到的，尤其在較大的國家中，更難作到。於是盧騷乃認爲民主政治祇能適合於很小的國家：

「在不同的國家中，最高行政官的人數應與公民人數成反比例，因而一般言之，民主政治適宜於小國，貴族政治適宜於中等國家，而君主政治適宜於大國。」（註九四）

若更進一步，從嚴格的意義言之，他又簡直認爲民主政治永無實現之日，根本不適宜於凡人了：

「從名詞的嚴格意義言之，從來沒有，而且永遠不會有眞正的民主政體。」（註九五）

「假若有一個神的民族時，他們的政府會是民主的。如此完善的政府殊不宜於人。」（註九六）

最令人蒙昧的是共通意志的觀念。盧騷着眼於自由與政治權威的調和，而以所謂共通意志爲其樞紐。不過，共通意志究竟如何才可以求得呢？盧騷的說法實嫌過於抽象而不確定。他所謂「小差別的大總和」可以表出共通意志，這是很難得到確實證明的。因爲第一，各個人自爲私利打算的意志，是否可以恰好互相抵銷，而無多無少？其次，各個人的意志中是否一定會有爲共同利益打算的一部分？這兩項問題，都無從證明。盧騷又有時說共通意志就是多數的決定，這樣的說法含有多數永遠正確之意，可是他卻未必如此相信，而且他有時簡直說多數意志並不一定就是共通意志。如此說來，究竟什麼才是共通意志，就很難確定了。（註九七）推其極，一羣組織嚴密的少數分子，甚至於一個人，其意志都可以解釋成共通意志。別有用心的人，故意加以曲解，就可以拿共通意志的觀念作獨裁政府的護符。羅伯斯比爾（Robespierre）就曾如此利用共通意志的觀念，他說：「我們的意志就是共通意志」。墨索里尼（Mussolini）與希特勒（Hitler）也都有類似的說法。

盧騷以共通意志為樞紐而調和政治權威與自由，其結論是一個人在政治社會中服從法律，「仍祇是服從自己」；再進一步，乃推論到人可以「被迫而自由」。察其意，大概以為人之所以受强制乃因他所企求的事物與社會秩序所給予者不同，而這祇是由於他不能眞正知道他本身的福利。所以，表面上的强制並非眞正的强制，而限制自由正所以增加自由。殊不知多少受摧殘、受迫害的人，都可以犧牲於「被迫而自由」的美名之下。甚至熱內亞（Genoa）城中監獄門首高懸「自由」，囚犯的刑具上也烙着「自由」字樣，盧騷乃大加稱讚，說此種設計是「良好而公正的」（good and just）。然則，在盧氏的心目中，罪犯之受懲處，正是出於他自己的意志了。標榜自由，而推論至於此極，其歪曲的程度，可以概見！於是，盧騷遂在自己的理論中，造成了自由的矛盾。此種觀點，盧騷初用之，而黑格爾繼之，實在是在玩弄曖昧含混的觀念。盧騷錯用了「自由」一詞，黑格爾也隨之錯用，乃把自由的定義設為服從警察的權利或差不多的說法了。

又盧騷認為，為使共通意志能眞實的表達出來，國家之中最好不要有「部分的社會」。果如他的理想，則國家將禁止政黨、教會（除國教外）、職工聯合會、以及其他類似的社團，那豈不成爲極權國家了嗎？

最後，盧騷終於要釐定一種國民宗教，簡直要統制人民的信仰了。

羅素（Bertrand Russell）對於盧騷的政治思想，有如下的論斷，可供參考：

「社約論變成了法國革命中許多領袖的聖經，不過無疑的，正與聖經的命運一樣，許多信徒既不細心閱讀，更不了解。這部書又將形而上的抽象說法介紹給民主的理論家們，而且藉共通意志之說，使領袖與人民可能有神秘的合一，那就無需投票箱這樣塵俗的器具來爲之證實了。這部書的哲學，大部分可供黑格爾利用，而爲普魯士的專制政治辯護。它的第一次實踐成果就是羅伯斯比爾的統治；俄國和德國的獨裁政治（尤其是後者），部分也是來自盧騷之所教。至於未來的日子還有什麼進一步的勝利，會貢獻於盧騷之陰魂的，我不敢冒昧預言了。」（註九八）

「它（指社約論一書）的理論，對於民主是口惠而實不至，其趨向所在，卻反爲極權國家而辯護。」（註九九）

「他……又發明了假民主的獨裁（pseudo-democratic dictatorships）之政治哲學，以與傳統的絕對君主制相對。」（註一〇〇）

於是，羅素乃把盧騷看成希特勒的先驅：

「自他（指盧騷）的時代以來，凡自命爲改革家的人，分成兩派：一派追隨着他，一派追隨着陸克。……就目前來說，希特勒乃出自盧騷；而羅斯福（Roosevelt）與邱吉爾（Churchill）則是出自陸

克。」（註一〇二）

不過，這樣不幸的發展，想大概並非出於盧騷的本意；盧騷倘若復生，也許會大叫寃屈的。

（註一）甚至在瓦杭夫人已經成了盧騷的情婦之後，他還是叫她「姆媽」，她則叫他「小寶寶」，他們彼此間一直保持着如此的稱呼。

（註二）她既不能讀書，又不能寫字。（盧騷曾教她寫字，但沒有教她讀書。）她甚至不識每月之名，也不能計算錢財的加數。

（註三）並非此外就毫無所染，不過名媛貴婦與盧騷交好者，對她還都得敷衍敷衍。

（註四）盧騷自己說，他對於她從沒有一點的愛，不知是眞是假。但，無論如何，同居如此之久，自絕非偶然。

（註五）簡稱「不平等論」(Discourse on Inequality, Discours sur l'Inégalité)。

（註六）此書的附名是「政治權的原理」。

（註七）此書的附名是「教育論」。

（註八）盧騷的傳記，由他本人在懺悔錄中敍述甚爲詳盡，而且雖極盡醜惡之事亦不諱言，甚至有時說得不免過火。

（註九）摩的埃的村人，由教士領導着，控盧騷以毒害他人之罪，並且想謀殺盧騷。

（註一〇）有時，盧騷也自知此種猜疑的荒謬，於是抱住休謨，大叫：「不，不，休謨不是賣友之人。」休謨對如此的舉動，自然大感尷尬，就回答說：「什麼呀，我親愛的先生！」(Quoi, mon cher Monsieur!)

（註一一）此點，由盧騷的許多行爲上，可以找到證明，玆舉數事爲例：

1. 他在薩伏衣改奉天主教的時候，他表現他的動機完全是爲圖利的：「我不能自己隱飾，我所要作的聖潔行爲，骨子裏實在是匪徒的行爲。」可是這個也未必完全可靠，因爲這是他在又回頭改奉新教之後寫的。我們有理由相信，在若干年中，他是虔誠的天主教徒。他在一七四二年證明，一七三〇年他所住的房屋，由於一位主教的祈禱，而神奇的免於火災了。

2. 他在衞塞里夫人處作小廝的時候，曾經偷了夫人的一條飾帶。夫人死後，人家發現這條飾帶在他的手裏；追詢之下，他卻說這是他所喜歡的一個女孩子贈給他的。人家相信了他的話，這個女孩子乃受到懲罰。

3. 在他的流浪生活中，有一次，他同一個朋友，在里昂的街上，徒步而行，這位朋友的癲癇病忽然發作起來。當衆人圍觀之際，盧騷乃乘機捨棄其朋友而逸去了。

4. 又有一次，盧騷曾經冒充一個蘇格蘭雅格拜特黨人（Scotch Jacobite），假名Dudding，而與一位有錢的婦人打交道。

（註一二）這是盧騷一句動人的名言，原文是：

"L'homme est né libre, et partout il est dans les fers."

英譯爲：

"Man is born free, and everywhere he is in chains."

（註一三）社約論第一卷第一章。

（註一四）自由，至少是盧騷思想中名義上的目標。

（註一五）社約論第一卷第四章。

（註一六）社約論第一卷第四章。

（註一七）社約論第一卷第六章。

（註一八）盧騷有時很讚揚這樣的自然狀態，他推崇所謂「高尙的野蠻人」（"noble savage"），而他的口號是「復歸自然」（"back to nature"）。盧騷把不平等論一文寄給福祿泰爾（Voltaire, 1694—1778）之後，福氏回答說（一七五五年）：

「我已經接到你反對人類的新書，謝謝你。對於要使我們都成爲愚蠢的方案，從沒有像此書設計之工者。人讀你的書時，想用手脚來爬行。但因爲我失去那種習慣，已逾六十年之久，我不能再那樣作，思之殊覺悵然。我也不能去找尋加拿大的野蠻人，因爲我所受到的病會使我需要有一位歐洲醫生同行；……。」

（註一九）他在不平等論（Part i）中，這樣說：

「自然狀態中的人，彼此間沒有道德關係或確定義務，所以根本談不到好或壞，有德或邪惡。」

（註二〇）不平等論，序文。

（註二一）比如，跳舞、唱歌的時候，體力、姿色出衆者必特別引人注意，而妬怨之念也會因此而生。

（註二二）不平等論，Part ii。

（註二三）同上

（註二四）社約論第一卷第六章。

（註二五）所謂「共通意志」，在盧騷的政治思想中，是一個極重要的觀念，我們將在下一節中，詳加解釋。

（註二六）社約論第一卷第六章。

（註二七）同上

（註二八）同上

（註二九）同上

（註三〇）社約論第四卷第二章。

（註三一）同上

（註三二）按卽指社會契約。

（註三三）社約論第一卷第五章。

（註三四）社約論第一卷第六章。

（註三五）同上

（註三六）社約論第四卷第二章。

（註三七）盧騷曾一再聲言，契約成立時，個人放棄了一切，然則每人都好像是等於零了，而這裏又說個人尚有保留的部分，顯然不免自相矛盾。

（註三八）社約論第一卷第六章。

（註三九）社約論第二卷第四章。

（註四〇）盧騷對政治社會之如此推重，如與前述其欣賞自然人的態度相對照，眞使人感覺恍若前後之言不是出自一人之口。

（註四一）社約論第一卷第八章。

（註四二）同上

（註四三）也可以說是「在集體的和立法的性能中之社會」（"the community in its collective and legislative capacity."）

（註四四）盧騷在社約論第一卷的引言中，就特別表明他自己是主權者的一分子，他說：「因爲我生而爲自由國家的公民，又是主權者的一分子，我覺得，對於公衆事務，我的言論的影響無論如何微弱，但既有表決之權，我就有義務來予以研究。」

（註四五）盧騷在社約論第三卷第一章裏，這樣說：

「我們假定一個國家有一萬個公民。主權者祇能被視爲全體聚合所成之一體；而每個公民。當作屬民來看時，仍然祇是一個人。所以，主權者對屬民的比例是一萬比一。換言之，國家的每一個分子，雖然對主權必須完全服從，卻祇能享有萬分之一的主權。」

（註四六）「共通意志」的觀念不僅是盧騷政治思想上最中心的觀念，而且也是盧氏在政治思想史上最重要的貢獻。此一觀念，在近代政治思想上，影響極大。由於盧騷對此有特殊的發揮，一般人乃常認爲連「共通意志」這一個名詞也是盧騷所創造發明的。如此的了解，在中國人固不足爲奇，而在西洋人亦所難免。美國的塞賓（George H. Sabine）教授在其所著A History of Political Theory一書中（一九五〇年版第五八二、五八五頁），對此種了解會有所懷疑，並特別作了一番考證。據他說，在一七五五年出版的百科全書（Encyclopaedia）第五卷中，有盧騷的政治經濟論（Discours sur l' économie politique, Discourse on Political Economy）一文，盧氏在此文中卽已用了「共通意志」一詞。而在同卷中，另有狄德羅（Diderot）論自然法一文，也同樣用了這個名詞。於是，塞賓說：

「……究竟是他（指盧騷）還是狄德羅發明了這個名詞，那是不能確定的。」

這裏，我們要注意他用了「發明」字樣。可見，據塞賓教授的判斷，共通意志這個名詞並不一定是盧騷所發明的；此一判斷足以證明一般人的認定頗有問題，相當的具有澄淸作用。不過，他還是認定盧騷與狄德羅二人中，總有一個人「發明」了這個名詞，質言之，發明此詞者不是盧騷，就是狄德羅。但是，著者卻有一點新的發現，就是「共通意志」一詞已經迭見於孟德斯鳩的名著法意一書中。孟氏在該書中所用的，與盧騷、狄德羅二氏所用的，完全一樣。法意出版於一七四八年，較一七五五年爲早；孟氏之用此詞，實在盧、狄二氏之前。這一個發現可爲塞賓教授的考證進一解，足以證明共通意志這個名詞既不是盧騷「創造」的，也不是狄德羅「發明」的，自不必再分別二人之孰先孰後；而一般人觀念之不正確，更可就此澄清了。關於此點，參閱本書第二十章註（三四）暨拙作「共通意志」探源一文（載在五十二年六月一日出版的「新天地」雜誌第二卷第四期）。

（註四七）社約論第二卷第一章。

（註四八）社約論第二卷第四章。

（註四九）在下面第五節，講到法律觀念時，還要將此義再予申明；互相參證，當可更加了解。

（註五〇）社約論第二卷第四章。

（註五一）同上

（註五二）社約論第二卷第三章。

（註五三）同上

（註五四）同上

（註五五）這祇是就盧騷之意，以算式表明，俾可得到更淸晰的概念。至於事實上，每個人的意志中，是不是一定會有這一個A的部分，又B、C、……等的互相衝突抵銷，是否就會如此的精確，當然都是大有疑問的。

（註五六）社約論第二卷第三章。

（註五七）同上。在小註裏面，盧騷並引用馬凱維里之言，以支持他自己的意見。

（註五八）社約論第二卷第三章。

（註五九）社約論第一卷第七章。

（註六〇）社約論第二卷第一章。
（註六一）社約論第二卷第二章。
（註六二）社約論第一卷第七章。
（註六三）社約論第二卷第四章。
（註六四）同上。
（註六五）同上。
（註六六）同上。
（註六七）社約論第二卷第二章。
（註六八）社約論第二卷第六章。
（註六九）盧騷否認代議政治的價值。在他看來，近代所誇張的代議制度，簡直是政治衰敗的象徵。他說：

「當公衆之事不復爲公民的重要事務，他們寧願出錢而不願親自爲國家服務的時候，國家就瀕於衰亡了。要他們出去打仗時，他們出錢雇兵代役，而自己不去；要他們去開會時，他們就選派代表，而自己不出家門。由於懶惰與有錢的結果，最後他們乃有軍隊以奴役其國家，有代表以出賣其國家。」（社約論第三卷第十五章）

他又說：

「英國人民自以爲自由，實屬大謬。祇有在選舉國會議員時，他們才有自由；議員選出之後，人民乃被奴役而等於零了。」（同上）

（註七〇）社約論第三卷第一章。
（註七一）盧騷對於城邦的愛好，是值得我們特別注意的。
（註七二）社約論第二卷第六章。
（註七三）社約論第二卷第四章。

(註七四)社約論第二卷第六章。

(註七五)社約論第一卷第七章。

(註七六)社約論第二卷第六章。

(註七七)社約論第二卷第七章。

(註七八)前已言之，照盧騷所講，國家之中，每個人民當有兩重身分：他旣是主權者的一分子，又是服從主權者的屬民。主權者也就是全體人民，與屬民本爲一體；不過，依兩重身分之義，應該把主權者與屬民看成兩方面。

(註七九)社約論第三卷第一章。

(註八〇)同上

(註八一)對於我們通常所稱的民主——今日普遍流行的代議政府(representative government)，盧騷就以此種「選擧的貴族政體」(elective aristocracy)稱之。

(註八二)社約論第三卷第三章。

(註八三)社約論第三卷第一章。

(註八四)社約論第三卷第九章。

(註八五)社約論第三卷第十三章。

(註八六)社約論第三卷第十八章。

(註八七)同上。

(註八八)社約論第四卷第八章。

(註八九)同上。

(註九〇)同上。

(註九一)同上。

（註九二）至關於其影響究竟何在，以及影響的重大程度如何，則議論紛紜，有許多不同的看法。

（註九三）有一個可尋的線索，就是盧騷與美國人的觀念可能都是來自十七世紀英國的學說與制度。

（註九四）社約論第三卷第三章。

（註九五）社約論第三卷第四章。

（註九六）同上。

（註九七）依據「原約」所定，共通意志的形成，似須取決於多數。關於此點，盧騷有更具體的說法：

「當一項法律在國民會議中提出的時候，所訴諸國民者，嚴格的說，不在他們贊成或反對此項提議，而在此項提議是否符合共通意志，也就是他們的意志。每個人就此點投票，表示他的意見；而共通意志就在票數的計算中獲致。」（社約論第四卷第二章）

但是，他又有時說，多數意志不一定就是共通意志；使意志成為共通意志的因素，投票者的數目關係較少，而聯合他們的共同利益關係實大。請看他說：

「使意志成為共通意志的因素，其關係於投票人數目之多寡者較少，而關係於使他們聯合一致的共同利益者較多。」（社約論第二卷第四章）

於是，關於此一問題，究竟如何，乃不免令人難解。

（註九八）西方哲學史第十九章。

（註九九）同上。

（註一〇〇）同上。

（註一〇一）同上。

第二十二章　康　德

法國大革命之後，政治思想上有保守的反動發生。此種反動的一方面表現於德意志的唯心論（German idealism）。這一派的思想，至黑格爾（Hegel）而登峯造極；要了解黑格爾的理論，又非先了解康德不可。茲略述德意志唯心主義的政治思想，這一章先述康德，下一章再述黑格爾。

德意志唯心論的政治思想，如追本溯源，其根本的基礎實在希臘哲學；就其近者而言之，則與盧騷的思想有密切關係。由希臘哲學中，德意志的唯心論派（German idealists）採取了一種觀點，認為政治哲學在本質上是一種倫理的學問，將國家視爲自然的社會，而尋求達到其道德目的之種種方法。他們所垂教者，一如柏拉圖與亞里斯多德：人本乎天性就是政治社會的一分子，法律代表純粹理性，而善良生活就在每人於社會生活中盡到其應盡的責任。

由盧騷的思想中，德意志的唯心論派採取了共通意志的觀念。共通意志，在康德的思想中，變成了一種道德命令（moral imperative），以決定自願加諸己身的責任，尙導致一種與自由主義非不相容的哲學。而在黑格爾的哲學中，此種意志卻變成吸取了個人意志的國家意志，乃使國家成爲新的「巨靈」。（註一）又由於盧騷的影響，神秘的唯心論企圖對人類理智加以精密的考究，而尋求一種更高的眞理，超越乎科學智識所能提供出來的。於是，對於兩種眞理乃加以顯著之區別：一種是由觀察現象而發現的眞理，另一種則是由運用抽象思想而探得的眞理。在此種過程中，政治理論就變成超越的形而上學（

transcendental metaphysics）之一部分了。

德意志唯心論的創建人是康德（Immanuel Kant, 1724–1804）。康德生於東普魯士（East Prussia）的一個舊城康匿斯堡（Königsberg），而畢生都住於此城或其附近。他的家庭是貧窮而勤勉的，並且篤信宗教，屬於虔信派（Pietism）。康德出身於康匿斯堡大學（University of Königsberg），所學者初爲古典與語言學，繼則爲物理學與哲學。他必須自謀生活，而其第一個職業是作家庭教師。此種工作，非其所好；他乃於一七五五年囘到康匿斯堡大學任教，將以後的生活都消磨於母校之中，而成爲德意志最知名的教授。他所出版的書雖然是有名的難懂，但他在學校中的講演卻是極平易的。

康德一生歷經巨變，如七年戰爭（Seven Years' War）（註二）、法國大革命、以及拿破崙初期的事業等，但他自己的生活卻是學人式的，完全無大事可記。誠如海湼（Heinrich Heine）所言，「康德生活的歷史是難於描述的，因爲他既沒有生活，也沒有歷史」（註三）。他終身未娶，並享大年；一個獨身人在異常機械、規律，甚至於令人難於了解的情形下過日子，而青年好學之習迄老不衰。每日起床、喝咖啡、閱讀、寫作、吃飯、散步等咸有定時，其規律的程度甚至於鄰近的人常以他散步經過門前的時間來對鐘。當他步出住所散步時（註四），大家都曉得一定是準三點半了。不過他這個時間表曾經中斷數日，原來那是爲了他在讀盧騷的愛彌爾（註五）；盧騷對他的影響之深，於此亦可見一斑。

康德早年的著作涉及於科學者較涉及於哲學者爲多。在里斯本（Lisbon）地震之後，他撰寫關於地震的理論；他寫過一篇關於風的論文；歐洲西風之潮濕是否由於渡過大西洋的問題，他也有一篇短文討論過。地文學（physical geography）是他極感興趣的科目。而其科學著作中，最重要的則是天空的一

般自然歷史與理論 (General Natural History and Theory of the Heavens)（註六）。

當革命風雲瀰漫歐洲之際，康德正是一般公認的德意志哲學之領袖。他的純粹理性批評 (Critique of the Pure Reason) 一書於一七八一年出版。此書確屬開新紀元之作，出版後立刻在德意志的理智生活上造成深刻印象；益以繼之出版的其他著作之輔助，其影響所及，支配哲學思想者歷一世紀之久。在此書之後，他又於一七八八年出版了實踐理性批評 (Critique of the Practical Reason)。純粹理性批評一書說出了許多範疇與公式，我們可以藉之用思想以知道萬有；實踐理性批評一書說出了許多範疇與公式，我們可以藉之用經驗以知道萬有。前書所言者是可以想到的；後書所言者則是可以觀察到的。用康德自己的話來表示，前書的對象是本體界；後書的對象是現象界。

就本體界與現象界兩方面的研究來說，康德最顯著的貢獻乃在於前者。由於氣質與訓練的關係，他實在是一位精思而不務實的哲學家，其天才的發展，對於探究與日常生活的思想與行動距離極遠的事務，最有興趣。因此，他的政治哲學也是較長於對自由、法律、權利、國家等終極觀念的分析與釋義，而不長於對政府、行政等實際問題的討論。康德所討論的正題乃是政治理論 (Staatslehre)，而不是國法 (Staatsrecht) 或實際政治 (Politik)。然而，在這兩方面，他都沒有什麼創闢的貢獻。他的工作不過是把十八世紀後期流行的重要觀念納入於其批評哲學的範疇與公式之中。其關於國家起源與性質的理論完全是盧騷的學說，不過套上他自己的術語與邏輯而已。他對於政府的分析，也是以同樣方式追隨着孟德斯鳩。康德對盧、孟二氏的崇敬是極深的。（註七）

康德的政治哲學主要的包含於法律理論的形而上學基本原理 (Metaphysical First Principles of the Theory of Law, Metaphysische Anfangsgründe der Rechtslehre）一書中。此書是他晚年的作品，出版於一七九六年，後經海斯蒂（W. Hastie）譯爲英文，以法律哲學（Philosophy of Law）名之。其中的理論，有些已於他前一年（一七九五）出版的一本小册子中見之，這本小册子名爲永久和平論（For Perpetual Peace, Zum Ewigem Frieden）。此外還有兩篇關於政治理論的論文：一爲政治正義原理（The Principles of Political Right），一爲政治秩序之自然原理（The Natural Principle of the Political Order）。下面，我們大略看一看康德的重要政治觀念，卽可知他並沒有什麼新發現。

第一節　個人的自由平等與國家的建立

（一）人生而自由平等

康德關於國家的理論，所走的路差不多就是盧騷所走的路，不過康德的路程卻更爲遼遠而崎嶇。在不可捉摸的形而上學之沙漠中徘徊的康德，把握了一個指路的南針，那就是一個理性動物的最高價值與尊嚴。他以爲人天生都是自由平等的，自由與平等乃是理性動物所必具的特性。每個人都有其自主意志（autonomous will），而這種自主意志的本身就是目的。康德固然也把社會、國家、人民看成整體，而予以相當的重視，但是在他的哲學中，最佔重要地位的還是具有理性的個人及其自主意志。在康德的政治學說之深處，個人的自由與平等放出了萬丈光芒。

於是，在康德的哲學中，抽象的看來，人就是合理的意志（rational will），此合理的意志是自由而且自足的(free and self-sufficing)。(註八)兩個或兩個以上自由而合理的意志(free rational wills)同時共存之可能想像，要經過邏輯的程序；道德、法律、政治等不過是此種邏輯程序的各式形態而已。一種客觀原則的觀念，如對於意志加以强迫時，叫作理性的指揮 (a command of the reason)；此種指揮的公式就叫作命令 (imperative)。命令有兩種：

1. 假言命令 (hypothetical imperative) 這是一種有條件的命令，它的說法是這樣的：「假如你要達到這樣的目的，你一定要如此作。」比如說：「你要身體健康，就必須節欲」，這就是假言命令。

2. 定言命令 (categorical imperative) 這是一種無條件的絕對命令，所以又名爲無條件命令（unconditional imperative），此種命令是說某種行動在客觀上是必要的，不要顧及任何目的。比如說：「你要尊重你本來有的自由」，這就是絕對而無假設的定言命令。事實上，所謂定言命令就是這樣一句話：唯有依照一種格言而行事，據此格言，你可以同時願意它要變成一個一般的法則（general law）。或者說：要那樣行事，恍若你行動的格言將經由你的意志而變爲一個一般的自然法(general natural law）。所以，定言命令也可以化成這樣一個公式：「要依照可以同時採作普遍法則 (universal law) 的格言而行事」。(註九)用比較通俗的話表達出來，定言命令實卽一種簡單的倫理原則，教人勿作不願他人施之於己身的事。(註一〇)所以，康德的道德最高原則乃是：

「要依照一種格言而行事，那格言也可以作爲一個普遍法則而同樣健全。」(註一一)

凡不合此種條件的格言都是與道德相違的。

定言命令是綜合的和先天的，乃康德倫理體系中的基本觀念，而他的政治學又是以倫理學爲基礎的。

在了解上述的基本觀念之後，我們可進而闡明康德的正義觀念。他對於正義所下的定義是這樣的：

「一般正義的意義可以界定爲對任何個人的自由之限制應以其與所有其他個人的自由相合爲度，祇要依一種普遍法則這是可能的。」（註一二）

所以，康德認爲：

「每一行爲，如就其本身說，或就其所據的格言說，是這樣的，即它可以與每人及一切人行爲上的意志自由（freedom of the will）並存共處，那就是合乎正義的。」（註一三）

於是，在康德的心目中，正義的普遍法則可以如此表示出來：

「外在行事須如此，即你的意志之自由運用，可依一種普遍法則，而與一切他人的自由並行不悖。」（註一四）

如此說來，正義的法則也可以視爲：

「在普遍自由原則（the principle of a universal freedom）之下，必與每人之自由一致的相互强制（reciprocal compulsion）。」（註一五）

總之，

「正義包含了許多條件的全部，在這些條件之下，任何一個人的自由行動，實際上可以與每一他人的自由行動，在自由的一種普遍法則之下，調和起來。」（註一六）

(二) 建立國家的方式——社會契約

許多個人聯合起來而建立國家，也必本乎上述正義的原則。康德曾指着正義說：

「這是有關國家的一切格律之所從出的最高原則；而且它不能爲任何其他東西所限制。」（註一七）

依據正義原則，建立國家時，所有個別的私人意志所結合而成的一個意志，其權威應與個人意志的完全自由和諧無違。於是，在康德的心目中，作爲一個純粹觀念來說，國家之可以想像，唯有經過一種公式；這公式就是社會契約。唯有透過社會契約的觀念，我們才可以想到法治國家 (jural state, rechtsstaat)。所以康德說：

「原來的契約 (original contract) 乃是一個文明且（因此也就）完全正當的組織可能創始於人間的唯一條件，也是國家可以建立的唯一基礎。而此種基本條件——無論稱爲「原約」或「社約」(social compact)——可以視爲人民的一切私人的與個別的意志聯合而成爲一個共同的與公共的意志 (one common and public will)，……。」（註一八）

又說：

「人民自己組成國家的行爲就稱爲原來的契約。」（註一九）

不過，康德並不把社會契約視爲歷史事實，而且簡直說不可能是事實。請看他申明此點：

「但不必假定此項契約曾經確屬事實；其爲事實，亦誠不可能。」（註二〇）

康德所注意的不在是否歷史事實，而在爲國家尋求合理的根據。所以他指着原約說：

「這當祇是代表觀念的外形，藉此觀念，組織國家的程序之正當才成爲可想像的。」（註二一）

此種抽象的觀念卻仍有其可應用的實在性：

「此種觀念僅是一個理性的觀念（an idea of Reason）；然而無疑的它卻有一種可應用的實在性（practical reality）。因爲它應可約束每一立法者，使其所制定的法律乃出自全民的聯合意志（the united will of a whole people）；並且它也約束每一屬民，就其爲公民言，他將把法律視爲確曾經過他自己的意志之同意。」（註二二）

據此觀念，以論國家之建立，康德覺得個人作爲國家之組成分子，實獲益匪淺，其言乃又與盧騷如出一轍了：

「人民的全體以及每一個人都放棄了他們外在的自由（external freedom），以便作爲國家的組成分子，而又立即把它收回。……那麼，我們並不能說個人在國家之中，爲了特定目的而犧牲了他的天賦外在自由的一部分；倒是他完全放棄了他的野蠻無法之自由（wild lawless freedom），以便復得其一切正當之自由（proper freedom），完全而無損，……。」（註二三）

（三）建立國家的原理

國家之建立，康德認爲應以下三項合理的原則爲基礎：

1. 社會中每一分子的自由　此係就其爲人而言。祇要不侵犯到他人的自由，每個人都可以就他自己所認爲最好的方法去追求他自己的幸福；任何人無權强迫另外一個人依前者爲他人福利所設想的特殊方法去追求幸福。

2. 社會中每一分子彼此間的平等　此係就其爲屬民而言。所有的屬民彼此間是要一律平等的；在國家之中，任何人無權對任何他人加以强制，也沒有任何屬民在其他屬民之前具有天賦的特權。

3. 國家中每一分子的自立 (self-dependency)　此乃就其爲公民而言。除上述自由與平等兩項之外，還要作到全民意志的和一 (unity of the will of all)，而這最後一項必以自立爲條件。蓋基於每人之自由平等，而欲作到全民意志的和一，舉行投票是必要的；有投票權者即是公民，而公民應一人一票。法律欲經全體人民一致同意，勢不可能，故唯有取決於多數；在較大的國家中，甚至於並非直接投票者的多數，而是人民之代表的多數。多數票即可代表全體同意的原則，可以視爲本乎原來的契約。

以上三項原理，康德視爲建立國家的基本條件。所以他說：

「這些原理並非國家建立之後所制定的法律，而毋寧是些基本條件，唯有依照這些條件國家之建立才是可能的，……。」(註二四)

(四) 主權、共通意志、及法律

依上面所述，國家乃由社會契約所產生。經由社會契約，許多個人們乃將其不可轉讓的權利（inalienable rights) 置於人民 (people, volk) 的保證之下。如此產生的國家，其主權自應在於全體人民；唯有人民才是主權者，也是最高的立法者。

各個人的一切私的與個別的意志，經由社會契約，聯合而成為一個意志。對於這一個意志，康德也稱之為「共通意志」(general will)。不過，此外他又用了很多名詞，以表明此一意志，如「共同意志」(common will)、「公共意志」(public will)、「集體意志」(collective will)、「權威意志」(authoritative will)、「共同立法意志」(common legislative will)、「普遍立法意志」(universal legislative will)、「全民的聯合意志」、「一切人民的聯合與同意的意志」(the united and consenting will of all the people) 等都是。此種共通意志就是法律的終極淵源；唯有共通意志才有制定法律之權。所以康德說：

「從合理的原則看來，立法權祇能屬於人民的聯合意志。」(註二五)

又說：

「祇有一切人民之聯合與同意的意志……才應具有在國家之中制定法律之權。」(註二六)

然則法律所代表者乃是共通意志，而且我們簡直可以說共通意志的本身就是法律。

關於人在國家之中服從法律，康德有一個基本觀念，認為這種服從是必要的，但是同時要保持自由的精神。所以他說：

「在每個國家之中，必須有對於關係全民而由政治組織的機構加以管理的強制性法律之『服從』(obedience)。但是同時在人民之間又必須有『自由的精神』(spirit of liberty)，因為於有關普遍的人類責任之事，每一個人必須經理性說服，那種強制是合乎正義的。苟非然者，他就將與他自己的本性不相容。」(註二七)

照上面的理論看來，人類的共同生活由法律加以相互的限制，而法律則代表共通意志。然則，人在國家之中服從法律的權威，也就無異服從自己的意志了。所以康德指着人與國家的關係說：

「那麼此種隸屬關係乃出自他自己管理的立法意志 (regulative law-giving will) 。」(註二八)

康德用此種方法以試圖使權威與完全自由得到調和。

第二節 國體與政體

(一) 國家的三種權力

康德認爲每一個國家都有三種權力：

1. 立法權 (Legislative Power)
2. 行政權 (Executive Power)
3. 司法權 (Judicial Power)

這三種權力，在康德看來，乃是人民的普遍聯合意志 (universal united will) 分化爲三元，因而形成政治上的鼎足之勢。其中，立法權僅能屬於人民的全體，而立法權與行政權之分立則是自由的必要條件。

(二) 國體類別

康德依照國家之中掌握最高權力者的人數之不同，而將國體分爲下列三種：

1. 專制國（Autocracy）　就是一個人掌握最高權力而統治全體的。
2. 貴族國（Aristocracy）　就是居於平等地位的少數人掌握最高權力而統治其他一切人的。
3. 民主國（Democracy）　就是全體的人掌握最高權力，而統治每一個人以及全體的人，包括他們自己在內的。

（三）政體類別

康德依照國家運用主權而統治人民的方式之不同，將政體分爲兩種：

1. 共和政體（Republic）　立法權與行政權分立者爲共和政體。
2. 專制政體（Despotism）　立法權與行政權不分者爲專制政體。在此種政體下，「君主視公共意志如其私人意志」。（註二九）

一切共和政體都應當是代表制的。康德宣稱凡非代表制的政體都不在理性的考慮之列。不過，他所說的代表，意義較爲寬泛。照他的意思，代表的職務固然可以由選舉出來的代表爲之，但也可以交與國王或貴族。

上述的理論顯然是企圖將盧騷與孟德斯鳩的思想冶於一爐。倘若這兩個人的思想在邏輯上是眞眞可以融合的，則以康德的智慮當可作到。但此事的困難實在是太大了。主權既在於共通意志，是絕對而不可廢的；以此爲基礎，卽使用康德的高強邏輯，也無法說明國體可有三種。祇要認定共通意志是主權者，君主或專制國體與貴族國體的觀念就都沒有存在之餘地，這一點盧騷說得很清楚。康德運用思辨上的雙重看法，以避免盧騷的結論。他說以共通意志爲主權者，這是純粹理性的一個觀念——一個「抽象」(abstraction)，一個「想像的事物」(Gedankending)。要以一種客觀的實現給與主權者，就必須使它表現於物質形式，即表現於一個人、少數人、或多數人。然而，此種解釋終不足以支持其國體分類，因爲他常常說主權僅能屬於人民。比如，他曾說不論國家的最高首長 (supreme head of the state) 爲何種形式，

「聯合的人民 (united people) 不僅代表主權，而且他們自己就是主權者。最高權力原來就屬於人民，……。」(註三〇)

康德政治思想中的此種矛盾，並非完全生於對孟德斯鳩的崇慕之心。他是普魯士王國皇家大學的一位老教授，這一個事實大概也難免使他有上述的觀念。在富烈德力大王 (Frederick the Great) 及其繼承者統治普魯士的時候，普魯士的屬民豈可祇將國王視爲一個主要行政官吏。一般哲學家，無論如何斷然倡導人民、民族、或國家之絕對最高，但總難免以爲國王也至少擁有主權的一部分。

因爲有這樣的弱點，康德的政治思想，在有些地方竟至紊亂不堪。下面，我們看他如何否認革命的權利。

第三節　反革命論

康德曾經明白認定立法權唯屬於人民，但是他又有時說人民的統治者 (ruler of the people, Beherrscher des Volks) 不是行政官，而是立法者，他對人民祇有權利而無義務，違反憲法時也不受任

何有效的制裁。（註三一）對此種國家的立法首長 (legislative chief of the state, das gesetzgebende Oberhanpt des Staats)，沒有反抗的權利可言。康德對於人民的革命，力持反對之論。玆將其此種理論分下列幾點說明之：

（一）革命就是罪惡

康德竟相信「一切權威來自上帝」的格言（註三二），認爲這是實踐理性的一個理想原則 (an ideal principle of the practical reason)。他根據此義，乃以服從法律爲人民的義務；至於立法權的來歷如何，固不必尋根究底的追問。請看他說：

「服從現有立法權的法律，乃是一種責任，不論它的起源如何。」（註三三）

甚至於卽使人民覺得某種法律會剝奪了他們的幸福，康德認爲還是唯有服從，別無他途：

「那麼，假如在法律的某種實際情況之下，人民斷定那種法律之繼續或將剝奪了他們的幸福時，他們當如之何呢？反抗法律豈不是義務？回答祇能說人民唯有服從，此外不應有任何作爲。因爲這裏問題的關鍵不在屬民由某種特殊制度或治理國家的方式所可冀望的幸福，基本的關係純在每個人如此所獲得的正義。」（註三四）

所以，任何反抗行爲都是罪惡：

「一切對主權的立法權力之反抗，任何種使屬民的不滿成爲行動形式的鼓動，以及任何程度與任何種類的反叛或變亂，都成爲國家中最高與最應懲處的罪惡；……。」（註三五）

對此種罪惡之遏制、禁止乃是絕對必要的：

「所以對它們的禁止乃是絕對的；……。」（註三六）

「沒有那樣遏制一切內在反抗的力量，則沒有正當國家的存在。」（註三七）

統治者如有違犯法律的情事時，屬民可以提出控訴或異議，但不能有反抗的行動：

「假如作爲最高權之官能的統治者或攝政者，於徵稅、募兵等等的事情上，……對法律有所違犯時，屬民對此種不正義之舉，可以提出控訴與異議，但是不能有見諸行動的反抗。」（註三八）

甚至於最高權違反憲法，也不能予以限制或反抗：

「甚至於政治的憲法中不能含有一種條款，可以使國家中的一種權力，在最高權威違反憲法時，予以反抗，甚或限制它那樣作。」（註三九）

推其極，康德乃認爲即使最高權違背原約，也不容人民有抵抗之權：

「甚至於倘若最高權或作爲其代理人的主權者違背了原來的契約，因此在人民的判斷中已失去立法的權利，但以政府已被授權，縱然如此暴虐，也不能容許人民有抵抗權，作爲與國家相敵對之力。」（註四〇）

總之，

「國家的最高權力對於人民，僅有權利，而無（强迫的）義務。」（註四一）

「人民方面對國家最高立法權的反抗，在任何情形之下，都是不合法的。」（註四二）

「無反抗之權，尤無叛亂之權，屬於人民。」（註四三）

不完善的憲法固然也有時必須加以改變，但是此種改變祇能由最高權力的本身以「改革」(reform)的方式來作，而不能由人民以「革命」(revolution)的方式爲之：

「對尙有缺點的國家憲法加以變更，可能有時是十分必要的。但是一切此種變更祇應出自主權者的權力，以改革的方式爲之，而不應由人民出之以革命的方式。」(註四四)

(二) 不應反抗的理由

至於人民對國家的最高權力何以不應反抗，康德所提出來的理由要有下列幾點：

1. 服從普遍立法意志是必要的　因爲這是法律與秩序的情況之必要條件：

「唯有藉服從普遍立法意志，法律與秩序的情況才是可能的。」(註四五)

2. 容許人民反抗必致動搖國本　如果容許人民的反抗成爲通例，則國家的基礎將被摧毀：

「那樣的反抗所依據的規律，如使之成爲普遍的，則將摧毀一切立憲主義，並且將把僅有的國家毀滅無餘，而唯有在國家之中，人們才可以在實際握有權利的情形下過生活。」(註四六)

3. 不容再有「最高權」居於「最高權」之上　假如國家的最高權力可以遭受到人民的反抗，則必致於實在的「最高權」之外，又有一個人民的「最高權」，或另有一個「最高權」；無論如何，都是一種矛盾，都是不合理的。關於此點，康德有言曰：

「爲使企圖那種反抗得到授權，一種公法予以准許將是需要的。但由於這樣的法律，最高的立法卽將終止其爲最高，而作屬民的人民原爲最高權之屬民者則將成爲主權者，而凌駕於其上。這是

一個矛盾。」（註四七）

「凡限制國家的最高權力者，必須具有較諸如此受限制之權更高或至少相等的權力；能指揮屬民反抗的那樣一個人也將能保護他們，而他如被認爲能在任何情況之下判斷何者爲是，他也就可以公開的指揮反抗。但是，既然如此，則那樣一個人，而非實在的權威，將是最高權力了；這是矛盾的。」（註四八）

「在實際存在的憲法中，人民不復有以他們的判斷決定如何治理它的權利。因爲假定他們具有那樣的權利，而又與國家實在的首長之判斷直接相反對，那麼有誰來決定權在他們之中的那一方呢？顯然他們之中的任何一方都不能作此事，因爲那將使他們判斷自己的理由。所以必須在主權的首長之上，另有一個主權的首長，以決定它與人民之間的問題；但這乃是一個矛盾。」（註四九）

（三）對革命政府仍應服從

康德雖然否認革命的權利，但是主張對已經成功的革命政府，人民仍有服從的義務，固不能因其開始之不合法而得免。所以他又說：

「當一個革命已經成功，而一個新憲法已經創立時，其開始與創立之不合法並不能使屬民免於服從新事態之義務。對於已經如此得勢的那個權威，他們不能合理的拒絕服從。」（註五〇）

第四節　國際關係

康德把適用於個人與個人之間的觀念，同樣的應用到國家與國家之間上去，而論國際關係。他認爲國家也與個人相類似，其自然狀態乃是彼此相侵的戰爭狀態。請看他說：

「國家，在它們彼此的對外關係上，同無法的野蠻人一樣，自然的是在一種不法的情況之中。此種自然的情況乃是强權得勢的一種戰爭狀態，……。」（註五一）

在此種狀態之下，每個國家都需要別的國家與它成立一種組織，以保障大家的權利，與個人之須聯合而組成國家正如出一轍。所以康德又說：

「國家的自然狀態同個人的一樣，從這種狀態中出來，以求進入合法的狀態，乃是一種責任。」（註五二）

那麼，所謂「合法的狀態」是個什麼樣子呢？國家與國家之間應該有如何的組織呢？在康德看來，歐洲的均勢制度絕不能作爲持久和平之基礎。他所想的國與國間之組織乃是一個國際聯盟（Union of States）。他認爲理性是絕對非戰的，而防止戰爭，維持和平，唯有賴於此種國際組織。（註五三）

關於康德所設想的國際聯盟之性質，有下列幾項要點，應依照他自己的解釋，予以說明：

1. 這是特別的一種聯合，可以稱之爲「和平聯盟」（pacific union, foedus pacificum）。此種「和平聯盟」與「和平條約」（peace treaty, pactum pacis）不同：後者祇要結束一個「戰爭」，而前者則要使「一切」戰爭絕跡，以維持永久和平。

2. 此種聯盟的目標不是要爲國家增加什麼權力，而祇是要使這樣彼此聯合起來的國家中，每一個國家的自由都可以得到維持與保障。

3. 所以，此種聯盟要防止國家彼此間外來的侵略與攻擊，「但不包含對他們的若干內部困難與爭端之干涉」（註五四）。

4.國家之組成，係經由社會契約；此種國際聯盟的組織，則採取自由聯邦（free federation）的方式，故其中並無主權。（註五五）請看康德這樣說：

「此種經由聯盟的相互結合，必須放棄一個顯明的主權，如國內憲法所設置者；它祇能採取一種聯邦的形式，……。」（註五六）

5.此種聯盟雖然是聯邦式的，但又與美國那樣的聯邦不同：後者是不能解散的，而前者則可以隨時解散。康德說維持和平的國際聯盟又可以稱爲「國際常設會議」（Permanent Congress of Nations）；對於這「會議」的性質，他加以解釋說：

「這樣的會議，在此處的意思，僅是不同國家之一種自願的結合，在任何時間可以解散，而不是美利堅合衆國所表現的那種聯合；那種聯合建立於一個政治憲法之上，所以是不能解散的。」（註五七）

康德論國際關係的精華見於永久和平論一書。此書是用條約的形式寫成的，故內容包括先決條款、主要條款、增補文件，以及附錄等。茲誌其先決條款六項與主要條款三項如次：

1.先決條款

①「凡和約於其締結之時，有對於未來戰爭的材料作秘密保留者，均應作無效。」

②「凡獨立國家，不論其爲大爲小，均不得由另一國家用承襲、交換、購買、或贈與的方式，予以取得。」

③「常備軍隊應逐漸消除。」

④「凡與國家對外事務有關之債，均不得擧。」

⑤「任何國家不得以强力干涉另一國家的憲法與政府。」

⑥「任何與他國交戰的國家，對於那種戰爭行爲，足以使將來講和時相互信任成爲不可能者，不得准許：諸如僱用暗殺者、下毒者，違犯投降條款，鼓動交戰國內的反叛等是。」（註五八）

2. 主要條款

①「每一國家的憲法應該是共和的。」

②「國際法（law of nations, Völkerrecht）應以自由國家的聯邦主義（federalism of free states）爲基礎。」

③「世界法（cosmopolitan or world law）應限於普遍善遇（universal hospitality）的情況。」（註五九）

康德相信經濟情況會迫使有理性的人們，羣趨於弭戰之途，故「自然」本身足爲永久和平之保證。他一生中，歷經七年戰爭與拿破崙戰爭；在這兩次戰爭中，德國所遭受的痛苦均甚酷烈。此種經歷，無疑的深深影響了康德對國際關係的態度。

康德在政治思想史上比較持久的貢獻，是他强調國家要受治於法律的觀念，以及他很清楚的察覺到國家的主要任務在保障正義。他是德國自由主義的第一個代表者；在德國，以自由、平等、及財產安全爲基本權利的思想家，實以康德爲第一人。此外，他立下了一個原則，以代表制爲自由國家所必不可少，也是與政治發展的方向有關的，蓋其時代表制的觀念在德國人心目中尚屬茫然。綜觀康德在政治思想上的影響，其整個趨勢乃是個人主義的。當十九世紀一位個人主義的大師——斯賓賽（Herbert Spencer）發現他所慘澹經營的一個理論早被一位德國哲學家——康德說過時，不禁爲之驚奇，而此位德國哲學家是他原來根本不曉得的。（註六〇）這是一段傳爲美談的故事。

（註一）希臘人的思想，一面注重自由，同時又堅持個人爲完成其在社會生活中所分配的職務而存在。於是，康德與黑格爾的兩種結論乃都可在希臘思想中找到根據。

（註二）在這七年戰爭的一部分時間中，俄羅斯人曾佔據了東普魯士。

（註三）見Religion and Philosophy in Germany（1891）p. 108

（註四）他出來散步的時候，總是穿着一件窄小的灰外衣，提着一根西班牙的手杖，而進入一條栽着菩提樹的小街。這條街後來就稱爲「Philosopher's Walk」。如遇天氣陰沉欲雨，則有老僕持傘相隨。

（註五）康德告訴我們說他讀此書必須讀上幾遍，因爲在第一次閱讀的時候，文章之優美竟使他無法注意其內容。

（註六）他在此書中提出了太陽系的一種可能的原始。不過其中許多地方乃純屬幻想，而無科學根據。如此，他以爲一切行星之上都有居民，而最遠的行星則有最好的居民。

（註七）尤其盧騷。

（註八）每個人都同有自由意志，所以我們的行動，對待每一個人，都應將他當作目的，而不應利用之爲行事之方法或工具。康德此種觀點，可以視爲人權說（the doctrine of the rights of man）之一種抽象的形式。

（註九）Philosophy of Law（Hastie的英譯本，下同）p. 34

（註一〇）或者說教人祇能作可與每一他人的同樣行爲相一致的事。康德曾舉例以說明定言命令的運用：如向人借錢是錯的。因爲我們若都向人借錢，則將無錢可借了。我們同樣可以看到竊盜及謀殺也是爲定言命令所斥責的。但是有些行爲，康德一定以爲是錯的，而以他的原則又無法示明其爲錯誤，如自殺是；一個有憂鬱病的人是十分可能願意每個人都自殺的。

（註一一）Philosophy of Law, p. 35

（註一二）政治正義原理。

（註一三）Philosophy of Law, p. 45

（註一四）Philosophy of Law, p. 46

（註一五）Philosophy of Law, p. 48

（註一六）Philosophy of Law ,p. 45 後來，英人斯賓賽（Herbert Spencer）的理論中，所謂「平等的自由」（equal freedom），義與此通。參閱本書第二十七章第三節。

（註一七）政治正義原理。

（註一八）同上

（註一九）Philosophy of Law, p. 169

（註二〇）政治正義原理。

（註二一）Philosophy of Law, p. 169

（註二二）政治正義原理。

（註二三）Philosophy of Law, pp. 169—170

（註二四）政治正義原理。

（註二五）Philosophy of Law, p. 166

（註二六）同上

（註二七）政治正義原理。

（註二八）Philosophy of Law, p. 170

（註二九）永久和平論第二節。

（註三〇）Philosophy of Law, p. 211

（註三一）將法律哲學的第四十六節與第四十九節A加以比較，即可看出此種矛盾情形。在Hastie的英譯本中，譯者的譯文費盡苦心，力求前後調和。矛盾的情形，在原來的德文本中可以看得更清楚。

（註三二）Philosophy of Law, p. 175

（註三三）同上

（註三四）政治正義原理。

（註三五）同上

（註三六）同上

（註三七）同上

（註三八）Philosophy of Law, p. 175

（註三九）同上

（註四〇）政治正義原理。

（註四一）Philosophy of Law, p. 175

（註四二）Philosophy of Law, p. 176

（註四三）同上

（註四四）Philosophy of Law, p. 180

（註四五）Philosophy of Law, p. 176

（註四六）政治正義原理。

（註四七）Philosophy of Law, p. 177

（註四八）Philosophy of Law, p. 175

（註四九）政治正義原理。

（註五〇）Philosophy of Law, p. 181

（註五一）Philosophy of Law, p. 214

（註五二）Philosophy of Law, p. 224

（註五三）康德雖然受盧騷的影響很深，但以一個世界聯盟爲保障和平的方法，這樣重要的觀念則非來自盧騷。

（註五四）Philosophy of Law, p. 215

（註五五）從理論上說，國家如同個人一樣，要脫離不法的狀態，就應該放棄其野蠻無法的自由，而聽命於强制性的公法，受治於包括一切國家的一個世界國家（world state）。但是，此種合乎理論的方式，事實上各國會加以拒絕，因爲這與它們的國際法觀念不合。所以，事實上，祇能以一個國際聯盟來代替世界共和國（world republic）的觀念。

（註五六）Philosophy of Law, p. 215

（註五七）Philosophy of Law, p. 225

（註五八）以上六項條款見永久和平論第一節。

（註五九）以上三項條款見永久和平論第二節。

（註六〇）見斯賓賽：正義論（Justice），附錄A。

第二十三章　黑格爾

在始自康德的德國哲學運動中，黑格爾（Georg Wilhelm Friedrich Hegel, 1770-1831）乃是一位到了盡頭的人物；政治哲學中的德意志唯心論，也是在黑格爾的理論中而登峯造極。雖然他常常批評康德，但是假設沒有康德的哲學，也不會有他的哲學體系之出現，他同康德一樣，也是以所發揮的政治理論作爲其包羅宏富的哲學體系之一部分。但是，他具有過人的天才，其政治哲學的博大精深卻超乎康德之上。在黑格爾的體系中，有與別人不同的特點，足以使他在政治學上所發生的影響，較之德意志唯心論派其他的人長遠得多。顯著的特點就是進化論與歷史的精神。此種精神比較合乎十九世紀的好尚，使黑格爾的理論較易爲人所接受，蓋十九世紀時，前一世紀那種相信固定原則的精神已趨消逝了。至於說到黑格爾的影響，的確很大，固不僅在德國爲然，在英、美兩國也很明顯：在英國，十九世紀後期的唯心論曾受到黑格爾的啓示；在美國，黑氏的信徒控制着大多數大學的哲學系，直到幾十年以前皆然。而在十九世紀之末，英、美兩國的領袖哲學家大部分都是黑格爾派的。黑氏的影響甚至及於反對其觀點之人，如馬克斯派（Marxists）即是一例。馬克斯少年時曾爲黑格爾的信徒，而且即在他自己完成的體系中，也還保留着一些重要的黑格爾色彩。又德國國家社會主義（German National Socialism）、意大利法西斯主義（Italian Fascism）、以及其他反民主運動的大部分罪惡，人們也常歸之於黑格爾的影響。

如此大名鼎鼎的一位哲學家，其生平卻很少大事可紀。黑格爾於一七七六年八月二十七日生於司徒嘉德（Stuttgart）。他的父親是在烏登堡（Württemberg）小王國中管理財政的官員，力足使他受到良好的教育。他初在司徒嘉德當地讀書。一七八八年，他進入杜平根大學（University of Tübengen），攻讀神學，於一七九三年得到神學證書。他對於神學並無興趣，所以在這段期間，他並沒有注意規定的課程，卻利用時光，廣泛的閱讀希臘、羅馬的古典作品。當他離開杜平根大學的時候，他的老師們對他的意見有「不宜於學哲學」("deficient in philosophy")之語，此事與他後來在哲學上的輝煌成就，相映成趣。離開杜平根之後，黑格爾前往瑞士的百倫(Bern)去作家庭教師，繼在法蘭克福（Frankfort）擔任同樣的工作。然後，他在耶那大學（University of Jena）任教五年，作過短期間的報館編輯，又在努連堡(Nürnberg)作過中學校長八年（1808-1816）。一八一六年，他作了海得爾堡大學（University of Heidelberg）的教授，任敎至一八一八年。是年，他到柏林大學(University of Berlin)作教授，任教以迄終老。在柏林大學，他不久就成了政府的親信人物，而且就某種意義言，也可以說他乃是政府的官方哲學家；不僅在國內如此，在國際上也馳名了。黑格爾晚年是一個愛國的普魯士人，國家的忠僕，而又安享哲學上卓越的聲名。一八三一年十一月十四日，他於染患霍亂症一日之後，猝然長逝。

僅就黑格爾的政治理論而言，他曾在一八二一年出版的權利哲學大綱(Outlines of the Philosophy of Right, Grundlinien der Philosophie des Rechts, oder Naturrecht und Staatswissenschaft im Grundrisse)（註一）中作有系統的說明。此外則以歷史哲學(The Philosophy of History, Vorlesungen über die Philosophie der Geschichte）一書及德意志的憲法（The Constitution of Germany, Die Verfassung Deutschlands）一文關係較多。德意志的憲法這篇論文，是黑格爾早在一八〇二年所寫；

歷史哲學一書，則是在黑格爾逝世之後，由他人編輯出版的（註二）。

第一節　意志

黑格爾對政治理論作系統說明的權利哲學大綱一書，據他宣稱，其目的同康德的目的一樣，乃在顯示可以想像的國家——發揮國家的理念（the Idea of the state）之實現所必須經由的純理智之方式與程序。照他所說，他的問題實卽以前柏拉圖的問題。他同以前幾位德意志理想派一樣，追隨着盧騷，以意志爲出發點。不過，黑格爾心目中的意志並不是一個人的性質或能力。以前各家的理論常以此種意義的意志爲基礎，在黑氏看來，這實在是他們無可彌補的弱點。在這一點上，盧騷、康德等都誤入了歧途。黑氏的意見認爲，就顚撲不破的哲學來說，意志必定要想作純粹抽象理智（pure abstract intelligence）的一種形態，換言之，必定要看作精神（spirit, geist）的一種形態。在如此的觀念之下，意志是永久的（eternal）、普遍的（universal）、自覺的（self-conscious）、自決的（self-determining）。所以，自由乃是意志的要素。黑格爾把意志的自由比之於物體的重量：

「這就是意志的自由，而它構成意志的概念或實質，也可以說是其重量，正如重量構成物體的實質一樣。」（註三）

「意志的自由最好參照物質世界來說明。我的意思是，自由是意志的基本性質，正如重量是物體的基本性質一樣。……物質之中，沒有無重量的東西。物質無寧就是重量的本身，重量構成物體，並且就是物體。自由與意志的關係也是一樣的，因爲自由的實體就是意志。沒有自由的意志乃是空

言，……。」(註四)

總之，黑氏對於意志所作言簡意賅的解釋是這樣的：意志的理念 (the Idea of the will)，抽象分析到最後，乃是「旨在自由意志的自由意志」("the free will which wills the free will")。(註五)

在如此把自由意志說成絕對的之後，黑格爾進而發揮他的哲學，說明此絕對理念實現的程序，指出其所經的幾個階段。不過，黑氏所謂「實現」，其意義根本上並非指出現於感覺或經驗上面。在他的體系中，有一個視爲當然之理，那就是：

「凡合理的都是實現的；凡實現的都是合理的。」(註六)

依據此理，則當自由意志表現於由正當理性所產生的思想之某種形式時，自由意志的理念 (the Idea of the free will) 就算實現了。於是，黑格爾所謂「自由之實現」("realization of freedom") 乃僅爲邏輯運用之完成。(註七) 他先認定意志是自動的，以此爲出發點，進而藉他的特殊邏輯之方法與公式，推演出一連串的概念；在這些概念中，他看到一步一步的逐漸接近於完全自由。黑氏的理論體系，即以這些概念來區分章節，現在我們可依照他自己的次序，說明如次：

第二節　自由意志的實現

(一)　法律

自由意志實現的第一個階段就是法律。在這個項目之下，黑格爾發揮了人格、財產、及契約等觀念。他認爲這些都是自由意志的表現。一個活的生物必定要有想作人的自由意志，才是一個人。一件東西，因爲由一個人的自由意志所決定，乃是財產。一個人或一個民族，祇因缺少成爲自由的自由意志，就成爲財產——也就是奴隸。（註八）人格由財產而表現；「財產乃是人格之具體化 (embodiment of personality)」（註九），也可以說是「意志之具體化」(embodiment of the will)（註一〇）。又個人的自由意志得處理其財產，並可讓與他人，而讓與必經由契約；契約乃是財產讓與的實踐形式。

（二）主觀道德

自由意志實現的第二個階段乃是主觀道德(subjective morality)。個人的自決(self-determination)在有些方面會感覺到其他同樣的個人之存在，而受其影響。個人自決的這些方面就是屬於主觀道德的。在這個項目之下，黑格爾說明了目的 (purpose)、責任 (responsibility)、動機 (motive)、良心（conscience）等觀念。但是，個人與普遍意志 (universal will) 的完全關係在這裏還沒有表示出來。

（三）社會倫理

個人與普遍意志的完全關係，到最後一個階段，才能顯示出來。最後一個階段乃是習慣道德（conventional or customary morality, sittlichkeit），或者也可以說是社會倫理 (social ethics)（註一一）。人類的習慣表示一種普遍成因之作用，而同時又表示曾經個人的選擇。根據此種理由，黑格爾於是興奮的聲稱社會倫理就足以顯示實現了的自由意志之理念。用他自己的術語來表示，他有這樣的說法：「法律與抽象道德不是的，而習慣是的，卽爲精神」（註一二）；精神乃是「個別的與普遍的之合一（unity of the individual and the universal）」。（註一三）在黑氏的心目中，哲學的目的就在化一切概念爲精神；所以，講到社會倫理時，他的目的就算達到了。而黑氏的國家論亦卽可於其對社會倫理的詳細討論中見之。

黑格爾認爲足以顯示社會倫理的制度有三，就是家庭、庶民社會（civil society）、及國家，玆分別說明如次：

（甲）家庭

照黑格爾的想法，個人唯有在與普遍同一時才有意義；而此種同一化的步驟始於家庭。家庭由婚姻而成；在婚姻中，個人除意識到其自身之外，同時還開始想到他自己乃是一個團體的一分子（a member），而團體的目的超越乎純粹個人的目的之上。所以，婚姻與家庭是在把個人欲望的特殊性（particularity）與精神的普遍性（the universality of Mind）結合起來。婚姻與家庭的生活可以說就是個別的與普遍的之合一的第一步，也可以說是個人趨向於與普遍精神（universal mind）合一的第一步。黑氏對於家庭的理論，實在就是當時所習見的理論，不過加上一層他所特有的黑格爾式之外殼而已。

（乙）庶民社會

至於黑格爾所講的庶民社會，則頗有新義。舉凡個人與個人的關係涉及於經濟需要之滿足、藉司法制度以保護財產、與夫藉警察及社團 (police and corporation, Polizei und Korporation) 以謀一般福利等方面者，黑氏都歸諸庶民社會的範圍之內。

那麼，所謂庶民社會究竟是什麼呢？黑格爾自己論到庶民社會時，有如下的說明：

「在自私目的之實際達成的過程中，完全互相依賴的體制於是形成。在那裏面，一個人的生計、幸福、及法律地位與全體的生計、幸福、及權利交織起來。個人的幸福等等都依靠於此種體制，而且唯有在此種連貫的體制中，它們才得到實化與保障。此種體制根本上可以視爲外在的國家(the external State) 基於需要的國家 (the State based on need)，……。」(註一四)

那克斯 (T. M. Knox) 教授在權利哲學的英譯本中，對於黑氏所謂庶民社會也有如下的解釋，可資參考：

「正如家庭是一種不成熟的國家（即家長制的團體）一樣，庶民社會也是一種國家，雖然因爲在庶民社會中特殊的差異已經明顯，所以它不如家庭那樣不成熟。舉例來說，它是一種十八世紀的專制政治，在它下面，公民除非他是官吏，即使覺察到國家的話，也不過覺之爲外在於他之物。他的興趣是民事的與經濟的，而非政治的；並且他覺得他自己不是一個參與公共事務之人，而僅爲其君王之屬民。他的私人事務與政治無涉，而政治上的困難也與他無關。」(註一五)

如此說來，所謂庶民社會也是國家的一種，其中也有若干統制與行政的機構。但是我們要了解清楚，庶民社會乃是一種低級的國家——還沒有完全發展的國家。庶民社會之組成畢竟是基於個人的物質需要；這些需要雖然不是完全私人的，但在基本上卻是涉己的 (self-regarding)。不過，黑格爾以爲庶民社會之自私的成分，比起家庭來，要略少一些。結婚而建立家庭的個人，不再獨立存在，卻變爲一個單位的組成分子，而這個單位自有其目的，超越了個人之所有者。在庶民社會中，作爲其組成分子之一的個人，雖仍尋求達到私人的目的，但是他認淸除非與他人協調一致是不能成功的。這時候，人們才感覺唯有承認他人要求之合法，自己所需要者始能得到，於是認可除非在適用於一切他人的條件之下，不能提出任何要求。誠如那克斯所言：

「在硏究庶民社會時，我們所注意的乃是一種調和的程序（a process of mediation）。我藉你而達到我的目的，並且進而藉一種共通組織（general organization，例如社團）以達到我的目的。這樣，特殊性乃失其獨尊，而普遍性逐漸嶄露，並且在一般人的意識中變爲明顯。」（註一六）總之，庶民社會乃是一套的制度，其功能足以教育個人，使他明白唯有以一切人所需要者爲願望，他自己所需要的東西才可以得到。它不是一個完全有機的合一，而僅是許多自給的個人之集合，這些個人不完全的意識到他們彼此之間的互相倚賴。在庶民社會之中，所有的祇是眞正政治生活之「有望」（promise）而已；至於此種希望之實現，則唯有在國家之中才可以看到。

黑格爾也承認他所說的庶民社會之性質，有許多就是一般人所說的國家之性質，但是他又堅持庶民社會與國家一定要嚴格分別。我們對所謂庶民社會的含義有淸楚的了解之後，才可以領會黑氏此種態度。其實，黑氏之所以一定要如此分別，也可能是爲了使其理論的間架顯得勻稱好看。他將家庭與庶民社會並舉，作爲整齊而悅目的基礎，然後再在這上面安放一塊帽石。那帽石是什麼呢？就是國家的理念。

（丙）國家

國家的理念是黑格爾政治理論的最後目標，也是他畫龍點睛之處，我們在下一節裏面詳細說明之。

第三節　國家的理念

（一）國家是自由的實現

黑格爾認爲在國家之中才眞眞可以看到自由的實現，而個人的自由也唯有於服從國家中見之。要了解黑氏的此種觀念，就要先明白他認爲人在什麼情況之下才算是自由的。黑氏有一個基本觀念是認定理性（Reason）爲宇宙的主宰（the sovereign of the universe）。因之，他不相信人類可以隨心所欲而自由的製作出法律、憲法、以及各種制度；在他看來，任何事物都要決定於理性的作用。當人們設計出如何保障他們自己及其財產的時候，他們「想」他們已經是自由的了。其實不然。唯有到他們明白這些設計實爲理性的產物時，他們才眞眞算是自由。也可以說，在人們覺察到「必然」（necessity）的時候，他們才是自由的。既認定如此方爲自由，他又用他的特殊辯證法（dialectic），證明在國家之中，理性如何辯證的實現它自己。（註一七）作爲國家的組成分子之後，一切人的目標都得到普遍化；「自由」與「必然」（Freedom and Necessity）遂在國家中聯合起來。於是黑氏得到一個結論，即國家乃是自由的實現。在權利哲學大綱中，他說：

「國家在本質上自然而然的就是倫理的整體（the ethical whole），就是自由的實現（the actualization of freedom）；而自由之應當實現則是理性的絕對目的。」（註一八）

「國家乃是具體自由的實在 (the actuality of concrete freedom) 。」（註一九）

在歷史哲學中，他也說：

「它（按指國家）是自由之實現（the realization of Freedom），是絕對的、最後的目的之實現，……。」（註二〇）

「國家是合理的自由之具體化，此合理的自由在一種客觀形式中實現自己，認識自己。」（註二一）

人在國家之中，要服從國家的法律。在黑格爾看來，唯有服從國家的法律，人才能得到自由。請看他說：

「在它（按指國家）的裏面，自由得其客觀性，而且在此種客觀性的享受中生存着。因爲法律乃是精神的客觀性 (the objectivity of Spirit) ，它是在眞正形式中的意志 (Will in its true form) 。唯有服從法律的意志才是自由的，因爲它服從自己——它既是獨立的，所以也是自由的。」（註二二）

當人類的主觀意志自屈於法律之下時，自由與必然的矛盾卽行消失，而客觀意志與主觀意志乃調和成爲一體了：

「……當人類的主觀意志自屈於法律之下時，自由與必然的矛盾就消失了。合理的，同實在的 (the substantial) 一樣，乃是必然的。當我們承認它爲法律並且遵循着它作爲我們自己存在的實質時，我們才是自由的。然則客觀的與主觀的意志乃相協調而形成同一的和諧整體。」（註二三）

如此說來，國家經由其政府機構所命令者，與其完全道德化的組成分子自願承擔爲義務者，其意義正完全相同，並無歧異。所以，黑格爾又說：

「眞理乃是普遍的與主觀的意志之合一 (the Unity of the universal and subjective Will)；而普遍的則須於國家、國家的法律、以及國家種種普遍而合理的設施中見之。」(註二四)

「法律、道德、國家乃是自由之積極的實在與滿足，而且唯有這些才是。」(註二五)

我們由此也可以看到黑氏之應用「自由」一詞，未免有些奇怪。他認定沒有無法律的自由(註二六)，這是一般所同意的。但是他還要再進一步把這句話翻轉過來，而論證凡有法律之處就有自由。於是，在他的觀念中，所謂「自由」乃與「服從法律的權利」相去不遠了。

黑格爾的哲學企圖將個人對自由的要求與命令個人服從的國家權威加以調和，其途徑是將自由與必然、任意與服從 (wilfulness and obedience) 都同等看待。這與盧騷調和國家權威和個人自由的途徑，正復相類。黑氏所謂國家中普遍的與主觀的意志之合一，及自由與必然的矛盾之消失，與盧騷所設想的「當每個分子與全體相聯合的時候，仍祇服從他自己的意志，並且繼續保持自由如故」(註二七)，也是如出一轍。盧騷把嚮往自由的意志視爲基本，黑格爾是同意的。但是對於他的共通意志觀念以個人的意志與見解爲基礎，黑氏卻表示反對，因爲他忽略了黑氏所謂「意志中絕對合理的要素」("absolutely rational element in the will")(註二八)。所以，黑格爾反對盧騷的是他對於最高事實的忽視，那就是任何事物說到終極都是理性，而理性乃是任何私人判斷的最後依據。其實，黑氏之相信共通意志並不亞於盧騷。不過，黑氏不把共通意志想成相反的意見互相抵銷之結果，卻視之爲理性本身的具體化。他認爲若以相反意見之互相抵銷來獲致共通意志，那是否認了意志的一般性，同時也破壞了盧騷所謂「共通意志」與「全民意志」的區別。在黑格爾看來，盧騷雖然極力標榜共通意志，但是事實上，他卻始終並未超脫「全民意志」的境界。

一般革命思想家所持的個人主義，在黑格爾看來，乃是抽象而不實在的，他固然同意一切的精神價值最後要實現在個人身上，但是他並不把個人看成分離獨立的原子，他所想的個人乃是藉風俗習慣及多年共同生活所形成的連鎖與其他個人連結起來的。誠然，人們的命運應該是自由的，但須知唯有在他們參與於普遍之中時，此種自由才能夠實現。

（二）國家與個人的關係

國家既如上述，其與個人的關係，在黑格爾看來，乃是緊密相繫而不可分的；個人的權利、幸福、社會倫理、道德生活，……等等均須求之於國家之中。黑氏的此種態度，從下列幾點可以看出：

1. 國家是一個有機的整體（organic whole），其中的個人猶如有機體的組成分子：

「精神的個人（spiritual individual）——人民，當它自己組成一個有機的整體時，就是我們所稱爲國家者。」（註二九）

「國家是與公民相對的抽象；他們是它的部分，猶如一個有機體的組成分子，……。」（註三〇）

2. 個人所有的一切價值皆須經由國家而來：

「人所有的一切價值——一切精神的實在（spiritual reality），唯經由國家而有之。」（註三一）

3. 唯作爲國家之一分子，個人才有客觀性、眞正個性、及社會倫理：

「假如國家與庶民社會混淆，而其特別目的定爲財產與個人自由之安全與保障，則個人利益的本身變成他們結合的終極目的，而因之國家成員的資格將是有點任意性的。但是國家對個人的關係則與此大不相同。因爲國家是客觀化的精神，所以唯作爲它的組成分子之一，個人自己才具有客觀性、眞正個性、及社會倫理。」（註三二）

4. 個人的權利乃是由國家及其法律制度所構成：

「國家、其法律、其制度構成其組成分子的權利；其自然環境、其山河、空氣乃是他們的鄉土、他們的祖國、他們外在的財產。國家的歷史乃是他們的事業，……。一切都爲他們所有，正如他們爲它所有，因爲它構成他們的實質與存在。」（註三三）

5. 個人的一切幸福唯有仰賴於國家，因爲：

「在國家之中，每一事物都依靠於普遍的與個別的之合一。……國家實爲達到個別的目標與福利之唯一先決條件。」（註三四）

6. 唯在國家之中，個人才有道德生活：

「國家是實際存在的眞正道德生活。它是普遍而根本的與主觀的意志之結合，因此它乃是道德(Morality)。生活於此種合一體中的個人就有道德生活——唯有在於此種實體中的一種價值。」（註三五）

7. 總之，國家乃是最後的目的；

「此最後目的具有對個人的最高權，而個人的最高義務 (supreme duty) 即在作爲國家的一分

子。」（註三六）

黑格爾對國家與個人的關係所持此種態度，主要的是由於他對古希臘城邦的憧憬。他對於古希臘的城市國家，早年就很崇慕，而此種崇慕對於他後來的政治思想一直是有影響的。希臘有一種觀點，認為人唯有在國家之中才可以得到完全的發展。上述黑格爾的議論實在是重申此種觀點而發揮之。就他的了解，在希臘城邦中，個人意志與國家意志是相合的，而個人之服從國家乃極其自然，並無勉强。此意，黑氏時有流露，如：

「在古代的國家中，主觀目的的確與國家意志相一致。」（註三七）

「一個雅典公民作所需求於他的事，就好像是出自本能一樣。」（註三八）

(三) 對國家的無上尊崇

黑格爾對於國家有至高無上的尊崇，也用盡了奇妙的詞句來加以形容。此種尊崇頌揚的話，除前面已經提到者外，還可以舉出許多，如：

1.「國家是倫理理念的實在（the actuality of the ethical Idea）——作為顯現的、自覺的實質意志（substantial will）之倫理精神，此實質意志思想自己，知道自己，而且達成所知者到所知的程度。」（註三九）

2. 國家是「必要的存在」（essential being），是「道德的整體」（moral whole）：

「這必要的存在就是主觀的與合理的意志之結合；它是道德的整體——國家。它是那個實體，個

人在其中具有並享受他的自由，……。」（註四〇）

3.「國家是人類意志及其自由的外部表現中的精神之理念（the Idea of spirit）。」（註四一）

4.「國家是絕對合理的，……。這個實質的合一體本身就是個絕對的、不移的目的（an absolute unmoved end），……。」（註四二）蓋國家乃是普遍意志與個別意志之合一，也可以說是客觀自由與主觀自由之合一；而普遍性與特殊性之合一即是「完美的合理」（perfected rationality）。

5.「國家是大地之上的精神，在那裏有意識的實現它自己。」（註四三）

6.「國家是眞正世界歷史的確定目標。」（註四四）

7.「唯有在此土上，也就是，在國家之中，藝術與宗教才可以存在。」（註四五）

8.推其極，黑格爾終於把國家神聖化了：

「國家是存在於大地之上的神的理念。」（"The State is the Divine Idea as it exists on Earth."）（註四六）

「我們豈不時常講到自然中上帝的智慧！但是我們卻不能以那個理由就假定自然的物質世界高於精神世界。而國家之高於物質生活，正與精神之高於自然一樣。所以人類必須把國家尊崇爲塵世上的神（secular deity），並且要注意，如了解自然不易，則了解國家更有無限之難。」（註四七）

9.甚至於，在黑氏的心目中，國家簡直就是上帝本身：

「上帝在世界上之進行，那就是國家。」（"The march of God in the world, that is what the state is."）（註四八）

黑格爾對國家之尊崇頌揚，至於此極，可能與他當時所處的環境有關。其時的德國正在內部分裂，外受侵凌之際，黑氏觸目驚心，頗有「國將不國」之感，不免深受刺激，因而熱望德國變爲强固。大概這也是促使他極度尊崇國家的因素之一。黑氏此種情緒，從他早年的政治論著中可以看得很清楚。在一八〇二年所寫德意志的憲法那篇論文中，他的第一句話就是：

「德意志已不再是一個國家了。」

此外，還有類似的話：

「在它與法蘭西共和國的戰爭中，德意志已經體驗到它如何不再是一個國家。」

「……科學思想必須決定國家的概念以及所需求於它的權力範圍。然則，德意志不能眞眞被稱爲一個國家，行將顯現出來了。」

關於德意志不統一的情形，他慨乎言之：

「日耳曼的政治結構不外就是各部分已經從全體中取去的權利與特權之總和。」

在他看來，此種狀態簡直是無政府：

「她（按指德意志）的政治情勢會被視爲法律上的無政府。」

「倘若德意志是一個國家的話，此種分崩離析會被稱爲無政府，……。」

在更早的（一七九八年）一篇以烏登堡的內部事務（The Internal Affairs of Würtemberg）爲題的論文中，黑格爾也指出：

「尙存在的政府結構是不可維持的，此種感覺頗爲深廣。」

他在此文中鼓勵德意志人要有改變現狀的決心與勇氣：

「爲恐懼所驅使的人們會意識到一種改變的必要，甚至並予以承認；但是，到改變一開始的時候，他們又軟弱了，而且要保持他們所握有的一切，正如一個應該減少消費的浪費者看到每一個可以削減的項目都是不可少的，因而拒絕放棄任何東西，以至於最後緊要的與不緊要的同被去掉。任何德意志人都不應表示此種儒弱；基於冷靜的確信一種改變是必要的，他們就必須不怕詳加考查，如有任何不公道發現，忍受之者應該要把它去掉，而不公平的掌握之者則必須自願的予以犧牲。」

（四）對社會契約說的駁斥

黑格爾既把國家看得如此神聖崇高，自然不相信國家成於各個人同意的契約之論。所以，他對各種形式的社會契約說，都力予駁斥。請看他說：

「……把國家的性質之基礎放在契約關係之上，不論把國家想成全體人的契約或全體人與君王及政府的契約，那都是同樣的遠離眞理。」（註四九）

黑氏認爲如此强使契約的關係介入於個人與國家的關係之中，實造成莫大之混亂，所以他接着又說：

「此種契約關係以及一般的涉及私有財產的關係之侵入於個人與國家間的關係之內，已經使憲法與公共生活中，產生最大的混亂。」（註五〇）

個人與國家有異常緊密而不可分的關係，「個人的最高義務卽在作爲國家一分子」，而契約則出自個人的獨斷意志（arbitrary will）；此兩者豈可相提並論？將國家基礎置於個人的獨斷意志之上，這是社會契約說的根本錯誤，黑氏特予指出：

「把國家視爲全體人與全體人的一個契約近來已經變爲很流行了。照此論的說法，每人先與君王訂立契約，然後他又與他的屬民訂立契約。此種觀點起於膚淺的想到僅僅許多不同意志的合一。然而，契約之中卻有兩個同樣的意志，這兩方都是人，並且都想保持爲財產所有者。那麼，契約乃生於一個人的獨斷意志，婚姻也與契約同出此源。但國家的情形則大不相同；它不能任由個人的獨斷意志使他自己與國家分開，因爲我們生來已是國家的公民。人類的理性目的，乃是在國家之中的生活；而且假設那裏沒有國家的話，理性立刻就要求有一個國家建立起來。進入一個國家或離開它，固必須爲國家所准許；這卻不是依靠於個人獨斷意志之事，所以國家並非以契約爲基礎，因爲契約是以任意爲先決條件的。主張國家的基礎在其全體組成分子的隨意之上，那是錯誤的。若謂作一個公民對每一個人均屬絕對必要，那才比較近於眞理。」(註五一)

在批評費希特 (Johann Gottieb Fichte, 1762-1814) 的時候，黑格爾申明上述之義說：

「然而不幸，像費希特後來所作的，他祇在一種確定形式中，把意志當作個人意志，並且他不把普遍意志視爲意志的絕對合理要素，卻僅視爲一種『共通』意志，共通意志出自此個人意志，一若出自自覺意志者。結果是他把許多個人在國家中的聯合降爲一個契約，所以也就降爲以他們的獨斷意志、他們的意見，以及他們任性表出的明示同意爲基礎的東西；並且抽象的推理又進而推出些邏輯的結論，乃將國家之絕對神聖的原理，連同其尊嚴與絕對權威，一齊毀滅。」(註五二)

在論及憲法時，黑氏也對社會契約的觀念有所批評：

「假如個人意志與全體同意的原則設爲憲法的自由之唯一基礎，那麼實際上就沒有憲法。」（註五三）

（五）國家理念的表現

黑格爾認爲國家的理念在三方面表現出它自己，那就是：

1. 憲法或內在公法 (Constitution or internal public law)，
2. 外在公法 (external public law)，亦即國際法 (international law)，
3. 世界歷史 (world history)。

在上述三種途徑中，黑氏都說明了自由之逐步展開——普遍意志與個別意志之合一。茲將這三項分述如次：

（甲）憲　法

（子）對憲法的基本認識

第一就是憲法。黑格爾對於憲法有幾點基本的認識，首先應予指出：

1. 憲法與國家的理念不可分　在黑氏看來，凡有國家，一定就有憲法。假如沒有憲法，則我們所想到的祇是一羣的個人；而一羣烏合之衆並不是政治學上的概念。憲法固然會時常有所變遷，但是在國家之中，某種形式的憲法總是一個確定不易的事實，與國家的理念不可須臾相離。所以他說：

「一個國家是一個個別的整體，其任何特定方面，甚至異常重要如憲法者，都不能與之分離而單

獨考慮。」（註五四）

2. 憲法乃政治意識所決定　在每一個特定的國家之中，都有一個基本事實，那就是人民的政治意識(political consciousness)。而國家的憲法乃是此種政治意識所決定的。

3. 憲法代表民族精神與文化　一個國家必然有一部憲法，而這個憲法就足以代表其人民在那個時候的精神與文化。所以黑格爾說：

「一個民族的憲法與其藝術及哲學，或至少與其創造力、其思想、以及其一般文化同其實質，同其精神——還不必再提到氣候、鄰國、以及地理位置等外界的影響。」（註五五）

4. 憲法不是人造的　於是，黑格爾乃認爲憲法並不是由人「製造」出來的。把憲法想成一種創造的東西(created thing)，有一個絕對的起點，那是完全錯誤的；若問憲法是由誰所「造」，那也是毫無意義的問題。請看他這樣說：

「誰製造憲法？這個問題好像清楚，但仔細的推敲就立刻會顯示那是毫無意義的，因爲它假定那裏並沒有憲法，而僅有一堆像原子樣的個人。……但是倘若此問題假定一部已經存在的憲法，那麼它就不是有關造作憲法，乃僅有關修改憲法，而憲法之假定卽已隱含着予以修改祇能依循憲法途徑之意。然憲法卽使已經及時產生，卻不應視爲製造的東西，在任何情形之下，那是絕對重要的。它無寧必被視爲眞眞自生自在之物，所以也就必被視爲神聖而永存的，因之也就必被視爲超越乎製造之物的範圍以上。」（註五六）

5. 憲法非可自由選擇　如此說來，自然憲法也不是可以自由選擇的：

「今日，一個國家與人民的憲法並不被視爲全靠自由選擇。」（註五七）

前已言之，每一國家必有一部憲法，足以代表其時的民族精神與文化。在那個時候，對那國的人民來說，那部憲法就是最好的憲法，沒有比它再好的。另一種憲法對另一國的人民，或對另一個時代那國的人民，也許更能完全實現自由；但這並不是因爲這種憲法的本身就比較好些，而是因爲人民的文化已經達到較高的程度。所以黑格爾又說：

「一個憲法並非一種選擇之事，卻要因人民精神發展的程度而定。」（註五八）

然則，討論何種形式的憲法與政府爲最好，也是無謂的了。

（丑）憲法的表現

然則憲法表現在什麼上面呢？黑格爾認爲憲法表現於各種權力之分化與行動。他說：

「國家是有機體，那就是理念趨於分化的發展。」（註五九）

這有機的組織就是憲法。憲法包含着許多不同的權力，而這些不同的權力又互相關聯，藉以支持並加强全體的合一。黑氏同孟德斯鳩一樣，也發現這些權力有三種，但是，他所說的三種權力又與孟氏所說的不同。茲將黑氏認爲國家理念所必不可少的三種權力分述如次：

1. 立法權　就是「決定並建立普遍者的權力」（註六〇）

2. 行政權　就是「將單獨的事件與個別的範圍納於普遍者之下的權力」（註六一）。這行政權包括司法權在內。

3. 君主權　以上兩權與前人所謂立法權與執行權，在實質上並無差別。然而，黑格爾所說的這個君主權卻具有特別高的重要性。照他自己的解釋，此權乃是「作爲有最後決定權之意志的主觀性之權力」("the power of subjectivity, as the will with power of ultimate decision")（註六二）。隨之，他又加以補充說：

「在君主權中，不同的權力結合爲一個個體的統一，此個體的統一乃同時爲全體的，亦卽立憲君主國（constitutional monarchy）的頂點與基礎。」（註六三）

足見在黑氏的心目中，君主權乃是一種統一的權力，可藉以約束其他兩權，使不致陷國家於分裂。君主權也是憲法的理念賴以完全實現的要素。「分」的原則（the principle of diversity）對憲法的理念是必要的，而立法權與行政權之分立就可以表現「分」的原則；要使憲法的理念完滿，又必須有「合」的原則（the principle of unity），而「合」的原則正好可於君主權中見之。黑格爾對君主權之如何特別重視，從下列兩點更可以看出：

①國家主權應屬於君主　黑格爾對於君主權有極詳盡的說明，蓋以爲主權的眞正哲學原理唯有於此中得之。他承認在觀念上，嚴格的講，主權可以說是屬於國家的全體，但是他以爲在實際上與行動上，主權卻在於一個個人意志的最後決斷，國家雖是主權者，但分析到底，主權意志的表示必然含有某人的決定。主權雖神聖的在於人民，然而在具體實例中，人民的意志每每還是取決於領袖。然則，在任何國家之中，君主政治的原理都存在着，並活動着，而政治程度完全發展的人民將承認此種原理，且在他們的憲法體系中予以充分表現——將準備使此種原理的運用由不規則而有規則，由秘密而公開。所以黑氏認定主權要正確的歸於君主。

②君主應參與立法　既指出國家主權應歸屬於君主之後，黑格爾繼而申明另一同樣慘澹經營之論，那就是君主、行政人員、及人民都要參與行使立法權的機關。黑氏心目中的立法機關乃是德國久已熟悉的議會（diet, Landtag），再參照英國議會略予修改。他支持此論，又是應用他的特殊邏輯。照他說，權力之過於分立一定會破壞國家及其意志的統一，而君主與行政人員之參與立法對於此種統一則是必不可少的。（註六四）

立憲君主國如上述者正好可以符合黑格爾所謂「完全的合理」之一切條件。在他看來，此種形式的國家實包容並融合了君主、貴族、民主三種形式的政治，因爲君主是一個人，行政代表少數人，而立法代表多數人。於是黑氏稱頌立憲君主國之出現爲「近代世界」難得的成就：

「國家之發展成爲立憲君主國乃是近代世界的成就，……。」（註六五）

（乙）國際法

在國際法方面，國家表現於與其他國家的關係上，而有獨立的、自決的存在。在黑格爾的心目中，大地之上，民族國家實屬最高，它是絕對的權力，沒有比它再高的：

「民族國家乃是精神在其眞實的合理性中，所以也就是大地之上的絕對權力。因之，每一個國家對其鄰國都是主權的與自主的。」（註六六）

國家的獨立乃是「一個民族的第一自由與最高榮譽」。一個公民在其國家的對外關係上，其責任完全限於維護其本國的實在個性及獨立與主權，必要時更要爲此而犧牲：

「為國家的個性而犧牲乃是國家與其所有組成分子間實質的連結，所以也就是一種普遍的責任。」（註六七）

既然如此，則在國家與國家的關係上，自然談不到合乎道德的原則。所以，黑格爾把國家彼此間的相互關係看成一種自然狀態：

「因為一個國家的主權是它與其他國家間關係的原則，國家彼此之間的相互關係就此而言乃處於一種自然狀態之中。他們的權利唯有在他們的個別意志中實現，而不在具有居他們之上的憲法權力之一種普遍意志中實現。」（註六八）

國際法必須以此為基礎：

「國際法發生於自主國家之間的關係。為了此種理由，其中絕對者乃保持着應然的形式，因其實現要依靠許多殊異的意志，而其中每一個意志都是主權的。」（註六九）

於是黑格爾乃進而反對用以限制各國之獨立的任何種類的國際聯盟。在國家與國家之間，根本沒有人可以裁判是非曲直：

「沒有長官在國家之間來裁判；至好不過可以有一個仲裁人或調解人，而連他還是有條件的行使其職權，就是祇能依靠爭論者的個別意志。」（註七〇）

可見在黑格爾的心目中，國際關係上，除各國的個別意志外，根本沒有「法」來管理；每個國家自己的利益就是它自己的最高法。國家行為的標準與私人行為的標準根本不同。然則國際間倘有不能協調的爭執，應如何解決呢？那就唯有訴諸戰爭之一途了：

「假如國家間意見不同，而他們的個別意志不能協調時，則其事祇能以戰爭來解決。」（註七一）如此說來，國家與國家之間的關係既不是法律的，也不是道德的，乃是如霍布斯所說大家與大家相戰的自然狀態。

我們由此又可以看出黑格爾對於戰爭的態度。他認爲戰爭並不完全是禍害或意外事件：

「戰爭不要被視爲一種絕對的禍害與一種純粹外界的偶然之事，……。偶然之事是發生於性質本屬偶然之事物，然則它們因以發生的命運乃是一種必然。」（註七二）

所以，在他看來，我們並不能說戰爭之發生必有某種不應然的原因；戰爭也不是我們應予消除的對象。他的意思並不僅是說在某種情勢之下，一個民族有時不能正當的避免趨於戰爭；其所指實有遠甚於此者。他進而認定戰爭有其積極的道德價值，乃在倫理上把戰爭視爲合理。世間的貨財與日常的瑣務本屬虛空而不足道，戰爭能使個人對此有所領悟，並使他與眞眞屬於他自己的更大的社會目的相合，因而也就使他變得高貴。戰爭的道德價値要在於此。所以黑氏說：

「戰爭是認眞對待世間貨財與事務之虛空——他時爲說教之一般主題的一種虛空——的事態。……如我在其他各處所言者，戰爭有其較高的意義，就是藉着它，各民族的道德健全（moral health）在他們對有限體制（finite institutions）之穩定的漠視中乃得保持；……。」（註七三）

然則，戰爭乃是一種道德化的媒介，事實上也就是終極的戲劇性倫理鍛鍊，而自由與權威的完全合一卽出現於其中。和平則是僵化物；長久的和平會導致各民族的腐化：

「正如颶風保護着海使免於將由長久平靜而來的汚穢，同樣的，各民族的腐化也將是拖延的、放任的

『永久』和平之結果。」（註七四）

此外，戰爭又可以抑制國內的不安：

「成功的戰爭曾經抑制了國內的不安而强固了國家在內部的權力。」（註七五）

黑格爾於是以爲時時有戰爭乃是好事，而各種體制之足以阻止發生戰爭之情勢者，如世界政府之類，他都反對建立。在他的心目中，神聖同盟及康德的和平聯盟都是錯誤的。

說到此處，我們可以看出，黑格爾的國家論如被接受，則任何對內的暴虐與對外的侵略都可以視爲合理了。從一個事實足見黑氏的偏見如何之深，那就是他的理論多與他自己的形而上學不一致，而所有不一致之處又都是傾向於予殘酷行爲與國際掠奪以合理的依據。他的邏輯使他相信在整體中比在其部分中有較多的眞實（reality）或優越（excellence）（註七六），而當整體愈有組織時，眞實與優越亦隨之而增加。依據此理，他乃以爲國家要比個人之無政府的集合爲好。那麼，此理自應也同樣的使他相信國家之無政府的集合不如一個世界國家（world state），而民族國家不過是走向包容一切的政治秩序之大道上一個驛站。然而，黑氏的結論卻並非如此；其最後的觀點乃認爲在大地之上，民族國家是最高的，無有過之者。其不一致的情形，可見一斑。假如一個人爲邏輯所迫而不勝遺憾的達到他自己所不願獲得的結論，那是情有可原的；但若爲自由的辯護罪惡而離開邏輯，則是無可原諒的了。

（丙）世界歷史

國家表現爲完全自由意志的最後途徑，就是世界歷史。在黑格爾看來，歷史的進程實即普遍精神

(universal spirit) 的展開。每一民族的文化——其藝術、宗教、政治制度等——足以顯示絕對理念的活動與表現在那裏已經到了什麼階段。而自有文化以來，世界歷史中的每一時期，總有一個民族，其精神足以反映已經表現出來的世界精神 (world spirit)。世界精神的顯示與實現，依黑氏的辯證法，有四個程序；因之，黑氏對一般歷史的研究乃發現出反映世界精神的四大政治制度，而自由的理念在其中逐步得到完全的實現。這四種政治制度就是：

1. 東方的 (Oriental)，
2. 希臘的 (Greek)，
3. 羅馬的 (Roman)，
4. 德意志的 (German)。

於是，這位哲學家以一種巧妙的手法，將歷史上的尋常事實，置入於特殊邏輯的範疇與關係之中，並且告訴我們人類如何於不知不覺之中一直順着他的路線，而進步到十九世界德意志的完全制度。到了近代，人們才知道自由乃是國家生活的普遍原則。請看黑氏這樣說：

「世界的歷史由東向西而進行，因爲歐洲絕對是歷史之終，而亞洲則是歷史之始。……東方過去僅知而迄今猶僅知一個人是自由的；希臘與羅馬世界乃知一部分人是自由的；德意志世界則知一切人都是自由的。所以我們在歷史中所看到的第一種政治形態爲專制政體，第二種爲民主政體與貴族政體，第三種爲君主政體。」(註七七)

以上是黑格爾所論世界歷史的進程。一般歷史哲學家常有一種傾向，就是把自己所處的時代與地方視爲文化發展的極峯，黑氏的歷史哲學也是頗有此種傾向的。但是，無論我們對其研究與結論作如何的評斷，其政治學體系的廣大與一貫以及其歷史哲學的勇敢與宏博，足以顯示一種極有魄力的頭腦，則是不容否認的。

德意志的唯心論派，除康德、黑格爾外，尚有費希特、洪保德（Wilhelm von Humboldt, 1767—1835）等。他們的思想雖有彼此殊異之處，但有一個重要的共同相似之點，那就是他們都相信，要達到政治學上最重要的眞理，與其從經驗中去考察，不如經由純粹思想的過程。這些思想家的共同目標乃是絕對的眞理，而他所追求的絕對眞理是超乎實際的，唯具有最高智慧的人才可以領悟。

同所有其他的唯心論派一樣，這些德國哲學家的成就，事實上，不過是在當時政治上的一些制度與思想之上，加了一層帶有神秘形式與術語的外衣而已。至對於政治理論的實質，他們的貢獻並不多。但是，他們的理論之懇摯有力以及他們的信徒之信心與熱誠，在政治哲學的形式與方法上，都產生了顯明的成果。由於康德、費希特、及黑格爾的精密分析，政治觀念的範圍與分類乃得到科學的謹嚴。此外，這些思想家所發生的重要影響，還有下列幾點：

1. 意志觀念，作爲政治與法律上最基本的因素，在他們的手中，發揮到了最高的極限。盧騷雖曾很巧妙的利用了此一觀念，還不過是逢場作戲，康德與費希特則以專家式的精密，把它作爲偉大而勻稱的哲學之礎石。黑格爾也以意志觀念爲出發點，但在他的哲學體系中，意志觀念是頂石而不是礎石；他的建築是由上而下的，好像所傳埃及金字塔的建築法。

2. 社會契約，作爲個人意志創造社會與政治權威的公式，在康德與費希特手中，得到最高度的發揮，而在哲學上形成一個結局。在費希特的有生之日，由於法國大革命的精神之式微，以社會契約爲政治生活的基礎，其眞實性已經沒有多少人相信。黑格爾對國家的解釋，就完全棄絕了此種觀念；在以後的政治理論中，社會契約雖尙間或受到形式的尊重，卻再沒有與康德、費希特同等的哲學家予以認眞的承認了。

3. 契約說之衰落，還受到德意志唯心論派另一方面的影響，那就是他們無論如何重視個人的尊嚴與權利，除洪保德外，莫不以無限的威嚴與優越歸之於國家。康德與費希特之推重國家，本來是由於他們感覺到政治組織對個人之重要，但其結果卻與其本源失去關係，而變成了對國家本身甚至君主本身的崇拜。黑格爾對國家之尊崇，竟像是失去理智的酒後狂言；他說出國家的理念之後，過分予以稱頌，而漫無限制：國家是絕對精神，在世界上有意識的實現它自己；國家的存在，乃由於上帝的意志如此，別無其他解釋可言；直截了當的說，國家就是上帝。在此種理論得勢的地方，自然會有一種趨勢，就是個人萎縮，而注意集中於國家的各種制度。於是，討論的中心乃不是人的權利，而是政治權威的特質了。

4. 最後，這一派人與民族主義的發展有關。波蘭的瓜分，拿破崙的征克對舊日疆界的掃除，以及維也納會議對疆界的武斷調整，凡此種種，都促使人們對於要求獨立的政治存在之理論基礎發生激烈爭論。費希特與黑格爾都於此有所發揮；以民族爲政治組織的基本原則之理論，由他們二人得到不少的激發。又他們的理論中，當然有一個要素，就是民族的標準一定要使中歐的德意志人具有一羣政治上的人民之資格。合於此種條件的民族觀念，對於在十九世紀中葉的歷史上頗佔重要地位的德意志民族統一運動，有很大的影響。

（註一）此書早年有戴德（S. W. Dyde）的英譯本，名爲Hegel's Philosophy of Right（1896）。迨一九四二年，那克斯（T. M. Knox）教授的名譯本問世，亦名Hegel's Philosophy of Right，則後來居上矣。

（註二）黑格爾的歷史哲學一書，在德文中，有三種版本：

1.最早的一種爲淦氏（Eduard Gans）所輯，出版於一八三七年。

2.其次有一個修訂並增廣的版本，是由黑格爾之子卡爾（Karl）所輯的，出版於一八四〇年。

3.後賴森（Georg Lasson）又編輯了一種包羅更爲廣博的，這是第三種版本，出版於一九一七年。最後的這一種，在編排範圍方面，與第一二兩種均有不同。

其中，第二種版本是通常認爲最權威的。

（註三）權利哲學大綱第七節。

（註四）權利哲學大綱第四節。

（註五）權利哲學大綱第二十七節。

（註六）權利哲學大綱序言。

（註七）無論如何，黑格爾權利哲學大綱一書的理論是具有此種性質的。

（註八）依照此種關於奴隸的理論，則對於法律與權利當否的判斷，並無一個固定不移的標準，是要看歷史所顯示的文化與自覺之各種不同階段。在此處，同在其他許多地方一樣，我們可以看到黑格爾的理論，從其特殊專門用語與方法的五里霧中，顯出實際的觀點。

（註九）權利哲學大綱第五十一節。

（註一〇）權利哲學大綱第七十一節。

（註一一）"Sittlichkeit"一詞，那克斯的英譯本譯爲"ethical life"，再譯成中文，應爲「倫理生活」。黑格爾自己對此詞所下的定義是「發展成現在的世界與自覺的本性之自由概念」（"the concept of freedom doveloped into the existing world and the nature of self-consciousness." 見權利哲學大綱第一四二節）。包桑葵（Bosanquet）曾將它譯爲 "social ethics"（見 Philosophical Theory of the State, p. 264 et seq.），似更能清楚的表現黑氏之眞意。玆依包桑葵所譯，稱之爲「社會倫理」。中文上，有以「羣道」稱之者，亦此義也。

（註一二）權利哲學大綱第一五一節。

（註一三）權利哲學大綱第一五六節。

（註一四）權利哲學大綱第一八三節。

（註一五）權利哲學大綱，那克斯譯本，譯者前言第五節。

（註一六）權利哲學大綱，那克斯譯本第三五四頁，譯者對正文第一八二節的註。

（註一七）人類結合之最基本者爲家庭，家庭是一種「合一」，而此種合一足以化除個人之間的差異。到庶民社會的階段，所注重者乃不是「合一」，而是「特殊性」。至於國家，則是比庶民社會與家庭都更高的，將家庭的合一性與庶民社會的特殊性兼收並蓄而融化之。用黑格爾辯證法的術語來說：家庭是「正」（thesis），庶民社會是「反」（antithesis），而國家則是「合」（synthesis）

（註一八）權利哲學大綱第二五八節。

（註一九）權利哲學大綱第二六〇節。

（註二〇）歷史哲學導言（Robert S. Hartman英譯本）第五二頁。這裏暨以下所引此書，除註七七外，均係依 Hartman 的英譯本註明頁數，惟中文譯語則間有參考黑格爾原文或其他譯本之處。Hartman的譯文，僅就原書導言部分翻譯，名爲Reason in History。

（註二一）歷史哲學導言第六〇頁。

（註二二）歷史哲學導言第五三頁。

（註二三）同上。

（註二四）同上。

（註二五）歷史哲學導言第五〇頁。

（註二六）請看他說：

「自由的理念必然含有法律與道德。」（歷史哲學導言第五五頁）

（註二七）社約論第一卷第六章。

（註二八）權利哲學大綱第二五八節。

（註二九）歷史哲學導言第五一、五二頁。

（註三〇）歷史哲學導言第五二頁。

（註三一）同上。

（註三二）權利哲學大綱第二五八節。

（註三三）歷史哲學導言第六六頁。

（註三四）權利哲學大綱第二六一節。

（註三五）歷史哲學導言第五〇頁。

（註三六）權利哲學大綱第二五八節。於此，我們更要特別注意的是，在黑格爾看來，「國家之中，義務與權利聯合而成爲同一的關係」（權利哲學大綱第二六一節）。

（註三七）權利哲學大綱第二六一節。

（註三八）歷史哲學導言第五三頁。

（註三九）權利哲學大綱第二五七節。

（註四〇）歷史哲學導言第四九頁。

（註四一）歷史哲學導言第六一頁。

（註四二）歷史哲學導言第五三頁。

（註四三）歷史哲學導言第五一頁。

（註四四）權利哲學大綱第二五八節。

（註四五）同上。

（註四六）歷史哲學導言第五三頁。

（註四七）權利哲學大綱第二七二節。

（註四八）權利哲學大綱第二五八節。

（註四九）權利哲學大綱第七五節。

（註五〇）同上。

（註五一）同上。

（註五二）權利哲學大綱第二五八節。

（註五三）歷史哲學導言第五七頁。

（註五四）歷史哲學導言第五九、六〇頁。

（註五五）歷史哲學導言第五九頁。

（註五六）權利哲學大綱第二七三節。

（註五七）歷史哲學導言第五九頁。

（註五八）歷史哲學導言第六〇頁。

（註五九）權利哲學大綱第二六九節。

（註六〇）權利哲學大綱第二七三節。

（註六一）同上。

（註六二）同上。

（註六三）同上。

（註六四）至於人民之參與立法機關，則必有代表人民的集會，但是黑格爾所謂代表人民，係指有機體似的人民，而非指各自離立如原子的人民。代表的基礎不在一羣個人的人民，而在足以表現公衆經濟的與社會的利益之階級。對於當時流行的觀念以爲政治學之始終均在人民的意志，黑氏殊少同情，因爲他覺得持此論者所謂「人民」多半僅指不知亦不能知其自己意志的那部分人。而一個合理的國家之憲法中所能容者唯有自覺的與理智的意志。

（註六五）權利哲學大綱第二七三節。

（註六六）權利哲學大綱第三三一節。

（註六七）權利哲學大綱第三二五節。

（註六八）權利哲學大綱第三三三節。

（註六九）權利哲學大綱第三三〇節。

（註七〇）權利哲學大綱第三三三節。

（註七一）權利哲學大綱第三三四節。

（註七二）權利哲學大綱第三二四節。

（註七三）同上。

（註七四）同上。

（註七五）同上。

（註七六）在他看來，此二者同其意義。

（註七七）歷史哲學導言，據J. Sibree的英譯本，見Great Books of the Western World, vol. 46, p. 203。

第二十四章　邊　沁

對自然權利哲學的反動始於法國的盧騷與英國的柏爾克（Edmund Burke, 1729-1797），而由黑格爾才初得有系統的陳述。但是此種反動並沒有壓倒形成十七、十八兩世紀政治思想主流的個人主義，取而代之。相反的，個人主義的哲學還能在十九世紀產生其主要實際成果。革命時期（Revolutionary Era）的許多原則，首由陸克清楚的予以敍述，而具體表現於重大政治文獻之中，如美國獨立宣言以及法、美的權利表等是。這些原則代表許多政治理想，而這些政治理想，在十九世紀，於所有西歐文化風行之國家中，似確能逐漸實現，且可能將實現於世界各處。此種政治理想包括公民自由——思想、言論、及結社的自由、財產的安全、以及公意對政治體制的控制等。這些目標在各處之趨於實現，有賴於立憲政體之被採取，與夫若干規律之被接受，諸如政府之統治必限於法律範圍之內，政治權威集於代議的立法機構，以及政府各部門皆應對全體選民負責等。這些理想，加上實現這些理想的政治體制，都曾經在自然權利的名義之下，受到維護；此種政治思想之核心實隱含着一種自明的假定，康德的名論足以示之，那就是道德在於把人當作目的而不當作工具。（註一）十九世紀自由主義的目標，以及廣泛的說，它的成就仍不外這些政治理想與體制。

不過，十九世紀的自由主義與革命時期自然權利的哲學，在精神與氣質上，卻有極深的差別。自然權利的哲學，在本質上是一種革命的教條；在基本權利遭受侵犯之時，絕無妥協之餘地。但是法國大革命的情形，在許多地方引起了對革命的反動。在大陸上，拿破崙的帝國主義野心毀滅了西方各國的憲政傳統。卽在英國，情況雖有不同，議會改革的進展亦爲反動力量所阻，至一八一五年長期戰爭告終之後，始得於困難中恢復。可以說，革命的過分行動在各處都引起了震驚，產生了反動；而當時大家對於革命的過激，每歸咎於自然權利的理論。在此種情勢之下，各處自由主義的氣質，乃趨向於保持革命在政治方面所得到的成果，但是要從這成果之中去掉革命的成分。（註二）

自由主義的態度之如此趨於溫和，可能由於兩種因素：

1. 哲學上的原因　自然權利的哲學，其所依據之倫理的理論必然是直覺的。對個人不可侵犯的權利之維護，唯有斷言此種權利是自明的，此外別無其他途徑。但是一般科學的發展，尤其社會思想的發展，卻逐漸趨向於經驗主義，因此人們不再相信，一種道理由於看起來很明顯卽可視爲不證自明。簡單言之，自然權利的理論總是本乎哲學的理性主義，而理性主義的權威則逐漸減弱了。

2. 工商業的發展　理論的變化之外，有一個更重要的因素，就是工商業的發展。工業革命之後，新興的工商業人士在社會上的重要性日漸增加，其影響力也愈大。在十九世紀自由主義的政治改革運動中，這些人總是先鋒，而工商業的發展適足以促使他們的政治權力趨於擴張。他們對於舊制度下遲緩而拙笨的法律以及加諸貿易的種種限制，深致不滿，但是他們都不是空論家，而且他們的社會地位使他們的革命性日益減少。於是，自由主義的政治改革運動乃趨向於各種制度的實際改造。這一方面特別顯著的改革，諸如行政之近代化、法律程序之改進、法庭組織之更新、衛生立法與工廠檢查制度之創行等等，其成就都不是靠革命熱情，而有賴於艱苦的、實事求是的研究與夫立法的愼重起草。這時候，自由主義的理想固然仍是革命時期的結果，但其成就則多出自切合實際的才智應用於特殊問題上的高度發揮。自由主義的理論雖仍爲理性主義，但其理性主義爲一種了解所限制，那就是理想必須能用於許多具體情況中而有效。在這樣的趨勢之下，很自然的，自由主義的哲學乃由革命性的轉而爲傾向於講求功效的。

政治的自由主義，從整體來看，乃是一個巨大的運動，遍及於西歐與美洲各國，而在英國尤有特殊顯著的發展。作爲一種有效的政治運動，自由主義在英國包含着許多不同的成分，也代表多種利益的調和；而爲它提供理智的結構，因之也就爲它提供計畫者，則爲哲學的激進派(Philosophical Radicals)，他們所鼓吹的乃是功效主義(Utilitarianism)。(註三)這一派的人數並不甚多，但在英國思想以及世界哲學上殊佔重要地位，其勢力之大遠非其人數所可計量。他們並談不到在哲學上有了不得的創造性，但其觀念深深印入政治家與改革家的腦海中，於其政治行動有所指導，因而發生不可思議的影響。所以，這些人在政治上的重要性較哲學上爲大；在十九世紀初期與中期的政治思想上，他們頗有輝煌的表現。

功效主義可以說是對十八世紀理性主義的虛幻理想氣氛的一種反動；它以絕對的經驗主義（empiricism）代替絕對的理想主義（idealism）。所以，對政治制度與公共政策好壞的評價，不是憑對人類權利與義務虛幻而武斷的猜測，乃是要依照人事中一定的功效標準，觀察其是否有益。質言之，此種評判不是以其理想爲依據，而是以其結果爲依據。功效主義的目標是實際的；它並不是沒有理想，但其理想一定是經驗證明爲合意而且能夠實現的，至不合意或無法實現的理想則在棄置之列。

功效主義在英國之得勢，與當時英國的各種實際情形有關，而工業革命的關係尤大。工業革命使人類生活有巨大的改變，可稱得是最驚人的革命之一，但其性質與流血的革命不同，其變化是逐漸而不甚顯著的，因此每使人疏於如何應付。其初，英國工藝的發展，將新科學小規模的應用於生產方面；繼則機器逐漸代替了人的雙手，而蒸汽開始供應動力。於是，製造東西的方式乃發生極大之改變：原來用人工，在家庭的小屋中卽可爲之；此時改用機器，則必須在握有機器之主人的工廠中進行。許多市鎭的人口遂有極大幅度的增加，而以住屋與衛生等事並無很好的設計與管理，許多惡劣的情事隨之發生，說起來不免駭人聽聞。比如，在一八〇〇至一八三一年之間，黎芝（Leeds）、設斐爾德（Sheffield）、與北明翰（Birmingham）三處人口的增加，都超過一倍，而曼徹斯特（Manchester）與利物浦（Liverpool）兩地雖稍少一點，但也相差不多。房價奇昂，自在意中。高昂的房租乃造成驚人的擁擠現象：全家大小羣居在一個房間者甚多；而遲至一八四五年，在曼徹斯特還有七個人擠在一個床上的，如此者曾發現二十七起。工人工作的情形也很壞。在一八四〇年已有若干改善時，每日工作時間，除吃飯的時間以外，平均尙有十二至十三小時。兒童九歲就進工廠，並且要擔負最艱苦的工作；礦工中，童工佔一六七、〇〇〇人，與一九一、〇〇〇之成年人相較，所差甚微。工資少得可憐，而廠主還要想些辦法，額外予以減少，如實行物品工資制（"truck"）或對有所損壞與工作不力隨意處以罰金等。工業革命初期的影響有如此者，自不免使慈善爲懷之人士爲之震驚，而寄予無限之同情，工人自身亦漸有改善之要求。同時，政治上的腐敗，也是在在亟待改革。那麼，需要如何改革呢？對於流血革命的理論，固來有戒心；而反動與守舊的理論不能解決面臨的問題，亦非衆所歡迎。然則，改革之道，勢須於上述兩種方式之外，另覓途徑；而功效主義，正洽機宜。功效主義的政治理論着眼於人類幸福中合理而實際的利益，同時帶有一種信念，認爲人類生活的情況可藉國家的立法謀求改善，此種精神實最能適合其時的需要。唯一有系統的理論，足爲其時實際需要之基礎者，厥爲功效主義的哲學，與英人保守而務實的精神亦正相合。新興的工業領袖們對於此種思想，尤表歡迎，功效原則，特別是自利（self-interest）與公利（common interest）相一致的觀念，與這一般人所追求的目標正可水乳交融。他們運用這樣的觀念，以推翻封建地主，並維護他們自己的新興工業；功效原則成了他們的有利武器，既可用以進攻，又可用以防守。功效原則，以實際成就爲正當權力之決定性的考驗；若論實際成就，誰又能比過這般新事業的鉅子呢?

功效主義者都不是離世而獨立的抽象哲學家，他們都與具體問題保持密切接觸，而於公共生活頗爲積極。法律與刑事制度之改革，工廠與礦場情況之改善，以及國會選舉權與代表制之革新等，大部分是由於他們的努力。後來憲章派的運動（Chartist Movement），濟貧法（Poor Law）的改革，穀律（Corn Laws）的廢止，以及普選權（universal suffrage）的逐漸採用，也都是基於功效主義哲學的種種原則。

功效主義，用以表示一種倫理的與政治的哲學理論，乃是一個近代的名詞，而衆所公認的此派哲學之領袖則爲英國的邊沁。但是功效主義的觀念卻是古已有之的，並非邊沁所創始。古希臘時，已有此種觀念之萌芽；伊璧鳩魯派以快樂爲人生之目的，與近代的功效主義頗爲近似。（註四）即以近代英國而論，在邊沁之前，亦已早有先驅，如陸克、孔伯蘭（Richard Cumberland, 1632-1719）（註五）、沙夫貝來（Shaftesbury, 1671-1713）、葛伊（John Gay, 1685-1732）、何其遜（Francis Hutcheson, 1694-1746）、哈特烈（David Hartley, 1705-1757）、塔克（Abraham Tucker 1705-1774）、休謨、浦瑞斯特利（Joseph Priestley, 1733-1804）、裴力（William Paley, 1743-1805）等是。但「功效主義者」（"utilitarian"）這一個名詞則創始於邊沁，且自邊沁以後，功效主義的理論才爲衆所熟知並具有勢力，而繼起發揚者頗不乏人。於是，在政治哲學的總發展中，這一個有力的流派乃以邊沁爲其象徵。若干熱情有爲的思想家，因爲受到邊沁的鼓舞，而於社會科學的各部門有所貢獻，其中較爲著名的有李嘉圖（David Ricardo, 1772-1823）、詹美斯穆勒（James Mill, 1773-1836）、葛羅特（George Grote, 1794-1871）、奧斯汀（John Austin 1790-1859）、約翰穆勒（John Stuart Mill, 1806-1873）等。他們於倫理學、經濟學、史學、法理學等方面，在其時理智生活上留下深刻印象。在約翰穆勒的著作中，功效主義又發生了顯然的變化，以致失其原形而趨於離散。至十九世紀之末，功效主義的影響，在政治哲學的許多重要方面，仍不難看到，但其各原則已彼此分立而形成種種思想體系，與邊沁漸趨疏遠。關於英國的功效主義，我們就其領袖邊沁及有所轉變的約翰穆勒，分別說明其政治理論，這一章先講邊沁。

邊沁（Jeremy Bentham, 1748-1832）於一七四八年二月十五日生於倫敦。很幸運的，其家庭之財富情況足夠保證他以後生活上能維持經濟的自立，無衣食之憂。他的祖父與父親都是律師，而且作得很成功，他的母親也曾受教育。邊沁自幼聰穎過人，有神童之資質，其父母注意及此，乃使他提早受教育，而於教師之聘請、書籍之供應，務求適應其需要。據說他三歲就閱讀很難懂的著作，如賴賓（Rapin）的英國史（History of England），並且開始學拉丁文。四歲的時候，他就讀法文，並學小提琴。一七六〇年，他獲准進入牛津大學的皇后學院（Queen's College）；一七六三年年僅十五歲時畢業後，繼習法律。（註六）他父親本來希望他繼承衣缽，也操律師之業，但是他本人的好尚則顯然逐漸趨向於法理學與法律哲學，而此種好尚更因對自然科學的新興趣而爲之加强。於是，他乃消磨時間於化學實驗及探究法律上的腐化情形而憧憬於改革。最後，他毅然決定不去從事律師業務，而獻身於立法之研究，乃成爲一個熱誠的改革家——其改革包括憲法的、法律的、社會的、以及經濟的。他父親對於他沒有承襲律師生涯，自然深感失望，但是也就很明智的聽他依其自己的志趣去從事於科學與哲學的研究。邊沁的主要興趣在法學方面，至於對倫理學與政治學的興趣則是由法律的理論而來。

邊沁終身未娶（註七），性極正直而獨具風格，自私卑鄙之事不屑爲之（註八），擧止態度則彬彬有禮，且時時爲他人着想。對於在當時社會、政治情形下受苦受難的人們，他深具同情，並樂於慷慨援助；很多的人與不少的運動都曾受其錢財之惠。他不但有此慈善之心，抑且有其博施之力，因爲他早有小康的基礎，其父死後更爲富裕，而他自己又無室家之累。其慈惠之懷，並擴而充之，及於畜類。他極端喜愛低級的動物，反對虐待他們，並主張爲它們的利益而立法。（註九）他頗能自享生活之樂趣，所以總是愉快而樂觀的，並且一直保持着青年的氣概，迄老不衰。

一七八五年，邊沁曾去歐陸閒遊，足迹及於每一個重要國家，包括俄國在內。一七八八年回英後，他曾熱望在國會中獲得一席，但未能如願以償，至深失望。（註一〇）此種挫折使他感覺在實際政治上的成功殊不可得，乃益沉醉於有關立法之研究，希望變成一個崇高的立法家，像古希臘的梭倫(Solon)或李克格斯(Lycurgus)一樣，藉此種美夢以彌補政治上的失敗。

邊沁夙有好爲他人着想的特性，而一直保持到最後一刹那。當彌留之際，他吩咐僕役們不要靠近，以免他們感受無益的悲傷與不必要的痛楚。於是他選擇了爲他寫傳記的密友包陵(John Bowring)爲唯一留在身邊的人，頭仰於其胸中以逝。邊沁的遺體，經遵其遺囑，由其許多友人看着解剖，以利解剖學的研究，其骨骼現仍保存於倫敦的大學學院(University College)中。

這位哲學激進派的領袖是很怕羞的，與許多生人在一起就惶惶不安。他一生著作異常豐富，但是他自己從來不以出版爲慮；凡以他的名義出版者乃出於友人們善意的竊盜。除未出版者不計外，僅就其出版的著作而言，如包括函札在內，經包陵整理出版的標準本共有十一鉅册之多，眞是洋洋大觀。茲將其與政治思想有關較爲重要者，列舉如次：

1.政府雜論(Fragment on Government)　這是邊沁的第一部著作，出版於一七七六年，雖最初並未將著者姓氏標明(註一一)，但邊沁之嶄露頭角則自此始。此書可以說是爲哲學的急進主義開其端緒。此書出版時，邊沁年僅二十七歲；雖然他活到八十歲，一生孜孜於寫作，死而後已，著書之多，罕與倫匹，但其政治學的基本原則卻已於此書中提出，始終如一，迄未超出其範圍。邊沁著作此書的動機，原在批評布萊克斯通(Sir William Blackstone)。(註一二)布氏於其名著英國法註疏(Commentaries on the Laws of England)中，對於英國憲法備加讚揚，此種樂觀色彩使邊沁心情頗爲激動。這位註疏家深入於法律的歷史，而以對於古董有先入爲主的興趣，乃隨時頌揚並稱許許多的習慣與原則；那些習慣與原則，在邊沁看來，早已失去其本來存在的理由，不過仍在繼續應用之中，徒增法官與律師的氣燄與私念而已。又在該書的頭幾章中，討論一般的法律與立法的基礎時，布氏很凌亂的容納了當時流行的關於政府性質與起源之理論，這些理論也與邊沁的觀念完全衝突。於是，邊沁乃欲對布萊克斯通予以嚴峻無情的批評，政府雜論之作原卽爲此，但於批評之餘，邊沁也無意中積極的道出自己的理論，頗爲完全而相當有系統。此書出版後，邊沁聲譽鵲起，尤其引起一位當時英國政治上出色而有力的人物——謝爾奔勛爵（Lord Shelburne）之注意。謝氏於一七八一年去拜訪邊沁，並請邊沁到他家裏去；此後，邊沁就成了謝家的常客，備受款待。這段生活給邊沁帶來無上的欣愉：他在那裏不僅可以享受到家庭的溫暖及各種消遣的快樂，而且得到機會與當時許多顯赫的政治家及著名的學者有密切的接觸。

2. 道德與立法之原理（An Introduction to the Principles of Morals and Legislation） 這是邊沁費多年辛苦所寫成的一部巨著，至一七八九年才出版。此書的聲譽更是不脛而走，不久卽使邊沁成爲舉世聞名的學者了。這時候，邊沁在各處都被視爲具有崇高智慧之人，而爲許多國家的元首與政治家所諮詢，他一心想變成偉大立法家的美夢似已接近於實現的邊緣。歐美多數國家都敬謹接受了他的指教，而他與這些國家的領袖人物保持着密切的聯繫。

3. 立法論（Theory of Legislation） 這部書初由邊沁的法國朋友杜蒙（Etienne Dumont, 1759–1829）（註一三）根據邊沁的手稿用法文編著而成，名爲Traité de législation civile et pénale，於一八〇二年出版，後來又經譯爲英文（註一四）。

4. 刑賞論（Théorie des peines et des récompenses）　此書二卷也是由杜蒙於一八一一年用法文出版的，經史密斯（Richard Smith）分成兩部分先後譯爲英文：The Rationale of Reward 於一八二五年出版，The Rationale of Punishment於一八三〇年出版。

5. 證據論（Treatise on Judicial Evidence）　一八一三年出版。

6. 國會改革計畫（Plan of Parliamentary Reform）　這是邊沁在一八〇九年寫的，至一八一七年才出版。

7. 憲法彙典（Constitutional Code）　這是邊沁晚年的著作，臨終時還在寫着。其一部分於一八三〇年出版，最後出版則在一八四一年。

8. 道德學（Deontology）　一八三四年經包陵整理出版，不在其所編邊沁全集之內。

此外尚多，茲不一一備舉。一八二四年，邊沁並曾創辦一個雜誌，名爲韋斯敏斯德評論（Westminster Review），於鼓舞大衆對政治問題的興趣及宣揚哲學激進主義的原理，貢獻甚大。

邊沁著作中的文字，格調前後不同：早年的著作具有清晰、簡潔、而生動的特徵；較晚的作品則以分析過於精細，對論據推敲過甚，而且應用奇特的專門名詞過多，乃不免冗繁而令人沉悶了。

第一節　功效原則

邊沁一生寫了很多的書，其著作之富，在所有哲學家中，罕與倫匹。但是我們對於邊沁的思想，卻比較容易得一個清晰的概念；把他的理論，簡明的表達出來，或較其他各家的理論更爲容易些。這是什麼緣故呢?因爲邊沁雖然「著作等身」，但其全部思想的系統卻極簡單而直截了當。他立下了一個基本原則，而應用之於道德與政治的各方面，一以貫之。這個原則，他視爲清楚而自明的（self-evident），無須求證。我們要了解邊沁的政治思想，也要先從此一原則說起。

這一個基本原則是什麼呢?就是功效原則（the principle of utility）。從根本上說，邊沁的功效主義之出發點乃是基於一種心理的學問。（註一五）他認爲心最初由來自所處環境中的許多分散的感覺組成。而依據一種簡單的定律——吸引定律（the law of attraction），這些分散的感覺很快就要集聚在一起。蓋兩個類似的感覺，曾經共同出現過的，還會傾向於要再聯合出現。舉例來說，比如一個嬰兒一定會把對媽媽的感覺與安全之感聯繫在一起；在嬰兒的心中，這兩種感覺，有其一必聯及其他。通常，在進行中，如此集聚起來的感覺具有不同的特性：有的令人愉快，有的卻令人痛苦。令人愉快者成爲吾人欲望（desire）的對象；令人痛苦者則成爲吾人厭惡（aversion）的對象。於是，一切的人乃莫不趨樂而避苦，這是人性的通例。邊沁由此道出其功效原則，在道德與立法之原理一書中，開宗明義，首先予以指出。（註一六）他說：

「自然把人類置於兩個最高主人（two sovereign masters）的統治之下，那就是痛苦與快樂（pain and pleasure）。祇有它們才能指出我們應當作什麼，以及決定我們將要作什麼。一方面是是非的標準，另一方面是因果的關係，二者都緊繫於它們的王位之上。它們統治着我們的一切行爲、一切言論、一切思想：我們所能作的任何努力去擺脫對它們的屈服，都適足以證明並加强之。」（註一七）

快樂與痛苦這「兩個最高主人」的權威既然如此之大，所以邊沁的功效原則就是要使一切事物都屈從於這兩種的動機，而不容其他因素介入。此一原則適用於私人的行為，也適用於公共的行為；適用於各個人，也適用於社會或政府。這裏，我們更要注意的是所謂「快樂」，在邊沁的心目中，亦即是「幸福」（happiness）；他追隨着何威夏（Helvetius）與柏卡里亞（Beccaria），相信幸福就在於有快樂而無痛苦，所以他把「快樂」與「幸福」當作同義字來用。

要了解邊沁的功效原則，應該先明白他所謂功效（utility）是什麼意思，請看他自己的解釋：

「功效的意思乃是任何事物中的那種性質，可藉以產生相關者的好處、利益、快樂、善、或幸福（這一切在此處都是一樣的），或（又都是一樣的）阻止其發生禍害、痛苦、邪惡、或不正常。相關者如為一般的社會，那就是社會的幸福；如為某一個人，那就是那個人的幸福。」（註一八）

那麼，功效原則的意思就不難想像了，邊沁所下的界說是這樣的：

「功效原則的意思就是那種原則，對於任何一種行為的贊許與否，要看其所顯示的傾向可以增加或減少利益相關者的幸福，換言之，就是促進或阻礙那種幸福。我說任何一種行為，所以不僅指私人的一切行為，並且也指政府的一切措施。」（註一九）

於是，依照功效原則，在任何有條理的推理程序之中，一定要以對苦樂的估計與比較為出發點；對任何公私行為的贊同與否，完全以其所能產生的快樂與痛苦為評判之標準。甚至於，道德標準也是如此確定。一個相信功效原則的人認為德行是好的，其理由乃是德行的實踐可以得到快樂；他認為罪惡是壞的，其理由則在隨之而來的痛苦。道德的善（moral good）之所以為「善」，僅以其傾向足以導致利益；道德的惡（moral evil）之所以為「惡」，僅以其傾向足以引起禍患。

如此說來，可見邊沁所謂功效原則，既是道德行爲的原則，也是政治行爲的原則。於是，他乃把道德與政治哲學都放在這一個客觀的基礎之上。他要堅定的維護此一原則的最高權威，而予以貫徹；在任何情況之下，其應用是不容有例外的。

這一個功效原則，假如用一句極簡單的話表達出來，也可以說就是在任何情況之下，於各種可能性之中，我們應該選取其可以產生「最大多數的最大幸福」(the greatest happiness of the greatest number) 者。「爲是非之標準者乃是最大多數的最大幸福。」(註二〇) 所以，邊沁對此原則，也有時以另一個意義更爲深長的名詞稱之，那就是「最大幸福原則」(the greatest happiness principle)，或者照他最初所表示出來的，「最大多數的最大幸福」原則("the greatest happiness of the greatest number" principle)。

在這個原則之下，立法者自應以人民的幸福 (happiness of the people) 爲目標，而立法事業應以「一般功效」(general utility) 爲指導原則。立法者所應牢記在心的唯有廣布快樂而避免痛苦；立法之學 (science of legislation) 即在決定什麼可以作到某一相關社會的利益。「一種政府的措施，……當其增加社會幸福的傾向大於減少社會幸福的傾向時，就可以說是合於或受指揮於功效原則了。」(註二一)

於此，我們又要注意一點，就是對於所謂「社會的利益」，邊沁有一種見解。他以爲所謂「社會」乃是一種「虛構的團體」(fictitious body)，組成之者實爲一個一個的個人。功效原則以幸福或快樂爲目標，而所謂幸福或快樂，唯有發生在個人的經驗上，所以政府與法律的價值端在其於實際之人的生活上所發生的效果。我們對法律或制度的評判，一定要依據其所作爲，而且儘可能要看它在個別的個人身上發生了些什麼作用。關於此點，邊沁之言曰：

「社會的利益是道德用語中最通行的說法之一，無怪乎其意義常常喪失了。它假如有意義的話，那是這樣的。社會是一個虛構的團體，乃由被認爲其組成份子的個人們組織而成。那麼，社會的利益是什麼呢？——就是組成社會的諸分子之利益的總和。」（註二二）

由此可見，邊沁的最大幸福原則實具有溶化許多虛構觀念的作用。又關於幸福的分配，有一個標準，就是「每人都當一個人來計算，而無人能當多於一個的人來計算」。

邊沁的功效主義又有時被稱爲「幸福哲學」(happiness-philosophy)，他認爲人生的目的就在幸福或快樂。假如幸福或快樂爲人生唯一的終極目標，則快樂將無品質高下的分別，易言之，某一種快樂與他種快樂在質上將沒有什麼差異。邊沁有一次曾經說過，如所得的快樂之量相等，則針戲 (push-pin)（註二三）與詩將是一樣的好，正足以表現此義。並且在他看來，大體上，一切個人對於感受快樂與痛苦，具有同等的能力。在此種觀念下，邊沁乃又認爲快樂是可計量的，能用數學方法算出來。於是，他說要有一種「道德數學」(moral arithmetic) 或「道德計算法」(moral calculus)（註二四），以計算快樂。

邊沁所提出來的計算快樂的標準共有下列七項：

1. 强度 (intensity)
2. 持續性 (duration)　就是快樂在時間上繼續之久暫。

3. 確定性 (certainty) 就是快樂的確定或不確定。

4. 遠近性 (proximity) 就是快樂將要發生的時間之接近或遙遠 (propinquity or remoteness)。

以上係就快樂的本身而言。快樂又或可有發生其他快樂或痛苦的結果，考慮及此，又要注意到下列兩項條件：

5. 孳生性 (fecundity or productiveness) 快樂有的可能產生同類的快樂，有的不能。前一種可稱爲「孳生的快樂」(productive pleasure)。

6. 純粹性(purity) 快樂有的會產生痛苦，有的不會。後一種才是「純粹的快樂」(pure pleasure)。

就對單獨個人的關係來說，計有上列六項標準。若就對多數人的關係來計算，則又須慮及另一情況：

7. 擴延性 (extent) 受快樂之影響者有的人數較多，有的人數較少。此一標準卽指受快樂之影響的人數多寡而言。

計算快樂的標準有上列七項，痛苦亦可比照此種標準以計算之，此乃所謂「道德計算法」的要素。

邊沁認爲依據上述各種情況而計算，可將各種行爲的價值精確的算出來。於是，照他所說，立法工作不過是數學上的事了：「快樂」或「善」有如收入，而「痛苦」或「惡」有如支出；最大多數人所享受的最大快樂減去最少數人所遭受的最小痛苦，就等於最大多數的最大利益(或善)。

第二節 政府論

邊沁的政治學中僅有政府論，對於國家論事實上並未多所發揮，並且也不大注意國家與政府的區別。茲述其政府論如次：

（一）何以要有政府

對於政治社會的起源問題，邊沁實際上表示毫無興趣。他以爲遠古的情形不能爲吾人討論現在的權利義務問題之依據。所謂社會契約，根本無從證明其爲歷史事實，自不足信。即使假定說在極遠古的年代，確曾有一個正式契約，把當時的一羣人結成一個社會的與政治的團體，有辦法可以證明的話，那個契約也與現在的法律及憲法並無特殊關聯。而且何以需要此種契約呢？其目的何在呢？人何以要遵守契約呢？要答復這些問題，還是離不開功效的因素。倘若不把此種契約看作歷史事實，而僅視爲一種邏輯上的觀念，那也不能解釋政府具有權威，而人民方面就有服從的義務。所以，在邊沁看來，人們何以需要政府，何以要服從法律，分析到底，並不是由於他們自己或其祖先曾有如此的承諾；契約、同意、協議等都不足以作爲政治權利與義務之基礎。對於任何形式的社會契約說，邊沁都表示反對；他指斥契約的觀念全屬「虛構」（Fiction），而「虛構的時期現在已經過去了」（註二五）。

那麼，照邊沁的意見，究竟人何以要有政府呢？他以爲要答復這一個問題，唯有依據功效原則，此外別無可據。功效原則才是「爲我們供給那個理由的原則，唯有它才不依靠於任何更高的理由，而它本身就是任何實際問題之每一點上的唯一而十足的理由」（註二六）。依照此一原則來解釋，人之所以要有政府，要服從法律，祇是爲了他們自己的利益。用邊沁的一句名言來說，就是因爲「服從時所可能遭受的禍害少於不服從時所可能遭受的禍害」（註二七）。服從政府的法律，總會妨碍到個人的自由，然則每一種法律都可以視爲一種禍害；但是，不服從時，其禍害更大，兩害相權之下，乃寧願服從。在邊沁看來，人之所以要有政府，乃是由於對禍害加以選擇，而取其輕者，因此他把政府比之於藥劑：

「對政府猶之於對藥劑，其事唯在於禍害中加以選擇。每一法律都是一種禍害，因爲每一法律都是對自由的一種侵犯；……。」（註二八）

反過來說，也就是政府於增進人們的幸福有所助益；政府之所以存在，乃是因爲生活於政府之下的人們相信政府可以促進他們的幸福。所以邊沁又說：

「政府的職務在憑藉刑賞以促進社會的幸福」。（註二九）

總之，邊沁認爲人對政府的服從，完全出於一種簡單而普遍的人類行爲之動機，那就是「熟思審慮的自利」(calculated self-interest)。

（二）政治社會與自然社會的區別

既然承認上述簡單而普遍的人類行爲之動機，則對於人類的自然狀態與文明狀態或政治狀態的區別，自然用不着像契約派的哲學家們那樣，藉歷史上的猜測及理論上的虛構來加以解釋。所以邊沁要棄絕那些無用的廢話，而僅僅從問題中的簡單事實去觀察。假如有任何一羣人，多少的彼此互通交往，而在這羣人中，一部分人對其他的人有一種服從的習慣，無論被服從者爲一個人或更多的人，這羣人合起來可以說是組成一個政治社會(political society)。倘若在這羣人中，沒有那樣的服從習慣，則這羣人乃是一個自然社會(natural society)。請看他說：

「當許多的人〔吾人可稱之爲屬民（subjects）〕對於明確可指的一個人或一羣人〔吾人可稱之爲統治者（governor or governors）〕具有予以服從的習慣時，這些人合起來（屬民與統治者）可以說是在一種政治社會的狀態之中。」（註三〇）

「假如許多人習慣於彼此互相討論（in the habit of "conversing" with each other），同時沒有任何上述那樣的習慣，則他們可以說是在一種自然社會的狀態之中。」（註三一）

在邊沁看來，政治社會與自然社會的區別不過如此而已。

邊沁此種說法可使人得到一個簡單的觀念，就是國家的精髓僅爲一種服從的習慣（habit of obedience）。然則，過去許多人所熱心討論的問題，諸如自然狀態之爲禍爲福，人類由自然狀態轉入政治社會之迂曲而繁難的程序，以及轉入政治社會後自然權利與義務之仍然存在等等，都變成毫無討論的價值了。

（三）主權

在一個政治社會中，各分子所習慣於服從的權力就是最高的權力（supreme power），也就是主權。此種最高權力可以伸展到什麼程度？社會中各個分子對於它有什麼權利與義務？邊沁囘答這些問題，都是以其功效哲學的應用爲依據。

（甲）主權是無定限的

主權的存在與歸屬何處乃是事實問題，談不到權利與義務的關係。但假定已有主權者之存在，其權力是否有確定的限制而不能超越呢？關於這個問題，邊沁的答復是否定的，他認爲主權應該不受限制，所以他說：

「最高統治者的權力之活動範圍（假如有人這樣說的話），即使不是無限大的(infinite)，但我想勢所必然的要被承認爲無定限的(indefinite)，除非爲明示的協約(express convention)所約束。」（註三二）

雖然說主權是無定限的，但是邊沁認爲有兩種不大明顯的情形，實際上對主權仍可發生限制的作用，那就是：

1. 國際法　所謂國際法代表世界上各主權者的集體意見，這構成各政府行爲的標準，所以各國的主權者也要予以尊重。比如一個國家依某種條件屈服於其他政府之下，或許多國家的執政團體同意於某些特定事項聽從他們以外的另一團體（如由每一國家的執政團體所任命的人員組成者）之指揮，在這些情形之下，主權者都是要受限制的。上面所引述的「除非爲明示的協約所約束」一語，即指此而言。

2. 屬民反抗的可能　另有一種雖非確定但實際有效的限制，可以加之於主權者的，就是屬民反抗的可能。政治社會中，屬民對於最高權力，本不能有抵抗或反叛的「法律權利」；他們的「法律義務」（邊沁常稱之爲「政治義務」），乃是無條件的服從。但在另一方面，每一屬民對於最高權力，卻有一種有條件的不服從或抵抗之「道德權利」及「道德義務」。（註三三）主權者如判斷屬民有起而反抗之可能時，對此種危險必懷戒心，因而知所收斂。這對於政府行動，實有控制之效。不過，屬民是否反抗的態度依據什麼而確定呢？那仍然離不開功效原則。分析到底，他們的態度還是決定於對自己利益的計算。質言之，他們要比較反抗所可能發生的禍害與服從主權者的命令所可能發生的禍害；唯有在估量前者小於後者時，他們才會反抗。

在上述兩種範圍之內，主權者的行動是完全自由的。

邊沁對於當時革命派與改良派的思想，本來在許多方面都頗具同情，但因他有如上的主權理論，再加以闡釋與推論，於是他與那些人的主要哲學乃又處於相反的地位。那些人深信成文憲法可爲合理政府的保障，又認爲各種立法必須簡化，這些都是邊沁所同情與稱讚的。但對人民權利的列舉、憲法修改權的限制、以及所有其他限制最高權的種種辦法等，他卻都表示反對，認爲不僅在理論上不通，並且在實際上也沒有價值。通常憲法上所宣布的人民生來就有些主權者所必須尊重的權利，邊沁大大不以爲然；他覺得此種說法理論上不足以表現政治眞理，實際上也不能對最高權的行使加以眞正的阻力。又在他看來，分析到底，主權者的行爲標準並不是要合乎迷離恍惚的自然法之指示，也不是要依照假想的契約中之含糊條款。最後還是要看功效如何，換言之，就是要看對於影響所及的人們來說，能否促進其最大多數的最大幸福。

（乙）　自由政府與專制政府的區別

有些人想出許多辦法以限制最高權，那乃是基於一種觀念，以爲自由政府與專制政府的區別就在於國家最高權的大小程度不同：較小者爲自由政府，而較大者爲專制政府。所以，要使政府成爲自由的政府，就要限制這個最高權，予以削弱。邊沁卻不以爲然。他認爲自由政府並不能與輭弱政府等量齊觀，維護自由政府並不一定要同時接受無效率的因素，這是他的基本原則。所以，他的主權理論可以適用於專制政府，同時也可以適用於自由政府。在他看來，事實上，一切國家的最高主權者都握有同樣無限制且無一定範圍的權力，其間並無軒輊。我們假如要判斷某一種政府是自由的或是專制的，自無法從主權的程度上去區別；那是要看此種最高權力實際上分配與應用的各種情況而定，下列諸端可以爲例：

1. 在集體掌握最高權的諸人中，最高權分配的情形。
2. 治者與被治者間變換任務的難易。
3. 治者對被治者負責的程度。
4. 有無出版的自由。
5. 有無公開結社的自由。（註三四）

(四) 改革意見

邊沁所倡「最大多數的最大幸福」之理論，自然會導向民主政治及激烈改革之途。他認爲英國憲法殊欠完善，乃銳意加以改革，提出了許多實際改革的意見。茲就其犖犖大者，分述如次：

1. 以共和國爲目標　邊沁在政治上有一種相當激烈的意見，就是簡直攻擊君主政體，反對國王。他對國王們毫無好感，而對喬治三世（George Ⅲ）尤其無限憎惡。（註三五）他看得很清楚，國王的利益不會常與屬民的利益相一致，而君主政體下的大量開支亦屬浪費國帑。因此，他雖然反對自然權利，而對法國大革命與美國獨立卻甚表同情。（註三六）他以一個共和國（Republic）爲目標，蓋深信共和國才能作到經濟、有效率，而人民至上。其憲法彙典一書中的全部理論均着眼於此，而一八二四年他在寫給毛德維諾夫（Admiral Mordvinoff）的信中表明其目標爲「使世界上遍布許多共和國，好把這個邪惡的世界弄好一點」。此種極端的激進主義，出自反對自然權利之人，或不免令人驚異。不過，邊沁卻以爲其最大幸福原則在邏輯上必然會引出這樣的結論。因爲在君主政體中，唯有國王的利益最高；在有限的君主政體（limited monarchy）中，得勢者乃是特權階級以及主權者的利益；唯有在民主政體的治下，最大多數的最大幸福才是最高的目標，而治者的利益與被治者的利益才能一致。

2. 對國會的改革　邊沁對於國會的改革，也提出了許多具體的意見如次：

①單院制　邊沁對於世襲的上議院，深惡痛絕，認爲此種制度毫無予以維護之理由。並且，即使是非世襲的，而爲其他形式的上議院，他也表示反對。所以他主張把上議院完全取消，僅留一個由人民之代表所組成的立法機構，然則國會就祇有一個下議院了。

②其他改革　除主張單院制外，爲保證國會能夠眞實而有效的代表人民，邊沁又提出下列幾項改革意見：

⑴成年男子普選權（universal manhood suffrage）　略有一種限制，就是行使選舉權的人必須具有能讀的條件。邊沁以及所有的功效主義者都異常重視教育，而此種資格的限制是有利於教育的。至於婦女選舉權的問題，邊沁避而不談。蓋當時此種要求尙少，而反對之聲則强烈得

多。他以爲在此種情況之下，若順從少數人的意見，則對於多數人顯屬徒滋紛擾，抑且有欠公道，不如留待眞有迫切需要的時機再談。於是他乃將此一問題輕輕拂過。

(2)年選國會 (annual parliaments) 就是國會要每年改選一次。如此縮短國會議員的任期，邊沁認爲可以保證所選出來的議員們不至於自私自利或尸位素餐。同時，此種辦法又可以使議員們與其選民經常保持接觸，而選民方面亦可多有機會注意其所選代表之言論、行動是否與民意相違。

(3)祕密投票 (vote by ballot) 這是爲使選擧可以保持純潔，不致受威脅、利誘等影響。功效主義者差不多都是如此主張，惟約翰穆勒則持相反態度，而提倡公開投票。(註三七)

上述三種改革意見中，第(1)、(3)兩項均已逐漸實現，惟第(2)項國會每年改選的辦法未被採用，也很少實現的可能，因爲交通工具等等的進步已使選民對議員們甚易隨時保持接觸，察其言行，不成什麼問題了。

第三節　法律論

在邊沁的時代，最迫切的需要莫過於法律之改革。邊沁深感此種需要，乃潛心加以研究，其決心與才力良足稱道，而其政治理論亦以此爲出發點。他對於一般人民，具有無限同情，且急於看到正義能夠伸張，幸福獲得保障，因而有此熱心。他的著作中，討論法律或與法律有關之問題者，佔了很多的篇幅。其中有許多是屬於批評性質的；他富有批評天才，而絕不崇拜古董。他對於英國各種形式的法律，都曾用批評精神加以研究分析。批評所及，除當時的法律外，還包括司法制度以及新提議的法案；對於律師與法官，亦不留情。但批評祇是其中的一部分，他並不是僅有消極性破壞性的批評，其目標還在積極性建設性的改善，批評不過是達到此種目標的方法。他的志趣在以一個偉大的法律改革家爲己任，爰於批評之外，並提出他自己的方案，常是很詳盡的，足以顯示如何袪除腐化情形，矯正缺點，以及如何可以實現他自己的理想。邊沁的法學，不僅在他自己的學問中，堪稱最偉大的部分，而且在十九世紀理智的成就中，也是最出色的之一。

(一) 法律的功用

邊沁關於法律的理論還是本乎最大幸福原則。他深信最大幸福原則在立法者的掌握之中，實際上可以作爲普遍應用的工具。因爲照邊沁的想法，此項原則實提供一種基本人性的理論，可以適用於任何時間、任何地方而皆準。基於此種觀點，邊沁乃摒棄歷史的研究方法，並不承認法律制度僅以年代久遠卽可具有價值。有些人說源遠流長並經歷許多法學家的才智所發揚光大之法律都是有價值的；如干擾這些法律，就將陷國家於災患之中。邊沁對此種說法，殊不以爲然。他並不否認一種法律的悠久歷史可以表示它有用，但這並不是具有決定性的。評判一個法律的存在價值不能卽以時間的長久或有所貢獻之人的聲望爲依據。今日的法律必須由今日的立法家依照今日的需要來制定，而此種需要的唯一標準則必是最大多數的最大幸福。祇要有貢獻於此種福利，則雖行之千百年並經歷代才智之士所讚揚的法律或原理也可以全部予以廢棄。祇要於此種福利有所助益，也可以制定新的法律，把前人所迄未想到的辦法或原理予以納入。總之，在邊沁看來，法律的功用就在促進最大多數的最大幸福，所以他說法律要符合一般人普遍的期待。

然則，立法者在制定法律的時候，當以最大多數的最大幸福爲目標，自不待言。不過，這是一個籠統的說法；若再具體言之，所謂「最大多數的最大幸福」究竟何在呢？包括些什麼東西呢？於此，邊沁又具體的指出下列四項：

1. 生存 (subsistence)
2. 富足 (abundance)
3. 平等 (equality)
4. 安全 (security)

最大多數的最大幸福就在於此四者，而法律也就應該以此四者爲目標。請看邊沁這樣說：

「前已指出，在規定及分配權利與義務時，立法家應以政治體之幸福爲目標。如再進一步特別追問此種幸福何在，則吾人可得四項附屬的目標。……法律的一切功用都可歸之於這四個項目之一：供養生存，力求富足，鼓勵平等，維持安全。」（註三八）

在上列四項目標中，有一項值得特別注意的是「平等」，因爲平等的觀念是他之所以逐漸趨向於激進主義的一個因素。平等的愛好早就使他主張人的財產應平均分配於其子女，並且反對遺囑的自由；後來，又使他反對君主制及世襲貴族制，並且主張完全的民主。（註三九）但是平等有時會與安全衝突，在那樣情形之下，又將如何呢？於此，邊沁顯然以爲安全是更根本的。安全可以說是生活的本身，而平等不過是生活上的藻飾；無安全，則平等亦不能存在一日。所以，在平等與安全不可得兼時，自應以安全為優先：

「平等亦不得贊成，除非它無害於安全。……」（註四〇）

此外還有一點要注意的是邊沁在此處並沒有提到「自由」。他也知道自由未列入法律的主要目標之中，不免會使人驚訝。他自己的解釋是說自由應視為安全的一個分支：「個人自由」(personal liberty) 是對某些影響個人的錯誤之安全；所謂「政治自由」(political liberty) 則是對執政者的不公道之安全。事實上，邊沁的理想頗似伊璧鳩魯，是安全而不是自由。至於「生存」與「富足」，邊沁認為是與「安全」一致的，凡有利於安全者必同時可以促進生存與富足。從以上的分析，我們可以看出，在所舉法律的四項目標中，邊沁所最重視者乃是「安全」一項。關於此點，他自己也有一句話具體說明：「『安全』是主要的，誠然也是最高的，目標。」邊沁雖然有些激進的主張，可是同時還有保守的精神；由於他如此看重「安全」，我們不難觀察到此種矛盾。

關於法律上的刑罰，邊沁也是拿功效原則來解釋；他認為功效原則可提供一種自然的方法，以達到刑罰的合理理論。此種方法的出發點先認定刑罰一定會使人感受痛苦，因之也一定是一種禍害。那麼，假如對人施以刑罰，在如何的情形之下，才能算是合理的呢？唯有所加的刑罰足以防止將來發生更大的禍害，或對已發生的禍害，有所補救。質言之，法律上的刑罰乃是對罪犯加以禍害，而其所以要加以禍害者，並非由於痛恨他，其重大目的實在防止犯罪。在任何情形之下，對作惡的刑罰都應該確切適合此種目的，不要多也不要少；刑罰的輕重與所犯之罪的大小要恰好相稱。至於要對刑罰之恰當與否加以測驗，則須依靠一種正確的標準，那就是社會的利益，換句話說，也就是要看刑罰的效力能否保障公共福利。一般的原則應該是刑罰所致的痛苦要超過犯罪所得的利益，但是其所超過犯罪所造成的禍害者必須儘可能的少；如此的刑罰方爲適當合理。邊沁此種理論，其動機出於人道主義者並不多，而多出於對秩序與效率的愛好；其重點在一般的幸福，而不在犯罪者的利益。（註四一）在他的心目中，法律應該爲最大多數的最大幸福，對人的行爲作經濟而有效的控制。

（二）權利與義務

（甲）權利與義務的意義及其相互關係

邊沁對權利與義務觀念的分析是很清晰而明確的。他認爲權利與義務乃是相連而不能分離的兩個觀念。一種權利必須與一種義務連在一起，才有意義；不然，所謂權利就是一個無意義的名詞。比如我們說某甲有一種權利，那一定是某乙、某丙、及其他諸人有讓某甲自由從事於某種行爲的義務。那麼義務又是怎麼樣來的呢？在邊沁的哲學中，義務的基礎唯在利益，此外別無其他根據。唯有在乙、丙等覺得聽甲自由的後果比干擾的後果更合意時，他們聽甲自由的義務才有眞正的存在。反過來說，就是侵犯甲的權利會比承認甲的權利爲他們帶來更大的禍害時，才眞有上述的義務之可言。所以，唯有在侵犯之卽必有禍害相隨的情形下，才可以說有權利的實際存在。此種禍害就是權利的後盾；經法律所規定的權利，其保障就是法律所規定的刑罰。

邊沁的假定及定義並不一定能夠完全令人滿意；其以自利爲義務的唯一基礎之論，在十九世紀所遭受的猛烈攻擊，與紀元前第四世紀雅典同樣的理論所遭的攻擊正復相類。然而，其思想的精密，在政治理論中，加强了許多觀念及區別，於澄清權利與義務的觀念是極有價值的。在邊沁的時代，討論權利與義務的問題時製造邏輯上的困擾者並不僅布萊克斯東一人；革命時期的哲學，於此二觀念，都是充滿了混亂不清。邊沁卻於此種情勢中開了一線光明。

（乙）權利與義務的分類

（子）義務的分類

邊沁對義務的分類，所採的標準是看與義務相關的權利有什麼作後盾，其性質如何。依照此種標準，他把義務分爲三類：

1. 政治義務 (political duty)　假如侵犯某種權利，要受到確知之人——政治的最高統治者——的懲罰時，這就形成一種政治義務。
2. 宗教義務 (religious duty)　假如侵犯某種權利，要受到一位確知的上帝之懲罰時，這就形成一種宗教義務。
3. 道德義務 (moral duty)　形成道德義務的情況極不確定，很難稱之爲懲罰，不過總可使不盡義務的人與不確定的一羣人稱爲一般社會者之間發生不融洽的關係，而使他陷於一種精神上的不愉快。

（丑）權利的分類

邊沁對於權利也用上述的方法予以分類，但是他力言在政治的討論上用字必須嚴爲區別。權利也可以說有三種，不過其中一種祇是空洞的名詞而已：

1. 法律權利 (legal right)　法律權利是一個清晰易解的名詞，意指經政治社會的最高立法者所許可的一種行爲能力。

2. 道德權利 (moral right)　道德權利雖然不如法律權利之不易流於曖昧，但仍是一個清晰易解的名詞。此種權利的後盾乃是一羣人的意見或情感；這一羣人雖然無法確切的指出，然而他們總能夠把他們集體的意志或一般的意志明白無誤的表示出來。

3. 自然權利 (natural right)　至於所謂自然權利，邊沁則以爲既沒有確定意義，也沒有任何用途。「自然」本來就是空洞而不確定的。這個名詞有時可以用來與上帝同其意義，就此義言之，尚屬有用；若作任何他種解釋，可以說根本與權利義務問題之鄭重討論無關。在他看來，所謂「自然權利」，像「自然法」樣，不過是在政治學的合理體系中使人混亂的名詞而已，因此他簡直斥之爲「胡說」。(註四二) 他對於自然權利的理論是很看不起的。

(三) 改革意見

邊沁對於法律的改革，曾經提出很多具體的意見，我們不能一一詳加縷述；玆就其足以顯示邊沁思想進行之跡者，按下列數項，擇要分述之：

1. 關於法律條文者

①首先，邊沁對當時英國法律之混亂情形最爲痛心，認爲亟須切實加以整理——刪除其陳腐的，棄

去其無用的，而將其餘的予以分類及闡釋。此種工作，他特別用了一個他自己所創造的字名之曰「編纂法典」("codification")；他相信應用其功效原則即可達此目的。假如有機會由他自己爲他本國完成這個工作，他當然極樂乎爲之；但是他在這一方面，卻未能實現其願望。失望之餘，他唯有盡力表露法律上的紊亂與悖謬，而予以批評，並顯示祇要具有誠意，修訂的工作如何可行。此外，他爲以具體實例表示他的理論之如何切實，又把他的原則付諸實用，而爲其他國家——如法國與俄國——作「編纂法典」的工作；從這些實例中，的確可以看到他所採取的步驟如何徹底而切合實際。

②他又站在服從法律之人的方面來觀察法律，認爲必須使法律的知識普及於一切有遵守責任之人。蓋犯罪者之不明法律既不能作爲免除罪刑之理由，國家自應儘可能使法律爲一般人民所普遍曉喻。這可以藉兩種方法作到：

(1)普及的教育

(2)把法律印出來，免費或以極低的價錢分散給一般人民。

③法律既然需要一般人民予以服從，其條文應力求簡單明瞭，避免晦澀，俾常人易於了解。

2.關於司法制度者

①他批評當時英國的司法手續上有許多缺點，對於訴訟當事人極爲不利，諸如不必要的耗費，無理的延宕，以及種種麻煩，不一而足。所以，他認爲下列各種情形亟須加以改善：

(1)人民不能直接接近法官，必須透過各種的經手人，如代辯人、律師等，而每經一手輒須有所花

費。（註四三）

(2)法官自己延宕判決，使利害攸關的當事人焦慮不安，苦不堪言。

(3)由拘泥於不必要的形式或細節或類似情形而引起的許多無謂困擾。

②對於法院組織方面，他提出許多意見：

(1)邊沁對於當時英國的法官殊不滿意，他說法律是由法官爲謀法官的利益而造成的。因此他主張法官的任命必須以其功績及適當訓練爲依據，絕不應出於黨派利益的動機而任用私人。

(2)他支持陪審團制度，因爲此種制度可以牽制法官的專橫。

(3)他主張法庭上應該有負專責的人；因此他又認爲法庭上僅有一個法官比許多法官較爲適宜，蓋許多法官共同審案會使每人的責任都不專一。

(4)他對於當時准許地方紳士管理司法的辦法也堅決反對。在他看來，此種辦法無異鼓勵無知與無效率。

3. 關於刑罰者

①爲對於刑罰及其等級作適當的裁量，要考慮到許多情形，如：

(1)犯罪的性質與種類　首先要判斷的是犯罪的重大或輕微，由所影響的人之多少及所侵害的利益之重要與否等可以看出。

(2)犯罪的情況　諸如犯罪者的家世、平日的性格、物質環境、教育情形等，凡足以於其犯罪有所說明者，均應細察。

(3)犯罪的動機　如純出於自私之念，抑含有救人之心。

(4)受害者爲何種人　如爲男、爲女、爲强、爲弱等。

上列各項及其他類似情形，都要愼重予以考量。

②爲使刑罰確當，應對各種情況有冷靜而合理的考慮，故須避免黨派的成見或個人的情感或私念參雜其間。有黨派偏見者或受害的當事人均不得爲定刑之人。

③除對最嚴重之犯罪外，死刑應予廢除。

④在有關刑罰方面，邊沁對立法者與法官均深致不滿，而呼籲改善：

(1)立法者對所制定的法律中刑罰的等次未能嚴加注意，作合理的規定。其原因固然甚多，最重要者乃在他們大概都是社會上層階級的人，而於刑罰的效果，僅從他們那一階層的影響來估量。

(2)法官的判決常不以事實眞相爲依據，因而使法律失其實效。

⑤刑罰之目的既在使他人知所畏懼而不敢再犯所罰之罪，則刑罰之執行應儘可能展示於公衆之前，使有犯罪之意圖者知所自制。

⑥要使刑罰發生防止犯罪的效力，則科刑必須確定而公允。倘同罪而殊罰，必致法律盡失其效果，對於法律必須作到畫一與無可逃避，才能使它充分發生效力。

⑦依與前項同一的理由，對罪犯之赦免或對法律本身所確定的刑罰之減緩，均應廢除。蓋法定刑罰如不適當，自應使它變爲適當；如屬適當，則免除或減緩卽是不公道，而有損於防止犯罪之力。所以，法律的强制絕不能聽憑執法者個人的意志——那大概是反覆無常的。

4.關於監獄者　邊沁對改良監獄所作的努力也是頗足稱道的。在他那個時代，有許多犯罪要受監禁的懲處，其範圍比現在廣泛得多，並且對監犯的待遇又是極爲殘酷而不人道的。監獄的建築是些幽暗的小屋，而其管理犯人的方式尤足驚人。犯人的犯罪情形有種類與程度的不同，而當時的監獄並未予以分別管理。輕犯與重犯混雜，少年與成年共處，乃使監獄無異變成傳播罪惡之所與學習犯罪的學校了。邊沁認爲此種不合理的情形亟待改革，對於郝偉德（Howard）在改良監獄方面所作的努力深具同情。邊沁的改革方針是要使罪犯有合適的住處，受到細心的照顧，並且從事於既饒興趣又利生產的工作。他的具體計畫是採取一種特別的輪式建築：管理人住在中間，犯人的房間在其周圍，使管理人可以「看見全體」的犯人，而犯人的生活與行動經常都在察看之下。此種模範監獄，邊沁自已稱之爲"panopticon"。（註四四）犯人要受工作的訓練，要從事於具有生產性質的工作；不過不要把工作視爲一種强迫性的懲罰（註四五），而要培養犯人的工作與趣，使他們樂乎爲之。工作的成果如有收益，犯人自已亦可分享。如此，不僅犯人在獄中的生活可以改善。而且勤勞習慣之養成於他們出獄後之謀生亦屬有益。又利用犯人的閒暇，應使他們受教育，而道德與宗教的薰陶亦不可缺。這是一個偉大的改革計畫；邊沁爲了這個計畫費了多年的工夫，也花了很多的錢。（註四六）在很長的歲月中，他不斷的努力去促使許多大政治家和有勢力的國會議員們改變觀念，並且爭取一般的同情，期望大家能支持他的計畫。他甚至於準備在其計畫實現時，自己出任第一任的監獄管理人，而不要金錢的報酬，其熱心的程度一至於此。但是，此項改革計畫一直並沒有能夠實現，這自然使邊沁感覺異常的失望。（註四七）在全部計畫完全失敗時，國會還以二萬三千鎊來補償他金錢的損失。

邊沁的法律理論建立了分析法學（analytic jurisprudence）的觀點，而此種法學是歷十九世紀英美法學家所唯一熟悉的法學體系。通常，這一個學派的名字是與奧斯汀聯在一起的。但是，事實上，許多觀念都已散見於邊沁艱澀難讀的鴻篇巨著之中；奧斯汀的貢獻不過是把那些散亂的觀念加以有系統的綜合整理而已。

所謂自然狀態、自然法、社會契約等等的理論，就歷史言之，是遙遠渺茫而不可及；就邏輯言之，則超越一般人的頭腦所能達到的境界。德意志的理想派從玄學的深處，對於國家、社會、主權、政府等，發揮出一些模糊、空幻、而不可捉摸的觀念，也許有人了解，但絕非一般人所能領略，其結果唯有使政治哲學墮入混沌與神秘之中。以上這些情形都會令人對政治學望而却步。至於邊沁的功效主義，則不論我們贊成與否，如與前述各種理論相比較，總可得到一種清新爽快之感。照邊沁所說，社會契約乃是神話，自然法祇是談自然法之人的心意狀態，而所謂自然狀態實無異習慣於彼此談論的一羣人之情況，然則政治學之門似乎對大家都是敞開的了。邊沁極力想把政治名詞化成簡單而明確。對於國家，他的說法是異常簡單的：國家的精髓祇是一種習慣——服從的習慣。政治社會不過是一羣的活人，其行為的動機不出每人日常經驗的範圍。政治社會的行為不決定於古人所訂的契約或所想像的今人之無形契約，而是像一切其他人類行為一樣，決定於各個活人苦樂、禍福的估量。一切制度、傳統、禮俗等，無論歷史如何悠久，如何為人所稱頌，若不能直接促進最大多數的最大幸福，總是非徒無用，甚且有害。面對着理想主義者與蒙昧主義者的抽象、虛幻、與神祕，此種簡明而動人的理論當然會博得大衆的稱許與接受。

邊沁及其從者的哲學激進派之自由主義，在十九世紀的政治上，具有極重要的實際影響力量。他們雖然沒有形成一個政黨，但其觀念之傳播掃除了政治上大量古老的陳腐東西，並使立法、行政、與司法非但更有效率，抑且益趨民主。

邊沁的法學，不僅在他自己的著作中是最偉大的部分，並且在十九世紀的理智成就中，也算得上是最出色者之一。自邊沁的時代以來，大部分法律的改革，推其本源，都受到他的影響；他所主張的重大法律改革，實際上差不多都已得到實現。（註四八）十九世紀中，英國司法的整個改進及現代化，其計畫實得自邊沁在法學上的著作。雖然他的許多觀念並沒有在一個時間之內被有系統的採用而付諸實施，尤其顯著的是為英國「編纂法典」的意見始終未蒙採納，但是法律與法庭的徹底改革在長時間中不斷進行，而很多都是順着他的批評中所指出的方向。（註四九）邊沁在本國雖未能展其「編纂法典」的抱負，卻曾為許多其他國家制定或修正私法法典，有時係受邀請，有時則出於「毛遂自薦」。一八一一年，他正式向美國麥迪孫總統（President Madison）提出建議，要為美國起草一部科學的法典。其後，他又曾向俄皇及美國賓夕法尼亞(Pennsylvania)州州長提出相似的建議。他甚至於自信能夠立下一部法典，可以保證促進任何政府的眞正目的——最大多數的最大幸福，足供任何國家人民的需要。一八二二年，他終於向世界上「一切崇尙自由意見的民族」（"all nations professing liberal opinions"）致其呼籲了。

邊沁的影響很早就傳播於國外，他對於法國革命，頗饒與趣；在那個時期，他曾試圖於法國的命運有所指導。其有關立法的許多著作，於一八〇二年，經米拉寶（Mirabeau）的祕書杜蒙譯為法文。法國議會的程序大部分都是以邊沁所擬的草案爲根據；他的許多政治與法律的建議則發表於米拉寶的講演之中。一七九二年八月廿六日，法國議會特以「法國公民」（"French Citizen"）的榮銜授予邊沁，其對法國影響之大更可見一斑。此外，邊沁的理論也廣布於俄羅斯、葡萄牙、西班牙、（註五〇）以及南美洲的許多部分，而其意見復爲一般民族運動的領袖所採用，以擊敗神聖同盟（Holy Alliance）並造成許多新國家於西班牙及土耳其兩帝國的廢墟之上。（註五一）

不過，就作爲一個哲學家來說，邊沁的條件卻有點不大夠。他實在是一位法律與司法及政治制度的評論家；此種成分比哲學家的成分多得多。可惜他並沒有覺察到他自己所受的限制。他對於所想的倫理基本觀念，總要立下定義；雖然他自己力求明確，但是所下的定義卻大部分殊嫌過於簡單或意義含混，或兩種缺點兼而有之。他愛好下定義，但其確切分析抽象觀念的能力卻嫌不足。他的論辯，雖有時煞費苦心，但其所依據的前提則常是曖昧的。最大幸福原則是他的哲學上的基本原則，說起來好像很動聽；但如仔細推敲，則不難發現其問題甚多。所謂「最大多數的最大幸福」，殊乏確切意義。在道德與立法之原理一書的頭幾章中，邊沁要闡明其哲學的基本觀念，但是他所講的未免陷於混亂。（註五二）

幸福的定義是不是就可以說成有快樂而沒有痛苦呢？這本來就是頗有疑問的。即使捨此不論，還是有些其他的問題。首先，是不是每個人一定追求自己的快樂呢？當我們說每人企求他自己的快樂時，此種說法可能有兩個意義，其中一個是公認之理，另一個則是虛妄的：

1. 不論我偶然企求的是什麼，我總可由達到我的願望而得到某種快樂。就此義言之，凡我所企求的就是一個快樂；並且大體上也可以說，快樂就是我所企求的東西。所謂每人企求他自己的快樂，其一種意義如此，乃是公認之理。

2. 但是假如其意義是當我企求任何東西的時候，我之所以企求它乃是由於它所給我的快樂，此義則通常是不正確的。比如，當我餓的時候，我企求食物；在饑餓持續之中，食物總會給我快樂。但饑餓是一種企求（desire），其來在先；快樂則是企求的結果。每人的主要活動，不是決定於苦樂之計算，乃是決定於企求，而企求是先於苦樂之計算的。偶有直接企求快樂的情形固不容否認；假如你決定以一個晚上的時間去看戲，你自將選擇予你以最多快樂的戲院。但是此種由直接企求快樂而決定的行動實屬例外，並且是不重要的。任何東西都可爲企求的目標。一個有被虐狂的人(masochist)會企求他自己的痛苦，他無疑的，由所企求的痛苦中可以得到快樂。但是快樂乃是由於企求，而並非企求由於快樂。一個人可能企求某種東西，除由於其企求外，對他本人毫無影響。比如，兩個外國交戰，其本國守中立，而他可能企求某一方面勝利。所以，假如說一個人企求任何東西都是由於它們給他的快樂，就通常的情形言之，實屬虛妄。

其次，即使承認每個人都追求自己的快樂，那麼，「最大多數的最大幸福」，又如何可以獲致呢？邊沁似乎同時相信人都是完全自私自利的，而每人卻都應該促進最大幸福，不管是誰的幸福。他又似乎相信每個人追求自己的利益，結果就可以得到社會的利益。但是，如何從「每人自然的尋求自己的快樂」之心理原則過渡到「每人應該尋求全體的幸福」之倫理理論，邊沁卻並無足夠的論證。這是他的理論體系中一個顯明的漏洞。假如每個人永遠追求他自己的快樂，我們如何可以保證立法者會追求大家一般的快樂呢？邊沁自己天生的慈善之懷（其心理學的理論把這個擋住，使他自己注意不到了）使這個問題隱而不現。當他爲某國起草法典時，他所提出來的建議必是他所想的公共利益，而不是足以促進其自己的利益者。但是，假如承認這個事實，他就要改變其心理學上的理論了。他似乎以爲民主與適當的監督結合起來，就可以控制立法者，使他們祇能以有益於公衆者來促進他們私人的利益。如此樂觀的想法，在今日看來，未免過於天眞。

此外，邊沁又慘澹經營一種計算快樂之量的方法。而此種方法卻是根本無法應用的，甚至於對他最欽慕的人也不能不承認。它不僅不能實用，而且在理論上也不通；雖全知的上帝也不能作邊沁所想像的快樂計算。

邊沁的學說中固不乏卓越之論，但不必與「最大多數的最大幸福」或「幸福計算法」相聯。

（註一）美國翟斐孫所謂政府爲保護與實現人類不可轉讓的權利而存在，也是基於此種假定。

（註二）後來，又有一種理論表現同樣的態度，就是以進化爲理想，而視爲與革命相反。

（註三）"Utilitarianism" 一詞，通常多譯爲「功利主義」，若從中文字義嚴格推敲，易滋誤解，殊欠適當。邇來，周德偉先生倡用「功效主義」譯名，似甚合理，故採用之。參閱周德偉先生著「功效主義重詁」（初稿）

（註四）參閱本書上册第四章第二節（一）

（註五）著有自然法論（De Legibus Naturae, 1672）一書；以「最大幸福」（the "greatest happiness"）爲一種道德標準之公式，即首見於該書中。

（註六）一七六六年獲得碩士學位。

（註七）在謝爾本勛爵家裏，邊沁曾遇一貴族之女福克斯（Caroline Fox），後來並曾向她求婚。

（註八）比如，邊沁要爲俄國編纂法典，俄皇爲表示感佩之意，曾以鑽石戒指相貽，邊沁予以謝絕，將原物璧還，甚至於連包裹的封口都沒有打開，以免似有金錢義務之些微迹象。

(註九) 邊沁自己告訴我們說他喜愛四條腿的任何東西。在痕敦（Hendon）時，他有一隻貓，常在街頭跟着他走。他讀書時，常有些老鼠圍着他玩，並且跑到他的腿上去吃麵包屑。

(註一〇) 邊沁之所以有此希望，乃由於與蘭斯頓勛爵（Lord Lansdowne）的談話中發生了誤會；據邊沁自己的解釋，蘭斯頓勛爵曾答應爲他在國會中謀一席。

(註一一) 因爲此書最初並未署名，究竟其著者爲誰，乃不免揣測紛紜，莫衷一是。許多人猜想其著者當爲曼斯菲德勛爵（Lord Mansfield）、坎登勛爵（Lord Camden）、阿石伯頓勛爵（Lord Ashburton），或其他當時顯要人物。邊沁之父固知此書即爲其子所著，聞之心中竊喜，而於看到其子被譽爲當代最出色的政治論著作者之一，尤引以爲榮。

(註一二) 邊沁在牛津作學生時，即曾親聆布萊克斯通之講演，並曾予以反駁。

(註一三) 杜蒙是法國人，生於日內瓦，一七八八年與邊沁相遇。

(註一四) 艾肯森（Charles Milner Atkinson）的英譯本兩卷於一九一四年出版。

(註一五) 參閱 Elie Halévy, The Growth of Philosophic Radicalism, PartⅢ, Chap.Ⅳ。

(註一六) 參閱 Theory of Legislation, translated from the French of E. Dumont by C. M. Atkinson(Oxford, Claendon Press 1914), vol. I pp. 1-5. 42-43.

(註一七) 道德與立法之原理第一章第一節。

(註一八) 道德與立法之原理第一章第三節。

(註一九) 道德與立法之原理第一章第二節。

(註二〇) 政府雜論序言第二節。

(註二一) 道德與立法之原理第一章第七節。

(註二二) 道德與立法之原理第一章第四節。

（註二三）當時在旅店、酒館中流行的一種賭博。

（註二四）或稱爲「幸福計算法」（felicific calculus）或「唯樂計算法」（hedonistic calculus）。

（註二五）政府雜論第一章第三十七節。

（註二六）政府雜論第一章第四十八節。

（註二七）政府雜論第一章第四十三節。

（註二八）立法論第一卷第六十五頁。

（註二九）道德與立法之原理第七章第一節。

（註三〇）政府雜論第一章第十節。

（註三一）政府雜論第一章第十一節。

（註三二）政府雜論第四章第二十三節。

（註三三）關於邊沁對權利、義務的觀念及其分類，下節中當再詳述。

（註三四）從所舉最後兩項，可以看出被治者方面提出控訴或反對的機會之多少。

（註三五）邊沁談到喬治三世時，常用些極不客氣的字眼。他並且有時使這位國王受到公衆的蔑視，尤其在 Jeremy Bentham to his Fellow-citizens of France, on Houses of Peers and Senates中，使他受到法國人的蔑視。

（註三六）邊沁對於政體的結論，在若干方面，是與法國的革命家相類似的，但對彼輩所持的理由，他卻反對甚力。其實，邊沁崇尚空論的色彩也不見得亞於彼輩；彼輩以抽象的「人權」爲理論根據，而邊沁的論據——「快樂」——也是一樣抽象的。

（註三七）參閱本書第二十五章第三節（三）丙。

（註三八）立法論第一卷第一百二十三頁。

（註三九）他又從早歲就反對帝國主義；無論英國人在美洲所行的或其他國家的，都在反對之列。

（註四〇）立法論第一卷第一百二十九頁。

（註四一）雖然他在改良監獄方面的確會費了很多時間與私財。

（註四二）當法國革命分子作好人權宣言時，邊沁稱之為「一個形而上學的作品——形而上學中無以復加的東西」（"a metaphysical work-the 'ne plus ultra' of metaphysics"）。他說它的條文可以分為三類：①不可理解的，②虛假的，③上面兩種情形兼而有之的。

（註四三）關於此種情形，邊沁慨然的說正義是出售的，並且以高價出售，而不能付出售價者則被拒絕。

（註四四）邊沁賴其對希臘文的造詣，喜歡自己製造一些特別的字，"panopticon"這個名詞也是他自己造的。其建築的形式原為他的弟兄薩繆爾邊沁（Sir Samuel Bentham）所設計，他這位弟兄是在俄國成名的一位傑出工程師。對於此種模範監獄，邊沁在致布立索（Brissot）的信中，曾經詼諧的形容為「一盤磨機，要把流氓磨得忠誠，而把懶漢磨得勤勉。」

（註四五）邊沁强烈反對所謂罰「苦力」（hard labour），反對那種作法，也反對那個名詞。他認為罪犯受工作的訓練，習於勤勞，是很好的事情，也可以增進興趣，實在比被迫而閒散着好得多，為什麼要以刑罰視之呢？「勤勞是可致昌盛的，為什麼要形容為一種災禍呢？」

（註四六）一度經有力人士的鼓勵，他曾經買了一塊（也許是好多塊）建築用地，所費甚鉅。

（註四七）此項改革計畫失敗的原因，邊沁自己歸之於國王喬治三世的反對，他對邊沁頗有惡感。

（註四八）梅因（Sir Henry Maine）說：「自邊沁的時代以來所成就的法律改革，我不知道有任何一種不能追溯到他的影響。」皮羅克（Sir Frederick Pollock）也說十九世紀中英國法律的每一重要改革都可以追溯到邊沁觀念的影響。

（註四九）邊沁改良監獄的計畫，雖然表面上一時失敗了，但還是有持久的良好效果產生。嗣後英國監獄的改良以及感化院與工業學校之建立，大部分都是受他提倡的影響，而且依照他所立下的原則進行。

（註五〇）邊沁曾特別希望當時得到勝利的葡萄牙及西班牙的革命分子能採取他的意見。

（註五一）邊沁改良監獄的計畫，雖然當時在本國遭遇失敗，卻引起了許多其他國家的注意，並且有部分的努力促其實現。

（註五二）所幸者是邊沁的理論自身陷於紛亂，而不大會使人迷惑，他自己力求明確，並沒有以巧辯來掩飾其論據的脆弱；因此，其謬誤之處是不難發現的。其理論雖有問題，但邊沁並不是一個神祕家。

第二十五章　穆　勒

十九世紀中葉之際，功效派的自由主義已爲英國一般人所接受。早期功效主義者對於民主政治所作的種種努力，大部分均已成功；政權已擴及於大部分的人民，而許多舊有弊端與不平等亦已掃除。在此種過程中，民主政治有幾種危險，逐漸顯明，而國家集權之趨勢使政治理論注意於國家活動之範圍與夫個人之自由。這個時期理智生活的領袖實推詹姆斯穆勒的長子約翰穆勒（John Stuart Mill, 1806-1873）。老穆勒生於一七七三年，小穆勒卒於一八七三年；從老穆勒之生到小穆勒之死，其間恰爲一百年。這一百年正好是邊沁的功效主義由興起，昌盛，終於散入後起各家而趨消滅的時代。老穆勒是邊沁的弟子及密友；早熟的小穆勒不但得力於父教，而且有奧斯汀作循循善誘的師傅，所以小時受功效主義的薰陶甚深。老穆勒曾於一八二〇年，恪遵邊沁之教，立下了一種功效主義的政府論。四十年後，天才更高的小穆勒又發揮了一種理論，其最基本的觀念雖然仍遵父教，但在許多方面卻顯出妥協性，此種妥協性告訴我們原來的邊沁主義(Benthamism)已趨於消逝之途了。

穆勒於一八〇六年五月二十日生於倫敦，而於一八七三年五月八日死於法國的亞維農(Avignon)。他的父親與其時的激進派人一樣，是相信教育萬能的，而且就把理論實施在他的身上。於是，穆勒幼年所受的教育是很特殊的。他從三歲就開始學希臘文，而以英文及數學爲副科。八歲時，他已能閱讀許多希臘文的名著，而於柏拉圖的對話集尤饒興趣，故接觸希臘思想極早；此時又加讀拉丁文。甚至於邏輯、心理學、及政治經濟等，通常要到較爲成熟時才能夠學的，穆勒在童年都已研讀過。在這童年的階段，他父親就是他唯一的教師，細心而嚴苛，徹底而有條不紊，對於教他什麼以及如何教他有很强的自信力。他與他父親形影不離，雖於散步或談話中亦研究學問。用此種方式，他父親不僅可以嚴密監督他，且可藉隨時問答而訓練其思想，頗收宏效。他父親又叫他教更小的孩子們，以促進他的智力發展，蓋教人是使自己徹底了解的最好方法。如此教導的結果，穆勒的早熟乃爲人所稱道了。

十四歲時，穆勒的生活發生一點變化，就是他被送到法國，在邊沁的弟兄薩繆爾邊沁（Sir Samuel Bentham）那裡作客，住了一年。在土魯斯（Toulouse）及曼皮列（Montpellier）兩地，他與薩繆爾邊沁住在一起，並到各處去旅行，甚爲愉快。這使他接觸到以前從來沒有接觸到的許多事物。在這段生活中，他不僅熟習了法語的應用以及法國的文學與政治，後來對他影響甚大，而且他變爲愛好自然並喜歡研究植物學及動物學，又養成對旅行的好尚，畢生皆然。

由法回英之後不久，穆勒的思想又得到一種新的刺激，就是他父親教他讀法人杜蒙根據邊沁手稿用法文編著而成的立法論。據穆勒自己說，他獲讀此書，在他的生活上發生了劃時代的作用；此乃其心靈發展史上的轉捩點之一。這本書對他的影響之大，可見一斑。與此同時的，在他的思想發展上，又另有一個助力——在法學家奥斯汀的指導之下，研讀羅馬法。

十六歲時，他聯合一些興趣相投少年，組織了一個小規模的學術團體，俾依邊沁的原則共同研討倫理學及政治學。這個團體，他名之爲「功效學會」（The Utilitarian Society）；組成之後，繼續了三年有半。不久之後，他加入了一個「思辯學會」（The Speculative Debating Society），又成爲其中一個重要分子。這也是一個青年思想家的結合，常在葛羅特的家裏集會，討論政治經濟、邏輯、及心理學等。再晚一點，他又加入了一個「政治經濟學會」(The Political Economy Club)；他在這裏面，頗爲活躍，結識了許多經濟學家及當時領導政治思想的學者。

一八二三年，穆勒十七歲時，經由他父親的關係，進入東印度公司(East India Company)供職，即在其父手下擔任文書工作。他對於文書工作，是一個不同凡響的專家，終於一八五六年積升爲這一方面的主管。一八五七年，東印度公司取消，另行改組，他不願再在改組的機構中任職，乃於一八五八年之初退休，所得養老金頗爲豐厚。計穆勒在東印度公司供職共歷三十五年，這段工作使他熟悉公共行政並對政府實際情形多所了解，而且還有餘暇以從事於著述。

一八六五年，穆勒當選爲國會議員，但未能於一八六八年再當選連任；一八六六至一八六八的兩年間，他在國會中佔一議席。他作國會議員的一段事業，時間雖不算長，但是甚值注意。他在下院中，雖少發言，但每一發言輒生良好效果。其著作中許多吸引人的優點，在講話時同樣的表現出來，能使與會的議員們注意聽取，由衷敬佩(註一)，其效果所及甚至可以化敵爲友。所以，在短短的時間中，他在國會所發生的影響甚大；而於下列三事，主張尤力：

1. 勞動階級的利益 (the interests of the labouring classes)
2. 婦女選舉權 (women suffrage)
3. 愛爾蘭的土地改革 (land reform in Ireland) (註二)。

在穆勒的一生中，還有兩點於其思想有重大關係者，應予提及。其一是在一八二六年，他的精神與體力曾一度遭遇危機。他從小受他父親嚴酷而缺乏情感的教育，不斷的苦讀，而得到罕見的早熟；至此時，乃感體力不支，而精神銷沉。在他克服此一危機而轉變過來的過程中，有一個關係重要的因素是他讀了衛茲偉士（Wordsworth）的詩和柯爾立志（Coleridge）的哲學作品。其結果使他的性格與思想都發生了重大轉變，幾乎變成了一個新人。經過這度轉變之後，他乃廣其智慮，益富同情之心，而於人類需要有更深刻的理解，同時他又深感情感與理智的發展應該並重，不可偏廢。於是他在哲學上的意見也發生了極大的轉變。他前曾一意的致力於宣傳邊沁的思想，在韋斯敏斯德評論上初露頭角，發表過不少文章。此時，他雖仍不離邊沁與老穆勒的功效原則，但不得不對邊沁的理論嚴加檢討，而提出若干修正。所以，後來在一次談話中，他曾經說道：「我是反對老師的彼得（Peter）。」

另外一點是泰勒夫人（Mrs. Taylor）對他的影響。泰勒夫人與他曾有極深的交誼，而終於一八五一年成為他的夫人。在她去世之後，他對於她的性格與德行，頌揚備至，所言或難免有過甚之處；但是，無論如何，自他二人熟識時起，她對他就頗有左右之力，而於其思想發展影響極深，那是沒有疑問的。

穆勒一生的著作甚多。除上述韋斯敏斯德評論外，他並曾為許多其他刊物撰文。在一八三四至一八四〇年之間，他任倫敦評論（The London Review）（註三）的主編人，寫了許多引人注意的重要文章，闡發其對於哲學激進主義的修正意見。除在各雜誌上所發表的論文外，著書亦富，其較為重要者如次：

1. 邏輯之體系（A System of Logic, Ratiocinative and Inductive） 這是一本不可多得的討論邏輯之書，於一八四三年出版；出版之後，立即引起廣大的興趣。

2. 政治經濟原理（Principles of Political Economy） 五年之後（一八四八年），他又出版了這個關於經濟學的著作，也立卽得到特殊的成功。一般經濟學者甚爲重視，認爲極有價值。

3. 自由論（On Liberty）　這是穆勒最出名的著作，於一八五四年開始屬稿，本是一篇論文，至一八五九年成書而出版。據他自己告訴我們，此書之成，得其夫人協助與批評之力甚多；出版是在她死後。書未出版，而她突然溘逝（註四），使穆勒甚感悲傷。

4. 國會改革意見書（Thoughts on Parliamentary Reform）　與自由論同年出版。

5. 代議政府論（Considerations on Representative Government）　此書是在一八六〇年寫的，一八六一年出版。

6. 功效主義（Utilitarianism）　一八六一年先發表於Fraser's Magazine，乃由以前所寫的一些文章編輯而成，至一八六三年再出版。

7. 韓米爾頓哲學之檢討（Examination of Sir William Hamilton's Philosophy）　出版於一八六五年。

8. 婦女之屈服（The Subjection of Women）　此書於一八六一年寫成，而於一八六九年出版。

此外，在穆勒逝世之後，他的自傳（Autobiography）於一八七三年出版；又他的函札（Letters）經艾羅特（H. S. R. Elliot）編輯爲兩大卷，於一九一〇年出版。

在上列許多著作中，穆勒之有系統的政治理論，要可於自由論與代議政府論二書見之。在這兩部書出版以前，穆勒已經成爲有名的大哲學家，而且由於其名著政治經濟原理之出版，更成爲當時最有勢力的思想家之一。他的生花之筆忙於討論當時衆所注意的重大問題，因之其一般政治理論也差不多都發揮出來了。這兩部書的作用在把已經零散發表過的許多觀念，予以綜合整理，再以連貫而有系統的方式表達出來；其自由論一書，尤爲精心之作。

第一節　功效主義新論

穆勒的功效主義，開始是與邊沁一樣的，以幸福爲人生的最高目的，而幸福也就是快樂：

「承認功效爲道德之基礎的信條，或最大幸福原則，相信傾向於促進幸福的行爲是對的，而傾向於產生幸福之反面的行爲則是錯的。所謂幸福，意卽快樂而無痛苦；所謂不幸福，意卽痛苦而無快樂。……快樂而無痛苦是唯一值得作爲目的而企求的；一切值得企求的東西之所以值得企求，不是爲了其本身所有的快樂，就是拿它當作促進快樂而阻止痛苦的工具。」(註五)

在他看來，人如有所企求，其所企求的目的不外快樂。有時，從表面上看，我們也會企求其他的東西；但，究其實，所企求的別種東西不過是拿來當作工具，其目的仍在那工具所能導致的快樂，不過，習焉不察，常會將工具誤認卽是目的。比如，人要賺錢，常以爲金錢就是所企求的目的；實則，所企求的目的仍在快樂，金錢不過是達到快樂的工具而已。所以，快樂是人生所企求的唯一目的，其他所企求者皆是達此目的之工具。關於此義，看穆勒另有一句話，更可了然。

「功效主義的理論是說幸福是值得作爲目的而企求的，並且是唯一值得作爲目的而企求的東西；一切其他東西之值得企求，不過是作爲達到那個目的的工具而已。」(註六)

至於爲什麼快樂是值得企求的呢？穆勒的論證殊太簡單而沒有道理：因爲實際上快樂是人所唯一企求的

東西，所以快樂就是唯一值得企求的東西。他申明此義說：

「一件東西是可見的(visible)，其唯一的證明就是人們實際上看到它。一個聲音是可聞的(audible)，其唯一的證明就是人們實際上聽到它。我們的經驗之其他來源亦莫不皆然。同樣的，據我了解，任何東西是值得企求的(desirable)，其唯一可能提出的證明就是人們實際上企求它。」（註七）

此種論證之疏誤，實屬顯而易見。快樂是不是人所唯一企求的東西，本有問題。即使捨此不問，承認事實如此，是不是隨之就可以斷言快樂是人唯一應當企求的東西呢？顯然不可。穆勒之誤在把「visible」等字與「desirable」混爲一談。「visible」意爲「可以被看見」（"capable of being seen"）；人們實際上看到一件東西的事實當然足以證明那件東西是可見的。但「desirable」的意思卻不是「可以被企求」（"capable of being desired"），而是「值得企求」（"worth desiring"）。我們不能從我看見某樣東西的事實推斷那是「値得看」的；同樣的，我們自然也不能從我企求某樣東西的事實就推斷那是「値得企求」的。何以穆勒竟會將事實如何與應當如何混爲一談，而有這樣的推論，眞令人百思難得一解。

其論證是否合理姑置弗論，從上面所述，我們可以看出穆勒的功效主義，在開始之際，與邊沁所言無異。但是他接着又提出其他的意見，卻對邊沁的理論有所修正。最重要的修正在兩方面：一爲快樂的質量並重，一爲偏重全體的幸福，兹分述之。

（一）快樂的質量並重

穆勒感覺邊沁的功效主義對於快樂的觀念未免狹隘，乃思予以修正而加强之。在邊沁與老穆勒的觀念中，快樂的差別僅在量的方面；除量的差別外，各種快樂的本身都是一樣好的，並無不同。邊沁所謂如所得的快樂之量相等，則推針戲與詩將是一樣的好，充分足以說明此種見解。穆勒卻認爲快樂的分別不能局限於此；快樂的道德性質各有不同，從質的差異又可以分別其高下。換言之，不論量的大小，在質的方面，有些快樂本來就是較爲高級的，而另外有些快樂本來就是較爲低級的。功效主義中，對於快樂的衡量，必須加入此種因素，方爲合理，所以他說：

「某『種』的快樂是比他種的快樂更值得企求而更有價值的，承認此種事實與功效原則十分相合。我們估計一切其他東西時，都是將質與量同時顧到，而對於快樂，則僅僅依照量來估計，殊不合理。」（註八）

穆勒並不否認快樂可以有量的不同，他的意思祇是除量的差別之外，快樂還有質的高下之別。他並且舉例說明：

「作一個不滿意的人勝於作一個滿意的豬；作一個不滿意的蘇格拉底勝於作一個滿意的愚夫。」（註九）

假如在作豬與作蘇格拉底之間任人選擇，誰會選擇前者呢？穆勒斷言不會有人如此選擇。豬在豬圈中飽食終日，無所用心，其快樂之量顯比在雅典監牢中受折磨的蘇格拉底爲大；一個嚴格的邊沁主義者似應寧願作豬，而不願作哲學家。但是邊沁自己並沒有如此。穆勒認爲這一個事實就足以說明功效原則應當同時承認快樂之質實有高下之別。至於區別快樂之質的高下，有什麼標準可資依據呢？穆勒卻沒有具體說明，他僅僅說可以訴諸對高下快樂都有經驗的智者之判斷，他們的判斷是有決定性的。

穆勒所說的意思實在無異乎正常的道德反應；質的差別也就是道德上高下的不同。他引入此項第二種估計快樂的因素，以修正邊沁的功效主義，卻又沒有提出比較區別的具體標準。其結果不但修正了邊沁的功效主義，而且甚至於破壞了它的原則。引入此種新的因素之後，乃使功效原則處於不確定的狀態之中。比如，一種快樂的量大於另一種快樂，但是後一種快樂的質卻比前一種爲高尙；依照穆勒的功效主義，我們將何所取捨呢？他以「反對老師的彼得」自命，非無故也。

（二）偏重全體的幸福

穆勒的功效主義中，又有一點特別値得注意的，就是他察覺到道德所不可少的社會性，較其前輩更爲淸晰，他甚至於有時認爲社會本身有其道德目的，而賴正義與同情爲之護衛。換言之，正當行爲的最大要素乃是社會情感，或與同儕們相一致的企求。基於此種認識，穆勒反對每個人專心致志以企圖自己幸福的自私觀念，而倡言每個人應當以促進全體的幸福（general happiness）爲目的。

那麼，如何可以由利己主義（egoism）轉變到利他主義（altruism）呢？穆勒認爲此種轉變的程序與求財者轉變爲守財奴是一樣的。一個人企求錢財，在開始的時候，本來是爲了錢財可以致樂，快樂是目的，而錢財則是工具；可是逐漸的人會誤以工具爲目的，乃爲錢財本身而集聚錢財。同樣的，人之大公無私，最初的動機本來還是爲了自己的快樂，（註一〇）但是有德之士在熱心爲他人服務之際，會把自己忘掉。於是，在並未直接尋求之時，自己的最高快樂自然而來；在爲同儕謀利益之中，自可獲致自己的幸福。苟非然者，直接以自己的快樂爲目的，則常反不可得。此種微妙情形，正如中國兩句古詩所謂：「

有意栽花花不發，無心揷柳柳成蔭。」穆勒對於這個道理甚爲重視；自彼時以後，所謂「唯樂的矛盾」(hedonistic paradox)者，卽指此也。於是，穆勒乃由一種立場過渡到進一步的立場：由快樂或幸福爲企求的唯一目標，或每個人企求其自己的幸福或快樂，過渡到每個人應當企求並促進全體的幸福。所以他說：

「爲什麼全體的幸福是值得企求的，除每個人都企求他相信可能得到的自身幸福外，別無其他理由可言。……幸福是一種善（good）：每個人的幸福是其人之善，所以全體的幸福就是一切人的集體之善。」（註一一）

關於此義，他在一八六八年六月的一封回信中，又曾這樣加以解釋：

「我說全體的幸福是一切人的集體之善時，我的意思不是說每個人的幸福就是每個他人的善，雖然我想在社會與敎育的良好狀態之中會是如此的。在這句話裏，我的意思是論證某甲的幸福是一種善，某乙的幸福是一種善，某丙的幸福是一種善，……，所有這些善的總和一定是一種善。」（註一二）

由以上所述，可見穆勒的功效主義是偏重於全體之幸福的。所以，他勸人要推己及人，愛鄰人如愛自己；對自己的幸福與他人的幸福，態度和一位無私而慈善的旁觀者一樣：

「在他（指行爲者）自己的幸福與別人的幸福之間，功效主義要求他嚴格的公正，如同一位無私而慈善的旁觀者。……汝施於人如人施於汝，愛汝之鄰人如愛汝自己，實構成功效主義道德之理想的完美。」（註一三）

總之，穆勒的態度是：

「形成功效主義中行爲如何方爲正當之標準的幸福，不是行爲者自己的幸福，而是相關之全體的幸福。」（註一四）

法律與各種社會制度應儘可能使每個人的幸福或利益與全體的利益(the interest of the whole)相合，而教育與輿論應使每個人認清自己的幸福實與全體的利益有密不可分的關聯。

以上是穆勒對功效主義的新論，而此種倫理觀念乃是其政治哲學的基礎。依穆勒修正後的功效主義，可以說有道德感的功效主義者應以產生最大量的高尚快樂爲目標，而其分配又應力求廣布。

第二節　自由論

穆勒在政治思想上最卓越而最持久的貢獻，實推自由論一書。此書在功效主義者的著作中展開了新頁。穆勒在另外的地方說過，他父親一輩的功效主義者之所以企求自由政府，並不是爲了自由，而是因爲他們想那是有效率的政府。而穆勒本人則認爲自由的本身就是異常可貴的。他在發揮自由的理論時，特別强調個性發展的重要。各個人的天性本有不同，各依其自己的個性自由發展，方爲正當發展的途徑。此種個性的自由發展，穆勒視爲人類幸福的最主要因素之一：

「個性的自由發展乃幸福的最主要因素之一；它不僅是與文明、教養、教育、文化諸名詞所表達的全部相同等的因素，而且其本身就是所有那些的必要部分與條件。」（註一五）

然則，祇要不生損害於他人，每個人特有的個性的充分發展應予鼓勵，庶可使其貢獻極於最大的可能，同時世界亦可因性格的「歧異」（“variety”）而臻於豐富。所以，

「應有不同的生活經驗；除損害到他人外，性格的差異應予以自由的範圍；當任何人認爲宜於嘗試時，不同生活方式的價值應予以實際體驗。」（註一六）

如此，對於個人以及社會，俱屬有益。爲行爲之規則者並非傳統或習慣，而是個人自己的性格。苟非然者，人類幸福中將缺少一項主要成分：

「如果行爲的規範不是個人自己的性格，而是別人的傳統或習慣，在此種地方，人類幸福就缺少一個主要的成分，而個人與社會的進步也缺少最重要的成分。」（註一七）

可是穆勒所見民主政治下的社會意見與國家立法則適得其反：不僅要求個人與其同儕合作，而且盡力化個人爲共同的類型，吸收之於「社會性」（"sociality"）之中，因而予以控制。穆勒鑒於此種情形，深覺社會與政治的進步多賴於個人的創造與活力，乃毅然立於前驅，維護個性的發展。在他的心目中，如個性不能得到完全發展而顯出最高效能，一般的進步都是不可能的。他甚至於用了「個人的主權」(sovereignty of the individual) 一詞，可見一斑。

關於穆勒的自由論，還有一點應該首先加以注意的，就是他所說的自由不僅是針對政治上的專制而言，且是針對更爲廣泛的社會輿論和情感等；他認爲此種專暴對自由的威脅較政府的壓迫爲尤甚。欲得自由之境，不是改變政治組織，免於政治壓迫，即可達到目的，要緊是須有一種眞能容忍不同意見，歡迎新觀念的公共輿論。所以，他的自由論乃是較爲廣義的；他爲個人爭取自由的對象是廣大的社會，而並不限於國家。請看他說：

「深思熟慮之士覺察到當社會本身就是暴君時——社會集體的在組成它的各個人之上——其施行專制

的方法並不限於藉其政治官員之手所可作的行爲。社會能夠執行而且也確在執行它自己的命令：假如它發出錯誤而不正當的命令，或全然涉及其所不應干預之事的任何命令，那麼它就在實施一種社會專制，較多種的政治壓迫更爲可怕，因爲它雖然通常不以那樣嚴峻的刑罰爲後盾，卻更少留逃避之餘地，更深入於生活的各項細節，而且奴役心靈的本身。所以，僅僅防禦官吏的專制是不夠的：還要防禦輿論與情感的專制；防禦社會的傾向要用刑罰以外的方法，將其自己的觀念與實踐強加於異己者的身上，作爲行爲的規範；防禦社會約束與其方式不同的個性之發展，可能時並阻止其形成，而且迫使一切性格都倣效它自己的模樣。集體意見對個人獨立的合理干涉是有限度的：而找出那個限度，並且保持使它不受侵害，對人事良好狀態之不可或少，與防禦政治專制是一樣的。」（註一八）

基於此種認識，穆勒乃道出其自由論一書的主旨如次：

「這篇論文的目的在主張一個極簡單的原則，以絕對支配社會對個人強迫與控制的行爲，不論所用的方法爲法定刑罰式的有形力量，或爲公意的道德強制。」（註一九）

穆勒盱衡當時的一般情勢，毅然呼籲個人應有其發展的最大自由——具體言之，要爲思想言論的自由與行爲的自由，茲分述之：

（一）思想言論的自由

穆勒認爲個人的思想言論應有絕對自由，所持的理由有四點，茲引述其原文如次：

1. 「任何意見若經壓制而消滅，那個意見未必不合於眞理。否認此點，就無異假定我們永無錯誤。」

（註二〇）

2. 「即使被壓制而消滅的意見是錯誤的，其中還是可能，而且往往確實含有一部分的眞理。關於任何問題之普通或流行的意見，既極少是或從來不是全部眞理，則眞理的其餘部分，唯有於反對意見的對抗衝突中，才有補充的機會。」（註二一）

3. 「甚至縱令社會所接受的意見，不僅眞確，而且就是全部眞理，但除非容讓……有力與誠懇的抗辯，則大多數接受此項意見者，將與抱持成見無異，而於其理性的根據絕少理解或感覺。」（註二二）

4. 「學說本身的意義且有失傳或削弱的危險，而其對於品性與行爲的重要效果也將泯滅：教條流爲口頭禪，永無效力，但在其籠罩之下，誠正的信念受其阻撓，不能從理性或個人經驗中生長出來。」（註二三）

我們看穆勒所舉的上述四點理由，一言以蔽之，可以說他認爲壓制思想言論的自由無異就是壓制眞理。他對於眞理之橫遭壓制，不禁慨乎言之：

「眞理永遠戰勝迫害的格言乃是那些美麗的謊言之一，人們輾轉傳誦，以至於成爲老生常談，然而卻爲一切經驗所否定。歷史上充斥着眞理爲迫害所鎭壓的實例。」（註二四）

「可怕的禍患不是眞理各部分之間的激烈衝突，而是它的一半被悄然壓制；在人民不得不聽取雙方的意見時，永遠有希望；當他們僅專注於一方時，則錯誤强化爲成見，且眞理的本身亦因誇張爲謊言而不復具有眞理的效果。」（註二五）

任何意見都不應遭受壓制；即使明知其爲錯誤意見，予以壓制還是不對的：

「我們從不能確定我們所企圖的意見是一種錯誤意見；而且即使我們可以確信，壓制它還是一種罪惡。」（註二六）

在精神奴役的氣氛中，絕不可能有心智活躍的人民：

「在精神奴役的一般氣氛中，曾經有過，而且還可能再有個別的偉大思想家。但是在那種氣氛中，從來沒有，也永不會有一般心智活躍的人民。」（註二七）

穆勒甚至認爲壓制意見的表達簡直就是刼奪人類，貽患無窮：

「壓制意見表達的特殊罪惡乃在其刼奪人類；刼奪了當代，也刼奪了後世；對持不同意見的人們之刼奪，更甚於對持同一意見的人們之刼奪。假如那意見是對的，他們就被剝奪了捨錯誤而就眞理的機會；倘若是錯的，他們就失掉因眞理與錯誤對抗而產生的對眞理更爲明晰的領悟與更爲生動的印象，其利益差不多與前一種同樣的大。」（註二八）

穆勒極力維護思想言論的自由，把各種理由說得淋漓盡致，並且其論據有時簡直超出了功效主義，而幾乎把此種自由視爲一種天賦的權利。比如，當他說人類無權制止異己者表達意見時，他實在是確認判斷的自由——可被說服而不能被强制的權利——是一個道德成熟之人格的本性，而一個自由的社會不但要承認此種權利，且須爲實現此種權利以確立其各種制度。對於個性的發展與個人的判斷，消極的視爲被容忍的罪惡而予以許可，那是不夠的；一個自由的社會必須承認其積極價値，而視爲福利的要素與高度文明的象徵。

(二) 行爲的自由

至於行爲的自由，則與思想言論的自由有所不同。人的行爲不僅與自己有關，而且常常會直接或間接的影響到他人或社會。假如個人的行爲僅僅關涉到自己，而並不涉及他人，則他應有絕對的自由，不受干擾，與思想言論的自由一樣。請看穆勒這樣說：

「假如他避免於有關他人之事去干涉他們，僅於關涉自己之事，依自己的願望與判斷而行動，則證明意見應該自由的理由，也同樣證明他應被容許將他的意見付諸實行，不受干擾，……。」(註二九)

但是，倘若個人的行爲牽涉到他人，損及他人的利益時，則其自由應受限制；在此種情形下，社會可以介入而加以干預，那是正當的：

「一個人的行爲之任何部分一旦對他人的利益有不利的影響時，社會對它就立刻有了管轄權。」(註三〇)

穆勒之意，蓋以爲人的生活中有僅僅關係個人者，有牽涉到社會的利益者；前者屬於個性的範圍，後者則屬於社會的範圍，這兩種範圍俱應受到尊重。所以，「個人對自己的主權」之正當限制，應以下述根本的原則爲依據：

「生活中主要關係於個人利益的部分應屬諸個性；主要關係於社會利益的部分應屬諸社會。」(註三一)

據此原則以論個人行爲的自由，可將個人的行爲分爲兩種，析而言之：

1. 涉己的 ("self-regarding") 行爲　就是個人的行爲僅僅與自己的利益有關，而不涉及他人者；對於此種行爲，個人不向社會負責。穆勒說：

「祇要個人的行爲僅僅關係於他自己的利益，而與別人無干，個人並不爲他的行爲向社會負責。」(註三二)

又說：

「在僅僅關係他（任何人）自己的部分（指行爲）上，他的獨立當爲絕對的。對他自己，對他自己的身心，個人乃是至高無上的（the individual is sovereign）。」(註三三)

他人對於此種行爲，如不贊成，祇能採用規勸等方法，而絕不能予以强制：

「別的人爲他們自己的利益，如以爲必要，不妨予以忠告、指導、勸誘、與避免，此乃社會對其行爲能正當表示不快或非難之僅有的方法。」(註三四)

2. 涉人的（"other-regarding"）行爲 就是個人的行爲而涉及他人者；對於此種行爲，個人應對社會負責。穆勒說：

「任何人的行爲要向社會負責的，祇有涉及他人的部分。」(註三五)

又說：

「對於有損他人利益的行爲，個人要向社會負責，而且可以受到社會的或法律的懲罰，假如社會認爲或此或彼爲保護社會所必需。」(註三六)

總之，個人的行爲自由應有一種限制，那就是：

「他必須不使他自己損害及於他人。」(註三七)

他人對任何個人的行爲加以干涉，其唯一正當的理由乃是自衛（self-protection）：

「唯有爲了自衛的目的，人類——個別的或集體的——才有正當理由干涉其中任何分子的行爲自由。」（註三八）

社會違反個人的意志而行使權力，唯有在爲了防止損害他人的情形下，才算是正當的：

「唯有爲了防止損害他人的目的，才可以對文明社會的任何分子，違反其意志而正當的行使權力。」（註三九）

至於，假如爲了行爲者個人自己的利益而加以强制，那總不能算是正當的理由。所以穆勒接着又說：

「他自己的利益，無論物質的或道德的，都不足爲充分的理由。他不能正當的被迫去作或不作，祇爲那樣會於他更好，會使他更幸福，或者在別人心目中，那樣會是聰明的，甚至正確的。這些都是向他忠告、辯論、說服他、或懇求他的好理由，但不是强迫他或者他不那樣作就加之以任何禍害的好理由。」（註四〇）

上述穆勒對行爲自由所持的原則，表面上看起來，似乎甚爲清楚明白。但如細究之，則問題殊不簡單，蓋所謂「涉己的」與「涉人的」行爲根本就很難有顯然的鴻溝予以畫分。因此，穆勒的原則在實際應用起來的時候，乃不免遭遇困難，而不得不曲爲解釋。比如，一個人卽將走上危橋而有落水之虞，依上述原則，這本屬「涉己」的行爲，而並不損害他人；但是穆勒認爲在此種危急情形下，他人可以執之使退：

「倘若一位官吏或任何他人看見一個人正要走過一座已被確認爲不安全的橋，而沒有時間警告其危

險，他們就可以抓住他而把他拖回來，並不算對他的自由有任何眞正的侵犯。」（註四一）

因爲：

「自由在於爲其所欲爲，而他並不企求墮入河中。」（註四二）

穆勒於此，認定「防止意外事故」乃是公共權力的正當職責。又如自鬻爲奴，法所不許，穆勒也認爲是十分合理的，因爲：

「自鬻爲奴，他就放棄了他的自由。」（註四三）

而

「自由的原則不能要求他應有成爲不自由的自由。獲准出讓他的自由就不是自由了。」（註四四）

穆勒對個人行爲自由的理論顯示對阻碍個性發展的社會習俗之反抗——對社會習俗的專制之反抗。他自己的行爲不時實際表現此種精神，他也因此不免遭受公衆的批評。尤其在他與泰勒夫人的關係上，他不顧社會輿論的指摘，並且因此與許多老友斷絕往來；在一八六八年的選擧中，他失去了國會的席位，大半乃由於對柏來德羅（Bradlaugh）的實際支持，而柏氏顯著的自由思想冒犯了許多的人。

第三節　政府論

穆勒習慣上常用「社會」一詞以表示在終極的集體現象中之人類。事實上，他同邊沁一樣，也是僅有政府論，而並沒有形成一部國家論。玆述穆勒的政府論如次：

（一）政府的目的

穆勒基於功效主義的薰陶，以爲政府乃是人們所設立以促進他們的社會福利 (social well-being) 者。人的意志與目的常活動於政治制度的生命之中。雖然這裏面還有其他的因素，但有一點是牢不可破的，那就是在任何時代，一個政府能夠發生作用，唯賴其治下的人民願意接受它，並且能夠，也願意促使它繼續活動而達成目的所必需的事。所以，穆勒認定政府的目的就是社會福利。而他所想的「社會福利」，意思並不是指使許多人成爲社會的抽象關係得到完美的調整，而是指許多具體的人有了種種優良的品質。

由政府的目的又可以說到良好政府的標準。穆勒認爲良好政府的標準要有二端：

1. 培養人民的優良品質　政府的目的既在社會福利，而所謂社會福利又是指許多具體的人具有優良品質，然則良好政府的第一個標準就是培養這些優良品質—總括爲德與智 (virtue and intelligence)。對於任何政府的評判，都要看它對人民的這些優良品質培養到如何的程度。所以穆勒說：

「良好政府的第一要素既然是組成社會的人們之德與智，則任何政體所能有的最重要之優點就是促進人民自己的德與智。對於任何政治制度的第一個問題，就是它們有助於培養社會各分子的各種優良品質，道德的與智慧的，究至如何的程度；……」(註四五)

倘若人民的品質低落，則良好政府簡直是不可能的：

「無論何時，如人們的一般性情竟至每個人祇顧他自私的利益，而不注意或關心他在一般利益中

的一分，則在那樣的事態中，良好政府乃是不可能的。」(註四六)

2. 善用優良品質藉收宏效　其次才要看政府機構的本身。政府機構的動力須賴人民的優良品質爲之供給，所以政府對人民已有的優良品質，要善爲運用，使於公共事務發生最大的效果。良好政府的第二個標準就是：

「它適於利用任何時所有的良好品質而使之有助於正當目的的程度。」(註四七)

(二)　政府與個人的關係

關於政府與其權力行使所及的個人之間，應有如何的基本關係，依穆勒在自由論一書中所提出的「簡單原則」("simple principle")，那是很明顯的。唯有在「防止損害他人」(to prevent harm to others) 的情形之下，政府才可以對個人加以干涉；此外都應聽任個人自由行事。苟非然者，那就是侵犯個人的自由。根據這樣的原則，穆勒甚至於反對國家教育，斥爲精神的專制，進而導致身體的專制：「一般的國家教育祇是要把人民塑造成彼此完全相似的計畫；而以它塑造他們的模型乃政府當權者之所好，無論其爲君主、教士、貴族、或當代的大多數，則它愈有效而成功，愈樹立對心的專制，並藉自然的趨勢導向對身的專制。」(註四八)

依上述原則，侵犯到個人自由的政府干涉自所不取。另外有些政府的干涉不是限制個人的行動，而是幫助他們，所以並不侵犯個人的自由。即使如此，穆勒還是反對干涉。對於不涉及侵犯自由的政府干涉之反對，可以分爲三種言之：

1. 一般說來，事情由直接有關係的個人自己去作，大概會比政府代庖作得更有效。個人比政府作得更好的事，政府自不應加以干涉。如工業是。

2. 個人精神自由乃是精神教育的一個要素。雖然在許多情況之下，個人去作特別的事，平均不如政府官吏作得好，但是仍宜由個人去作，因爲這可以作爲他們自己的精神教育之一種方法——「加強他們活動的能力，運用他們的判斷，以及使他們對如此委給之事得到熟悉知識的一種方式」（註四九）如陪審制度、慈善事業等是。

3. 不必要的增加政府權力，爲害甚大，總是很危險的。這又是限制政府干涉的第三個理由，也是最有力的理由。「如果道路、鐵路、銀行、保險公司、大股份公司、大學、以及公共慈善事業都成爲政府的分支，如果再加上市自治團體和地方機構，連同現在屬於他們的一切事務，變成中央行政的部門，如果這些不同事業的人員都由政府委派並付給薪俸，並以一生的每一升遷都仰望於政府」，則自由必將名存實亡。（註五〇）

穆勒的此種理論，乃是基於以廣義的功效爲正義的標準。此種理論之發揮形成了完全而相稱的個人主義與放任主義（laissez faire）之哲學。在十九世紀中葉的社會與經濟情況中所可以見到的對免除政府干涉的一切要求，穆勒於此乃兼收並蓄而融會之。此種情況，尤其表現在英國方面的，實爲形成穆勒的個人主義與放任主義哲學之主要背景。假如以這樣的理論爲準，而論政府與個人的關係，則個人可以容忍的政府行動實在微乎其微了。

但是穆勒未能一成不變的抱持這樣的觀點。當他接觸到實際事例的時候，他發現在許多情況之下，個人不能獨立生活，而有些爲一般利益要作的事，個人也無力單獨來作。於是他乃感覺上面大膽提出的「簡單原則」之不免空虛，而未可拘泥膠固。所以他又有時說政府的任務要隨社會情況之差異而不同：「政府的正當任務並不是定而不移的，乃是要隨社會情況之不同而有異。」（註五一）

這樣在他的觀念中，敞開了福利國家（welfare state）之門。他對於國家行動的態度逐漸有所轉變，而趨於較爲贊同；尤其在晚年，他甚至傾向於類似社會主義的觀念。（註五二）在政治經濟論的第三版以及後來的各版本中，他把許多政府的干涉視爲合理的，（註五三）其重要的讓步包括下列各點（註五四）：

1. 國家可以强使兒童受教育，不顧其父母的不關心或反對。
2. 在永久的契約中，當事人對契約義務的後果，無判斷的能力者，政府可以解除其義務。婚姻是最重要的一種終身義務，其適用此義，自更顯然。
3. 有獨佔性質的公共企業，可置於公共管理之下。
4. 國家法律可對工作時間，予以限制。因爲如無政府的干涉，則此種限制唯有經過工人的一致同意而後可行，但那是無法作到的。
5. 科學的研究與調查，以及有些設備如航海用的浮標、燈塔等，均可由國家來辦。
6. 承認工資可由工會的行動合法的予以提高。
7. 主張取消長子繼承權（primogeniture）及限嗣繼承（entail）。
8. 對公共衛生及工廠立法有極大的同情，甚至同情於對疾病、工業上的意外事件、以及老年的貧苦等予以保險之建議。

穆勒對於自由的個人之價值具有堅定信念，始終並未動搖。然而他又相信假如沒有他所謂「有限的社會主義」（"qualified socialism"）之措施，個人也不能眞眞得到自由。

穆勒的觀點之如此逐漸改變，一般認爲似與其所維護的個人自由不相調和。在穆勒的思想中，可能有個人主義與集體主義（collectivism）的矛盾。關於此種矛盾，有兩點可言：

1. 穆勒坦白承認社會的問題太複雜了，實在無法包括於任何固定的公式之中。在政治經濟原理一書中，他自認對於政府的正當範圍立下一般的理論是不可能的，而此項問題實「不容任何普遍的解決」。他基於此種認識，乃並不强求形式上邏輯的一貫，而於對國家行動的態度有所讓步。

2. 另外一點與此種矛盾有關的乃是穆勒所論政府的目的。依上面所述，他認爲政府的目的在社會福利，而所謂社會福利乃指許多具體的人有了優良品質。然則也可以說，照他的意思，政府的目的乃是改善個人的品質而增進其幸福。嚴格言之，其道應非强迫性的驅使，而應爲鼓勵個人的自發，使他們自己最好的本性更容易表現出來。但是强迫與鼓勵實際上又是很難區別清楚的，其困難不亞於他所謂問題之「普遍的解決」。因此，對於政府干涉的尺度，乃無形中不得不予以放寬。

總之，穆勒對於過去放任主義的原則，久沐薰陶，極爲崇信；但同時他也看到由漫無限制的放任主義所發展出來的罪惡，不能不予以承認，而祇憑個人的努力又不足以言補救。於是，他乃要用國家之力以擴展眞正自由的領域，而爲了社會福利的需要，不能不使放任主義的原則有些重要的例外。

（三）理想的政體

穆勒理想中最好的政體，他名之爲「代議政府」(representative government)。此種政體具有名實相符的特質如次：

「全體人民或他們的多數部分，經由他們自己所定期選出的代表，行使那在任何憲法中必須有所歸屬的終極統治權。」(註五五)

關於這些特質，我們分析說明如次：

（甲）主權屬於社會全體

穆勒心目中所理想的政體，在基本上，是主權必屬於社會全體 (the entire aggregate of the community)，請看他說：

「理想上最好的政體乃是以主權或最後的最高統治權委諸社會全體者。」(註五六)

所以，在所謂「代議政府」中，這「終極的統治權」應由全體人民（或其多數部分）來行使，他們乃是主人翁：

「他們（指全體人民）必須完全保有此終極之權。無論何時，祇要他們願意作，他們就必須成爲一切政府措施的主人。」(註五七)

這樣的政體，其優點乃基於兩項原則：

1.任何工作，由權利及利益與之直接有關的人來作，會作得最好。

2.人的才能——道德的、智力的、與實用的——在勤加運用時，最能得到發展與進步。

在政治思想史上，此種精神的政體，並沒有什麼新鮮；自從亞里斯多德以來，就有許多的思想家以此為理想。就這一點來看，穆勒所講的，嚴格說乃是國體，而不是政體，不過他並不注意其間的區別。

在穆勒此種理想中，蘊含着一種觀念，就是絕對至高無上的主權者必須是確定的人。他說終極的權力永有一個單獨的受託者，其根據或為憲法的規定，或為不成文的習慣。在這一方面，穆勒的看法與法國自由主義者如姬佐（Guizot）等顯有不同。姬佐認為任何人——即使是「社會」或「人民」——保有絕對的權力，都只與合理的自由不相容的，而「代議體制的原理就是要消滅一切永遠正確的主權，也就是說要消滅世上一切絕對的權力」（註五八）。

（乙）代議制度

穆勒顯明的興趣並不在政治生活的抽象基礎，而在表現政治生活的具體制度。現在我們再看他所理想的政體中，具體的制度如何。本來，依上述的理論基礎，主權應由全體人民來分享，政治應由全體人民來參與，方合理想：

「顯而易見的，唯一能夠完全滿足社會情況之一切迫切需求的政府乃是全體人民參與的政府；任何參與，甚至於最小的公職，都是有用的；在任何地方，此種參與之廣大，應與社會進步的一般程度所容許者同等；而至少允許大家分享國家的主權是最值得企求的。」（註五九）

但是在領域不是太少的國家，全體人民都親自參與國家的政治，事實上有不可克服的困難，無法作到。然則，不違主權屬於社會全體的基本原則，而全體人民又無須人人對政府工作事必躬親，自須另外尋求實際可行的途徑。於是代議制度尚矣。請看穆勒申明此理說：

「但因在超過一個小市鎭的社會中，全體對於公務，除極小部分外，勢不能親自參加，然則完美政府的理想形態乃必須是代議制的。」（註六〇）

所以，他所理想的政體中，要施以代議制度。上文所謂全體人民行使最高的統治權，要「經由他們自己所定期選出的代表」，就是說出代議制度的要點。如此乃可以作到：

「每一個公民不僅對那終極的主權之行使有參與之權，而且會——至少有時會——被召去實際參加政府，親自擔任某種地方性或一般性的公職。」（註六一）

對有關代議機構之組織與行動的各種問題，穆勒也曾討論到。他對這些問題的討論，是頗具重要意義的。他常以英國國會爲代議機構的模範，而當時流行的改革國會之種種建議，在他的議論中常被涉及。代議機構的正當職權，照他所描述的，不是行政，甚至於也不是立法，而是對直接擔負行政與立法責任的人員作一般的檢視與監察。國會應監視並控制政府；保證其行動公開；迫使對其行動提出正當理由；而且，當組成政府的人員違反「國人熟慮的正確判斷」時，使之去職，並『公然的或實際的指定他們的繼任人選。」（註六二）

至於此種政體有其弱點，穆勒也是率直承認的。弱點在於可能發生兩種危險：

1. 多數的專制（the tyranny of the majority）　最大的危險就是數量上的多數人佔有特別優越的勢

力，而施行不公正的統治。穆勒認爲少數人亦應有其權力；假如政府中聽不到少數人的意見，則民主政治不會是很健全的。但事實上，少數人常得不到足夠的代表，而多數人則常對少數人施行專制。（註六三）君主或貴族法律下的專制，其弊害猶可有羣衆的習慣予以抵制；但如專制出自多數的羣衆，則習慣與法律結合而爲虐，其弊害將不可救藥。所以，「多數的專制」要更甚於不開明的專制，更難忍受。

2. 集體的平庸（collective mediocrity）此種民治政府又有一個不可避免的趨勢，就是代議團體以及控制它的輿論都有才智低落的現象，因而造成「一般的愚昧與無能」（"general ignorance and incapacity"）（註六四）。這樣集體的平庸使國家的政治權力自然傾向於人民中知識較低的部分，而上述多數專制的危險更會爲之加劇。穆勒深感政治上知識之重要，主持國政者須爲教育程度高，聰明才智夠，而胸襟開明的人，有其獨立見解，而無自私心與邪念。但「代議政府」的民主政治則每忽略教化的因素，而不能將需要高度訓練與技術的工作委之於有訓練與懂得運用技術的人。（註六五）

穆勒在其代議政府論一書中，明白指出以上兩點爲「代議政府」的主要危險所在；其自由論一書，就某種意義來說，也好像是對民主政治而維護自由，代表一種補救自由主義本身所生後果的解迷湯。他是一個民主主義者，而同時又嚴厲批評民主政治的流弊。

上述的缺點自應予以矯正。穆勒的矯正之道要靠選舉制度。現在再看穆勒所設計的選舉制度如何對「代議政府」的流弊有所補救。

（丙）選舉制度

關於「代議政府」應採行的選舉制度，穆勒的主張有下列幾點是特值注意的：

1. 比例代表制 (a system of proportional representation)　此制經黑爾 (Thomas Hare) 氏首倡之於國會（註六六），穆勒認爲正好可以矯正上述代議政治所可能發生的流弊，故力加擁護。蓋此種制度能保證多數人與少數人各有其應得之代表，而少數的選民也可以得若干代表，與選民數目的力量相當。然則，知識較高的少數人可以在政府中有分，這總是會助長進步的。有能力的人亦必不復爲平庸的多數人所湮沒，而定可得到相當的地位，盡其能力以有所貢獻於公共福利。根據這些道理，穆勒乃覺得補救流弊有賴於此；他把比例代表制視爲民主政治的必要補充。

2. 婦女選舉權　穆勒主張選舉權擴張及於婦女；一切合格的成年人而納稅者，不論男女，都應該有選舉權。（註六七）

3. 選民的教育程度　有選舉權的人，不分性別，都應該略有教育程度的限制，就是要限於能讀、能寫、能算的人。（註六八）

4. 多數票制 (plural voting)　選舉權雖然力求普遍，但是穆勒對選舉的觀念卻並非一人一票。他認爲具有卓越智識與高尚品格的人在選舉中應佔有更大的比重，所以他主張以多數投票權 (plurality of votes) 給予這樣的人。他甚至於要依學識與品德的標準，將公民加以分類，好看出何種人應許以多數的投票權。又爲防止此種辦法再生流弊起見，他提議應容許任何公民——甚至於最窮的人——

要求此項特權，祇要他能證明他自己符合於上述條件；證明的方法則是公開於任何公民的「自願考試」("voluntary examinations")。穆勒欲以此種多數票制來保證智識與品格卓越之人的合理比重。

5. 公開投票　穆勒又主張投票應該公開爲之；除非在某種特殊情況之下，不應秘密投票。他說秘密投票會使人養成一種錯誤觀念，以爲選擧是私人的權利，而不是公共的委託；以爲選擧人可用選擧權謀求自己的利益，而不必着眼於公共利益。穆勒這樣問道：

「假如它（按指選擧權）是一種權利，假如它是爲選擧人自己而屬於選擧人，那麼我們又有什麼理由可以責備他出賣它或以它爲夤緣獻媚的工具呢？」（註六九）

穆勒蓋以爲這樣的選擧制度既可使選擧權擴張，同時又可矯正「代議政府」所可能發生的流弊。我們由此也可以看出，他所想的選擧權是普遍的（universal），但又是分等的（graduated）。

穆勒雖仍標榜功效主義，但對邊沁的功效主義有重大修正，修正的結果甚至於不免與邊沁主義相違。穆勒的功效主義之發展乃使原來的邊沁主義漸趨消逝。

穆勒的自由論一書堪稱英文中維護自由的經典之一。他在論自由的時候，特別重視個人的自由人格；此種對自由人格的重視又深深的影響到他對自由政府的評價。他之維護自由政府，所持的理由與前輩的功效主義者不同，並非像他們樣，因爲它是有效率的。在穆勒的觀念中，政府自由之可貴，其眞正的理由乃是它可以產生高尙的道德性格，並予以發展的機會。

又在穆勒對自由的議論中，有一種顯著的特性，就是擺在最前面的並不是嚴格的政治問題，甚至在代議政府論一書中也不免有此特性。他的議論不是針對「國家」的，而是針對「社會」的。對自由的威脅而爲穆勒所畏懼者，主要的不是政府，卻是不能容忍異己，而恃衆予以壓制的多數。此種可能是不會使老一輩的自由主義者煩心的。在老穆勒的心目中，如能作到代表制的改革及選舉權的擴張，再加以適度的公共教育，則政治自由上一切嚴重的問題卽可得到解決。但在一八五九年小穆勒著書的時候，很顯然可以看出來，自由的獲致並不止於政治機構上的問題。他深信政治制度要依靠社會制度，而自由政府有賴於社會對個性的尊重。總之，穆勒抓住了一個要點，就是在自由政府的背後，一定要有一個自由的社會，而這是老一輩的自由主義者所未曾見到的。

穆勒承認政治制度爲更廣大的社會制度的一部分，而政治制度運行的方式大部爲社會制度所決定。此種承認，其本身就是一個重大發現，而且又使政治觀念上增加了一個新的重要觀念。在個人與政府的關係以及個人自由的保障上，社會成了一個第三因素，並且是一個優越的因素。對社會的發覺實爲穆勒思想的一個重要特性。

穆勒自幼受個人主義思想的薰陶，而晚年又有社會主義的傾向。個人主義對他的影響已深，使他難於自拔，所以他晚年雖傾向於社會主義，但仍不脫個人主義的根本精神。我們可以說，穆勒既不是社會主義者，也不是絕對的個人主義者。他的思想代表一種過渡——由其所自來的極端個人主義與放任主義到社會主義的過渡。

（註一）葛萊斯東（Gladstone）曾於一次私人談話中談到他說：「當穆勒講話時，我總是覺得好像在聽一位聖人講話。」

（註二）關於此項，他並且寫了一本小册子，名爲「英格蘭與愛爾蘭」（England and Ireland），於一八六八年出版。在這本小册子裏面，顯然他指出了後來立法的途徑。

（註三）倫敦評論雜誌爲毛勒斯渥斯（Sir William Molesworth）所創辦，一八三六年與韋斯敏斯德評論合併，改稱爲倫敦與韋斯敏斯德評論（The London and Westminster Review）。

（註四）時在一八五八至一八五九年的冬天。當時穆勒與其夫人正同在南歐旅行，而她猝然死於亞維農。

（註五）功效主義第二章。

（註六）功效主義第四章。

（註七）同上。

（註八）功效主義第二章。

（註九）同上。

（註一〇）關於此點，穆勒有言曰：

「大多數的善良行爲，其動機本不是爲了世界的利益，乃是爲了個人的利益，而世界的利益卻以此形成。」（功效主義第二章）

（註一一）功效主義第四章。

（註一二）函札集第二卷第一一六頁。

（註一三）功效主義第二章。

（註一四）同上。

（註一五）自由論第三章。

（註一六）同上。

（註一七）同上。

（註一八）自由論第一章。

（註一九）同上。

（註二〇）自由論第二章。

（註二一）同上。

（註二二）同上。

（註二三）同上。

（註二四）同上。

（註二五）同上。

（註二六）同上。

（註二七）同上。

（註二八）同上。

（註二九）自由論第三章。

（註三〇）自由論第四章。

（註三一）同上。

（註三二）自由論第五章。

（註三三）自由論第一章。

（註三四）自由論第五章。

（註三五）自由論第一章。

（註三六）自由論第五章。比如，「沒有人應該祇爲酒醉而受處罰；但是一個士兵或警察在値勤時酒醉，則當受處罰。」（同書第四章）

（註三七）自由論第三章。

（註三八）自由論第一章。

（註三九）同上。

（註四〇）同上。

（註四一）自由論第五章。

（註四二）同上。

（註四三）同上。

（註四四）同上。

（註四五）代議政府論第二章。

（註四六）同上。

（註四七）同上。

（註四八）自由論第五章。

（註四九）同上。

（註五〇）同上。

（註五一）代議政府論第二章。

（註五二）關於他接受類似社會主義的觀念，他歸之於他夫人的影響，他自己思想的發展是「與她共同携手並進」的。他在自傳中有一段話，坦白的告訴我們如何逐漸趨向於贊同國家行動的演變情形：

「在那些時候（當他是最極端的邊沁主義者的時候），對於社會情況基本改良之可能，我所見者甚少超越舊派的政治經濟學家們。對於我來說，同對於他們是一樣的，如今日所理解的私有財產與財產繼承乃是立法的準繩；而我對於如何減輕由這些制度所產生的不平等，除去掉長子繼承權及限嗣繼承之外，並不能有更進一步的看法。至於那種觀念，以為可能較此更進一步，革除有些人生而富，大多數人生而貧的不公道——既屬不公道，是否容許完全的補救——我當時總視為幻想，並且祇希望教育普及之後，自動節制人口，可使貧苦部分的生活有所改善。總之，我那時是一個民治主義者，一點兒也不是社會主義者（Socialist）。我們（他和他的夫人）現在已大非像我從前那樣的民治主義者了，因爲教育旣仍極不完善，我們就會恐懼大衆的無知，尤其他們的自私與殘暴；我們對於根本改良的理想已遠超乎民治主義，而無疑的使我們歸入一般所稱的社會主義者之中了。我們雖仍用最大力量拒斥多數社會主義體系中所包含的社會對個人的專制，卻瞻望將來有一天社會裏不會再有懶惰者與勤奮者的分野；不工作者不得食的規律不復僅適用於窮人，而可公平的適用於一切人；勞力產品的分配，不復依於門第之偶然，而要合乎公認的公道原則；並且人類努力去獲致其所屬社會之利益，而非專屬於他們自己的利益，不復爲不可能的，或認爲不可能的。我們認爲將來社會的問題乃是如何把個人行動的最大自由與全球原料的公有以及聯合勞力的利益之由全體平等共享等結合起來。」

（註五三）據他自己告訴我們，此種觀念在政治經濟原理的第一版中即已提到過，但不大清楚，第二版時更爲清楚些，到第三版就毫無含混了。

（註五四）見Principles of Political Economy, pp. 573-603.

（註五五）"……the whole people, or some numerous portion of them, exercise through deputies periodically elected by themselves the ultimate controlling power, which in every constitution, must reside somewhere.（代議政府論第五章）。

（註五六）代議政府論第三章。

（註五七）代議政府論第五章。

（註五八）Guizot, Representative Government, Course II, lecture 18.

（註五九）代議政府論第三章。

（註六〇）同上。

（註六一）同上。

（註六二）代議政府論第五章。

（註六三）穆勒在自由論第一章中有言曰：

「……在政治理論中，『多數的專制』現在乃普遍納入於社會所必須防範的罪惡之內了。」

「同其他專制一樣，多數的專制始終爲一般人所畏懼，……」

（註六四）代議政府論第六章。

（註六五）穆勒代議政府論第七章中有言曰：

「代議政府的自然趨勢，正如近代文明的趨勢一樣，乃是傾向於集體的平庸；且此種趨勢又因選擧權的一切縮小與擴張而益加甚，其結果則是將主要權力置於那些愈來愈低於社會最高教育水準的階級之手。但是智識與品格卓越的人們雖在數目上必然居於劣勢，他們的意見是否爲大家所聽到卻極關重要。在不以代表給予全體，而僅給予地方的多數之假民主政治中，有教養的少數在代議機構裏面可能根本沒有發言權了。」

（註六六）見其所著代議士之選擧（On the Election of Representatives, 1859）。

（註六七）穆勒的正義感早年爲婦女在社會上以及法律上諸般的無資格所激起。其時，婦女的地位殊低；而穆勒於提高婦女地位，熱心提倡，不遺餘力。在國會中爲婦女而辯護者亦以他爲第一人。他認爲婦女的情形乃若干世紀以來「屈服」與缺乏機會的結果。倘若以與男子同等的機會給予婦女，則不僅於婦女本身有益，對一般社會來說，也是有價值的：有益於婦女本身者，因爲唯有自由才能產生幸福；對一般社會有價值者，因爲婦女特有的智力所作的種種貢獻必將於社會有所裨益。

（註六八）濞沁曾說一個公民要合格爲選民，應該具有閱讀的能力。穆勒更進一步，於讀的能力之外，又加上寫與算兩項。

（註六九）代議政府論第十章。

第二十六章 馬克斯

由於工業革命與法國大革命的影響，以及個人主義發展的反動，歐洲在十九世紀，乃有近代有系統的社會主義之興起。社會主義的思想，雖然硏究的對象不是國家或政府，而是社會，但也會偶然附帶產生一些極重要的政治觀念，所以與政治思想史也頗有關係。在近代有系統的社會主義發展過程中，有一個重大的轉變，就是馬克斯（Karl Marx, 1818-1883）的出現。在十九世紀後半，馬克斯及其信徒的革命理論在社會運動中占有絕大勢力。馬克斯主義者，把馬克斯的社會主義，自命爲「科學的社會主義」（scientific socialism），而對馬氏以前各家（註一）的社會主義，則概以「烏托邦社會主義」或「空想的社會主義」（utopian socialism）稱之，以示區別。其實，所謂烏托邦社會主義，未必全無科學價値，而馬克斯的著作中，蘊含着許多情感成分（註二），他的社會主義也並不見得眞的合乎科學（註三），並且顯然帶有空想的意味（註四）。所以，如此區別的名詞，殊欠適當。不過，馬克斯的社會主義與他以前的社會主義確有根本的不同（註五），而且他把社會主義運動變爲世界性的；馬克斯主義的出現，確可代表近代社會主義思想之一個畫時代的發展，則不容否認。

馬克斯是德意志人，系出猶太，一八一八年五月五日，生於特里夫斯（Treves）（註六）一個富裕之家。特里夫斯曾深受革命時代與拿破崙時代法國的影響，所以該處的人較有世界的眼光。馬氏的祖先在猶太教中，頗有地位，但在馬氏六歲時，他的父母則已改奉基督教。他的父親是作律師的。

馬氏在本鄉完成中等教育之後，自一八三五年起，入波昂(Bonn)、柏林(Berlin)兩個大學攻讀，先學法律，繼習歷史與哲學，當時黑格爾哲學尚在盛行，又費爾巴哈（Feuerbach）的思想，背叛了黑格爾而趨向於唯物論，對馬克斯的思想都頗有影響。一八四一年，馬氏獲得哲學博士學位。然後，他從事新聞工作，一八四二年十月作了萊茵日報（Rheinische Zeitung）的編輯，時年二十四歲，而該報因為言論激烈，於一八四三年初，就被當局禁止發行了。這一年的夏天，他與一貴族之女結婚，伉儷情深，始終如一。時值法國社會主義運動正盛，為徹底研究社會主義的理論起見，馬克斯乃於秋天前往巴黎。在巴黎，他遇見了恩格斯（Friedrich Engels, 1820-1895）(註七)。恩格斯是曼徹斯特（Manchester）一家工廠的經理；馬克斯本來祇知道德國的情形，恩格斯提醒他注意英國的情形，他才了解英國勞工的實際狀況與英國的經濟學。於是，在一八四八年的革命以前，馬氏已經嫻熟於國際文化了。由於普魯士政府的要求，馬氏不得不離開法國，乃前往比利時京城布魯塞爾（Brussels），恩格斯旋亦前往相聚。一八四七年底，馬恩二氏曾在彼處共同起草有名的「共產黨宣言」。一八四八年，法德兩處爆發革命，馬克斯曾經實際參與，因此曾以叛國罪受審，雖經宣告無罪，但於一八四九年五月，被逐出普魯士境。於是他又走巴黎，不久離法去英，住在倫敦；此後，除偶有往來外，就在彼處度其餘生。這一段歲月中，馬氏居住於幾間小小的陋室，貧病交加，益以子女夭折，情況很慘，但是迄於一八八三年三月十四日與世長辭，一直都在致力於研究與寫作，孜孜不倦，其間曾為了維持生活，替美國紐約論壇報（New York Tribune）撰寫通訊。又一八六四年，國際工人協會（International Working Men's Association）在倫敦組織成立，馬氏曾為其實際上的總負責人。

馬克斯一生，著作很多，茲僅舉其較爲重要者如次：

1. 哲學的貧困 (The Poverty of Philosophy, La misère de la philosophie) 一八四七年，作於布魯塞爾，對浦魯東 (Pierre Joseph Proudhon, 1809-1865) 所著「貧困的哲學」(Philosophie de la misère) 予以犀利的反駁。

2. 共產黨宣言 (Communist Manifesto) 一八四七年年底，由馬克斯與恩格斯二人所共同起草，於一八四八年一月完成，最初是用德文寫的，後經各國傳譯。這個宣言是準備作共產黨之政綱的，其中所包括的政治理論，支配着社會主義運動，至少在一八八三年馬克斯死去之前，總沒有超出其範圍。

3. 政治經濟批判 (Critique of Political Economy) 這是馬克斯對經濟學作通盤研究的初步結果，於一八五九年出版。

4. 資本論 (Capital) 政治經濟批判一書出版後，馬氏覺得材料的編排尚未能達到他所預期的目的，若干細節尚須再加充實，於是他又決定，加上新的材料，重行寫過。此項工作，進行頗爲緩慢，至一八六七年，才有一部分問世，就是資本論第一卷。其後，馬氏仍繼續其工作；爲使書的內容充實完整起見，他曾致力於許多新的研究。但以晚年多病，時作時輟，馬氏終未能於有生之年，將該書其餘的部分出版。馬氏死後，恩格斯繼其遺志，將遺稿加以編輯整理，完成該書，第二卷於一八八五年五月出版，距第一卷之問世已歷十八年之久，第三卷則更遲至一八九四年十月始行出版。

馬克斯的思想，概括說來，有一種情形，同黑格爾一樣，他建立了一個無所不包的大體系；他相信，有一個合理的公式，可以綜括表明人類的進化。雖然從根本上說，馬氏之論乃屬虛妄謬誤（註八），但是其所發生的實際影響，卻有不可思議之大，莫容忽視。

第一節　辯證唯物論

在一八四四年至一八四八年間出版的一連串的著作中，馬克斯首先建立了辯證唯物論（dialectical materialism）。這辯證唯物論，或稱唯物辯證法，可以說是馬氏全部理論的基礎，應該先予說明。

（一）特　點

馬克斯的辯證唯物論與傳統的唯物論大不相同，乃由黑格爾唯心論的辯證法脫胎而來，不過去其心的要素，而改爲物的要素；去其抽象的說法，而改爲具體的說法。（註九）此種辯證唯物論有三個主要的特點：

1. 宇宙的本質是物質的。
2. 物質是第一性，精神（意識）是第二性；意識乃物質的反映。由此又推斷出不是思維決定存在，而是存在決定思維。
3. 物質永遠在運動變化，宇宙間一切現象，包括精神在內，都是由物質運動變化所生的結果。而物質之運動變化，有其一定的規律，這就是辯證程序。

(二) 三大法則

辯證唯物論有三個基本的法則，也就是所謂三大法則。這三個法則如下：

1. 對立統一律　這個法則是說明萬物運動變化之根源的。宇宙間一切事物，本身內部都含有對立的要素，而其不斷的運動變化都是生於此種內在的矛盾性。事物內在的矛盾，乃是運動變化的源泉，無論在自然、社會，以及思維的過程中，都是如此。互相排斥，互相否定，而對立鬬爭的結果，乃由一個形態轉變爲另一個形態，就是由對立而統一。

2. 質量互變律　就是由量變到質變及由質變到量變的轉變法則，這個法則是說明萬物運動變化之過程的。對立統一律的發展，開始是在量的變化形式中顯現，由微而著，由隱而顯，祇有程度的進展，而無根本性質的改變。迨量變達於極度，事物的本性全失，乃發生全部變化，這就是飛躍的質的轉變，然後又依據新質而發生量的變化，如是繼續不已。質變與量變不同：量變是程度的變化；質變則是種類的改變。飛躍與進化不同：進化是逐漸的變化，是連續性的變化，是一定之質範圍以內的變化；飛躍則是突然的變化，是連續性中斷的變化，是一定之質轉變爲不同之質的變化。飛躍與進化對立，而現實的發展卻是二者的統一。

3. 否定之否定律　這個法則就是對立統一律之進一步具體的表現。一種對立到另一種對立的推移，一種質到另一種質的轉變，後者勢必把前者否定。而此種發展進行，繼續不已，第一個否定又勢必由第二個繼起者否定之，如是類推，此種「揚棄」(aufhebung) 作用就是所謂否定之否定。第一階段爲第二階段所否定，第二階段又爲第三階段所否定，如此繼續無已，就是一切事物發展的普遍法則。

第二節 唯物史觀

馬克斯既以辯證唯物論說明自然、社會、與人類思維的一切現象，對於人類歷史的發展，也就引用辯證唯物論來加以解釋，因而建立了「唯物史觀」(materialistic interpretation of history)。他同黑格爾一樣，認爲世界的演進，必定依照辯證的公式，但是關於此種演進的推動力(motive force)(註一〇)，則其見解與黑格爾完全不同。馬氏認爲演進的動力不是精神，而是物質。這裏所謂物質，具有特殊的意義，並不是原子論者心目中全無人性的物質。在馬克斯看來，世界演進的動力實爲人與物質的關係(man's relation to matter)，其中最重要的部分就是生產方式(mode of production)，所以，馬克斯的唯物史觀，實際上乃是「經濟史觀」(economic interpretation of history)——一種用經濟觀點解釋歷史的方法。(註一一)

馬氏認爲，人類在從事社會生產之中，一定會不知不覺的進入某種必然的關係之中，此種關係必與他們的物質生產力(material powers of production)發展的某一階段相應合。這是什麼關係呢?就是生產關係(relations of production)。此種生產關係的總和構成社會的經濟結構，這是社會的眞正基礎，法律與政治的上層建築(superstructures)就建立於其上，各種社會意識形態(forms of social consciousness)也要與之相應。經濟結構既然是社會的眞正基礎，社會變化的根本也就在此。一旦經濟結構發生變化，也就是生產關係發生變化的時候，整個上層建築一定也要隨之而變化。那麼，經濟結構如何才會發生變化呢？還是依循辯證唯物論的法則。當社會的物質生產力發展到某一階段的時候，就會與現存的生產關係發生衝突，從法律觀點看，也就是與財產關係發生衝突。在衝突的情形下，這些生產關係反而成爲生產力的桎梏。於是發生社會革命。其結果，生產關係發生變化，就是經濟結構發生變化，隨之全部上層建築也必發生變化。

關於上述唯物史觀的公式，馬克斯在政治經濟批判的序文中，曾有概括而扼要的說明，大意如次：

「人類在從事社會生產之中，自然進入一定的必然關係，超乎他們的意志之外；此種關係就是生產關係，與人類的物質生產力發展的某一階段相適應。這些生產關係的總和形成社會的經濟結構——這是社會的眞正基礎，法律與政治的上層建築就樹立於其上，而各種特定的社會意識形態也與之相應。物質生活的生產方式，可以決定社會、政治、以及精神生活過程的一般性質。並非人類的意識決定存在，相反的，卻是存在決定意識。社會的物質生產力，在發展到某一階段的時候，就會與當時存在的生產關係——從法律的觀點說，也就是財產關係——相衝突。這些生產關係，本來是生產力發展的形式，現在卻變成生產力的桎梏了。於是社會革命的時期來臨。由於經濟基礎的改變，整個龐大的上層建築也就發生變化。在考慮此種轉變的時候，對於經濟的生產狀態之物質變化與法律、政治、宗教、美術、或哲學的形態——意理形態 (ideological forms)，總應該加以區別：前者可以如自然科學一樣精確的予以測定，在後者之中，人們才感到上述的衝突，而爲之奮鬥到底。……一種社會組織，在其尚有發展餘地的一切生產力，沒有充分發展以前，絕不會崩潰；新的較高的生產關係，在其孕育於舊社會中的生存條件尚未成熟之前，也絕不會出現。所以，人類祇能提出自己可以解決的問題；吾人如細加推究，常會發現，祇有在解決問題的物質條件已經存在，或至少已在形成之中時，問題本身才會發生。」

從上面一段文字，可以看出馬克斯對於人類歷史發展的理論，實包含下列幾項要點：

1. 人類歷史是一個階段、一個階段的連續發展，在每一個階段中，都有一種典型的生產制度。此種生產力的制度，一定會產生其特有的意理（ideology），包括法律、政治、以及所謂文化的精神產物，如道德、宗教、藝術、哲學等。

2. 整個演變的過程是「辯證的」（"dialectical"），其動力乃基於內在的衝突。

3. 生產力與意理形態相比較，前者永遠是基本的，後者則屬次要。物質或經濟的力量才是「眞的」或實在的，而意理的關係（ideological relations）則僅是表面的或現象的。

4. 辯證的發展是內在的。任何社會所固有生產力，在其辯證的變化發生之前，已經得到充分的發展。意理的上層建築（ideological superstructure）僅是此種內在發展的反映。所以，表現在意識上的問題，常可因實質基礎的不斷發展，而得到解決。（註一二）

於是，馬克斯得到這樣一個簡單的結論：

「研究之後，我得到一項結論，就是法律關係以及國家形式，不能由其本身加以了解，也不能從所謂人類心智的一般進展加以解釋，這些都是根源於人類物質生活的情況，……」（註一三）

恩格斯在一八八八年一月所作共產黨宣言序文裏的話，也可以作唯物史觀最簡單的說明，他說：

「我想我有義務說明，雖然這宣言是我們共同的作品，但是形成其核心的原理則是馬克斯的。那個原理就是：在每個歷史的時代，當時流行的經濟生產與交換方式以及由這種方式必然發生的社會組織，形成那個時代的政治及文化史建立的基礎與解釋它的唯一依據；……」

又恩格斯在馬克斯死後的送葬辭中，對於唯物史觀，曾有這樣的解釋：

「正如達爾文發現了自然界的發展定律一樣，馬克斯發現了人類歷史的發展定律。他發現的簡單事實，是人類在對政治、科學、藝術、宗教等發生興趣以前，必須先要得到食物、衣服與住所。這就是說，某一時期生存直接所需物質的生產，以及一個國家或一個時代經濟發展的限度，形成國家制度、法律、藝術與宗教觀念所根據的基礎。人們通常都是拿後者來解釋前者，而實際上卻是應該用前者來解釋後者。」

不過，恩格斯把唯物史觀看成馬克斯的新發現，未免誇大其辭。實際上，唯物史觀並非馬克斯所獨創；在馬氏以前，已經有些人抱持此種見解，馬氏不過融合各家之說，成爲一家之言，並且充分加以引申推論與運用罷了。

第三節　階級鬪爭

以唯物史觀來觀察人類歷史的發展，就不難引出階級鬪爭（class struggle）的理論。馬克斯的興趣所在，似乎並不着重於充實辯證唯物論，使之成爲歷史哲學，而特別注意要把辯證唯物論應用於實際問題。於是他斬釘截鐵的斷言人類的全部歷史就是一部階級鬪爭史。他與恩格斯在共產黨宣言裏，開宗明義，這樣說：

「所有過去社會的歷史，都是階級鬪爭史。

「自由人與奴隷，貴族與平民，地主與農奴，行東與僱工，簡言之，就是壓迫者與被壓迫者，經常互相敵對，時或明爭，時或暗鬪，總是在繼續不斷的戰鬪中。戰鬪的結果，不是把整個社會徹底改變了，就是兩個階級同歸於盡。」

他們接着說，迄於現代，則社會全體逐漸分裂爲資產階級與無產階級兩大陣營，互相對立。他們認爲，按現代的經濟情況，所有較小的社會階級必將爲這兩個大階級所吸收，或入於此，或入於彼。互相衝突的民族將忘卻他們的仇恨，而在普及世界的工商業情況下，分成一隊資本家與一隊勞動者。於是，無產階級與資產階級的鬪爭，乃成爲現代社會生活的實質。那些資本家，以前本屬第三階級，他們從封建特權階級的手中，奪過了社會地位與政治權力，現在又將被受盡剝削與壓迫的無產階級所打倒。

馬克斯所說的階級，其基本性質是經濟的；階級構成的基礎，在於經濟。他認爲，在私有財產制度之下，一部分人爲生產手段的所有者，依恃生產手段，享受不勞而獲的利益；另一部分人，則仰賴別人的生產手段，從事生產勞動，而勞動的成果，卻被別人所榨取掠奪。前者成爲剝削階級，後者則成爲被剝削階級。所以馬氏說：「階級的存在，僅與生產發展之特殊的歷史的狀態相關連。」（註一四）就希臘時代自由人與奴隷對峙的情形來說，自由人是剝削階級，奴隷就是被剝削階級；羅馬的貴族是剝削階級，平民是被剝削階級；餘可類推。馬克斯的「階級」觀念，實緊繫於剝削觀念：兩個人羣間的階級關係，乃由這一羣人對另一羣人的剝削而來；無剝削即無階級。此種剝削關係，就其本性來說，實爲經濟利益的衝突，而表現於階級鬬爭。

從上述之義看來，足見馬克斯心目中的階級，在基本上是經濟性的。可是剝削階級爲保障他們剝削的所得，並圖繼續剝削起見，必然掌握政權，以運用强制力，來統治被剝削階級。於是，在政治上，剝削階級乃成爲統治階級，也就是壓迫階級；而被剝削階級成爲被統治階級，也就是被壓迫階級。那麼，被剝削階級，若要實行階級鬬爭，推翻剝削階級，自然也非奪取政權不可，所以，階級鬬爭本來是經濟性的，而在實際進行中，又必然會變成政治的鬬爭。馬克斯又說一切的階級鬬爭都是政治鬬爭，就是由於這個道理。

馬氏的此種階級鬬爭理論，是與他的唯物史觀有密切關係的。依上節所述的唯物史觀，人類歷史的演進，其基本動力乃是內在的生產力與生產關係的衝突。而此種衝突，就由階級鬬爭的狀態上表現出來；社會階級關係的變化可以反映經濟上的變化。所以，從物質的方面看，或從社會發展的基礎方面看，是生產力與生產關係的衝突；若從人的方面看，或從社會發展的現象方面看，則是被剝削階級與剝削階級的鬬爭。我們了解馬克斯的階級鬬爭說，應該注意它與唯物史觀的密切關係。

第四節　國家論

(一)　國家的本質

馬克斯的國家論又與他的階級鬬爭說緊密連接。在階級鬬爭中，剝削階級要對被剝削階級加以統治，加以壓迫；而國家就是一個階級壓迫另一個階級的工具。這是馬克斯對國家基本性質的看法。

社會經濟發展到一定的階段，使社會分裂成不同的階級時，剝削階級爲保障其剝削行爲起見，就需要運用强制力，以統治與壓迫被剝削階級，於是乃非有國家不可。國家實爲剝削階級所造出的組織，用以保護他們的社會特權。所以，唯有在社會的發展，已使它陷入階級鬪爭的自我矛盾之中時，國家才會產生。國家乃是社會中階級衝突，無法調和的結果；唯有在分裂成兩個階級的社會中，國家才可以存在。總之，國家不外是一個階級用以鎭壓另一階級的機構；而所謂政治權力「祇是一個階級壓迫另一階級的有組織的權力」——這是他對政權所下的定義。（註一五）

（二）無產階級革命與無產階級專政

從上述的眼光看來，所謂資本主義社會的一般國家，當然也不過就是資產階級壓迫無產階級的工具，完全控制在資產階級的掌握之中。共產黨宣言裏這樣說：

「資產階級終於在現代代議制國家中，爲自己奪取了獨佔的政治統治。現代國家的政權，不過是全體資產階級的共同事務委員會而已。」

在此種情勢下，無產階級與資產階級間的仇恨，自然會不斷加深。而且，因爲資本逐漸集中的關係，資本家將日漸減少，而無產階級則將日漸增多。於是形成一種局面，由少數握有生產手段的資本家，對人數衆多的無產階級，强行統治。這是革命的因素。

那些備遭壓迫的無產階級大衆，受了經驗的教訓並覺悟本身的力量之後，終將起而推翻資產階級，就像從前資產階級推翻封建階級一樣。這種無產階級革命（proletarian revolution）是必然而不可避免的。資產階級憑藉政權，以實行剝削與壓迫；那些無產階級要推翻資產階級，也就非奪取政權不可。依照前述一切階級鬪爭都是政治鬪爭的道理，這也是必然的趨勢。

所以，無產階級的革命，第一步就是要把資產階級的政治權力奪過來，而掌握在自己手裏，換句話說，也就是使無產階級變成統治階級。請看共產黨宣言裏這樣說：

「共產黨人的直接目的，是與一切其他無產階級政黨一樣的；那就是把無產階級形成統治階級，推翻資產階級的統治，由無產階級奪得政治權力。」

又說：

「工人階級革命的第一步就是把無產階級提到統治階級的地位，……」

無產階級得到政權，自己變爲統治階級之後，就要轉而對資產階級實行統治和鎭壓。於是，原來資產階級對無產階級的統治，乃倒轉過來，變爲無產階級對資產階級的統治。這就是所謂「無產階級專政」(dictatorship of the proletariat)。所以馬克斯說：

「階級鬪爭必然會導致無產階級專政」。（註一六）

在無產階級專政的時候，他們將把生產手段，從資產階級的手中奪過來，而收歸國有，使原來爲少數人壟斷的生產手段，歸於大衆。一言以蔽之，就是消滅私有財產。請看共產黨宣言裏這樣說：

「無產階級將運用其政治權威，從資產階級那裏奪取一切資本，把所有的生產手段都集中於國家之手，也就是集中於組織成爲統治階級的無產階級之手；……。」

又說：

「共產黨人的理論可以用一句話簡述出來，消滅私有財產。」不過，照馬克斯的理論，所謂無產階級專政，並不是長久的辦法，只是由資本主義社會轉變爲共產主義社會的一個過渡階段。那麼，後繼無產階級專政之後，又是如何情形呢？我們在下面說明：

(三) 國家的消亡

無產階級奪得政權之後，實行無產階級專政；在這個期間，他們進行消滅私有財產，掃除舊有的生產關係。依前述階級的基本性質來說，經過如此徹底的改變之後，階級以及階級對立的存在條件也將一齊消除。然則，那時候，應該不會再有階級之分，而無產階級的本身，也將不復成爲一個階級了。又馬克斯對國家本質的看法，是把國家看成一個階級壓迫另一階級的工具，而國家的政權不過是一個階級壓迫另一階級的有組織的權力。在廢除階級之後，社會上根本沒有階級之分，更談不到階級對立，那麼，一個階級用來壓迫其他階級的「有組織的權力」自然也就沒有需要。到那時，公衆的權力將失去其政治的性質，再也沒有所謂政治權力了。國家本是階級壓迫階級的工具，到階級消滅了的時候，這種工具自然根本沒有存在的餘地，所以國家將要逐漸自行消亡——這是必然的結論。請看共產黨宣言裏這樣說：

「假如無產階級經過革命使自己變爲統治階級，而以統治階級的地位，用强力掃除了舊的生產狀況，那麼，無產階級也就把階級對立的存在條件，以及一般階級的存在條件，隨同這些生產狀況一起掃除，因而也就消滅了自己作爲階級的統治。」

又說：

「當……階級的分野消失了……的時候，公衆的權力將失去其政治的性質。」

照恩格斯的說法，「國家不是被『廢除』的，它是自行萎去的。」(註一七) 這就是他們的「國家萎去論」(the doctrine of the "withering away" of the state)。

那麼，那時候的社會究竟是個什麼樣子呢？馬氏認爲必是一個無階級的社會 (Classless Society)——「一種結合，其中各個的(各個人的?)自由發展就是全體自由發展的條件。」(註一八) 無產階級專政「僅構成達到消滅一切階級以及無階級的社會之過渡階級。」(註一九) 這種無階級的社會實現之後，就不會再有階級鬭爭之事了，所以馬氏說：「資產階級的生產關係是社會生產過程中最後的敵對形態。」(註二〇) 關於那時候的情形，恩格斯曾補充說，在國家權力對於社會關係的干涉逐漸無所需要，而自行休止時，「對物的管理與對生產過程的指導，就代替了管理人的政府」。(註二一)

而且，在他們看來，隨着階級的泯滅與國家的消亡，民族與民族之間敵對及剝削的狀態也將消除。共產黨宣言說：

「隨着一個人對另一個人的剝削之終止，一個民族對另一個民族的剝削也將同樣的終止。隨着民族內部階級對立的消滅，民族之間的敵對關係也將同樣的消滅。」

馬克斯把他所幻想的遠景，描寫得似乎很動聽，與所謂空想社會主義之想像改良後的社會狀況頗爲相近，而與馬克斯自己思想的全部精神則殊多扞格。他本以爲鬭爭與衝突是社會進化中必然的常態，而這裏又說無產階級勝利後，人類就可以長治久安，豈不是顯然自相矛盾嗎？

第五節　批判

馬克斯的政治思想，實際上發生了很壞的影響，其影響之大，幾爲人所共知，無待贅述。至其歪曲不當，隨處皆是，可指之處甚多，茲僅擇其犖犖大者，加以批判，就其理論基礎之根本錯誤處與夫觀察預測之顯然不符事實處，提出下列三點：

(一)「唯物」之失據

馬克斯的唯物論把宇宙間物質與精神的關係看得太機械、太呆板，認定物質爲第一性，精神爲第二性，於是斷定「不是意識決定存在，而是存在決定意識。」殊不知宇宙間精神不能脫離物質而存在，物質也不能脫離精神而存在。精神與物質，二者實相輔爲用，有交互的影響：意志、觀念固不免受物質的影響，但是也可以反轉指導決定物質條件。馬氏呆板機械之論，顯屬謬誤。

上述之義，姑置不論，我們再從更根本的地方來探究，則不難看出由於科學的進步，已使所謂「唯物」根本失所依據。考近代唯物論之復興，乃受科學興起之影響；馬克斯的辯證唯物論也是根據十九世紀中葉歐洲自然科學的智識而得到的結論。但是自然科學的進步，到現在已有一日千里之勢。依輓近科學的研究，原子可分解爲質正子、電子、與中子等，再進一步可分解爲波動的方式，然則一個物體不過是一個能力發放的中心。所謂「物質」，分解到最後，所呈現的，根本並非具有實體而存在，並且從常識上、經驗上，立刻就可以判斷其爲非物質了。現代科學對唯物論者所謂「物質」，已經不承認其爲全部實體的眞象。科學上物質觀念的此種改變，乃使馬氏所謂「唯物」成了虛構的空中樓閣，完全無所依據。唯物論遭此致命打擊，其將自然趨於沒落，殆無疑問。

(二) 辯證唯物論之失眞

馬克斯所謂辯證唯物論，看他說得天花亂墜，好像頗爲新鮮動聽。其實，除根本上所謂「唯物」完全失所依據，已如上述外，只要我們稍爲細心想一想，從極淺近普通的道理，就可以判斷其餘各點也都是虛妄之談，並非眞理。玆從下列兩方面來加以批判：

1. 事物有其永恆不變的性質　辯證唯物論的觀點認爲宇宙萬物永遠在不停的運動變化。但是要知道，在宇宙萬物流變中，卻總有永恆不變的因素在。任何事物，如果眞能成爲某種事物，一定要具有兩方面：一方面是體性，一方面是情態或現象。情態或現象是可能隨時發生變化的，至於體性則是某物之所以成爲某物的因素，這是不變的。比如，馬克斯的生理、心理等情態可能有許多變化，但是無論他如何的變，他總還是馬克斯，而不會變成恩格斯。從這樣一個淺近的例子，就可以證明任何事物，在流變中，還一定有其永恆不變的性質。假如任何物只是在「變」，而沒有使它足以成爲此物而不是他物的因素，那麼，我們也就根本無法說某物是某物而不是他物了。馬氏一往之論，實在是知其一，不知其二，謬誤虛妄，何待煩言？誠如馬克斯所言，一切都在不斷的變，則唯物辯證法也將變得否定了自己，「作法自斃」，一至此哉！

2. 變化未必全依所謂「三大法則」 事物固有其變的一面，但是其變化並不一定如馬克斯所言，完全依照所謂「三大法則」。比如，水化爲氣的變化，若呆板的依照對立統一律來解釋，大概要說這種變化的根源在於水的內部有「跨進氣體狀態傾向」與「保持液體狀態傾向」的對立。倘若如此對立統一的結果，水就可以變氣，豈不甚好，又何必費火來燒呢？事實上，此種發展，主要的乃是由於外界所加的熱量，雖小兒亦能知之。「對立統一」云者不過欺人之談耳。又如上述之例，馬克斯無論怎麼樣變，他還是馬克斯，總不會突然變成恩格斯，那就是祇有量變，而沒有質變。能力有相拒，有相引；在邏輯上，前者爲否定，後者爲肯定。否定則揚棄「先者」，肯定則全部發揚「先者」。若謂事物之發展，必循「否定之否定」的程序，那也是忽略了「發揚」之義。我們即以麥粒落入地中，由發芽而長出麥苗，麥苗再結實而成爲麥粒爲例。照「否定之否定」律來解釋，一定說長出麥苗之後，就把麥粒否定了；迨新麥粒長成之後，又把麥苗否定了，那就是「否定之否定」。但是事實上，麥苗由麥粒而生，新麥粒又由麥苗而生，麥苗與麥粒之間又那裏有「否定」的意志或動作呢？麥爲一年生植物，新麥粒一經成熟，麥苗卽行死去，還可以勉強比附；至若梨棗等多年生植物，則比附都很困難了。總之，所謂三大法則的虛妄，也是從日常許多淺近事實，就不難證明的。共產主義者利用辯證唯物論的法則，來實行無產階級革命，以遂其無產階級專政的企圖。到他們成功之後，又深恐依照這些法則發展下去，共產主義社會也將被「否定」，於是又不得不改變解釋。現在蘇俄當局又說對立是一時的，統一則是絕對的；否定也只有一次，不能再有「否定之否定」。歪曲之論，不可以爲常經，益可概見矣。

(三) 觀察預測之失實

辯證唯物論是馬克斯全部理論的基礎。由以上的分析，已可證明此種理論基礎之無根無據；然則建築於其上的全部理論自然也就不會正確了。根據謬誤理論所作的觀察預測，其不能言之有中，當然可想而知。所以，馬克斯根據他的理論作了許多預測，都與事實不符，此點更可以具體的反映其理論之虛幻，玆就其顯著者指出如次：

1. 階級意識　馬克斯認爲階級意識與階級利益是絕對一致的，換句話說，身居某階級的人爲了本身的利益，必會具有某階級的意識，這是定而不移的。(註二三)但是，事實卻不盡然。爲了淺近利益而出賣了本身的遠大利益者有之，具有犧牲本身利益而爲他人服務的偉大精神者亦有之。歐文(Owen)爲工廠廠主，而終身爲工人福利奮鬪，就是一個顯著的例子。再就鼓吹參與所謂無產階級革命的一些人來看，更可看得清楚：克魯泡特金(Kropotkin)乃是貴族出身，恩格斯曾作工廠經理，馬克斯本人也是生於富裕之家，其妻還是貴族之女。這些例子，不但顯然可以證明其所見之非，同時也是極大的諷刺。

2. 階級鬪爭　馬克斯所講階級鬪爭的理論，無論就過去歷史或預測未來講，都顯然與事實不符，玆分別言之：

①看過去　人類進化的動力在互助而不在相爭。人類歷史的發展乃由互助合作而來，鬪爭不過是偶然的病態。馬克斯見木而遺林，斷言「人類全部歷史就是階級鬪爭的歷史」，實在是錯把偶然的

病態看成常理了。

②望未來　馬克斯又預測，資本主義的發展一定逐漸形成兩個大陣營：一個是越來越少的資產階級，一個是越來越多的無產階級。這樣的預測也被事實推翻了。事實上，大企業的股東人數逐漸增加得很多，也就是享受資本制度利益的個人一天一天的在增加。食工資者，從前可能貧無立錐之地，而現在由於改善勞工生活的結果，他們也可以享受財富增加的利益。尤其在股票制度之下，有許多工人本身就是股東，他們與資本家之間並沒有顯著的鴻溝。在這種情形之下，自然並不一定形成壁壘森嚴的兩大陣營。所以，瞻望未來，也並非如馬氏所料。

3. 社會革命的發生　依照馬克斯的理論，社會革命應該爆發於資本制度最發達的地方。果如所言，則爆發社會革命的應該是當時的英國和今日的美國。但是，事實並非如此，卻是在產業落後的俄國爆發了社會革命。

4. 階級的消滅　照馬克斯的說法，在無產階級專政之後，一切階級都應該消滅，而形成一個無階級的社會。那麼，在今日的蘇俄，應該是沒有階級的存在了。但是，事實上，蘇俄雖然已經共產黨政權相當長時間的統治，階級的區別不但並未消除，而且比起所謂資本主義國家裏，更爲變本加厲。共產黨徒自己形成了「新社會」的最高階層，階級的分野彌甚。目前共黨統治下的中國大陸，也是在朝着這一個方向發展。此種實際情形，與馬克斯的理論對照看起來，又是莫大的諷刺。

（註一）如英國的歐文（Robert Owen, 1771—1858）及一些基督教社會主義者（Christian Socialists），與法國的聖西蒙（Count Henri de Saint-Simon,1760—1825）、傅立葉（Charles Fourier, 1772—1837）等。

（註二）那種情感，是十九世紀中葉中等階級德籍猶太人內之叛徒所自然會有的。

（註三）羅素的話，深堪玩味。他說：

「把馬克斯純粹當作一個哲學家來看，他有重大缺點。他未免過重實踐，過於苦纏在他那一個時代的問題中了。他的視線所及局限於此一星球，而在此一星球中，又祇限於人類。自哥白尼（Copernicus）以後，顯然，人類以前所想像的在宇宙中的重要性，已不復有。凡於此一事實未能融會貫通的人，就無權自稱他的哲學是科學的。」（A History of Western Philosophy, chap.xxvii.）

又說：

「廣泛說來，馬克斯的哲學中，所有來自黑格爾的成分，都是不科學的，這就是說，沒有任何理由可以假定這些成分是眞的。」

（註四）此點將在本章第四節中講到。

（註五）馬克斯以前的社會主義者，都是先確立一種恆久不易的倫理規範，依照此種規範，一方面否認現行制度，一方面設計適合此種規範的新制度，並爲求其實現而努力。馬克斯則不然，他不問現行制度在倫理上的是非，只是認定在現行制度發展的路程上，其自體之內所包藏的矛盾，必然的會使制度自體趨於崩潰，從而新社會的實現，乃屬無可避免，難以阻止之事。前者認爲社會主義係因「目的」而實現，後者則認爲社會主義係由「原因」而實現。這是馬克斯的社會主義與他以前的社會主義，根本不同之點。

（註六）或 Trèves, Trier。

（註七）恩格斯是馬克斯的密友，始終無間。他們兩個人，在學問上，也每有不易分割的關係。

（註八）本章第五節中，將予以批判。

（註九）經過如此改變之後，馬克斯乃認爲他自己的辯證法與黑格爾的辯證法不僅不同，而且正正相反。他在一八七三年一月所作資本論第一卷第二版的序文中，如此表明：

「我的辯證法不僅與黑格爾的不同，而且正正相反。依黑格爾之說，思維過程實爲現實世界的創造主，現實世界不過爲其外表的形式，而在『理念』這一個名稱之下，他甚至使思維過程變成一個獨立的主體。依我之論則反是，理念不過是人類頭腦所反映並且翻譯成思想形態的物質世界而已。

「……他的辯證法是頭朝下站着的。若想從這個神秘的殼子中發現合理的核心，必須再把它倒轉過來。」

（註一〇）或 driving force。

（註一一）所以，羅素講：「如此說來，馬克斯的唯物論，實際上，乃變爲經濟學了。」（見 A History of Western Philosophy, Chap. XXVII.）

（註一二）如此說來，社會革命乃是必然而不可避免的，那麽就用不着以人力去促成。但是，馬克斯卻和前後的決定論者（determinist）一樣，不耐煩去等待自然的發展。他從早歲就活躍於實際革命運動。他也有時放棄了冷靜的預言，而苦苦勸人造反。共產黨宣言就是共產主義者的行動方針，所以包括了許多具體計畫。由此我們可以看出馬氏求實際的態度，但就其哲學的精神來說，則殊欠調和；他所擬的具體計畫，也與他的哲學不無矛盾。

（註一三）政治經濟批判序文。

（註一四）一八五二年三月五日致魏德邁爾（Weydemeyer）的信。

（註一五）共產黨宣言裏這樣說：「政治權力，正確的說，祇是一個階級壓迫另一階級的有組織的權力。」

（註一六）一八五二年三月五日致魏德邁爾的信。

（註一七）"The state is not 'abolished', it withers away."（反杜林論——Anti—Dühring）

（註一八）共產黨宣言。

（註一九）一八五二年三月五日致魏德邁爾的信。

（註二〇）政治經濟批判序文。

（註二一）反杜林論。

（註二二）照馬氏很冷酷的說明，祇有在「階級鬥爭接近決定的時刻」，意卽無產階級革命接近勝利的時刻，非無產階級才會改變階級立場，卽放棄原來的階級立場，轉而參加無產階級的行列，那乃是基於投機取巧的心理，爲了「自己將來的利益」。

第二十七章　斯賓賽

十九世紀中葉之際，以轉變、發展、生長爲社會及其一切制度之特性的觀念，已經深入於社會科學之中，而一般人又差不多都以爲事物流變的方向一定是進步的——新的情況，從某一方面來看，總會比過去的情況好。這個因素的加入使社會科學的研究有了一種新的風尙，而將此種態度表現得最好的，厥爲英人斯賓賽（Herbert Spencer, 1820–1903）的著作。斯氏在社會科學的研究上，與此種流行的風尙完全趨於一致，並且藉其超人的思想與表現的天才，造成一部進化論，來解釋一切社會生活以及他種生活。

斯賓賽出身寒微，而極少受到正式的教育。他是在一八二〇年四月二十七日生於英國的德爾拜（Derby），其父是作教師的。他的叔父本要送他到劍橋大學去讀書，可是他謝絕了，所以他所受較高級的教育大部分是靠自修的。在從事於幾個月的教師工作之後，於一八三七年，十七歲的時候，他作了倫敦（London）至伯明翰（Bermingham）間鐵路的工程師。約十年之後，一八四八年，他又成爲一個名叫「經濟學家」（The Economist）的刋物之副編輯。至一八五三年，他獲得他叔父的一筆遺產，於是他辭去了「經濟學家」的職務，此後卽從事於寫作與講演，以迄終老。

斯賓賽一生著作極多，其與政治理論有關者，下列幾種是最重要的：

1. 政府的正當範圍（The Proper Sphere of Government）　這本書是一八四二年斯氏寫給"Nonconformist"週刊的一些函札，一八四三年又作爲一個小冊子出版。在這裡面，他論斷政府的任務僅在維護自然權利，超越此種限度將害多而利少。

2. 社會靜學（Social Statics）　一八五一年出版。

3. 社會學原理（Principles of Sociology）　共三卷，於一八七六——九六年陸續出版。

4. 個人與國家（The Man Versus the State）　一八八四年出版。

5. 正義論（Justice）　一八九一年出版。

斯賓賽的學問乃從多方得來，所以若論他思想的來源，固不止一端，細加探究，可以看出最主要的有三方面：

1. 英國哲學激進主義　斯氏早年與英國哲學激進主義派人士頗多接觸，深受薰陶，這是他的思想的第一個根源。斯氏所一直擁護的政治信條，其基本與主要的根源都在此；他在政治方面，一直是一個功效主義者。由於這方面的關係，他反對一切形成的權威，而企求幸福——以從自由發展才能而得來的個人幸福（individual happiness）爲人生的主要目的。

2. 德意志唯心論　斯氏於德意志唯心論，略有涉獵，從這一方面他得到一種觀念，在社會靜學中他稱之爲「生命觀念」（"idea of life"）。他認定生命是普遍進化（universal evolution）的動因——事實上它也「就是」普遍進化，如此形成他的普遍進化觀念。

3. 自然科學　斯氏早年就對物理學與生物學很有興趣，並且實際作過工程師，而其實際從事於工程使他對自然科學的興趣更加提高。所以，斯氏的思想受到自然科學的影響很大。他的進化論與物理學及生物學都有關係。

以上三種因素是彼此不甚調和的，而斯賓賽都受到影響，並且想把這些合成一個，但是他失敗了。

第一節 進化原則

斯賓賽之社會學的精義在於一種進化原則（the principle of evolution）。首先，他發現了表現於物質現象上的進化原則。物質的變化都是由一種不定的、散漫的單純狀態變到一種確定的、凝合的複雜狀態（"an indefinite, incoherent homogeneity to a definite, coherent heterogeneity"）。比如，我們所見到的如此複雜的地球，就是由一團單純的液體轉變而成，可以爲例。進一步，他覺得同樣的原則也適用於有機界。植物動物的種類從最簡單的變到最複雜的，從原生動物變到人，就可以顯示此種原則。最後，他又認定，社會的生活與發展也是遵照進化律的。社會人羣的生活歷史，其發展的程序，與一個人的生活歷史正復相同。斯氏很有興趣的描寫了，由於進化律的作用，散漫的初民社會生長爲凝合的、高度複雜的近代文明社會，與人猿之變成有智慧的人，胎兒之變成哲學家是一樣的。

簡要言之，依照斯賓賽的進化原則，宇宙間的一切，不論有無生命，都在繼續不斷的變化，而其程序則是由一律與單純（uniformity and simplicity）進到歧異與複雜（diversity and complexity）。

第二節 社會有機體說

斯賓賽的社會學討論社會現象時，將各種制度分爲家庭的、禮儀的、政治的、宗教的、職業的、與工業的等類。每一類都依進化原則與程序，詳盡而有系統的予以硏討。我們所要特別注意的，僅在政治方面。在這一方面，首先我們必須記住，斯氏與同他有密切關係的功效主義者一樣，對於社會與國家並不加以區別。同時，在他的思想中，國家與政府也是沒有分別的。或者，再說精密一點，他根本沒有承認我們所指那樣的國家，而以爲社會與政府合起來就可以包羅所有的政治現象。

斯氏把社會看成一個有機體，與生物一樣。他說明社會的構造及生活時，所用的名詞差不多完全是人或他種動物構造及生活的名詞。在所有將社會比擬於個人的哲學家中，沒有一個比斯氏更巧妙而似有科學的精確。照他所說，社會也有各種系統的器官(organs)，可與人體的器官相比擬，其主要者如次：

1. 營養系統（sustaining system）這是社會的工業組織（industrial organization），好像個人的消化器官（alimentary organs）。

2. 分配系統（distributing system）這是社會的商業組織（commercial organization），好像個人的循環器官（circulatory organs）。

3. 管理系統（regulating system）這是社會的政治組織（political oganization），好像個人的神精發動器官（nervo-motor organs）。政治組織中的立法議會則比擬於人的大腦。

有機體的國家觀念，在德意志唯心論中，已經有所發揮。斯氏此論，可能是受到這一方面的影響。

第三節　自然權利

斯賓賽一面主張社會有機體說，一面又維護自然權利與自然法觀念的精義。他的政治理論還是以流行於革命時期的自然法與自然權利哲學爲依據，雖然他完全不贊成前人所用的方法。他承認社會契約雖不足爲政治權力與制度的歷史基礎，但可作爲其理論基礎。(註一) 因之，他也就認爲個人自由享受其自然權利成爲對政府權利的一種限制。

斯氏的倫理學也正好可以加强上述的理論。他以爲一切有機生活的進化，從水母一直到人，表現出一種原則，就是各種生物要達到本種的「善」(good，就是本種的保持)，就必須使本種中的各個體能夠得到由他自己的本性及依本性的行爲所發生的利益與弊害。若就人類生活而言，這句話就是說各個人必須得到正義。所謂正義，意思是「在不損害任何他人平等的自由(equal freedom)之限度內，每個人可以依照自己的意志而自由行事」(註二)。斯氏對於此種「平等的自由」，甚爲重視，這是他所謂「正當社會關係定律」(the law of right social relationships)(註三)的「第一原則」(first principle)，所以他說：

「我們必須完全採取此種平等的自由之定律，作爲確當的正義體系(a correct system of equity)可資依據之定律」。(註四)

而此種自由的意義就是每個人應當享受他的自然權利。(註五)

至關於此種自然自由的內容，斯賓賽雖然大規模的研究了下等動物與原始人類的生活，卻未在十八世紀哲學家們所不費力而已發現的權利之外，提出什麼新的權利。斯氏所擧出者，可以下列三項概括之：

1. 生命(life)
2. 自由(liberty)
3. 幸福的追求(the pursuit of happiness)

第四節 政府

(一) 政府的本質

斯賓賽認爲在人與人互相結合的生活中，有兩種合作是必要的：

1. 自然的與願意的合作 (spontaneous and voluntary cooperation)。
2. 特意的與不得已的合作 (conscious and involuntary cooperation)。

在他的心目中，有關第二種合作的多種社會制度的總和就是所謂政府。如此說來，政府並不是人們所願意要的東西，有之乃出於不得已。於是，斯氏乃把政府看成一種「必要的禍害」(necessary evil)。

政府既然是一種「禍害」，何以又是「必要」的呢?斯氏對於這個問題的解釋大致是如此的：個人在社會生活中，難免還保有從原始生活中傳下來的野蠻本性，以致彼此敵對衝突，陷於分裂，而影響聯合。爲使社會生活維持不墜，就非有方法以防阻此類危險行爲不可，這就有賴於政府。所以，政府雖非人所樂有，但爲維持人間的結合，還是必要的。

(二) 政府的職權

政府既然祇是不得已而非有不可的，自然不宜於職權太大。照斯賓賽的意見，政府之所以必要，祇是爲了維持秩序，那麼，政府的職權也就應該止於維持秩序所必要的最低限度，而他所認定的最低限度，簡直比最熱心的放任主義者所夢想的還要少。他以爲政府的任務在保持一種情況，使各個人在那種情況之下，都可以享受由他自己的本性與行爲所得的善果而忍受其惡果。然則，政府的職權應有下列兩項：

1. 防禦外來的攻擊　這也可以說是成立政治組織的原始動機。
2. 防止政治社會內部個人彼此間的互相侵害。

以上兩種侵害，如任其得勢，都會破壞上述行爲與結果之間的自然關係。就對內而言，政府的職權可以說就是保護個人的自然權利，再就上述正義的意義言之，也可以說就是維持正義（the maintenance of justice）。

以上是斯賓賽心目中政府的職權，而且祇能以此爲限，不可超越。簡括言之，他以爲，合乎正義與公道的全部政府職權就在保障個人生命、自由、與幸福的追求。政府如超越此種限度，而擴張其權威，就會妨害社會的自然進化，並阻止爲進步所需要的社會組織之正當特化（differentiation）。用斯賓賽自己的話來說，那是用破壞生命之基本條件的方法來改善生活。基於此種觀念，他乃反對政府多管許多事情。若干政府的工作，一般人認爲十分必要的，斯氏都反對由政府來作，如公共教育、公共救貧事業、社會立法、工業管制等是，國家貨幣制度與國營郵政也在反對之列。

（三）政府的未來命運

雖然斯賓賽避免正式預言將來會有一種沒有政府的社會，但是此種觀念在他的思想中隨處都可以看到。他認爲以强制爲基礎的武力社會（military type of society）將日漸衰敗，以自願合作爲基礎的工業社會（industrial type of society）將代之而興。戰爭將不復需要，而戰爭的消滅將使政治制度失去其主要之支持。在他的倫理學中，他也想像人類利他心的發展會達到一種程度，使個人自然權利的維持（也就是正義的維持）並不需要强制力。那麼，我們可以看出一個不可避免的推論，就是政府——這暫時的「必要的禍害」會變爲不必要，自願的合作將完全代替了强迫的合作。

斯賓賽政治理論的精華構成一種極端放任主義形態的個人主義，而接近於無政府主義。綜觀之，他的政治思想有許多方面的來源，而他又未能融會成一個整體。於是，有些地方難免使人有雜亂與難於調和之感。比如，他不但混合了最大幸福原則與自然權利的理論，而且參以生物學的觀念，視社會爲經過進化程序逐漸發展之有機體。個人之自然權利與社會之有機體的單一，欲加以調和，這是何等困難的事呢？（註六）

（註一）見一八八四年出版的個人與國家一書。在一八五一年出版的社會靜學中，斯氏曾有反對社會契約觀念的話。

（註二）社會靜學第六章第一節。

（註三）同上。

（註四）同上。

（註五）此種理論，在斯氏的正義論及另外一部著作「Data of Ethics」中，表現得最爲完備而有系統，不過在他的許多別的著作中，也隨處都可以看到。

（註六）本章付印特別倉卒，倘有疏誤之處，容再改正。

卷下索引

六畫

九　畫

十二畫

十三畫

十四畫

十七畫

十九畫

西洋政治思想史／張翰書著. --初版. --臺北
市：臺灣商務，1961 [民 50]
面；　公分. -（大學叢書）
含索引
ISBN 957-05-0902-3（平裝）

1. 政治 - 哲學，原理 - 西洋 - 歷史

570.94　　83003339

大學叢書
西洋政治思想史

定價新臺幣五〇〇元

著作者　張翰書
出版者
印刷所　臺灣商務印書館股份有限公司
臺北市重慶南路一段三十七號
電話：（〇二）二三一一六一一八
傳真：（〇二）二三七一〇二七四
郵政劃撥：〇〇〇〇一六五－一號
出版事業
登記證：局版北市業字第九九三號

• 一九六一年五月初版第一次印刷
• 一九九九年十二月初版第十一次印刷

ISBN 957-05-0902-3（平裝）　13136020

廣　告　回　信
台灣北區郵政管理局登記證
第６５４０號

100臺北市重慶南路一段37號

臺灣商務印書館　收

對摺寄回，謝謝！

傳統現代　並翼而翔

Flying with the wings of tradition and modernity.

讀者回函卡

感謝您對本館的支持，為加強對您的服務，請填妥此卡，免付郵資寄回，可隨時收到本館最新出版訊息，及享受各種優惠。

姓名：＿＿＿＿＿＿＿＿＿＿　　性別：□男 □女

出生日期：＿＿＿年＿＿＿月＿＿＿日

職業：□學生　□公務（含軍警）　□家管　□服務　□金融　□製造

□資訊　□大眾傳播　□自由業　□農漁牧　□退休　□其他

學歷：□高中以下（含高中）　□大專　□研究所（含以上）

地址：□□□＿＿＿＿＿＿＿＿＿＿

＿＿＿＿＿＿＿＿＿＿

電話：（H）＿＿＿＿＿＿＿＿（O）＿＿＿＿＿＿＿＿

購買書名：＿＿＿＿＿＿＿＿＿＿

您從何處得知本書？

□書店　□報紙廣告　□報紙專欄　□雜誌廣告　□DM廣告

□傳單　□親友介紹　□電視廣播　□其他

您對本書的意見？（A/滿意 B/尚可 C/需改進）

內容＿＿＿　編輯＿＿＿　校對＿＿＿　翻譯＿＿＿

封面設計＿＿＿　價格＿＿＿　其他＿＿＿＿＿

您的建議：

＿＿＿＿＿＿＿＿＿＿

＿＿＿＿＿＿＿＿＿＿

＿＿＿＿＿＿＿＿＿＿

臺灣商務印書館

台北市重慶南路一段三十七號　電話：（02）23116118・23115538

讀者服務專線：080056196　傳真：（02）23710274

郵撥：0000165-1號　E-mail：cptw@ms12.hinet.net